中南财经政法大学会计·财务系列教材
习近平新时代中国特色社会主义思想课程思政教材
“纸质 + 数字化资源 + 互联网” 新形态教材
国家级一流本科专业配套教材
国家级一流本科课程配套教材

课程宣传片

中级财务会计

（第二版）

王昌锐　主编

中国财经出版传媒集团
中国财政经济出版社

图书在版编目（CIP）数据

中级财务会计 / 王昌锐主编．--2 版．--北京：中国财政经济出版社，2022.5（2025.5 重印）
中南财经政法大学会计·财务系列教材
ISBN 978-7-5223-1263-7

Ⅰ.①中…　Ⅱ.①王…　Ⅲ.①财务会计-高等学校-教材　Ⅳ.①F234.4

中国版本图书馆 CIP 数据核字（2022）第 046500 号

责任编辑：温彦君　　　　责任校对：徐艳丽
封面设计：陈宇琰　　　　责任印制：党　辉

中级财务会计（第二版）
ZHONGJI CAIWUKUAIJI

中国财政经济出版社 出版
URL：http：//www.cfeph.cn
E-mail：cfeph@cfeph.cn

社址：北京市海淀区阜成路甲 28 号　邮政编码：100142
营销中心电话：010-88191522
天猫网店：中国财政经济出版社旗舰店
网址：https：//zgczjjcbs.tmall.com
固安华明印业有限公司印刷　各地新华书店经销
成品尺寸：185mm×260mm　16 开　22.75 印张　546 000 字
2022 年 5 月第 2 版　2025 年 5 月河北第 3 次印刷
定价：75.00 元
ISBN 978-7-5223-1263-7
（图书出现印装问题，本社负责调换，电话：010-88190548）
本社质量投诉电话：010-88190744
打击盗版举报热线：010-88191661　QQ：2242791300

推 荐 说 明

本系列教材为财政部教材编审委员会推荐教材。

财政部教材编审委员会
2006 年 1 月

中南财经政法大学会计·财务系列教材
编审委员会（2024）

中级财务会计（第二版）
编　写　组

主　　编： 王昌锐

副 主 编： 严　静

参编人员： 汤湘希　沈　烈　陈丽红　季　华　李燕媛　谭艳艳
石中美　刘东晓

总　序

“教材建设是事关未来的战略工程、基础工程，教材体现国家意志”。新时代对会计、审计和财务管理的人才要求越来越高，因此，进一步深化会计、审计、财务管理教育改革，培养满足新时代需求的高素质会计、审计、财务管理的人才，是我国高校教育当前的紧迫任务。我们一直努力探索会计学专业和财务管理专业的教育改革，尤其是教材改革问题。早在1982年，我们便对会计学专业主干课程教材进行了改革，提出了一套系统改革方案，经财政部批准后作为财政部部属院校的两套会计学专业教改方案之一实施，并进行了中南财经政法大学（时名湖北财经学院）系列教材建设。

课程改革是关键，教材改革是基础。1993年，为了适应《企业会计准则》《企业财务通则》和行业会计制度与行业财务制度改革，我们改革了会计学专业主干课程体系，启动并出版了第一轮《中南财经大学会计系列教材》。该系列教材在1994年第六届全国书市上被评为最佳畅销套书。各教材也分别获得第二届财政部优秀教材奖，受到广大读者、使用单位和出版界的好评与欢迎。此后，我们于1996年至1997年修订出版了第二版，在社会上产生了广泛和良好的影响。

2000年启动了第二轮《中南财经政法大学会计·财务系列教材》的建设工作，确定出版了十一门课程的教材，其中增加了为非会计学专业和非财务管理专业的本科生组织编写的《会计学概论》《公司财务管理概论》两种教材，从2001年起陆续由中国财政经济出版社出版发行。

从2005年起，我们启动了第三轮《中南财经政法大学会计·财务系列教材》的建设工作。教材编审委员会审定通过并确定了十八门核心课程的教材，从2006年起陆续由中国财政经济出版社出版发行。

从2018年起，我们启动了第四轮《中南财经政法大学会计·财务系列教材》的建设工作。教材编审委员会审定通过并确定了课程体系由主干课程、特色课程、实践实验课程、外专业课程四个模块构成。主干课程的教材包括《会计学原理》《中级财务会计》《高级财务会计》《财务管理》《高级财务管理》《成本会计》《审计学》《财务分析》八种；特色课程的教材包括《会计史》《管理会计》《会计理论》《会计制度设计》《政府会计》五种；实践实验课程的教材包括《会计案例》《财务管理案例》《审计案例》《会计信息系统》四种；外专业课程的教材包括《会计学》《公司财务管理概论》两种。这套系列教材从2018年起陆续由中国财政经济出版社出版发行。

在本轮教材建设中，我们继续坚持多年教材建设“理论与实务并重、兼容并蓄、立足我国、放眼世界、务实创新”的原则，该系列教材具有“科学性、先进性、实用性和易教易学性”等四个特点：(1) 系统论述会计学科、审计学科和财务管理学科的基本知识、基本理论和基本技能，全面反映我国经济改革和会计、审计、财务管理改革及研究的最新成果，体现教材的科学性；(2) 立足现实，面向未来，体现教材的先进性；(3) 既同国际趋同，又与中国实际相结合，体现教材的实用性；(4) 充分尊重教学规律的要求，体现教材的易教易学性。

需要特别说明的是，2018年起新出版的《中南财经政法大学会计·财务系列教材》，继续得到了中国财政经济出版社以及许多兄弟院校和广大读者的热情支持与帮助，在此一并表示衷心的感谢！同时，我们也真诚地希望会计界、审计界、财务界的专家、学者和广大读者，以及实务界的朋友，提出宝贵的意见和建议，以便再版时修订、完善。

中南财经政法大学会计·财务系列教材编审委员会

2018年6月

前　言

财务会计是现代企业会计的一个重要分支，是在企业范围内建立的一个主要向企业外部信息使用者提供以财务信息为主的经济信息系统。财务会计主要由“会计学原理”（或基础会计学）、“中级财务会计”（或中级会计学）和“高级财务会计”（或高级会计学）三门学科组成。中级财务会计运用会计学原理中揭示的基本概念、基本原则和基本方法，全面、系统地阐述在持续经营假设下对企业发生的各种交易或事项进行会计确认、计量、记录和报告的专门程序和方法。这些程序和方法，既是财务会计知识体系的主体，又是企业会计工作中最重要、最基本的内容；既是对会计学原理中揭示的基本概念、基本原则和基本方法的具体运用，又是进一步学习高级财务会计的必要前提和基础。

当今世界，科学技术日新月异，经济全球化趋势日趋增强，知识经济已见端倪，发展已成为时代的主题。因势而动，顺势而为，是谋求发展的客观要求。及时、准确地把握会计环境的变化及其影响，既是会计学科发展的必然要求，也是整个会计界面临的机遇和挑战。国际上，随着经济全球化趋势的增强，会计国际协调的呼声日益高涨，国际会计准则委员会顺应历史潮流，于2001年成功改组为国际会计准则理事会，在会计国际协调方面开展了大量卓有成效的工作，二十余年来，国际会计准则理事会不仅对其前身国际会计准则委员会所发布的多项国际会计准则进行了持续修订，还先后制定并发布了十七项国际财务报告准则，以期在协调各国会计准则、提高财务报表可比性等方面发挥重要作用。世界上许多国家和地区积极回应，先后有100多个国家或地区宣布直接采用国际财务报告准则或实施与国际财务报告准则趋同的本国或本地区会计准则。由此可见，会计准则的国际趋同或协调，已为大势所趋。

纵观国内，中国特色社会主义市场经济进入新的发展阶段，会计改革与会计准则建设顺时应势，不断创新发展。为适应改革开放和经济体制改革的要求，我国加快了会计改革与会计法规建设的步伐，1999年10月31日第九届全国人民代表大会常务委员会第十二次会议第二次修订了《中华人民共和国会计法》，并于2000年7月1日起施行。2017年11月4日第十二届全国人民代表大会常务委员会第三十次会议通过了修正后的《中华人民共和国会计法》，自2017年11月5日起施行。同时，以立足国情和充分借鉴国际会计惯例为原则，以提高会计信息质量为目的，重点开展了以企业会计准则为核心的会计规范建设，2006年2月15日，财政部正式发布了中国企业会计准则体系，该准则体系由一项基本准则和三十八项具体准则构成，并要求自2007年1月1日起在上市公司范围内实施，鼓励其他企业实施。另外，为了规范小企业会计确认、计量、记录和报告行为，促进小企业可持续发展，发挥小企业在国民经济和社会发展中的重要作用，根据《中华人民共和国会计法》及其他有关法律和法规，财政部于2011年10月18日发布了《小企业会计准则》，并要求符合条件的小企业自2013年1月1日起执行。

为了推进我国企业会计准则与国际财务报告准则的持续全面趋同，财政部于2010年4月1日发布了《中国企业会计准则与国际财务报告准则持续趋同路线图》。针对国际财务报告准则的新变化，为实现与国际财务报告准则的持续趋同，2014年，财政部先后发布了经其修订后的《企业会计准则——基本准则》《企业会计准则第2号——长期股权投资》《企业会计准则第9号——职工薪酬》《企业会计准则第30号——财务报表列报》《企业会计准则第33号——合并财务报表》《企业会计准则第37号——金融工具列报》等，且同期间还发布了全新的《企业会计准则第39号——公允价值计量》《企业会计准则第40号——合营安排》《企业会计准则第41号——在其他主体中权益的披露》等三项具体会计准则。2017年，财政部先后发布了经其修订后的《企业会计准则第14号——收入》《企业会计准则第16号——政府补助》《企业会计准则第22号——金融工具确认和计量》《企业会计准则第23号——金融资产转移》《企业会计准则第24号——套期会计》《企业会计准则第37号——金融工具列报》等，且同期间还发布了全新的《企业会计准则第42号——持有待售的非流动资产、处置组和终止经营》。2018年，财政部发布了经其修订后的《企业会计准则第21号——租赁》。2019年，财政部发布了经其修订后的《企业会计准则第7号——非货币性资产交换》《企业会计准则第12号——债务重组》两项具体会计准则。2020年，财政部发布了经其修订后的《企业会计准则第25号——保险合同》。

基于会计环境的上述变化和会计专业人才培养的新要求，高等会计教育改革势在必行。《中级财务会计》就是顺应形势要求进行会计教育课程体系与教学内容改革的产物。因此，我们在编写本书时，在全面、准确反映我国企业会计准则体系内容的基础上，力求突出下列特色：（1）既充分考虑当前财务会计理论与实务的现状，又立足于财务会计理论与实务的未来发展趋势，使其具有时代感和前瞻性；（2）既充分考虑会计国际协调的需要，又立足于中国的实际情况，使其具有中国特色和实用性；（3）既充分考虑财务会计专业知识的阐述，又立足于会计专业人才素质和能力的培养，使其具有知识性和针对性；（4）既充分考虑会计确认、计量、记录和报告等基本理论的论述，又立足于这些基本理论在我国的具体运用，使其具有知识的可延展性和实践性；（5）既充分考虑本课程在学科体系中承上启下的作用，又立足于对课程内容的合理定位，使其具有知识的衔接性和层次性；（6）既充分考虑课程内容的具体构成，又立足于课程内容的科学布局，使其具有内容的系统完整性和体系结构的合理性；（7）既充分考虑财务会计与其他学科的关系，又立足于财务会计知识体系的相对独立性，使其具有可读性和科学性。

《中级财务会计（第二版）》在第一版的基础上，以最新的企业会计准则和最新的税收法规等为基本依据，并参考《国际财务报告准则》的最新成果，对第一版的相关内容进行了全面修订。同时，根据2021年国家教材委员会印发的《习近平新时代中国特色社会主义思想进课程教材指南》，在《中级财务会计（第二版）》的每章安排了与本章内容相关的习近平新时代中国特色社会主义思想的材料，并拟定了一个研讨主题。全书共分十三章，第一章总论，主要论述财务会计的基本理论问题；第二至十二章，主要论述引起财务会计要素变动的基本经济业务的会计处理；第十三章，主要论述财务报表体系的构成及其编制。全书内容从理论到实务，从日常会计核算到期末结账并编制财务报表，从基本经济业务的会计处理到财务会计领域中的一些特殊问题，由浅入深，逐次展开，简明扼要，循序渐进。本书主要适用于普通高等学校会计学、财务管理专业本科主干课程的教学需要，也可作为高等教育会计学专业、财务管理专业自学考试的参考书，以及企业会计人员、财务经理和经济管理干部的岗位培训用书。为了方便广大读者学习和掌握中级财务会计的相关知识，提高学习效果，本教材本次修订出版时采用“纸质+数字化资源+互联网”的新形态教材模式，即在本教材纸质介质的相关知识点植入二维码，读者通过智能手机扫描二维码就可以获得与本教材配套的课件和观看中南财经政法大学中级财务会计课程团队老师的视频讲解。

作为国家级精品课程、国家级精品资源共享课程、国家级一流本科课程以及中国大学MOOC（慕课）的教材，《中级财务会计（第二版）》由中南财经政法大学会计学院中级财务会计教研室的教师编写。王昌锐担任主编，严静担任副主编，负责全书编写大纲的拟定和全书的总纂、修改和定稿。本书各章编写人员及分工如下：

第一章由汤湘希执笔；第二章由石中美执笔；第三章由季华执笔；第四章由王昌锐执笔；第五章由王昌锐执笔；第六章由王昌锐执笔；第七章由李燕媛执笔；第八章由沈烈执笔；第九章由严静执笔；第十章由刘东晓执笔；第十一章由陈丽红执笔；第十二章由谭艳艳执笔；第十三章由王昌锐执笔。

《中级财务会计（第二版）》在修订再版过程中，得到中南财经政法大学会计·财务系列教材编审委员会和中国财政经济出版社的大力支持和帮助，谨此一并深表谢意！

由于编者水平有限，书中难免有疏误之处，恳请广大读者批评指正，以便再版时修订。

您的宝贵意见请反馈至以下邮箱：wchr1974@ aliyun. com。

编　者

2022 年 5 月

目　录

第一章

总　　论

课件

中级财务会计的课程性质与特点

第一节　财务会计的涵义与特征

一、财务会计的涵义

会计作为人类经济管理中的一项活动，是随着社会生产的发展和经济管理的要求而产生、发展并不断完善起来的。早在原始社会末期，就有了人类对经济活动简单的计量与记录行为。如我国原始公社时代出现的结绳记事和简单刻记、古巴比伦出现的原始算板等，就是会计萌芽阶段的最初表现形态。当时这些简单的计量与记录行为，主要是为了计算劳动成果以及为劳动成果的分配服务而在生产时间之外附带进行的活动。自从人类在远古开始会计活动以来，会计活动经历了漫长的历史发展过程。随着社会经济的不断发展，生产力的不断提高，出现了社会分工和大量的剩余产品，产生了文字、数字和计量单位等记录和计算的基本手段。此时，会计才逐渐从生产职能中分离出来，由生产经营过程的附带职能成为独立的职能，形成一种专职、独立的管理经济活动的工作。

进入商品经济社会，为满足商品经济和贸易发展的需要，会计核算的内容和方法等发生了很大的变化，会计技术也获得了较大的发展。最早，会计主要是对经济活动进行记录，提供一些基本上没有加工或只是初步加工的信息。此时的会计只是一种簿记，而簿记本身又经历了一个由单式到复式的发展过程。在进入资本主义社会以后，随着商品规模的进一步扩大，孕育并推动了簿记方法的革命。会计逐步从简单的计量和记录行为，发展成为一门包括有完整的方法体系和科学严密的处理程序的会计学科。会计的目的也从仅仅是对财产的收支进行记录、为财产的分配服务发展到对经济活动的所得与所费进行比较、计算和反映经济活动的盈亏情况。15 世纪下半叶，复式簿记在商品经济发达的地中海沿岸城市已相当流行，其记账方法也较完备。1494 年，意大利数学家卢卡·帕乔利在《算术、几何、比与比例概要》一书的《簿记论》中全面系统地介绍了威尼斯的复式记账法，并从理论上给予了论证①。这使得复式簿记的优点及其使用方法很快为世人所认识，从而使它首先在欧洲，接着在全球范围内广为流传。复式记账法的产生和《簿记论》的问世，标志着现代会计的开始。

① 卢卡·帕乔利著．R. G. 布朗、K. S. 约翰斯顿（英文译），林志军等（中文译）：《簿记论》，立信会计出版社 2009 年版。

从19世纪开始，特别是进入20世纪之后，随着生产规模的扩大、市场竞争的加剧，会计的内容、形式、方法和技术都有了突飞猛进的发展。会计的一些新内容和组成部分，如成本计算、会计报表分析、货币计价的原则与方法等相继出现，复式簿记逐步演变成会计的记录部分。会计从对经济活动结果的记录、计量和报告，发展到对企业经济活动的全过程进行控制和监督、参与企业的决策、为强化企业内部经营管理服务。

20世纪50年代以后，随着企业组织制度的发展变化，特别是随着股份有限公司这种经济组织的形成和发展，出现了企业的所有者与经营者的分离、企业的所有权与经营权的分离。企业的所有者把资源委托给经营者运用，经营者则承担资源的受托责任并获取相应的报酬。这样，在每一个现代企业中就形成了以投资人、债权人为代表的企业外部利益关系集团和以管理当局为代表的企业内部利益关系集团。这两种不同类型的与企业有经济利益关系的集团基于不同的权益和责任，需要作出不同的决策，而不同的决策又需要不同的会计信息。正是由于现代企业客观上出现了两种不同类型的会计信息使用者，为了满足这两类不同信息使用者的需要，现代企业会计逐渐形成了相互配合又相对独立的两个分支——财务会计与管理会计。财务会计依据企业会计准则确认、计量、记录和报告企业的财务状况、经营成果和现金流量，并通过提供定期的财务报告，为企业的外部利益关系集团提供以财务信息为主的经济信息，帮助他们进行投资、信贷等理财决策；管理会计按管理学的理论与方法对企业经营活动进行决策、规划、控制和业绩考核，为企业管理当局提供经营管理信息，帮助他们进行经营决策、长期投资和全面的预算管理。

20世纪90年代以来，由于世界范围的经济竞争进一步加剧，导致世界经济秩序发生了巨大的变化和调整，呈现出世界经济一体化、地区经济集团化、全球贸易自由化的发展态势。随着国际资本市场的形成与发展，跨国公司的生产、销售、投资、融资作用的日趋扩大，会计已成为“国际商用语言”，它不仅要为本国的会计信息使用者服务，而且要为全球范围内的会计信息使用者服务。

由上可见，会计是商品经济的产物，随着商品经济特别是市场经济的发展，不同的会计信息使用者对会计信息的需求呈现多样化的趋势。正是在这种客观要求的推动下，现代会计便形成了企业会计、政府会计、非营利组织会计、税务会计等许多分支，其中，现代企业会计由既相互配合又各自独立的财务会计和管理会计构成。

在现代市场经济体系中，企业会计是现代会计的主体，或者说是典型的现代会计。这是因为在现代市场经济体系中，企业是国民经济的细胞和市场的主体，商品生产和劳务提供是在千千万万个企业中进行的。社会通过计划和市场把资源配置于每个企业，每个企业则必须运用社会配置的资源自主经营、自负盈亏、自我约束和自我发展。因此，在现代市场经济体系中，所有同企业经济活动有着利害关系的集团和个人，都会密切关注企业的经营、投资、理财等行为及其经济后果，以便各自作出相应的经济决策。那么，企业外部同企业有经济利益关系的集团和个人究竟根据什么来评价企业的业绩，并及时作出相关的科学决策呢？主要是根据企业财务会计所提供的以财务信息为主的经济信息系统。对决策有用的会计信息需要使用特殊的经济信息系统按照科学的程序和方法才能生成。财务会计就是在企业中设置的以财务信息为主的经济信息系统。按照系统论的观点，任何一个系统都是由若干个元素构成。财务会计系统就是由确认、计量、记录和报告等一系列元素构成，并形成一个有机的集合。该系统在运行过程中收集与企业生产经营全过程有关的“经济数据”，通过加工转换，使其可以用货币量化，从而反映企业的财务状况、经营成果和现金流量，成为可用于评价企业经营业绩和企业价值的“信息”。也就是说，财务会计作为一个经济信息系统，输入的是经济数据，产出的是以财务信息为主的经济信息。

综上所述，财务会计可定义如下：财务会计是指在企业范围内建立的一个依据企业会计准则，运用确认、计量、记录和报告等专门的程序与方法，着重向企业外部会计信息使用者提供以财务信息为主的经济信息系统。

二、财务会计的特征

如前所述，财务会计是在传统会计的基础上发展起来的一门独立的会计学科，它与管理会计一起共同构成现代企业会计。财务会计作为现代企业会计的一个重要分支，它与管理会计和传统会计相比较，既有共性，又有特性。财务会计的基本特征表现在如下五个方面。

（一）主要是向企业外部利益相关者提供信息

一般来说，财务会计信息的使用者，既包括企业外部信息使用者，也包括企业内部信息使用者，但企业外部的利益相关者，特别是企业的投资人、债权人、政府机构、环保组织和其他类似的信息使用者应是财务会计信息的主要使用者。

（二）信息传递的手段主要是财务报告

财务会计作为一个经济信息系统，输入的是经济数据，产出的是以财务信息为主的经济信息。财务会计生成的信息主要借助于通用的财务报告传递给企业外部信息使用者。财务报告由财务报表和其他相关报告组成，财务报表是财务报告的核心，财务报表主要提供企业特定时日的财务状况、一定期间的经营成果和现金流量的信息。

（三）由确认、计量、记录和报告等元素构成

财务会计作为一个经济信息系统，在进行数据的收集、分类、处理和加工的过程中，一切经济数据都必须依次通过上述程序，然后才能进入会计报表和其他财务报告。确认、计量、记录和报告是构成财务会计系统的基本元素（或环节），每一个元素（或环节）都有其特定的标准和方法。

（四）处理程序和方法必须符合企业会计准则的规定

在财务会计信息的提供者与使用者分离的情况下，为了保证财务会计信息的真实与公允、相关与可比，需要对财务会计的处理程序和方法进行规范。财务会计的规范形式是会计准则。目前我国企业财务会计的规范形式是《企业会计准则》和《小企业会计准则》。也就是说，企业财务会计的处理程序和方法必须符合《企业会计准则》或《小企业会计准则》等会计规范的规定。

（五）提供的信息主要是货币量化的历史信息

财务会计所处理的交易或事项，以及最后由财务报表反映的内容，都是企业经营过程中的资金运动。在市场经济条件下，货币具有价值尺度的职能，为了便于会计信息的比较和汇总，财务报表中的项目都是用货币金额来表示的。另外，财务报表中的数据都来自过去的交易或事项，它反映的是企业过去的财务状况、经营成果和现金流量，即主要是历史信息。应当指出，随着企业外部会计信息使用者对会计信息需求的进一步多样化和个性化，财务会计应着眼于会计信息用户，改进企业的财务报告，大力强化财务报表之外的其他信息的披露，其中尤其应增加非定量的经济信息、非货币计量的经济信息，以及企业现在和未来的经济信

息。20 世纪 80 年代末以来，美国以及英国、加拿大等国的社会各界对现行企业报告模式提出了强烈的批评。为了回应国内外各方面的批评和建议，美国注册会计师协会下属的财务报告特别委员会完成并提交了《改进企业报告——着眼于用户》的综合报告。这份报告提出了改进财务报告模式的建议，主张财务报告应从原来着重于财务信息扩展到非财务信息（如市场占有率、质量水平、客户满意程度、员工情况等），从原来着重于最终经营成果，扩展到企业的背景信息和前瞻性信息（如企业的经营目标和战略、产业结构对企业的影响、企业面临的各种机会和风险等），而且新增加的信息类型在企业财务报告中占有很大比重①。

第二节 财务会计的环境、目标与基本假设

一、财务会计的环境

财务会计概念框架与会计准则

从会计产生与发展的历史看，会计是环境的产物，有什么样的社会经济政治环境，就产生什么样的会计信息使用者；有什么样的会计信息使用者，就产生什么样的会计信息需求；有什么样的会计信息需求，就形成什么样的会计目标以及实现会计目标的会计程序与方法。因此，研究会计环境问题是研究所有会计问题的出发点。

财务会计环境是指财务会计所处时空的内部和外部的情况及条件。财务会计环境包括其所处时代的社会、经济、科技、政治、法律、文化和教育等各个方面的因素。这些环境因素或者是单个因素从某个方面对财务会计产生影响，或者是几个方面的因素综合性地对财务会计产生影响。

财务会计环境是一个动态的概念，财务会计环境在不同的国家、不同的历史时期有着不同的内容。在 21 世纪的今天，包括中国在内的世界各国的财务会计环境，已经或正在随着国际国内环境的变化，呈现出与传统会计环境完全不同的内容与特点。结合我国社会经济的发展与整个世界社会经济的发展来考察，我国财务会计所面临的社会环境主要体现在以下五个方面。

（一）高新技术及高新技术产业迅速发展

20 世纪 50 年代以后，随着计算机技术的飞速发展以及在各个领域的广泛运用，信息工程、生物工程、空间工程、海洋工程、新材料、新能源等高新科学技术领域已成为世界各国争相研究和开发的前沿，并且已经取得了许多令人瞩目的研究成果，形成了一大批新兴产业。特别是近年来，以网络技术为代表的信息技术更是以前所未有的速度迅猛发展，渗透到社会经济和人民生活的各个方面。随着高新科学技术的飞速发展和运用，一方面将会极大地改变着人类生存的环境和生活方式，企业的生产方式和经营方式；另一方面又对人文社会科学产生强烈的渗透和影响，从而加剧各类学科的分化交叉和重新组合。当然，毫不例外也对财务会计产生重大影响。

---

① 美国注册会计师协会财务报告特别委员会，陈毓圭主译：《论改进企业报告——美国注册会计师协会财务报告特别委员会综合报告》，中国财政经济出版社 1997 年版。

（二）经济全球化趋势日趋增强

从世界经济的发展潮流看，20 世纪 90 年代以来，由于世界范围的经济竞争进一步加剧，从而导致世界经济秩序正在发生巨大的变化和调整，呈现出世界经济一体化、地区经济集团化、全球贸易自由化的发展态势。随着经济全球化的形成，使原来在国家范围内所表现出来的社会生产总过程中的生产、分配、交换与消费关系，在全球范围内已形成一个总体，造成了比国家经济情况下还要复杂得多的包括财务会计在内的经济问题，客观上要求人们必须从全球范围去研究、解决经济运行机制和管理运行机制等方面的问题，尤其值得注意的是，经济全球化的趋势增加了对透明、可比、及时、可靠的高质量会计信息的强烈需求。这种需求对各国政府金融监管者和会计准则制定机构提出了新的挑战。

（三）资本市场进一步发展与完善

随着科学技术飞速发展和经济全球化的发展要求，使世界传统的资本市场在服务领域和服务手段等方面得到了进一步的发展。同时，促进了金融工具的不断创新和发展，出现了期货合约、期权合约、远期合约、掉期合约（调换合约）等新的金融工具。金融工具的不断创新和发展，对于扩大交易范围、增加交易数量、加速交易速度等，具有传统金融工具不可比拟的重要作用，从而极大地促进了资本流动国际化和投资融资多元化，成为推动现代社会经济发展的重要力量。

资本市场的进一步发展与完善，以及金融工具的不断创新与发展，必然改变了财务会计所面临的融资投资环境，并对传统财务会计的要素、原则、程序和方法产生强烈的冲击。

（四）政府高度重视会计工作的推动力量

改革开放以来，我国政府高度重视会计工作，为了规范会计行为，提高会计信息质量和透明度，先后制定了一系列会计法律法规。

1. 加强会计法制建设

我国的会计法律制度包括会计法律、会计行政法规和会计规章。《中华人民共和国会计法》（以下简称“《会计法》”）是中国会计法律制度中最高层次的法律规范，是制定其他会计法规的依据和指导会计工作的最高准则。《会计法》自 1985 年正式发布以后，根据改革开放和经济发展形势的需要，于 1993 年进行了第一次修正；为了使《会计法》更好地适应社会主义市场经济发展的需要，又于 1999 年进行了修订，并于 2000 年 7 月 1 日起施行。2017 年我国《会计法》进行了第二次修正，并于 2017 年 11 月 5 日起施行。我国在完成对《会计法》修订（修正）工作的同时，还加强了会计行政法规和会计规章的建设，初步建立了以《会计法》为中心的会计法律制度，使会计活动在法制的轨道上进行，保证了会计工作的质量。

2. 加快会计准则建设

为了适应我国社会主义市场经济发展的需要，统一会计核算标准，保证会计信息质量，财政部于 1992 年制定并发布了《企业会计准则——基本准则》，并于 1993 年 7 月 1 日起施行。其后，我国又加紧进行具体会计准则的制定和发布工作。截至 2021 年 12 月底，我国已发布了 43 项企业会计准则（1 项基本准则和 42 项具体会计准则）。这些会计准则的发布与实施，标志着一个既符合我国国情又与国际会计惯例相趋同的较为完整的中国会计准则体系已初步形成。

（五）财务会计环境的中国特色

我国当前还是一个发展中国家，在经济的发展程度、市场法则的成熟程度以及资本市场的规模及成熟程度等方面，均与西方发达国家还有一定的差距。另外，我国目前尚处于经济转轨时期，许多经济现象带有明显的中国特色，比如上市公司资产重组、资产置换、股权交换等不能简单地和发达国家的同类经济现象相对应。由于当前我国财务会计环境的特殊性，使得我国的财务会计在某些方面与国外还存在差异。

二、财务会计的目标

财务会计报告的目标

财务会计的目标是指在一定历史环境下，人们通过财务会计实践活动所想要达到的境地或标准。财务会计的目标取决于财务会计的本质及其所处的历史环境。

随着社会经济关系的日趋复杂，特别是企业组织制度的发展变化，会计信息使用者的范围不断扩大，对会计信息的数量和质量要求不断提高。在财务会计发展初期，主要是向企业的业主提供财务报表，而且财务报表也主要是反映资产的保管和使用情况。股份公司制度出现以后，财务会计突破了仅仅为企业业主服务的界限，财务报表不仅要向股东提供，而且要向债权人提供。随着股份公司规模的扩大和股东人员的剧增，尤其是股票上市公司的出现，财务报表还必须向社会公众提供。也就是说，财务会计不仅要向股东提供会计信息，满足股份公司的投资者了解企业的经营情况和投资决策的需要，而且还需要向债权人、客户和社会公众等企业利害关系者提供会计信息，以满足他们了解企业的经营情况和进行相关决策的需要。此外，企业是一个国家国民经济的细胞，企业的生产经营成果影响到国家的税收和国民经济的运行，政府有关部门为了运用宏观经济政策调控和干预经济运行过程，必然关注各个企业的生产经营活动，因此，也需要财务会计提供的反映企业财务状况、经营成果和现金流量的会计信息。随着经济全球化，特别是国际资本市场的形成和发展，会计信息的服务对象突破了国界，它不仅要为本国的投资者和债权人服务，而且要为全球范围的投资者和债权人服务。

财务会计的本质就是财务会计作为一个经济信息系统把各个会计主体生产经营活动的经济数据转化为以财务信息为主的经济信息，并将其提供给会计信息使用者。因此，财务会计的目标就是要解决财务会计应当向谁提供信息、为何提供信息、提供哪些信息三个问题。

我国的财务会计目标除了具有财务会计目标的一般属性外，还具有其自身的特征。也就是说，我国的财务会计目标还应与中国特色社会主义市场经济体制相适应，还应考虑我国财务会计环境的特殊性。我国的财务会计目标与世界其他国家的财务会计目标一样，是对会计主体的经济活动进行核算与监督，提供反映会计主体经济活动的信息。但是，中国特色社会主义市场经济体制又对财务会计目标提出了新的要求，增添了新的内容。在我国，会计信息既要满足企业外部利害关系人了解企业财务状况、经营成果和现金流量的需要，又要满足国家宏观经济管理和调控的需要，因此，我国财务会计的目标可概括为：向投资者、债权人、政府及其有关部门和社会公众等财务会计报告使用者提供与企业财务状况、经营成果和现金流量等有关的会计信息，反映企业管理层受托责任履行情况，有助于财务会计报告使用者作出经济决策。

投资者是企业财务报告的最主要的使用者。因此，满足投资者的信息需求也是财务报告编制的首要出发点。这是由投资者在企业利益相关者中的特殊地位所决定的，也是保护投资者利益和发展市场经济的必然要求。根据对投资者决策有用的目标，财务报告提供的信息应有助于现有的和潜在的投资者正确、

财务会计报告的使用者

合理地评价企业的资产质量、偿债能力、盈利能力和运营效率，有助于他们评估企业未来现金流入和流出的数量、时间和不确定性。因此，财务报告所提供的信息应能如实反映企业的经济资源，对这些资源的要求权及其要求权的增减变动，企业的收入、费用、利得和损失的金额及其动态，以及企业各项经营活动、投资活动和筹资活动所产生的现金流入与现金流出情况及其变动趋势。

债权人、政府及其有关部门和社会公众等也是企业财务报告的使用者，它们对企业财务报告信息的使用既区别于投资者，又各具侧重点。企业的贷款人、供应商等债权人主要关心企业的偿债能力和财务风险，他们需要那些能用来评估企业能否按期支付贷款本金及其利息或所欠购货款的信息；政府及其有关部门作为经济管理和经济监管部门，主要关心经济资源的分配是否公平、合理，市场的运行是否公正、有序，宏观决策所依据的信息是否真实、可靠等，因此，它们需要那些能用来监管企业的有关活动（尤其是经济活动）、有助于制定税收政策、进行税收征管以及国民经济统计等方面的信息；社会公众对企业生产经营活动的关注主要侧重于企业对所在地经济所作出的贡献，如增加就业、刺激消费、提供社区服务等，因此，他们主要关注有关企业发展前景及其能力、经营效益及其效率等方面的信息。尽管如此，我们也应看到，债权人、政府及其有关部门和社会公众等对财务报告信息的许多需求又是共同或相似的。满足投资者决策需要的信息，也基本上能够满足其他信息使用者的经济决策需求。

实际上，企业的投资者和债权人与管理层之间还因投资与筹资活动存在委托代理关系，在这种委托代理关系中，企业的管理层对投资者和债权人负有受托责任，接受他们的委托代其经营管理企业及其各项资产，有责任妥善保管并合理、有效地运用这些资产，保证资产的安全完整，谋求资产的保值和增值。因此，企业的投资者和债权人需要及时或经常性地了解企业管理层保管、使用资产的情况，以便于评价企业管理层受托责任的履行情况，并据以决定是否调整其投资或信贷政策，是否需要加强企业内部控制和其他制度建设，是否需要更换管理层等。所以，企业财务报告提供的信息还应当有助于企业的投资者和债权人正确评价企业管理层受托责任的履行情况。

应当指出，财务报告提供的信息对企业内部管理当局也是有用的，但企业管理当局不是财务报告的主要使用者。企业内部各个管理层次的管理部门所需要的是能有助于其进行经营决策、长期投资和全面预算管理的信息，而这些信息主要是由管理会计提供的。当然，本企业的财务报告信息对于管理会计信息的加工与处理，也是必要的资料来源。尽管如此，我们认为为企业内部经营管理提供信息是管理会计的目标，而不是财务会计的目标，这也正是财务会计与管理会计的差别之一。

三、财务会计的基本假设

财务会计的基本假设是根据客观的和常见的情况，对会计核算所处的时间、空间环境等所作的合理设定。会计核算对象的确定、会计政策的选择和会计数据的搜集都要以财务会计的基本假设为依据。这些基本假设包括：会计主体、持续经营、会计分期和货币计量。

（一）会计主体

会计主体，又称为会计实体、会计个体，是指会计信息所反映的特定单位或者组织，它规范了会计工作的空间范围。

财务会计的目标是要向企业外部利益相关者提供反映某一特定个体——会计主体的财务状况、经营成果和现金流量的会计信息，为其进行投资、信贷及其他有关经济决策服务，以及向政府有关部门提供国家进行宏观经济调控和管理所需要的会计信息。财务会计所要反映的总是特定对象的信息，因此，只有明确规定会计主体，将会计主体与包括所有者在内的其他经济实体区别开来，才能保证会计核算工作的正常开展，实现会计的目标。

在会计主体假设下，会计核算应当以特定会计主体发生的各项交易或事项为对象，记录和反映其自身的各项生产经营活动。会计主体假设，为会计人员正确判断各项交易或事项、合理选择会计处理方法和会计处理程序提供了依据。这是因为：第一，明确会计主体，才能划定会计所要处理的各项交易或事项的范围。在会计核算工作中，只有那些影响特定会计主体自身经济利益的各项交易或事项才能加以确认和计量。会计核算工作中通常所讲的资产、负债的确认，收入的取得，费用的发生，都是针对特定会计主体而言的。第二，明确会计主体，才能把握会计处理的立场。企业作为一个会计主体，对外销售商品时（暂不涉及增值税），形成一笔收入，同时增加一笔资产或者减少一笔负债，而不是相反；采购材料时，导致现金减少、存货增加，或者债务增加、存货增加，而不是相反。第三，明确会计主体，才能将特定会计主体的经济活动与会计主体所有者的经济活动区分开来。例如，由自然人所创办的独资企业或合伙企业，不具有法人资格，企业的资产和负债在法律上被视为业主或合伙人的资产和负债，但在会计核算上必须将企业作为一个会计主体，以便将会计主体的经济活动与会计主体所有者的经济活动区分开来，以真实地反映特定会计主体的财务状况、经营成果和现金流量。

会计主体不同于法律主体。一般而言，法律主体往往是一个会计主体。例如，一个企业作为一个法律主体，应当建立会计核算体系，独立地反映其财务状况、经营成果和现金流量。但是，会计主体不一定是法律主体。例如，在企业集团，一个母公司拥有若干个子公司，企业集团在母公司的统一领导下开展生产经营活动。母、子公司虽然是不同的法律主体，但是为了全面反映企业集团的财务状况、经营成果和现金流量，就有必要将这个企业集团作为一个会计主体来编制合并财务报表。

（二）持续经营

持续经营，是指在可以预见的将来，企业将会按当前的规模和状态继续经营下去，不会停业，也不会大规模削减业务。在持续经营前提下，会计核算应当以企业持续、正常的生产经营活动为前提。

企业是否持续经营，在会计原则、会计方法的选择上有很大差别。一般情况下，应当假定企业将会按当前的规模和状态继续经营下去，不会停业，也不会大规模削减业务。明确这个基本前提，就意味着会计主体将按照既定用途使用资产，按照既定的合约条件清偿债务，会计人员就可以在此基础上选择会计原则和会计方法。例如，一般情况下，企业的固定资产可以在一个较长的时期内发挥作用，如果可以判断企业会持续经营，就可以假定企业的固定资产会在持续经营的生产经营过程中长期发挥作用，并服务于生产经营过程，固定资产就可以根据历史成本等进行记录，并采用折旧的方法，将历史成本分摊到各个会计期间或相关产品的成本中。如果判断企业不会持续经营，固定资产就不应采用历史成本进行记录并按期计提折旧。

由于持续经营是根据企业发展的一般情况所作的设定，而任何企业都存在破产、清算的风险，也就是说，企业不能持续经营的可能性总是存在的。为此，需要企业定期对其持续经营基本前提进行分析和判断。如果持续经营假设不再成立，企业就应当改变会计核算的原则和方法，并在财务会计报告中作相应披露。

（三）会计分期

会计分期，又称会计期间，是指将一个企业持续经营的生产经营活动划分为一个个连续的、长短相同的期间。

会计分期的目的是，将持续经营的生产经营活动划分成连续、相等的期间，并据以结算盈亏，按期编报财务会计报告，从而及时向各方面提供有关企业财务状况、经营成果和现金流量的信息。依据会计分期假设，企业进行会计核算时应当划分会计期间，分期结算账目和编制财务会计报告。会计期间分为年度、半年度、季度和月度。半年度、季度和月度均称为会计中期。

根据持续经营假设，一个企业将要按当前的规模和状态持续经营下去。因此，要最终确定企业的生产经营成果，只能等到若干年后企业歇业之时。但是，企业的生产经营活动和投资决策需要及时的信息，需要将企业持续经营的生产经营活动过程人为地划分为一个个连续的、长短相同的期间，分期核算和反映。

会计分期假设对会计核算有着重要影响。由于会计分期，才产生了当期与其他期间的差别，从而出现权责发生制和收付实现制的区别，才使不同类型的会计主体有了记账的基准，进而出现了应收、应付、递延、预提、待摊等会计处理方法。

最常见的会计期间是一年，以一年确定的会计期间称为会计年度，按年度编制的财务会计报告也称为年报。在我国，会计年度自公历每年的 1 月 1 日起至 12 月 31 日止。为满足人们对会计信息的需要，也要求企业按短于一个完整的会计年度的期间编制财务会计报告，如要求上市公司每个季度提供一次财务会计报告。

（四）货币计量

货币计量，是指会计主体在会计核算过程中采用货币作为计量单位，计量、记录和报告会计主体的生产经营活动。

会计核算过程中以货币作为计量单位，可以综合、全面地反映企业的生产经营和业务收支等情况。当然，统一采用货币尺度，也有不足之处，因为影响财务状况和经营成果的因素，并不是都能用货币来计量的，比如，企业经营战略、信誉度、企业的地理位置、企业的技术开发能力，等等。为了弥补货币计量的局限性，企业可采用一些非货币指标作为会计报表的补充。

依据货币计量假设，我国企业的会计核算应以人民币为记账本位币。业务收支以人民币以外的货币为主的企业，可以选定其中一种外币作为记账本位币，但是编报的财务会计报告应当折算为人民币。在境外设立的中国企业向国内报送的财务会计报告，应当折算为人民币。

货币计量假设隐含了币值稳定的假设。所谓币值稳定就是指单位名义货币所代表的购买力是稳定不变的，或虽有上下波动，但幅度很小，可相互抵销、忽略不计。会计核算通常是以名义货币作为计量单位的，单位名义货币的购买力应当是稳定不变的，否则，计量行为就无法正常进行。如果出现明显的通货膨胀，币值稳定这一假设便不再成立，与之相关的会计计量、记录和报告程序也应随之改变，即应采用物价变动会计的理论和方法进行会计的计量、记录和报告。

上述财务会计的四大假设是紧密联系的。会计主体假设规定了会计核算的空间范围，持续经营假设和会计分期假设规定了会计核算的期间和时间，货币计量假设为会计核算提供了计量工具，它们共同构成了财务会计核算的基本前提。

第三节　财务会计的要素与系统结构

一、财务会计的要素

财务会计的要素

财务会计要素一般简称会计要素，是对会计对象进行的基本分类①。作为反映企业财务状况和经营成果的基本单位，会计要素又是会计报表的基本构件。会计要素可以划分为反映企业财务状况的会计要素和反映企业经营成果的会计要素。

（一）反映企业财务状况的会计要素

反映企业财务状况的会计要素包括资产、负债和所有者权益。它们直接关系到企业财务状况的计量。

1. 资产

资产是指企业过去的交易或者事项形成的、由企业拥有或者控制的、预期会给企业带来经济利益的资源②。资产具有以下三个特征。

（1）资产预期能给企业带来经济利益。这一特征包括两层含义：第一，它具有能为企业产生现金净流入的能力。这种能力体现在：可用来换取现金或其他产品或劳务；用来生产产品或劳务，或增加其他资产的价值；用来清偿债务。按照这一特征，判断一个项目是否构成资产就要看它是否蕴含着潜在的未来经济利益。那些不具有潜在的未来经济利益的项目和由于种种原因丧失了潜在未来经济利益的项目，都不能作为资产。如长期积压的已失去价值的存货，已经没有未来经济利益，不应作为资产。第二，这种“预期”是指在未来不确定的经济环境下，能够合理地作出估计，而非肯定的判断。因此，资产蕴含的经济利益具有不确定性。这种不确定性将影响资产的计量，但却不会改变资产的性质。例如，企业建造一条生产线，建造时，预期会产生效益。建成投产后，由于市场或技术的变换，产品可能无销路。这种不确定性在建造时已存在，但在建造时，预期能带来未来经济利益，因此属于企业的资产，未来环境的变化只是使其价值产生了波动。

（2）资产是企业拥有或控制的资源。美籍著名会计学家井尻雄士（Yuji Ijiri）在1967年《会计计量的基础》一书中指出，会计并不计量所有的经济资源，而仅计量在某一企业控制之下的经济资源。因此，资产提供未来经济利益的能力具有排他性。虽然提供未来经济利益的某一特定资源，可以同时为两个或两个以上的主体分别提供利益，但是资产并不能同时为几个主体所控制。

在判断一项资源是否为企业拥有或控制时，我们经常要考虑法定所有权。如在途存货，

① 具体内容可参阅唐国平著：《财务会计对象要素研究》，东北财经大学出版社2003年版。

② 对资产定义的界定，可参阅IASB于2018年3月发布的《财务报告的概念框架》的修订版。

是买方或是卖方的资产，判断的依据是法定所有权。如果是目的地交货，所有权归卖方，是卖方的资产；如果是起运点交货，则所有权归买方，是买方的资产。但是，法律上的所有权概念并不是会计上确认一项资产的必要条件。

（3）资产是由过去的交易或事项形成的。资产必须是过去交易或事项的结果，或者是导致企业能获得这项利益的交易或事项已经发生。企业已经购置的生产设备，构成企业的资产，因为它是一项购销业务的结果。预算中准备购置的生产设备，由于交易尚未发生，则不属于企业的资产。

2. 负债

负债是指企业过去的交易或者事项形成的、预期会导致经济利益流出企业的现时义务[①]。负债具有以下三个方面的主要特征。

（1）负债是由于过去的交易或事项所产生。负债是由于过去的交易或事项所产生，即导致负债的交易或事项必须是已经发生，而且企业已经为这些发生的负债承担责任时，会计上才能确认为负债。比如，某企业某日向银行借入期限为6个月的借款并已存入银行，此项交易发生后，意味着企业现在也就承担了在6个月后必须偿还本息的责任。

（2）负债是一种强制性的义务或责任。到期偿还负债是法律、合同或其他具有法律效力的文书所赋予的强制责任。比如，企业向银行取得借款，必须签订具有法律效力的借款合同，合同将明确规定企业到期偿还本息，如果到期不能偿还本息，则需要由担保人偿还或拍卖原抵押物品以偿还债务；再比如，企业赊购商品，必须按照《中华人民共和国合同法》的要求签订购销合同，合同将明确购销双方的责任和义务，其中必须包括债务人按期偿付货款的责任，如果债务人到期不履行偿债义务，将按照相关的法律要求进入司法程序以保障债权人的合法权益。

（3）负债通常在未来特定日期通过交付资产或提供劳务进行清偿。企业所承担的负债，在未来必须以资产或提供劳务以及举借新的负债来偿还。不管以何种形式偿还负债，均代表着企业未来经济利益的流出或牺牲。

3. 所有者权益

所有者权益是指企业资产扣除负债后由所有者享有的剩余权益。与负债相比，所有者权益具有以下四个方面的主要特征。

（1）所有者权益不具有优先性。通常情况下，债权人要求支付利息和偿还本金的权利在所有者之前，所有者权益对企业资源的要求权次于负债。

（2）所有者权益不具有固定性。负债到期日应支付的本金金额一般是固定的，其所支付的利息通常是按照一定的利率计算。相比之下，对所有者所支付的股利往往要视期间损益、留存收益和可供分配的现金的数额而定。

（3）所有者权益所产生的义务不具有法定偿还性。债权人要求权的到期日通常是依法或依约事先确定的，会计主体的负债一旦产生，就形成了法定义务，到期必须依法或依约进行清偿；而所有者权益并不代表企业的法定义务，应付股利（利润）也仅仅在宣告之后才能视为企业的负债。

---

① 对负债定义的界定，可参阅IASB于2018年3月发布的《财务报告的概念框架》的修订版。

（4）所有者权益不具有时间性。对负债的偿还，一般都有明确的法律规定及偿还时间，其使用期限是有时间约束的；而所有者权益是一种永久性资本，除非发生减资、清算，投资者不得中途以任何形式抽回。

（二）反映企业经营成果的会计要素

反映企业经营成果的会计要素包括收入、费用和利润。它们直接关系到企业经营成果的计量。

1. 收入

收入是指企业在日常活动中形成的、会导致所有者权益增加的、与所有者投入资本无关的经济利益的总流入。收入具有以下四个方面的特征。

（1）收入是企业日常活动中形成的，而不是偶发的交易或事项形成的。所谓企业的日常经营活动，是指企业为完成其经营目标而从事的经营活动及相关的其他活动。不同的企业，其日常经营活动有所不同。如工业企业的日常经营活动是产品的生产及其购销活动，商品流通企业的日常经营活动是商品的购、销、调、存活动，金融企业的日常经营活动是存款和贷款活动等。即使是同一行业的不同企业，其日常经营活动也不尽完全相同。但是，不论企业的日常经营活动有何不同，都具有如下两个特征：其一，日常经营活动是企业主要的、核心的业务活动，即主营业务；其二，日常经营活动是企业经常的、连续的活动，即不是偶然的活动。在会计上，区分日常经营活动和偶发活动主要有两个方面的意义：一是确定收入的性质以便于分析企业全部收益的构成；二是便于会计上对不同的收入予以确认、计量和记录。

（2）收入可能导致企业资产的增加，也可能导致企业负债的减少，或两者兼而有之。收入的实现过程，一般表现为等价交换的过程。企业在销售商品、提供劳务的同时，一般会得到等价的补偿物，可能表现为资产的增加，如增加银行存款、应收账款等；也可能表现为负债的减少，如以商品抵偿债务；或者两者兼而有之，如销售商品过程中，收取部分现金，用一部分商品抵偿债务。如果一项商品销售或劳务提供业务没有导致资产的增加或负债的减少，通常不能确认为收入的实现。但须特别注意的是，资产的增加或负债的减少并不完全是收入实现带来的，如企业接受资产捐赠、没收逾期包装物的押金等，前者可导致资产的增加，后者可导致负债的减少，但均不是收入的实现。但有一点是肯定的，收入的实现，必然会导致资产的增加或负债的减少，或两者兼而有之。

（3）收入最终导致所有者权益的增加。如前所述，收入可能导致企业资产的增加，也可能导致企业负债的减少或两者兼而有之，根据“资产 = 负债 + 所有者权益”这一会计等式可知，这最终将导致所有者权益的增加。但企业实现的收入，在扣除相关的成本、费用后，即可能表现为利润，也可能表现为亏损。企业实现的利润最终将转入未分配利润中，而未分配利润又是所有者权益的重要组成部分，因此，必然会增大所有者权益。但如果是亏损，最终将导致所有者权益的减少。所以，特别值得注意的是，此处仅指收入本身必然会导致所有者权益的增加，而不是指收入扣除相应成本、费用后的利润对所有者权益的影响；同时，收入的增加必然导致所有者权益的增加，但所有者权益的增加并不只是收入的实现，如前所述，接受捐赠资产、所有者追加投资均可增加所有者权益，但均不是收入的实现。

（4）收入只包括本企业经济利益的流入，不包括为第三方或客户代收的款项。企业为第三方或客户代收的款项，如增值税、代收利息等，一方面增加企业的资产，另一方面增加企业的负债，因此不增加企业的所有者权益，也不属于企业的经济利益，不能作为本企业的收入。

2. 费用

费用是指企业在日常活动中发生的、会导致所有者权益减少的、与向所有者分配利润无关的经济利益的总流出。费用代表企业为取得一定收入或进行其他经营活动所发生的资源的牺牲，具体表现为资产的流出或负债的增加，最终导致所有者权益的减少。费用具有以下四个方面的特征。

（1）费用代表企业资源的不利变化，即资源的减少或牺牲。费用与流入企业未来经济利益所形成的收入相反，其发生具体表现为企业实际发生的现金或非现金流出，如支付工资、发生费用、消耗材料和机器设备等，最终都会导致企业的资源耗费。

（2）费用是企业在日常经营活动中发生的经济利益的流出，而不是从偶发的交易或事项中发生的经济利益的流出。企业以银行存款支付广告费、以银行存款支付职工工资、金融企业支付客户存款利息等所发生的经济利益的流出等属于费用。有些交易或事项虽导致企业经济利益的流出，但由于不属于企业的日常经营活动，所以其经济利益的流出不属于费用，如企业毁损固定资产的净损失。

（3）费用可能表现为资产的减少或负债的增加，或两者兼而有之。费用发生的形式多种多样，既可能表现为资产的减少，如用银行存款支付职工的差旅费、广告费等；也可能表现为负债的增加，如负担长期借款利息；还可能是两者的结合，如接受提供劳务时支付部分现金，同时承担债务。

（4）费用将最终引起所有者权益的减少。一般而言，企业的所有者权益会随着收入的增加而增加，而费用的发生会减少企业的所有者权益。但在企业的日常经营过程中，有两类支出的发生是不能作为费用的：一是偿还债务所发生的资源流出，该项支出的发生仅仅是一项资产和一项负债的等额减少；二是企业向所有者分配的利润或现金股利，虽然该项业务会减少所有者权益，但其性质属于利润分配，不能作为费用。

3. 利润

利润是指企业在一定会计期间的经营成果。在会计实务中，一般都将利润定义为收入和费用之间的差额。

在界定利润的具体组成部分时，则存在着两种不同的观点：本期利润观和总括利润观。本期利润观认为，企业的利润只能来自企业当期的经营活动，即利润应是当期营业收入和当期营业支出相抵减的结果。总括利润观认为，利润是企业在报告期内除与业主往来外的一切净权益的变动，它是由期末、期初净资产的比较确定的，它不仅包括营业收入和营业支出相抵后的差额，也包括非营业利润。非营业利润包括利得和损失等。利得是指由企业非日常活动所形成的、会导致所有者权益增加的、与所有者投入资本无关的经济利益的流入。损失是指由企业非日常活动所形成的、会导致所有者权益减少的、与向所有者分配利润无关的经济利益的流出。

在我国会计实务中，利润是指企业在一定会计期间的经营成果，包括营业利润、利润总额和净利润。①

上述会计六要素是我国会计准则对会计要素的划分及界定，这种划分及界定既取决于财务会计对象的具体内容，又要反映会计目标的要求，并受会计基本假设的制约。由于各国对财务会计目标的定位不同，对会计基本假设的理解存在差异，因此，各国对财务会计要素的划分和界定也有所不同。如 FASB 发布的财务会计概念框架第 6 号《财务报表的要素》将会计要素分为 10 个，分别为资产、负债、所有者权益、收入、费用、利得、损失、业主提款、业主投资和全面收益；IASB 发布的《财务报告的概念框架》则只有资产、负债、所有者权益、收入和费用五个要素。

二、财务会计的系统结构

前已述及，财务会计作为一个经济信息系统是由确认、计量、记录和报告等一系列元素（或环节）所构成的。每一个元素（或环节）既各司其职又相互配合，形成一个有机的整体，共同履行财务会计的职能，实现财务会计的目标。

（一）确认

确认是指决定将交易或事项中的某一项目作为一项会计要素加以记录和列入财务报表的过程，是财务会计的一项重要程序。确认的定义有三层含义，或者说确认需要解决三个问题：（1）应否确认。即决定是否应该对交易或事项中的某一项目进行记录；（2）如何确认。即决定以什么会计要素予以记录；（3）何时确认。即决定在什么时间予以记录。

确认应该包括在记录中的初始确认和在报表中的最终确认，前者是指在交易或事项发生时，决定将某一项目确定为资产、负债、所有者权益、收入、费用和利润等要素加以记录；后者是指将记录过程中已确认的项目计列为财务报表中的某一项要素。例如，对于一项资产或负债，不仅要记录该项目的取得或发生，还要记录其后所发生的变动，包括在财务报表中的出现、消除和转移等。

每一个项目的确认，都需要由相关的会计准则加以规范。也就是说，要按照相关会计准则规定的确认标准予以确认。

我国现行《企业会计准则——基本准则》对会计要素规定了具体的确认标准。概括起来，主要包括三个方面：（1）符合某项要素的定义；（2）有关的经济利益很可能流入或流出企业；（3）有关的经济利益的金额或相关的成本（或价值）能够可靠地计量。尽管上述确认标准具体表述不同，但都有两个共同的特点：一是符合要素的定义和能够可靠地计量是确认标准中最基本或最重要的标准；二是目前所提出的确认标准给实务操作留有较大的选择余地。

（二）计量

计量是为了在账户记录和在财务报表中确认、计列有关财务报表要素，而以货币或其他度量单位确定其货币金额或其他数量的过程。计量主要是解决如何对会计要素在记录时和在报表中进行数量描述的问题。

财务会计的计量

计量主要由计量单位和计量属性两个要素所构成，这两个要素之间的不同组合形成了不

① 关于营业利润、利润总额、净利润的计算，请参考本书后面章节的内容。特此说明。

同的计量模式。

财务会计在计量过程中主要是以货币为基本计量单位，而在采用货币计量单位时又有两种选择；一是采用名义货币，即不考虑货币币值（购买力）的变动，一律按不同时期同种货币的面值作为计量单位；二是采用货币的不变购买力，即以某个时期货币的购买力为不变价格货币，以折算后的不变价格货币作为计量单位。按照国际惯例，计量单位通常采用各国法定的名义货币作为计量单位；而当一国发生恶性通货膨胀时（如三年累计的通货膨胀率接近或超过 100%），也可采用不变购买力作为计量单位，以消除货币购买力的变化对企业财务信息产生的影响。

计量属性也称计量基础，是指会计要素可用货币计量的各种特性。可用于计量的属性有历史成本、重置成本、可变现净值、现值、公允价值。

由于历史成本在使用中具有可靠性、简便性和可验证性等优点，所以，长期以来财务会计一直把历史成本作为其基本的计量属性。然而，由于历史成本在相关性方面具有明显缺陷，于是，会计界陆续提出了重置成本、可变现净值、现值、公允价值等其他的计量属性。我国现行《企业会计准则——基本准则》要求，企业在对会计要素进行计量时，一般应当采用历史成本。采用重置成本、可变现净值、现值、公允价值的，应当保证所确定的会计要素的金额能够取得并可靠计量①。

计量单位与计量属性的不同组合，便形成各种不同的计量模式。财务会计运用的主要计量模式有：（1）历史成本/名义货币；（2）历史成本/不变购买力；（3）现行成本/名义货币；（4）现行成本/不变购买力。一般来说，第（1）种计量模式是当前财务会计通用的计量模式，其他几种计量模式则是在物价发生剧烈变动时，才允许采用或应该采用的计量模式。

（三）记录

记录是指将经过确认与计量的项目在账户中正式予以记载的过程。记录作为一个过程，由若干个程序所组成，一般包括：（1）根据对交易或事项进行确认与计量的结果编制会计分录；（2）将会计分录记载的内容登记至有关账户；（3）期末按照权责发生制的要求编制调整分录，调整某些账户记录的内容；（4）期末编制结账分录，将损益账户的余额减至为零；（5）期末结算出各账户的本期发生额及期末余额。

（四）报告

报告是指以财务报表或其他财务报告的形式汇总日常确认、计量和记录的结果，向会计信息使用者提供反映企业财务状况、经营业绩和现金流量信息的过程。报告作为一个过程，包括编制财务报告和对外报送或公告财务报告两项内容。前者是生成以财务信息为主的经济信息，后者是提供以财务信息为主的经济信息。

综上所述，财务会计的系统结构可用图 1－1 表示。

① 财政部 2014 年 7 月 23 日发布的修订后的《企业会计准则——基本准则》将原准则的第四十二条第五项修改为："（五）公允价值。在公允价值计量下，资产和负债按照市场参与者在计量日发生的有序交易中，出售资产所能收到或者转移负债所需支付的价格计量。"

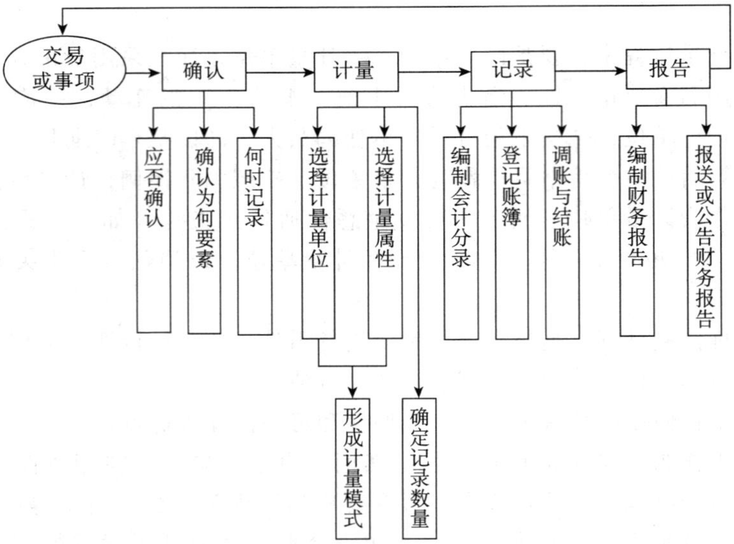

图 1－1　财务会计的系统结构图

第四节　财务会计信息及质量特征

一、财务会计信息的内容和形式

财务会计报告的构成

前已述及，财务会计是一个经济信息系统，其主要目标是通过会计确认、计量、记录和报告的过程，向企业外部利害关系人提供对其进行投资、信贷及其他有关经济决策有用的信息，以及向政府有关部门提供国家进行宏观经济调控和管理所需要的会计信息。

财务会计信息是经济信息的一个组成部分。就其一般内容来看，财务会计信息主要是以货币计量的信息，它反映资金的特征及其运动过程和结果，这是由财务会计对象的特殊性以及会计信息系统自身的特点所决定的。就其具体内容来看，财务会计信息取决于财务会计的目标。根据我国财务会计目标的定位，财务会计信息的内容可概括如下：（1）有关企业财务状况的信息，即企业在某一特定日期资产、负债和所有者权益的构成及其比例关系的信息；（2）有关企业经营业绩的信息，即企业在一定会计期间所取得的收入、发生的费用以及所取得的财务成果的信息；（3）有关企业现金流量的信息，即企业在一定会计期间各类经济活动所带来的现金流入、导致的现金流出以及现金流入流出相抵销后净增减变动的信息；（4）其他信息，即除了有关企业财务状况、经营业绩和现金流量信息以外的对企业外部利害关系人和国家政府有用的会计信息。

企业对上述财务会计信息的提供是通过定期编报财务报告来完成的。也就是说，编报财务报告是企业提供财务会计信息的主要手段，财务报告是财务会计信息的外在表现形式。在我国，财务报告又包括财务报表（资产负债表、利润表、现金流量表、所有者权益变动表）和财务报表附注，它们对财务会计信息的表述方式各有特点。

二、财务会计信息的质量特征

财务会计信息的质量特征

财务会计的目标在于为现在和潜在的投资者、债权人、政府部门以及其他用户提供有用的会计信息，以便他们作出合理的投资、信贷、宏观调控和其他相关的决策。因此，财务会计信息的质量是财务会计目标能否实现的决定性因素。财务报告是财务会计作为一个信息系统对外提供的“产品”，该“产品”的质量优劣取决于财务报告提供的会计信息对使用者的有用性及其程度。

财务会计信息的质量特征是指财务报告提供的会计信息对使用者有用的各种属性。财务会计信息究竟有哪些质量特征？这些质量特征的内涵是什么？它们相互之间有什么关系？由于各国会计信息使用者的组成不同和对会计信息内容的需求不同，因而各国关于上述问题的解释既有相同点，也存在一定的差别。下面仅介绍我国企业会计准则中关于财务会计信息质量特征的主要观点。

我国《企业会计准则——基本准则》在第二章明确提出了会计信息的质量要求，主要包括可靠性、相关性、可理解性、可比性、实质重于形式、重要性、谨慎性和及时性。它们分别从不同方面对会计信息的质量提出了原则要求，实质上构成了对财务报告使用者决策有用信息应具备的基本特征。

1. 可靠性

可靠性是指企业应当以实际发生的交易或者事项为依据进行会计确认、计量和报告，如实反映符合确认和计量要求的各项会计要素及其他相关信息，保证会计信息真实可靠，内容完整。

可靠性是对会计核算的基本要求，也是评价会计信息的首要标准。根据可靠性的要求，企业应当以实际发生的交易或者事项为依据，按照《企业会计准则》或《小企业会计准则》的规定，正确选择、运用会计原则和方法进行确认与计量，将符合会计要素定义及其确认条件的资产、负债、所有者权益、收入、费用、利润等如实反映在财务报表中，不得对虚构的或尚未发生的交易或事项进行确认、计量和报告，也不能随意地遗漏或者减少应予确认、计量和报告的信息，保证会计信息能够如实反映企业的财务状况、经营成果和现金流量，使之具有可验证性、中立性和完整性。

我国现行《会计法》规定：“各单位必须根据实际发生的经济业务事项进行会计核算，填制会计凭证，登记会计账簿，编制财务会计报告。任何单位不得以虚假的经济业务事项或者资料进行会计核算。”“会计凭证、会计账簿、财务会计报告和其他会计资料，必须符合国家统一的会计制度的规定。”“任何单位和个人不得伪造、变造会计凭证、会计账簿及其他会计资料，不得提供虚假的财务会计报告。”这些规定是《会计法》从法律角度对会计核算依据、会计核算资料和会计信息所作出的基本要求，也是保证会计信息可靠性的基本前提。

2. 相关性

相关性是指企业提供的会计信息应当与财务报告使用者的经济决策需要相关，有助于财务会计报告使用者对企业过去、现在或者未来的情况作出评价或者预测。

相关性是会计信息决策有用性的重要前提。相关的信息首先要有助于财务报告使用者判断企业未来的财务状况、经营成果和现金流量，即应当具有预测价值，有益于他们的正确决策。同时，相关的信息还应能够帮助财务报告使用者评价过去的决策，证实或者修正过去的有关预测，即应当具有反馈价值。

相关性要求企业在生成和提供会计信息的过程中，应当充分考虑各种不同类型财务报告使用者的决策模式及其信息需求，提供对有关各方都具有有用性的会计信息。我国《企业会计准则——基本准则》要求，企业应当向投资者、债权人、政府及其有关部门和社会公众等财务会计报告使用者提供与企业财务状况、经营成果和现金流量等有关的会计信息，反映企业管理层受托责任履行情况，有助于财务会计报告使用者作出经济决策。

需要指出的是，可靠性和相关性是决策有用信息的主要质量特征，两者既对立又统一。会计信息的有用性是相关性与可靠性的函数，相关性与可靠性两者不可或缺，“信息要有用，还必须可靠。当其没有重要差错或偏向，并能如实反映其所拟反映或理当反映的情况而能供使用者作依据时，信息就具备了可靠性。信息可能会具有相关性，而在性质或反映上却不可靠，致使确认这种信息有可能使人发生误解。”① 会计信息既要相关，又要可靠，这是会计的核心要求。

3. 可理解性

可理解性是指企业提供的会计信息应当清晰明了，便于财务会计报告使用者理解和使用。

对财务报告使用者决策有用的信息，除了应具备可靠性和相关性之外，还应当清晰明了，易于理解，便于使用者正确理解、准确把握它的内涵及其所要说明的内容，这是会计信息具有决策有用性的一项基本前提。为此，企业在进行会计记录时，应当做到账户对应关系正确、清楚，文字摘要简明、完整，金额数字准确、清晰；在编制财务报告时，报表项目填列完整，项目勾稽关系清楚，附注表述简单明了；对于较为复杂的交易或会计处理比较复杂的交易，企业更应当充分披露相关的信息，以利于使用者的理解。但需注意，会计信息毕竟是一种专业性较强的信息产品，因此，会计信息的可理解性是针对那些具有一定的企业经营活动和会计方面的专业知识，并且愿意付出努力研究这些信息的使用者而言的。

4. 可比性

可比性是指企业提供的会计信息应当口径一致，相互可比。它包括两层含义：（1）同一企业不同时期发生的相同或者相似的交易或者事项，应当采用一致的会计政策，不得随意变更。确需变更的，应当在附注中说明；（2）不同企业发生的相同或者相似的交易或者事项，应当采用规定的会计政策、确保会计信息口径一致、相互可比。

可比性的第一层含义实质上强调了同一企业提供的不同时点或期间的会计信息的可比性（即一贯性），它是保证同一企业前后各期会计信息可比的前提。因为只有保持前后各期所采用的会计政策和会计处理方法的一致性，才能对前后各期会计信息进行比较、分析和利用。可比性的这层含义要求企业不得随意变更会计政策和会计处理方法，但并不是说企业所采用的会计政策和会计处理方法不能作任何变更。一般说来，企业在下列两种情况下可以变更会计政策和会计处理方法：一是会计准则、制度等有关法规发生变化，要求企业改变会计政策和会计处理方法；二是改变会计政策和会计处理方法后能够更恰当地反映企业的财务状

① 国际会计准则委员会制定，财政部会计准则委员会译：《国际会计准则2002》，中国财政经济出版社2003年版。

况、经营成果和现金流量。如果在上述两种情况下确有必要变更会计政策和会计处理方法的，应当按照《企业会计准则》或《小企业会计准则》的规定变更，并将变更的原因、情况及影响在财务会计报告中说明。

可比性的第二层含义主要强调不同企业提供会计信息的相互可比。这主要是基于财务报告使用者比较不同的投资机会等对企业提供会计信息质量的客观要求。也就是说，不同企业报告的财务状况、经营成果和现金流量只有具有共同的比较基础，才能满足会计信息使用者经济决策的需要。因此，对于不同行业、不同地区的各个企业，只要是同样的经济业务，就应当采用同样的会计政策和会计处理方法，使各企业对外提供的财务会计报告中的会计指标口径一致，相互可比。为了保证企业能够正确选择会计政策和会计处理方法：一是企业会计准则尽量减少企业选择会计政策和会计处理方法的余地，防止选择范围过于宽泛；二是企业应严格按照企业会计准则的规定选择会计政策和会计处理方法，防止选择行为的随意性。

5. 实质重于形式

实质重于形式是指企业应当按照交易或者事项的经济实质进行会计确认、计量和报告，不应仅以交易或者事项的法律形式为依据。

实质重于形式体现了对经济交易或事项的会计确认、计量和报告中的经济实质的尊重，是保证财务报告信息与其意欲反映的客观经济事实相符的基本要求。该原则要求，企业在会计核算过程中，应注重交易和事项的经济实质，而不完全拘泥于其外在形式，当经济交易或事项的经济实质与其法律形式不一致时，应按其经济实质进行确认、计量和报告。

6. 重要性

重要性是指企业提供的会计信息应当反映与企业财务状况、经营成果和现金流量等有关的所有重要交易或者事项。

一般而言，如果某项交易或事项的会计信息的省略或者漏报会影响财务报告使用者据此作出决策的，该交易或事项就具有重要性。显然，一项交易或事项是否具有重要性，主要依赖管理者的职业判断。企业应根据其所处的环境和实际情况，从性质和金额大小两个方面综合判断其重要性。

重要性原则要求企业在会计核算中对经济交易或事项应区别其重要程度，采用不同的会计程序与会计处理方法：对于重要的交易或事项，应分别核算、分项反映，力求全面准确，并在会计报告中作重点说明；对于不重要的交易或事项，在不影响会计信息可靠性前提下，可适当简化核算，在账户和会计报告中合并反映。在会计核算中坚持重要性原则，就能够在处理会计事项和提供会计信息中分清主次，突出重点，简化核算，节约信息成本，提高会计核算的工作效率。

7. 谨慎性

谨慎性又称为稳健性，是指企业对交易或者事项进行会计确认、计量和报告应当保持应有的谨慎，不应高估资产或者收益、低估负债或者费用。

在市场经济条件下，企业的生产经营活动充满着风险和不确定性，例如，企业的固定资产由于技术进步而提前报废，应收账款由于债务人破产、死亡等原因而无法收回，已经售出的存货可能发生退货或返修等。因此，稳健性原则要求企业在面临风险或不确定性时，应当保持应有的谨慎，充分估计各种风险和损失，既不高估资产或收益，也不低估负债或费用，以避免企业在损失发生时正常经营受到严重影响，增强企业承担或抵御风险的能力。企业在会计核算中采用加速折旧法、计提各种资产减值准备等，都体现了稳健性原则的要求。

但需注意，稳健性原则的应用并不等同于允许企业计提秘密准备。企业故意低估资产或收益，或者故意高估负债或费用，都不符合会计信息可靠性和相关性的要求。诸如此类的损害会计信息质量以及扭曲企业实际财务状况和经营成果的行为，是会计准则所明令禁止的。

8. 及时性

及时性是指企业对于已经发生的交易或者事项，应当及时进行会计确认、计量和报告，不得提前或者延后。

会计信息具有一定的时效性，它必须尽可能早地提供给信息使用者。因此，及时性原则要求企业的会计核算必须讲求时效，在信息使用者需要使用时，就能及时将会计信息提供给使用者。要达到及时性的要求，企业应当在会计信息的生成和提供过程中做到三个及时：一是应当及时收集会计数据，即在经济交易或者事项发生后，及时取得、整理有关的原始单据或凭证；二是应当及时加工处理会计信息，即在取得有关原始单据或凭证后，及时对经济交易或事项进行确认、计量和记录，并及时编制财务报告；三是应当及时传递会计信息，即在编制完成财务报告后，应当按规定的时限及时提供给有关方面。在市场瞬息万变、竞争日趋激烈的市场经济条件下，强调会计信息的及时性，显得尤为重要。

及时性是会计信息具有相关性的一个基本条件，它可能同会计信息的可靠性发生冲突。如为了及时提供会计信息，企业可能需要在有关交易或事项的信息全部获得之前进行会计处理，这可能影响会计信息的可靠性；但如果为了保证会计信息的可靠性，待获得相关的全部信息之后再进行会计处理，可能就会使提供的会计信息失去时效。因此，企业在进行经济交易或事项的确认、计量和报告时，还需注意会计信息及时性与可靠性的权衡，以更好地满足使用者的经济决策需要。

思政研习

习近平论中国参与全球治理与我国企业会计准则国际趋同战略

党的十八大以来，习近平总书记对中国参与全球治理极为重视，先后就此主持了两次中共中央政治局集体学习，主持召开了二十国集团杭州峰会和“一带一路”国际合作高峰论坛，开启了中国引领全球治理的新时代。

第一次政治局集体学习：明确全球治理的总体思想

2015 年 10 月 12 日，中共中央政治局专门就“全球治理格局和全球治理体制”进行集体学习，习近平总书记发表重要讲话，系统阐明了中国引领全球治理体制改革的新理念。

一是明确指导思想。习近平总书记强调，中国参与全球治理的根本目的，就是服从服务于实现“两个一百年”奋斗目标、实现中华民族伟大复兴的“中国梦”。要审时度势，努力抓住机遇，妥善应对挑战，统筹国内国际两个大局，推动全球治理体制向着“更加公正合理”方向发展，为中国发展和世界和平创造更加有利的条件。

二是把脉国际格局新演进，捕捉世界潮流新转向。习近平总书记强调，国际力量对比正发生深刻变化，一方面，“新兴市场国家”和一大批“发展中国家”快速发展，国际影响力不断增强，成为“近代以来国际力量对比中最具革命性的变化”，并与西方陷入金融与债务危机形成鲜明对照；另一方面，经济全球化深入发展，把世界各国利益和命运更加紧密地联系在一起，形成了你中有我、我中有你的“利益共同体”。近代以来列强通过“战争、殖民、划分势力范围”等方式争夺利益和霸权逐步向各国以“制度规则”协调关系和利益的方式演进，建立国际机制、遵守国际规则、追求国际正义成为多数国家的共识，“全球治理体制变革因而正处在历史转折点上”。

三是明确定位。习近平总书记指出，加强全球治理、推进全球治理体制变革不仅事关应对各种全球性挑战，而且事关给国际秩序和国际体系“定规则、定方向”；不仅事关对“发展制高点”的争夺，而且事关各国在国际秩序和国际体系“长远制度性安排”中的地位和作用。中方为此顺势而为，近年来接连提出了“一带一路”倡议、建立以“合作共赢”为核心的“新型国际关系”、坚持“正确义利观”、构建“人类命运共同体”等理念和举措，全球治理话语权显著增强。

四是厘清目标，突出重点。这些目标包括：推动国际货币基金组织、世界银行等切实反映国际格局的变化，强调“增加新兴市场国家和发展中国家的代表性和发言权”，使全球治理体制更加平衡地反映“大多数国家”意愿和利益。重点有二：其一，推动建设国际经济金融领域、新兴领域（网络、深海、太空、极地等“全球公域”）、周边区域合作新机制新规则，强调“以我为主、自主创新”；其二，加强国际社会应对资源能源安全、粮食安全、网络信息安全、应对气候变化、打击恐怖主义、防范重大传染性疾病等全球性挑战的能力，承担力所能及的“大国责任”。

五是创新治理理念，注重返本开新。习近平总书记强调，应积极发掘中华文化中积极的处世之道和治理理念同当今时代的“共鸣点”，继续丰富打造“人类命运共同体”等主张，弘扬“共商共建共享”的全球治理理念。对此，主张义利兼顾、德力俱足、刚柔并济、内外兼修、兼善天下的中华“务实王道”可资借鉴。

主办二十国集团杭州峰会：开启全球治理的崭新时代

2016年9月3日，在二十国集团杭州峰会前夕，习近平总书记出席G20工商峰会（B20）开幕式并发表主旨演讲，呼吁G20成员应立即行动，并从三个方面“相向而行、共同担当、承担主责”。

一是共同维护和平稳定的国际环境。习近平总书记指出，要抛弃过时的“冷战思维”，树立“共同、综合、合作、可持续”的新安全观，寻求而不是破坏共识，化解而不是制造矛盾，推动国际秩序朝着更加公正合理的方向发展；并强调“和衷共济、和合共生”是中华民族的“历史基因”，中国坚定不移走和平发展道路，始终做世界和平的建设者和维护者。

二是共同构建合作共赢的全球伙伴关系。习近平总书记指出，同为“地球村”居民，要树立“人类命运共同体”意识。“伙伴精神”是G20最宝贵的财富，也是各国共同应对全球性挑战的选择。为此，要加强在重大全球性问题上的沟通和协调，为实现世界和平、稳定、繁荣提供更多“公共产品”，建立健全宏观经济政策协调机制，推动正面而非负面的“溢出效应”。

三是共同完善全球经济治理，包括“四个以”和“四个重点”。“四个以”分别是：“以平等为基础”，增加“新兴市场国家和发展中国家”代表性和发言权，确保各国“权利、机会、规则”平等；“以开放为导向”，不搞排他性安排，防止治理机制封闭化和规则碎片化；“以合作为动力”，全球性挑战需要全球性应对，合作是必然选择，各国要加强沟通和协调，共商规则，共建机制，共迎挑战；“以共享为目标”，不搞一家独大或者赢者通吃，寻求利益共享，实现共赢目标。“四个重点”分别是：共同构建公正高效的全球金融治理格局；开放透明的全球贸易和投资治理格局；绿色低碳的全球能源治理格局；包容联动的全球发展治理格局，以落实“联合国2030年可持续发展议程”为目标。

习近平总书记在演讲中强调指出，G20峰会正处在“关键节点”上，要推动G20实现从“短期政策”向“中长期政策”转型，从“危机应对”向“长效治理机制”转型，巩固其作为全球经济治理“重要平台”的地位。

2016年9月4日，G20杭州峰会正式开幕，峰会以“构建创新、活力、联动、包容的世界经济”为主题。习近平总书记在会上致辞，为G20机制长远发展提出四点主张：一是与时俱进，发挥引领作用。G20应进一步从“危机应对”向“长效治理机制”转型。面对重大突出问题，G20有责任发挥领导作用，展现战略视野，为世界经济指明方向，开拓路径。二是知行合一，采取务实行动。应让G20成为“行动队”，而不是“清谈馆”。峰会在可持续发展、绿色金融、提高能效、反腐败等诸多领域制定了行动计划，要把每一项行动落到实处。三是共建共享，打造合作平台。应继续加强G20机制建设，确保合作延续和深入。充分倾听世界各国特别是发展中国家声音，使G20工作更具包容性。四是同舟共济，发扬伙伴精神。只要坚持“同舟共济”的伙伴精神，就能够克服世界经济的惊涛骇浪，开辟未来增长的崭新航程。

二十国集团杭州峰会是近年来我国主办的级别最高、规模最大、影响最深的国际峰会。我们运用“议题和议程设置主动权”，打造亮点，突出特色，开出气势，形成声势，引导峰会形成一系列具有“开创性、引领性、机制性”的成果，实现了为世界经济指明方向、为全球增长提供动力、为国际合作筑牢根基的总体目标，并在二十国集团发展史上留下了深刻的“中国印记”，包括“六个首次”：首次全面阐释我国的全球经济治理观；首次把创新作为核心成果；首次把发展议题置于全球宏观政策协调的突出位置；首次形成全球多边投资规则框架；首次发布气候变化问题主席声明；首次把“绿色金融”列入二十国集团议程。杭州峰会不仅在G20历届峰会中独领风骚，而且成为中国崛起进程中新的里程碑，开启了“中国引领、新老大国共治”的全球治理新时代。

第二次政治局集体学习：明晰全球治理的基本原则

2016年9月27日，中共中央政治局就“二十国集团领导人峰会和全球治理体系变革”进行集体学习，习近平总书记发表重要讲话，在高度肯定中国在全球治理上的新作为、高度评价G20杭州峰会基础上，进一步明晰了推进全球治理体系变革必须坚持的基本原则。

在基本原则上，习近平总书记阐述了中国参与全球治理的两大原则。其一，坚持以经济发展为中心，集中力量办好自己的事情，不断增强中国在国际上说话办事的实力。中国要积极参与全球治理，主动承担国际责任，但也要“尽力而为、量力而行”；其二，推动全球治理体系变革是国际社会大家的事，要坚持“共商、共建、共享”原则，使关于全球治理体系变革的主张转化为各方共识，形成一致行动。要坚持为发展中国家发声，加强同发展中国家团结合作。

在当前部署上，习近平总书记指出要优先落实既定任务和处理当务之急。要把能做的事情、已经形成广泛共识的事情先做起来，包括：拓展杭州峰会成果，巩固和发挥好二十国集团全球经济治理主平台作用，推动二十国集团向长效治理机制转型；深入推进“一带一路”

建设，推动各方加强规划和战略对接；深化上海合作组织合作，加强亚信、东亚峰会、东盟地区论坛等机制建设，整合地区自贸谈判架构；加大对网络、极地、深海、外空等“新兴领域”规则制定的参与，加大对教育交流、文明对话、生态建设等领域的合作机制和项目支持力度。

在弘扬中国外交新理念上，习近平总书记指出，党的十八大以来，我们提出践行“正确义利观”，推动构建以“合作共赢”为核心的“新型国际关系”、打造“人类命运共同体”，打造遍布全球的“伙伴关系网络”，倡导“共同、综合、合作、可持续”的安全观，这些理念得到国际社会广泛欢迎。要继续向国际社会阐释中国关于推动全球治理体系变革的理念，坚持要合作而不要对抗，要“双赢、多赢、共赢”而不要“单赢”，不断寻求“最大公约数”、扩大合作面，引导各方形成共识，加强协调合作，共同推动全球治理体系变革。

在强化自身能力建设上，习近平总书记强调，要提高我国参与全球治理的能力，着力增强“规则制定能力、议程设置能力、舆论宣传能力、统筹协调能力”。参与全球治理需要一大批熟悉党和国家方针政策、了解我国国情、具有全球视野、熟练运用外语、通晓国际规则、精通国际谈判的专业人才。要加强全球治理人才队伍建设，突破“人才瓶颈”，做好人才储备，为中国参与全球治理提供有力“人才支撑”。

“一带一路”倡议：推进全球治理的有力抓手

在新的国际形势下，习近平总书记指出要顺应全球化潮流，努力打造人类命运共同体，提出“一带一路”倡议，促进全球治理进程。

首先，坚持维护并完善经济全球化，继续参与并创新全球治理。从长远来看，当前某些发达国家出现的“逆全球化”不过是全球化主流中的逆流、支流，其改变不了全球化的大趋势与大方向，因为绝大多数国家仍然支持和顺应全球化，而中国此时维护和完善全球化不仅至为关键，而且正在引领世界潮流。未来五年中国应继续积极参与全球治理和应对各类全球性挑战，为共同构建“人类命运共同体”打好国际组织与多边制度的基础。

其次，以推进“一带一路”建设与沿线国家区域治理为抓手。“一带一路”以“三共（共商、共建、共享）”为理念，以“五通”（政策沟通、设施联通、贸易畅通、资金融通、民心相通）为路径，是新时期中国外交的一张亮丽名片，既是中国新一轮对外开放与促进国际经济合作的大战略，也是助推中国崛起的地缘政治大方略，更是中国主动引领全球治理和推动构建“人类命运共同体”的生动体现。

最后，长远规划“一带一路”未来发展。2017 年 5 月 14 日，习近平总书记在“一带一路”国际合作高峰论坛开幕式上发表主旨演讲，在总结近年“一带一路”建设经验基础上，指出了未来发展的五大方向：一是将其建成“和平之路”。要构建以“合作共赢”为核心的“新型国际关系”，打造“对话不对抗、结伴不结盟”的伙伴关系。要着力推进反恐，标本兼治，消除贫困落后和社会不公。二是将其建成“繁荣之路”。要聚焦发展这个根本性问题，释放各国发展潜力，实现“经济大融合、发展大联动、成果大共享”。三是将其建成“开放之路”。要打造开放型合作平台，维护和发展开放型世界经济，共同创造有利于开放发展的环境，推动构建公正、合理、透明的国际经贸投资规则体系。四是将其建成“创新之路”。要坚持创新驱动发展，加强在“前沿领域”合作，连接成“21 世纪的数字丝绸之路”。五是将其建成“文明之路”。要“以文明交流超越文明隔阂、文明互鉴超越文明冲突、文明共存超越文明优越”，推动各国相互理解、相互尊重、相互信任。

研讨主题：根据上述资料，讨论应当如何运用习近平总书记的中国参与全球治理的思想来指导我国企业会计准则国际趋同战略的实施。

思考题

1. 什么是财务会计？其本质是什么？
2. 财务会计的基本特征有哪些？
3. 什么是财务会计环境？当前中国财务会计所面临的环境有哪些特点？
4. 什么是财务会计的目标？我国财务会计的目标是什么？
5. 什么是财务会计的基本假设？有哪几项基本假设？这些基本假设对会计核算有什么影响？
6. 财务会计的系统结构由哪些环节构成？各个环节的内容是什么？
7. 财务会计信息的内容是什么？提供财务会计信息的主要形式是什么？
8. 我国企业会计准则是如何规范财务会计信息质量特征的？

第二章

货币资金

课件

货币资金是指企业的经营资金在周转过程中暂时停留在货币形态上的那部分资金。在企业日常的生产经营过程中，大量的经济活动都是通过货币资金的收支来进行的。比如，原材料的购进、商品的销售、工资的发放、税费的缴纳、现金股利与利息的支付以及进行投资活动等事项，都离不开货币资金。货币资金按其存放地点和用途的不同分为库存现金、银行存款和其他货币资金等。

第一节　库存现金

库存现金的核算内容

一、现金的定义及范围

现金是企业流动性最强的一种货币性资产，可以随时用其购买所需的物资，支付有关费用，偿还债务，也可以随时存入银行。现金有狭义和广义之分。狭义的现金是指企业的库存现金；广义的现金包括库存现金、银行存款以及其他可以普遍接受的流通手段，比如银行汇票、银行本票等。本章现金是指狭义的现金，即库存现金，是指单位为了满足经营过程中零星支付需要而保留的、存放在企业财会部门由出纳人员经管的现金，现金包括人民币和外币。

二、库存现金的会计处理

（一）库存现金核算的会计凭证

企业发生现金的收付款业务，必须取得和填制原始凭证，作为收付款的书面证明。例如，企业从银行提取现金，要签发现金支票，以支票存根作为提取现金的证明；支付职工差旅费的借款，要取得领导批准的借款单，作为付款的证明。作为收付款证明的原始凭证，财会部门要进行认真的审核。审核时应注意款项开支是否符合现金管理制度的规定，是否有批准的计划，原始凭证中规定的项目是否填写齐全，数字是否正确，手续是否完备等。经过审核无误的原始凭证，即可据以编制收款凭证和付款凭证，办理现金收支业务。出纳人员在办理现金收支时，应在记账凭证或原始凭证上加盖“收讫”或“付讫”的戳记表示款项已经收付。审核无误后的收付款凭证，即可用以登记账簿。

（二）账户设置

为了总括反映和监督企业库存现金的收支和结存情况，企业应设置“库存现金”账户。

该账户的借方反映企业库存现金的增加，贷方反映库存现金的减少，月末借方余额反映库存现金的余额。“库存现金”账户可以根据现金收付款凭证和银行付款凭证直接登记。如果企业日常现金收支业务量比较大，为了简化核算工作，企业可以根据实际情况，采用汇总记账凭证、账户汇总表等核算形式，定期或月份终了，根据汇总收付款凭证或账户汇总表等，登记入账。

库存现金增减的会计处理

（三）库存现金的收支业务

企业应当按照国务院发布的《现金管理暂行条例》和中国人民银行制定的《现金管理暂行条例实施细则》的规定，办理有关现金收支业务，监督现金使用的合法性与合理性。企业在办理现金收支业务时，应当遵守如下五个方面的规定。

第一，企业现金收入应于当日送存开户银行。当日送存有困难的，由开户银行确定送存时间。

第二，企业支付现金，可以从本企业库存现金限额中支付或者从开户银行提取，不得从本企业的现金收入中直接支付（即坐支）。因特殊情况需要坐支现金的，应当事先报经开户银行审查批准，由开户银行核定坐支范围和限额，同时收支的现金必须入账。企业应定期向银行报送坐支金额和使用情况。

第三，企业开具现金支票，可以从开户银行提取现金。现金支票上应当写明用途，由本单位财会部门负责人签字盖章，经开户银行审核后，予以支付现金。

第四，企业因采购地点不固定、交通不便以及其他特殊情况必须使用现金的，应向开户银行提出申请，经开户银行审核后，予以支付现金。

第五，不准用不符合制度的凭证顶替库存现金，即不得“白条顶库”；不准谎报用途套取现金；不准用银行账户代其他单位和个人存入或支取现金；不准用单位收入的现金以个人名义存储；不准保留账外公款；不得设置“小金库”等。

企业收到现金时，借记“库存现金”账户，贷记有关账户；支出现金时，借记有关账户，贷记“库存现金”账户。对于从银行提取现金的业务，一般只编制银行付款凭证，不再编制现金收款凭证；将现金存入银行，一般只编制现金付款凭证，不再编制银行收款凭证。

【例 2－1】 2022 年 5 月 5 日，甲公司的财会人员签发现金支票一张，从银行存款账户提取现金 6 000 元备用。当日，总经理助理刘强出差预借差旅费 3 000 元、销售业务员报销杂费 180 元、办公室主任凭餐费发票报销业务招待费 500 元。甲公司进行会计处理时，应编制的会计分录如下：

（1）从银行提取现金备用：

借：库存现金　　6 000

　　贷：银行存款　　6 000

（2）刘强出差预借差旅费：

借：其他应收款　　3 000

　　贷：库存现金　　3 000

（3）销售业务员报销杂费：

借：销售费用　　180

　　贷：库存现金　　180

(4) 办公室主任报销招待费：

借：管理费用　　500

　　贷：库存现金　　500

(四) 库存现金的序时和总分类核算

1. 序时核算

为了加强对库存现金的管理，随时掌握库存现金收付的动态和库存余额，保证库存现金的安全，企业必须设置"现金日记账"。现金日记账一般采用收入、付出及结存三栏式格式，见表2-1。所发生的现金收支业务必须通过出纳人员。现金日记账的收入和支出金额由出纳人员根据审核无误的现金收、付款凭证和从银行提取现金时填制的银行存款付款凭证，按照经济业务发生的时间先后顺序逐日逐笔进行登记。每日终了，出纳人员应在现金日记账上结出"本日收入"合计、"本日付出"合计，然后计算出本日余额。同时，应根据登记的"现金日记账"结余数与实际库存数进行核对，做到账实相符。月份终了，"现金日记账"的余额必须与"库存现金"总账账户的余额核对相符。

表2-1　　现金日记账

2022年		凭证		摘要	对方科目	收入	付出	结存
月	日	字	号					
5	5			结存				520
	5	银付	11	提取现金	银行存款	6 000		
	5	现付	10	预借差旅费	其他应收款		3 000	
	5	现付	11	报销杂费	销售费用		180	
	5	现付	12	报销招待费	管理费用		500	
				本日合计		6 000	3 680	2 840

有外币现金的企业，应分别按人民币现金、各种外币现金设置"现金日记账"进行序时核算。

2. 总分类核算

为了总括反映企业库存现金的收入、支出和结存情况，应当设置"库存现金"总分类账户。库存现金总账的登记，可以根据现金收、付款凭证和从银行提取现金时填制的银行存款付款凭证逐笔登记。但是在现金收付款业务较多的情况下，这样登记必然会加大工作量。因此，在实际工作中，一般是把现金收付款凭证按照对方科目进行归类，定期（10天或半月）填制汇总收付款凭证，据以登记库存现金总账。

(五) 现金的清查

库存现金清查的会计处理

现金的清查，一般采用实地盘点法，对于清查的结果应当编制"现金盘点报告单"。如果有挪用现金、白条顶库的情况，应及时予以纠正；对于超限额留存的现金应及时送存银行。如果账款不符，发现的有待查明原因的现金短缺或溢余，应先通过"待处理财产损溢"科目核算：属于现金短缺，应按实际短缺的金额，借记"待处理财产损溢"账户，贷记"库存现金"账户；属于现金溢余，应按实际溢余的金额，借记"库存现金"账户，贷记"待处理财产损溢"账户。待查明原因后作如下处理：

如为现金短缺，属于应由责任人赔偿的部分，借记“其他应收款”或“库存现金”等账户，贷记“待处理财产损溢”账户；属于应由保险公司赔偿的部分，借记“其他应收款”账户，贷记“待处理财产损溢”账户；属于无法查明的其他原因，根据管理权限，经批准后处理，借记“管理费用”账户，贷记“待处理财产损溢”账户。

如为现金溢余，属于应支付给有关人员或单位的，借记“待处理财产损溢”账户，贷记“其他应付款”账户；属于无法查明原因的现金溢余，经批准后，借记“待处理财产损溢”账户，贷记“营业外收入”账户。

【例 2－2】 2022 年 5 月 10 日，甲公司在现金清查中发现现金溢余 30 元，尚待查明原因。假定溢余的现金无法查明原因，报经批准处理。甲公司进行会计处理时，应编制的会计分录如下：

（1）发现现金溢余：

借：库存现金　　30

　　贷：待处理财产损溢　　30

（2）批准处理：

借：待处理财产损溢　　30

　　贷：营业外收入　　30

【例 2－3】 2022 年 5 月 30 日，甲公司在现金清查中发现现金短缺 20 元，尚待查明原因。上述短缺的现金无法查明原因，报经批准处理。甲公司进行会计处理时，应编制的会计分录如下：

（1）发生现金短缺：

借：待处理财产损溢　　20

　　贷：库存现金　　20

（2）批准处理：

借：管理费用　　20

　　贷：待处理财产损溢　　20

企业在核算库存现金时应注意的是，企业内部各部门、各单位周转使用的备用金，应在“其他应收款”账户核算，或单独设置“备用金”账户核算，不在“库存现金”账户核算。

第二节　银行存款

银行存款的核算内容

一、银行存款的定义及范围

银行存款是企业存放在银行或其他金融机构的货币资金。按照国家有关规定，凡是独立核算的单位都必须在当地银行开设账户。企业在银行开设账户以后，除按核定的限额保留库存现金外，超过限额的现金必须存入银行；除了在规定的范围内可以用现金直接支付的款项外，在经营过程中所发生的一切货币收支业务，都必须通过银行存款账户进行结算。银行存款的收付应严格执行银行结算制度的规定。

二、银行存款的会计处理

银行存款增减的会计处理

（一）银行存款的收付业务

为了核算和反映企业存入银行或其他金融机构的各种存款，企业应设置“银行存款”账户，该账户的借方反映企业存款的增加，贷方反映企业存款的减少，期末借方余额，反映企业期末存款的余额。

企业在不同的结算方式下，应当根据有关的原始凭证编制银行存款的收付款凭证，并进行相应的账务处理。现将有关的会计处理举例说明如下：

【例2-4】 甲公司增值税采用一般计税方法，2022年8月1日，甲公司销售产品一批，增值税专用发票注明不含税价款为2 000元，增值税税额为260元，款项已收存银行。该销售符合收入确认的条件。甲公司进行会计处理时，应编制的会计分录如下：

借：银行存款　　2 260
　　贷：主营业务收入　　2 000
　　　　应交税费——应交增值税（销项税额）　　260

【例2-5】 2022年8月1日，甲公司偿付前欠乙公司货款3 000元，款已付。甲公司进行会计处理时，应编制的会计分录如下：

借：应付账款　　3 000
　　贷：银行存款　　3 000

【例2-6】 甲公司增值税采用一般计税方法，2022年8月1日，甲公司购置机器设备一台，增值税专用发票注明不含税价款为100 000元，增值税税额为13 000元，款已付。甲公司进行会计处理时，应编制的会计分录如下：

借：固定资产　　100 000
　　应交税费——应交增值税（进项税额）　　13 000
　　贷：银行存款　　113 000

【例2-7】 2022年8月1日，甲有限责任公司收到股东投资款200 000元，款项已存入银行。甲公司进行会计处理时，应编制的会计分录如下：

借：银行存款　　200 000
　　贷：实收资本　　200 000

（二）银行存款的序时和总分类核算

1. 序时核算

为了加强对银行存款的管理，随时掌握银行存款的收支动态和余额，企业必须设置“银行存款日记账”。银行存款日记账一般采用收入、付出及结存三栏式格式，见表2-2。银行存款日记账的收入和付出金额由出纳人员根据审核无误的银行存款收、付款凭证和将现金存入银行时填制的现金付款凭证，按照经济业务发生的时间先后顺序逐日逐笔进行登记。每日终了，出纳人员应在银行存款日记账上结出“本日收入”合计、“本日付出”合计，然后计算出本日余额。月份终了，还应结出本月收入、本月付出的合计数和月末结存数。

表 2－2　　银行存款日记账

2022年		凭证		摘要	对方科目	收入	付出	结存
月	日	字	号					
8	1			结存				500 000
	1	银收	1	销售产品	主营业务收入	2 260		
	1	银付	1	还欠款	应付账款		3 000	
	1	银付	2	购买设备	固定资产		113 000	
	1	银收	2	收到投资款	实收资本	200 000		
				本日合计		202 260	116 000	586 260

有外币存款的企业，应分别按人民币存款、各种外币存款设置“银行存款日记账”进行序时核算。

2. 总分类核算

为了总括反映和监督企业在银行开立结算账户的收支结存情况，应当设置“银行存款”总分类账户。银行存款总账的登记，可以根据审核无误的银行存款收、付款凭证和将现金存入银行时填制的现金付款凭证逐笔登记，但是在银行存款收付款业务较多的情况下，这样登记必然会加大工作量，所以，在实际工作中，一般是把各自的收付款凭证按照对方科目进行归类，定期（10天或半月）填制汇总收付款凭证，据以登记银行存款总账。

（三）银行存款的核对

为了准确掌握银行存款实际金额，防止银行存款账目发生差错，企业应按期对账。

1. 银行存款的核对方法

银行存款日记账的核对主要包括三个环节：一是银行存款日记账与银行存款收、付款凭证要互相核对，做到账证相符；二是银行存款日记账与银行存款总账要互相核对，做到账账相符；三是银行存款日记账与银行开出的银行存款对账单要互相核对，以便准确地掌握企业可运用的银行存款实有数。

进行银行存款的核对实际上也就是将银行存款日记账的记录同银行的对账单进行逐笔核对。企业银行存款日记账反映的是企业所登记的引起银行存款增减变动的每一笔经济业务，银行转来的对账单列示了银行对引起企业银行存款增减变动的经济业务的全部记录，一般情况下，双方的记录是能够核对相符的，但也有核对不符的情况。造成不符的原因有两种：一是企业和银行中的一方或者双方出现记账错误。如银行将企业存款串户记账，或者企业、银行记账时发生数字错误。核对时如发现属于记账差错，应立即更正；二是存在未达账项。所谓未达账项，是指企业与银行之间，由于凭证传递上的时间差，一方已登记入账，而另一方尚未入账的账项。由于企业银行存款的收支凭证与传递需要一定的时间，因而同一笔业务，企业和银行各自入账的时间不一定相同。在同一日期，企业账上的银行存款的余额与银行账上的企业存款的余额往往不一致。这种差别具体有以下四种情况：（1）银行已记作企业存款增加，而企业尚未收到收款通知，因而尚未记账的款项。如托收货款和银行支付给企业的存款利息等；（2）银行已记作企业存款减少，而企业尚未收到付款通知，因而尚未记账的款项。如银行代企业支付公用事业费用和向企业收取的借款利息等；（3）企业已记作银行存款增加，而银行尚未办妥入账手续的款项。如企业存入其他单位开来的转账支票等；（4）企业已记作银行存款减少，而银行尚未支付入账的款项。如企业已开出的转账支票，对方尚未到银行办理转账的款项等。

2. 银行存款余额调节表的编制

在核对银行存款账目过程中，发现未达账项时，应编制“银行存款余额调节表”进行调节。调节时，依据的公式如下：

企业银行存款日记账余额 + 银行已收企业未收的款项 - 银行已付企业未付的款项 = 银行对账单余额 + 企业已收银行未收的款项 - 企业已付银行未付的款项

调节后，双方余额如果不相等，表明企业或银行的记账有差错，需要进一步查对，找出原因，更正错误的记录；双方余额如果相等，一般说明双方记账没有错误。

【例 2 - 8】 2022 年 6 月 30 日，甲公司银行存款日记账余额为 88 650 元，银行对账单余额为 92 175 元，经过逐笔核对，查明有以下未达账项：

（1）6 月 29 日银行受企业之托，代收款项 1 875 元，银行已收到记账，企业尚未接到银行的收款通知；

（2）6 月 29 日企业开出支票 5 250 元，持票人尚未到银行办理转账手续；

（3）6 月 30 日企业送存支票 3 150 元，银行尚未记账；

（4）6 月 30 日银行已代付款 450 元，企业尚未接到银行付款通知。

根据上述资料，编制银行存款余额调节表，如表 2 - 3 所示。

表 2 - 3　　银行存款余额调节表

2022 年 6 月 30 日　　单位：元

项　目	金　额	项　目	金　额
银行存款日记账余额	88 650	银行对账单余额	92 175
加：银行已收，企业未收的款项	1 875	加：企业已收，银行未收的款项	3 150
减：银行已付，企业未付的款项	450	减：企业已付，银行未付的款项	5 250
调节后存款余额	90 075	调节后存款余额	90 075

经过上述调整后的银行存款余额，表示企业可动用的银行存款数额。需要注意的是，银行存款余额调节表主要用来核对企业与银行双方的记账有无差错，不能作为记账的依据。对于因未达账项而使对方账面余额出现的差异，无须作账面调整，待结算凭证到达后再进行账务处理，登记入账。

第三节　其他货币资金

其他货币资金的核算内容

一、其他货币资金的定义及范围

其他货币资金是指除库存现金、银行存款以外的各种货币资金。在企业的经营资金中，有些货币资金的存款地点和用途与库存现金和银行存款不同，如外埠存款、银行汇票存款、银行本票存款、信用证保证金存款、信用卡存款、存出投资款等，为了将其与库存现金、银行存款加以区别，这些资金在会计核算上统称为“其他货币资金”。

二、其他货币资金的内容及会计处理

其他货币资金的会计处理

（一）外埠存款

外埠存款是指企业到外地进行临时或零星采购时，汇往采购地银行开立采购专户的款项。

企业汇出款项时，须填写汇款委托书，加盖“采购资金”字样。汇入银行对汇入的采购款项，以汇款单位名义开立采购账户。采购资金存款不计利息，除采购员差旅费可以支取少量现金外，一律转账。采购专户只付不收，付完结束账户。

企业将款项委托当地银行汇往采购地开立专户时，根据汇出款项凭证，编制付款凭证，进行账务处理，借记“其他货币资金——外埠存款”科目，贷记“银行存款”科目。

外出采购人员报销用外埠存款支付材料的采购货款等款项时，企业应根据供应单位发票账单等报销凭证，编制付款凭证，借记“在途物资”“应交税费——应交增值税（进项税额）”等科目，贷记“其他货币资金——外埠存款”科目。

采购员完成采购任务，将多余的外埠存款转回当地银行时，应根据银行的收款通知，编制收款凭证，借记“银行存款”科目，贷记“其他货币资金——外埠存款”科目。

（二）银行汇票存款

银行汇票存款是指企业为取得银行汇票，按照规定存入银行的款项。银行汇票是指由出票银行签发的，由其在见票时按照实际结算金额支付给收款人或持票人的票据。企业向银行提交“银行汇票委托书”并将款项交存开户银行，取得汇票后，根据银行盖章的委托书存根联，编制付款凭证，借记“其他货币资金——银行汇票”科目，贷记“银行存款”科目。

企业使用银行汇票支付款项后，应根据发票账单及开户行转来的银行汇票有关副联等凭证，经核对无误后编制会计分录，借记“在途物资”“应交税费——应交增值税（进项税额）”等科目，贷记“其他货币资金——银行汇票”科目。银行汇票使用完毕，应转销“其他货币资金——银行汇票”科目。如实际采购支付后银行汇票有余额，多余部分借记“银行存款”科目，贷记“其他货币资金——银行汇票”科目。汇票因超过付款期限或其他原因未曾使用而退还款项时，应借记“银行存款”科目，贷记“其他货币资金——银行汇票”科目。

【例2－9】 甲公司增值税采用一般计税方法，2022年8月2日，将款项存入银行取得银行汇票一张用于采购原材料，金额为20 000元。2022年8月5日用签发的银行汇票支付材料采购款，价款总计18 080元，其中增值税2 080元。2022年8月8日收到银行退回的多余款项收账通知。甲公司进行会计处理时，应编制的会计分录如下：

（1）2022年8月2日取得银行汇票：

借：其他货币资金——银行汇票	20 000	
贷：银行存款		20 000

（2）2022年8月5日用银行汇票支付采购材料款：

借：在途物资	16 000	
应交税费——应交增值税（进项税额）	2 080	
贷：其他货币资金——银行汇票		18 080

（3）2022年8月8日收回多余款项：

借：银行存款　1 920

　　贷：其他货币资金——银行汇票　1 920

（三）银行本票存款

银行本票存款是指企业为取得银行本票，按照规定存入银行的款项。银行本票是指银行签发的，承诺自己在见票时无条件支付确定的金额给收款人或持票人的票据。企业向银行提交“银行本票申请书”并将款项交存银行，取得银行本票时，应根据银行盖章退回的申请书存根联，编制付款凭证，借记“其他货币资金——银行本票”科目，贷记“银行存款”科目。企业用银行本票支付购货款等款项后，应根据发票账单等有关凭证，借记“在途物资”“应交税费——应交增值税（进项税额）”等科目，贷记“其他货币资金——银行本票”科目。如企业因本票超过付款期等原因未曾使用而要求银行退款时，应填制进账单一式两联，连同本票一并交给银行，然后根据银行收回本票时盖章退回的一联进账单，借记“银行存款”科目，贷记“其他货币资金——银行本票”科目。

（四）信用证保证金存款

信用证保证金存款是指采用信用证结算方式的企业为开具信用证而存入银行信用证保证金专户的款项。信用证是指银行根据进口人（买方）的请求，开给出口人（卖方）的一种保证承担支付货款责任的书面凭证。

企业向银行申请开出信用证用于支付供货单位购货款项时，根据开户银行盖章退回的“信用证委托书”回单，借记“其他货币资金——信用证保证金”科目，贷记“银行存款”科目。企业收到供货单位信用证结算凭证及所附发票账单，经核对无误后进行会计处理，借记“在途物资”“应交税费——应交增值税（进项税额）”等科目，贷记“其他货币资金——信用证保证金”科目。如果企业收到未用完的信用证存款余额，应借记“银行存款”科目，贷记“其他货币资金——信用证保证金”科目。

（五）信用卡存款

信用卡存款是指企业为取得信用卡而存入银行信用卡专户的款项。信用卡是指商业银行对信用合格的消费者发行的信用证明。

企业申领信用卡，按照有关规定填制申请表，并按银行要求交存备用金，银行开立信用卡存款账户，发给信用卡。企业根据银行盖章退回的交存备用金的进账单，借记“其他货币资金——信用卡”科目，贷记“银行存款”科目。企业收到开户银行转来的信用卡存款的付款凭证及所附发票账单，经核对无误后进行会计处理，借记“管理费用”等科目，贷记“其他货币资金——信用卡”科目。在信用卡使用过程中，需要对其账户结存资金时，按实际结存的金额，借记“其他货币资金——信用卡”科目，贷记“银行存款”科目。

（六）存出投资款

存出投资款是指企业为购买股票、债券、基金等，根据有关规定存入在证券公司指定银行开立的投资款专户的款项。

企业向证券投资款专户划出资金时，应按实际划出的金额，借记“其他货币资金——存出投资款”科目，贷记“银行存款”科目。购买股票、债券时，应按实际支付的金额，借记“交易性金融资产”“债权投资”“其他债权投资”“其他权益工具投资”“长期股权投资”等科目，贷记“其他货币资金——存出投资款”科目。

【例 2 - 10】 2022 年 5 月 8 日，甲公司将银行存款 100 000 元转入证券投资款专户，准备用于购买丙公司的股票。2022 年 5 月 10 日，从二级市场购入丙公司股票 10 000 股，每股买价 8 元。购入的股票作为以公允价值计量且其变动计入当期损益的金融资产。甲公司进行会计处理时，应编制的会计分录如下：

（1）2022 年 5 月 8 日向证券投资款专户划出款项：

借：其他货币资金——存出投资款	100 000	
贷：银行存款		100 000

（2）2022 年 5 月 10 日购入股票时：

借：交易性金融资产——成本	80 000	
贷：其他货币资金——存出投资款		80 000

第四节　货币资金的内部控制

货币资金是企业资产中流动性较强的资产，对其加强管理和控制，对于保障企业资产安全完整，提高货币资金周转速度和使用效益，具有重要的意义。加强对货币资金的控制，应当结合企业生产经营特点、制定相应的控制制度，并监督实施。

一、货币资金内部控制的原则

企业货币资金内部控制的原则主要体现为以下四个方面。

第一，严格职责分工。即将涉及货币资金不相容的职责分别由不同的人员担任，形成严密的内部牵制制度，以减少和降低货币资金管理上舞弊的可能性。

第二，实行交易分开。即将现金支出业务和现金收入业务分开进行处理，防止将现金收入直接用于现金支出的坐支行为。

第三，实行内部稽核。即设置内部稽核单位和人员，建立内部稽核制度，以加强对货币资金管理的监督，及时发现货币资金管理中存在的问题，以及时改进对货币资金的管理控制。

第四，实施定期轮岗制度。即对涉及货币资金管理和控制的业务人员实行定期轮换岗位。通过轮换岗位，减少货币资金管理和控制中产生舞弊的可能性，并及时发现有关人员的舞弊行为。

二、货币资金内部控制的主要内容

为了规范企业的内部控制，财政部、证监会、审计署、银监会、保监会于 2008 年 5 月 22 日联合发布了《企业内部控制基本规范》。2010 年 4 月 26 日，财政部等五部委又联合发布了 18 项《企业内部控制应用指引》《企业内部控制评价指引》和《企业内部控制审计指引》（《企业内部控制应用指引》《企业内部控制评价指引》和《企业内部控制审计指引》合称为企业内部控制配套指引）。该配套指引连同 2008 年发布的《企业内部控制基本规范》，标志着适应我国企业实际情况、融合国际先进经验的中国企业内部控制规范体系基本建成。

货币资金的内部控制制度，主要集中体现在《企业内部控制应用指引第 6 号——资金活动》中。《企业内部控制应用指引第6号——资金活动》共四章二十一条，适用于大中型企业、小型企业和其他单位。该规范规定，企业应该根据自身发展战略，科学确定投融资目标和规划，完善严格的资金授权、批准、审验等相关管理制度，加强资金活动的集中归口管理，明确筹资、投资、营运等各环节的职责权限和岗位分离要求，定期或不定期检查和评价资金活动情况，落实责任追究制度，确保资金安全和有效运行。货币资金的内部控制主要内容包括：

第一，企业在生产和其他活动中取得的资金收入应当及时入账，不得账外设账，严禁收款不入账、设立“小金库”。

第二，企业应当建立货币资金业务的岗位责任制，明确相关部门和岗位的职责权限，确保办理货币资金业务的不相容岗位相互分离、制约和监督。出纳人员不得兼任稽核、会计档案保管和收入、支出、费用、债权债务账目的登记工作。出纳人员一般不得同时从事银行对账单的获取、银行存款余额调节表的编制等工作。不得由一人办理货币资金业务的全过程。

第三，企业办理货币资金业务，应当配备合格的人员，并根据单位具体情况进行岗位轮换。办理货币资金的人员应当具备良好的职业道德，忠于职守，廉洁奉公，遵纪守法，客观公正，不断提高会计业务素质和职业道德水平。

第四，企业办理资金支付业务，应当明确支出款项的用途、金额、预算、限额、支付方式等内容，并附原始单据及相关证明，履行严格的授权审批程序后，方可安排资金支出。

第五，企业在履行授权批准制度时，应明确审批人员对货币资金业务的授权批准方式、权限、程序、责任和相关控制措施，规定经办人办理货币资金业务的职责范围和工作要求。审批人应当根据货币资金授权批准制度的规定，在授权范围内进行审批，不得超越审批权限。经办人应当在职责范围内，按照审批人的批准意见办理货币资金业务。对于审批人超越授权范围审批的货币资金业务，经办人员有权拒绝办理，并及时向审批人的上级授权部门报告。单位对于重要货币资金支付业务，应当实行集体决策和审批，并建立责任追究制度，防范贪污、侵占、挪用货币资金等行为。严禁未经授权的机构或人员办理货币资金业务或直接接触货币资金。

第六，企业应当加强与货币资金相关的票据的管理，明确各种票据的购买、保管、领用、背书转让、注销等环节的职责权限和程序，并专设登记簿进行记录，防止空白票据的遗失和被盗用。

第七，企业应当加强银行预留印鉴的管理。财务专用章应由专人保管，个人名章必须由本人或其授权人员保管。严禁一人保管支付款项所需的全部印章。按规定需要有关负责人签字或盖章的经济业务，必须严格履行签字或盖章手续。

第八，企业应当建立对货币资金业务的监督检查制度，明确监督检查机构或人员的职责权限，定期和不定期地进行检查。货币资金监督检查的内容主要包括：（1）货币资金业务相关岗位及人员的设置情况，重点检查是否存在货币资金业务不相容职务混岗的现象；（2）货币资金授权批准制度的执行情况，重点检查货币资金支出的授权批准手续是否健全，是否存在越权审批行为；（3）支付款项印章的保管情况，重点检查是否存在办理付款业务所需的全部印章交由一人保管的现象；（4）票据的保管情况，重点检查票据的购买、领用、保管手续是否健全，票据保管是否存在漏洞。对监督检查过程中发现的货币资金内部控制中的薄弱环节，应当及时采取措施，加以纠正和完善。

第九，实行网上交易、电子支付等方式办理资金支付业务的企业，应当与承办银行签订网上银行操作协议，明确双方在资金安全方面的责任与义务、交易范围等。操作人员应当根据操作授权和密码进行规范操作。使用网上交易、电子支付方式的企业办理资金支付业务，不应因支付方式的改变而随意简化、变更支付方式所需要的授权批准程序。企业应当配备专人加强对交易和支付行为的审核。

思政研习

习近平论维护金融安全与企业货币资金内部控制

党的十八大以来，习近平总书记反复强调要把防控金融风险放到更加重要的位置，牢牢守住不发生系统性风险底线，采取一系列措施加强金融监管，防范和化解金融风险，维护金融安全和稳定，把住发展大势。

2017 年 7 月 15 日，中共中央总书记、国家主席、中央军委主席习近平出席全国金融工作会议并发表重要讲话。他强调，金融是国家重要的核心竞争力，金融安全是国家安全的重要组成部分，金融制度是经济社会发展中重要的基础性制度。必须加强党对金融工作的领导，坚持稳中求进工作总基调，遵循金融发展规律，紧紧围绕服务实体经济、防控金融风险、深化金融改革三项任务，创新和完善金融调控，健全现代金融企业制度，完善金融市场体系，推进构建现代金融监管框架，加快转变金融发展方式，健全金融法治，保障国家金融安全，促进经济和金融良性循环、健康发展。

习近平在讲话中强调，党的十八大以来，我国金融改革发展取得新的重大成就。金融业保持快速发展，金融产品日益丰富，金融服务普惠性增强，金融改革有序推进，金融体系不断完善，人民币国际化和金融双向开放取得新进展，金融监管得到改进，守住不发生系统性金融风险底线的能力增强。

习近平指出，做好金融工作要把握好以下重要原则：第一，回归本源，服从服务于经济社会发展。金融要把为实体经济服务作为出发点和落脚点，全面提升服务效率和水平，把更多金融资源配置到经济社会发展的重点领域和薄弱环节，更好满足人民群众和实体经济多样化的金融需求。第二，优化结构，完善金融市场、金融机构、金融产品体系。要坚持质量优先，引导金融业发展同经济社会发展相协调，促进融资便利化、降低实体经济成本、提高资源配置效率、保障风险可控。第三，强化监管，提高防范化解金融风险能力。要以强化金融监管为重点，以防范系统性金融风险为底线，加快相关法律法规建设，完善金融机构法人治理结构，加强宏观审慎管理制度建设，加强功能监管，更加重视行为监管。第四，市场导向，发挥市场在金融资源配置中的决定性作用。坚持社会主义市场经济改革方向，处理好政府和市场关系，完善市场约束机制，提高金融资源配置效率。加强和改善政府宏观调控，健全市场规则，强化纪律性。

习近平强调，金融是实体经济的血脉，为实体经济服务是金融的天职，是金融的宗旨，也是防范金融风险的根本举措。要贯彻新发展理念，树立质量优先、效率至上的理念，更加注重供给侧的存量重组、增量优化、动能转换。要把发展直接融资放在重要位置，形成融资功能完备、基础制度扎实、市场监管有效、投资者合法权益得到有效保护的多层次资本市场体系。要改善间接融资结构，推动国有大银行战略转型，发展中小银行和民营金融机构。要促进保险业发挥长期稳健风险管理和保障的功能。要建设普惠金融体系，加强对小微企业、“三农”和偏远地区的金融服务，推进金融精准扶贫，鼓励发展绿色金融。要促进金融机构降低经营成本，清理规范中间业务环节，避免变相抬高实体经济融资成本。

习近平指出，防止发生系统性金融风险是金融工作的永恒主题。要把主动防范化解系统性金融风险放在更加重要的位置，科学防范，早识别、早预警、早发现、早处置，着力防范化解重点领域风险，着力完善金融安全防线和风险应急处置机制。要推动经济去杠杆，坚定执行稳健的货币政策，处理好稳增长、调结构、控总量的关系。要把国有企业降杠杆作为重中之重，抓好处置“僵尸企业”工作。各级地方党委和政府要树立正确政绩观，严控地方政府债务增量，终身问责，倒查责任。要坚决整治严重干扰金融市场秩序的行为，严格规范金融市场交易行为，规范金融综合经营和产融结合，加强互联网金融监管，强化金融机构防范风险主体责任。要加强社会信用体系建设，健全符合我国国情的金融法治体系。

习近平强调，要坚定深化金融改革。要优化金融机构体系，完善国有金融资本管理，完善外汇市场体制机制。要完善现代金融企业制度，完善公司法人治理结构，优化股权结构，建立有效的激励约束机制，强化风险内控机制建设，加强外部市场约束。要加强金融监管协调、补齐监管短板。设立国务院金融稳定发展委员会，强化人民银行宏观审慎管理和系统性风险防范职责。地方政府要在坚持金融管理主要是中央事权的前提下，按照中央统一规则，强化属地风险处置责任。金融管理部门要努力培育恪尽职守、敢于监管、精于监管、严格问责的监管精神，形成有风险没有及时发现就是失职、发现风险没有及时提示和处置就是渎职的严肃监管氛围。要健全风险监测预警和早期干预机制，加强金融基础设施的统筹监管和互联互通，推进金融业综合统计和监管信息共享。

习近平指出，要扩大金融对外开放。要深化人民币汇率形成机制改革，稳步推进人民币国际化，稳步实现资本项目可兑换。要积极稳妥推动金融业对外开放，合理安排开放顺序，加快建立完善有利于保护金融消费者权益、有利于增强金融有序竞争、有利于防范金融风险的机制。要推进“一带一路”建设金融创新，搞好相关制度设计。

习近平强调，做好新形势下金融工作，要坚持党中央对金融工作集中统一领导，确保金融改革发展正确方向，确保国家金融安全。要落实全面从严治党要求，建好金融系统领导班子，强化对关键岗位、重要人员特别是一把手的监督。要扎扎实实抓好企业党的建设，加强理想信念教育，加强党性教育，加强纪律教育，加强党风廉政建设。要大力培养、选拔、使用政治过硬、作风优良、业务精通的金融人才，特别是要注意培养金融高端人才，努力建设一支宏大的德才兼备的高素质金融人才队伍。

研讨主题：根据上述资料，讨论应当如何运用习近平总书记的维护金融安全的思想来指导我国企业加强货币资金内部控制，防控企业财务风险。

思考题

1. 货币资金包括哪些具体内容？
2. 现金溢余或短缺应如何进行会计处理？
3. 什么是未达账项？常见的未达账项有哪些情况？如何编制银行存款余额调节表？
4. 货币资金内部控制应遵循怎样的原则？
5. 货币资金内部控制的内容主要有哪些？

第三章

应收款项

课件

应收款项是指企业在日常生产经营过程中发生的各项债权，包括应收票据、应收账款、其他应收款和预付账款等。

第一节　应收票据

一、应收票据的定义及范围

应收票据是企业持有的、尚未到期兑现的商业汇票。在我国，除商业汇票外，大部分票据都是即期票据，可以即刻收款或存入银行成为货币资金，不需要作为应收票据核算。因此，我国的应收票据即指商业汇票。商业汇票是一种由出票人签发的，委托付款人在指定日期无条件支付确定金额给收款人或者持票人的票据。

商业汇票的付款期限，最长不得超过六个月。出票后定日付款的汇票付款期限自出票日起计算，并在汇票上记载具体到期日；出票后定期付款的汇票付款期限自出票日起按月计算，并在汇票上记载；商业汇票的提示付款期限为自汇票到期日起 10 日内。符合条件的商业汇票的持票人，可以持未到期的商业汇票连同贴现凭证向银行申请贴现。

根据承兑人不同，商业汇票分为商业承兑汇票和银行承兑汇票。商业承兑汇票是指由付款人签发并承兑，或由收款人签发交由付款人承兑的汇票。商业承兑汇票的付款人收到开户银行的付款通知，应在当日通知银行付款。付款人在接到通知日的次日起三日内（遇法定休假日顺延）未通知银行付款的，视同付款人承诺付款，银行将于付款人接到通知日的次日起第四日（遇法定休假日顺延）上午开始营业时，将票款划给持票人。付款人提前收到由其承兑的商业汇票，应通知银行于汇票到期日付款。银行在办理划款时，付款人存款账户不足支付的，银行应填制付款人未付票款通知书，连同商业承兑汇票邮寄持票人开户银行转交持票人。

银行承兑汇票是指由在承兑银行开立存款账户的存款人（这里也是出票人）签发，由承兑银行承兑的票据。企业申请使用银行承兑汇票时，应向其承兑银行按票面金额的万分之五交纳手续费。银行承兑汇票的出票人应于汇票到期前将票款足额交存其开户银行，承兑银行应在汇票到期日或到期日后的见票当日支付票款。银行承兑汇票的出票人于汇票到期前未能足额交存票款时，承兑银行除凭票向持票人无条件付款外，对出票人尚未支付的汇票金额按照每天万分之五计收利息。

商业汇票按是否计息可分为不带息商业汇票和带息商业汇票。不带息商业汇票，是指商业汇票到期时，承兑人只按票面金额（即面值）向收款人或被背书人支付款项的汇票。因为我国商业汇票最长期限为6个月，且为不带息商业汇票，所以本节以不带息商业汇票为例进行讲解。

二、应收票据的会计处理

应收票据的会计处理

为了反映和监督应收票据取得、票款收回等经济业务，企业应当设置“应收票据”账户。“应收票据”账户借方登记取得的应收票据的面值，贷方登记到期收回票款或到期前向银行贴现的应收票据的票面余额，期末余额在借方，反映企业持有的商业汇票的票面金额。“应收票据”账户可按照开出、承兑商业汇票的单位进行明细核算，并设置“应收票据备查簿”，逐笔登记商业汇票的种类、号数、出票日、票面金额、交易合同号、付款人、承兑人、背书人的姓名或单位名称、到期日、背书转让日、贴现日、贴现率、贴现净额以及收款日和收回金额、退票情况等资料。商业汇票到期结清票款或退票后，在备查簿中应予注销。

（一）取得应收票据和收回到期票款

应收票据取得的原因不同，其会计处理亦有所区别。因债务人抵偿前欠货款而取得的应收票据，借记“应收票据”科目，贷记“应收账款”科目；因企业销售商品、提供劳务等而收到开出、承兑的商业汇票，借记“应收票据”科目，贷记“主营业务收入”“应交税费——应交增值税（销项税额）”等科目。商业汇票到期收回款项时，应按实际收到的金额，借记“银行存款”科目，贷记“应收票据”科目。

【例3-1】 甲公司增值税采用一般计税方法，2022年6月1日，向乙公司销售一批产品，货款为1 500 000元，适用的增值税税率为13%，款项尚未收到，已办妥托收手续。甲公司进行会计处理时，应编制的会计分录如下：

借：应收账款	1 695 000	
贷：主营业务收入		1 500 000
应交税费——应交增值税（销项税额）		195 000

【例3-2】 沿用【例3-1】资料，6月15日，甲公司收到乙公司寄来一张3个月期的商业承兑汇票，面值为1 695 000元，抵付产品货款。甲公司进行会计处理时，应编制的会计分录如下：

借：应收票据	1 695 000	
贷：应收账款		1 695 000

【例3-3】 甲公司增值税采用一般计税方法，2022年6月5日，向乙公司销售一批产品，货已发出，增值税专用发票上注明的商品价款为200 000元，增值税税额为26 000元。当日收到乙公司签发的不带息商业承兑汇票一张，该票据的期限为3个月。相关销售商品收入符合收入确认条件。甲公司进行会计处理时，应编制的会计分录如下：

借：应收票据	226 000	
贷：主营业务收入		200 000
应交税费——应交增值税（销项税额）		26 000

【例3-4】 沿用【例3-3】资料，2022年9月5日，甲公司收到的商业承兑汇票到期，收回票面金额226 000元存入银行。甲公司进行会计处理时，应编制的会计分录如下：

借：银行存款　　226 000

　贷：应收票据　　226 000

（二）应收票据背书转让

实务中，企业可以将自己持有的商业汇票背书转让。背书是指在票据背面或者粘贴单上记载有关事项并签章的票据行为。背书转让的，背书人应当承担票据责任。企业将持有的商业汇票背书转让以取得所需物资时，按应计入取得物资成本的金额，借记“材料采购”或“原材料”“库存商品”等科目，按增值税专用发票上注明的可抵扣的增值税税额，借记“应交税费——应交增值税（进项税额）”科目，按商业汇票的票面金额，贷记“应收票据”科目，如有差额，借记或贷记“银行存款”等科目。

【例3-5】 沿用【例3-2】资料，甲公司于7月15日将上述应收票据背书转让，以取得生产经营所需的A材料，该材料金额为1 500 000元，适用增值税税率为13%，材料已验收入库。甲公司进行会计处理时，应编制的会计分录如下：

借：原材料　　1 500 000

　　应交税费——应交增值税（进项税额）　　195 000

　贷：应收票据　　1 695 000

（三）应收票据的贴现

应收票据贴现是指持票人因急需资金，将未到期的商业汇票背书后转让给银行，银行受理后，从票面金额中扣除按银行的贴现率计算确定的贴现息后，将余额付给贴现企业的业务活动。在贴现业务中，企业付给银行的利息称为贴现利息，银行计算贴现利息的利率称为贴现率，企业从银行获得的票据到期值扣除贴现利息后的货币收入，称为贴现所得。贴现利息和贴现所得的计算公式如下：

贴现所得 = 票据到期值 - 贴现利息

贴现利息 = 票据到期值 × 贴现率 × 贴现期

贴现期 = 票据期限 - 企业已持有票据期限

不带息应收票据的到期值就是其面值。

在票据的贴现业务中，企业将收取金融资产（应收票据）未来现金流量的权利转移给了银行。在这种情形下，企业可视金融资产风险和报酬转移情况确定是否终止确认被转移金融资产。对于有明确的证据表明与应收票据有关的风险和报酬实质上已经发生转移的，应终止确认该应收票据；否则，不能终止确认该应收票据。

应收票据贴现一般有两种情形：一种是带追索权贴现，贴现企业因背书而在法律上负有连带偿债责任，银行在应收票据拒付或逾期支付时，可向应收票据转让方索取应收金额的权利；另一种是不带追索权贴现，票据一经贴现，企业将应收票据上的风险（不可收回账款的可能性）和未来经济利益全部转让给银行。在我国会计实务中，企业将未到期的银行承兑汇票向银行贴现时，应按贴现所得，借记“银行存款”科目，按贴现利息，借记“财务费用”科目，按银行承兑汇票的票面金额，贷记“应收票据”科目；企业将未到期的商业承兑汇票向银行贴现时，应按贴现所得，借记“银行存款”科目，按贴现利息，借记“财务费用”科目[①]，按商业承兑汇票的票面金额，贷记“短期借款”科目。

【例3-6】 2022年8月30日，甲公司将一张2022年6月1日收到的同日出票的面值10 000元、180天到期的不带息商业汇票，向银行申请贴现。银行年贴现率为9%。甲公司进行会计处理时，其计算及会计分录如下：

（1）计算：

①票据到期值=10 000元

②贴现天数=8月30日至11月28日=90天

③贴现利息=票据到期值×贴现率×贴现时间=10 000×9%×90/360=225（元）

④贴现所得=票据到期值-贴现利息=10 000-225=9 775（元）

（2）会计分录：

第一种情形，假设该票据为银行承兑汇票，表明甲公司的应收票据贴现符合金融资产终止确认条件。甲公司进行会计处理时，应编制的会计分录如下：

借：银行存款	9 775	
财务费用	225	
贷：应收票据		10 000

第二种情形，假设该票据为商业承兑汇票，表明甲公司的应收票据贴现不符合金融资产终止确认条件。甲公司进行会计处理时，应编制的会计分录如下：

借：银行存款	9 775	
财务费用	225	
贷：短期借款		10 000

或：

借：银行存款	9 775	
短期借款——利息调整【注】	225	
贷：短期借款——成本		10 000

【注】该“短期借款——利息调整”的金额225元在贴现日至商业汇票到期日之间按照摊余成本和实际利率法进行摊销。

第二节　应收账款

一、应收账款的定义及范围

应收账款是指企业因销售商品、产品或提供劳务而形成的债权。换言之，应收账款是指企业因销售商品、产品或提供劳务等原因，应向购货客户或接受劳务的客户收取的款项或代垫的运杂费等。

会计上的应收账款有其特定的范围。首先，应收账款是指因销售活动形成的债权，不包

① 商业承兑汇票的贴现利息也可以先记入“短期借款——利息调整”科目，然后在贴现日至商业汇票到期日之间按照摊余成本和实际利率法进行摊销。

括应收职工欠款、应收债务人的利息等其他应收款；其次，应收账款是指流动资产性质的债权，不包括长期的债权，如购买的长期债券等；最后，应收账款是指本企业应收客户的款项，不包括本企业付出的各类存出保证金，如投标保证金和租入包装物保证金等。

二、应收账款的计量

（一）一般计量原则及方法

应收账款通常应按实际发生额计价入账，包括发票金额和代购货单位垫付的运杂费两部分，计价时还需要考虑商业折扣因素。

（二）存在商业折扣条件下的计量

商业折扣是指企业根据市场供需情况，或针对不同的顾客，在商品标价上给予的扣除。商业折扣是企业最常用的促销手段。一般来说，企业为了扩大销售、占领市场，对于批发商往往给予商业折扣，采用销量越多、价格越低的促销策略，即通常所说的“薄利多销”。对于季节性的商品，在销售的淡季，为了扩大销售，企业通常采用商业折扣的方式。但在市场竞争日益激烈的情况下，企业也往往利用人们的消费心理，即使在销售的旺季也把商业折扣作为一种常用的促销竞争手段。

商业折扣一般在交易发生时即已确定，它仅仅是确定实际销售价格的一种手段，不需在买卖双方任何一方的账上反映，所以商业折扣对应收账款的入账价值没有什么实质性的影响。因此，在存在商业折扣的情况下，企业应收账款入账金额应按扣除商业折扣以后的实际售价确认。

三、应收账款的会计处理

应收账款的会计处理

（一）不存在商业折扣条件下应收账款的会计处理

企业发生的应收账款，在没有商业折扣的情况下，按应收的全部金额，借记“应收账款”账户，按确认的销售收入贷记“主营业务收入”账户，按确认的增值税销项税额，贷记“应交税费——应交增值税（销项税额）”账户。

【例3－7】 甲公司增值税采用一般计税方法，2022年6月2日，向乙公司销售一批产品，价款100 000元，增值税税额为13 000元，代乙公司垫付杂费2 000元。款项暂未收到，但已满足收入确认的条件。甲公司进行会计处理时，应编制的会计分录如下：

借：应收账款　　115 000
　　贷：主营业务收入　　100 000
　　　　应交税费——应交增值税（销项税额）　　13 000
　　　　银行存款　　2 000

【例3－8】 沿用【例3－7】资料，2022年6月5日，甲公司收到上述款项。甲公司进行会计处理时，应编制的会计分录如下：

借：银行存款　　115 000
　　贷：应收账款　　115 000

（二）存在商业折扣条件下应收账款的会计处理

企业发生的应收账款，在存在商业折扣的情况下，应按扣除商业折扣后的金额入账。即按折扣后的金额，借记“应收账款”账户，按确认的销售收入，贷记“主营业务收入”账户，按确认的增值税销项税额，贷记“应交税费——应交增值税（销项税额）”账户。

【例3-9】 甲公司增值税采用一般计税方法，适用的增值税税率为13%，2022年7月1日，向乙公司销售一批产品，价款200 000元，由于是成批销售，给购货方5%的商业折扣。甲公司进行会计处理时，应编制的会计分录如下：

借：应收账款　　214 700
　　贷：主营业务收入　　190 000
　　　　应交税费——应交增值税（销项税额）　　24 700

四、应收账款的让售与抵借

企业将其按照销售商品、提供劳务的销售合同所产生的应收债权出售给银行等金融机构，在进行会计核算时，应按照实质重于形式的原则，充分考虑交易的经济实质。对于有明确的证据表明有关交易事项满足销售确认条件，如与应收债权有关的风险和报酬实质上已经发生转移等，应按照出售应收债权处理，并确认相关损益；否则，应作为以应收债权为质押取得借款进行会计处理。

（一）应收账款抵借

企业将其按照销售商品、提供劳务的销售合同所产生的应收债权提供给银行作为其向银行借款的质押的，应将从银行等金融机构获得的款项确认为对银行等金融机构的一项负债，作为短期借款等核算。

企业发生的借款利息及向银行等金融机构偿付借入款项本息时的会计处理，应按有关借款核算的规定进行处理。

会计期末，企业应根据债务单位的情况，按相应企业会计准则的规定合理计提用于质押的应收债权的坏账准备。对于发生的与用于质押的应收债权相关的销售退回、销售折让及坏账等，应按照企业会计准则的相关规定处理。

企业应设置备查簿，详细记录质押的应收债权的账面余额、质押期限及回款情况等。

【例3-10】 甲公司增值税采用一般计税方法，2022年5月5日，向乙公司销售商品一批，开出的增值税专用发票上注明的销售价款为200 000元，增值税税额为26 000元，款项尚未收到。双方约定，乙公司应于2022年12月30日付款。2022年7月1日，甲公司因急需流动资金，经与中国银行协商，以应收乙公司货款为质押取得5个月流动资金借款180 000元，年利率为6%，每月末偿付利息。假定不考虑其他因素。甲公司进行会计处理时，应编制的会计分录如下：

（1）2022年7月1日取得短期借款时：

借：银行存款　　180 000
　　贷：短期借款　　180 000

（2）2022年7月31日偿付利息时：

借：财务费用　　900
　　贷：银行存款　　900

（3）2022年11月30日偿付短期借款本金及最后一期利息时：

借：短期借款　　180 000
　　财务费用　　900

贷：银行存款　　　　180 900

（二）应收账款让售

1. 不附追索权的应收债权出售

企业将其按照销售商品、提供劳务的销售合同所产生的应收债权出售给银行等金融机构，根据企业、债权人及银行等金融机构之间的协议，在所售应收债权到期无法收回时，银行等金融机构不能够向出售应收债权的企业进行追偿的，企业应将所售应收债权予以转销，结转计提的相关坏账准备。

【例3－11】 甲公司增值税采用一般计税方法，2022年5月15日，向乙公司销售商品一批，开出的增值税专用发票上注明的销售价款为300 000元，增值税税额为39 000元，款项尚未收到。双方约定，乙公司应于2022年12月31日付款。2022年8月4日，经与中国银行协商后约定：甲公司将应收乙公司的货款出售给中国银行，价款为315 900元；在应收乙公司货款到期无法收回时，中国银行不能向甲公司追偿。假定不考虑其他因素。甲公司进行会计处理时，应编制的会计分录如下：

借：银行存款　　　　315 900
　　投资收益　　　　23 100
　　贷：应收账款　　　　339 000

2. 附追索权的应收债权出售

企业在出售应收债权的过程中如附有追索权，即在有关应收债权到期无法从债务人处收回时，银行等金融机构有权向出售应收债权的企业追偿，或按照协议约定，企业有义务按照约定金额自银行等金融机构回购部分应收债权，应收债权的坏账风险由售出债权的企业负担，则企业应按照以应收债权为质押取得借款的核算原则进行会计处理。

第三节　预付账款和其他应收款

一、预付账款

预付账款，是指企业按照购货合同或劳务合同约定，预先支付给供货方或提供劳务方的账款。

（一）预付账款的性质

预付账款是企业的一项流动资产，它符合资产的本质，即有未来经济利益，这种未来经济利益体现在企业到期可以收到所采购的物资，并有供货合同作保障。同时，它是企业已经付给供货方的款项，是可以计量的。再者，预付账款是企业采购物资过程的一个组成部分，所采购的物资显然是在一个营业周期内可以收到并转化为货币资金的，因此，预付账款应作为企业的流动资产列示。

（二）预付账款的会计处理

为了加强对预付账款的管理，一般应单独设置“预付账款”账户进行核算。预付账款不多的企业，也可以将预付的货款记入“应付账款”账户的借方。但在编制财务报表时，仍然要将“预付账款”和“应付账款”的金额分开列报。

预付账款的会计处理

预付账款按实际付出的金额入账。会计期末，预付账款按历史成本反映。

企业按购货合同的规定预付货款时，按预付金额，借记“预付账款”科目，贷记“银行存款”科目。企业收到预定的货物时，应根据发票账单等列明的应计入购入货物成本的金额，借记“在途物资”“原材料”等科目，按增值税专用发票上注明的增值税，借记“应交税费——应交增值税（进项税额）”科目，按应付的金额，贷记“预付账款”科目；补付货款时，借记“预付账款”科目，贷记“银行存款”科目。退回多付的款项时，借记“银行存款”科目，贷记“预付账款”科目。

【例3－12】 甲公司增值税采用一般计税方法，2022年5月6日，根据合同向乙公司预付A商品的货款50 000元，8月6日收到A商品，增值税专用发票上注明的价款为60 000元，增值税税额为7 800元，8月10日向乙公司补付货款。甲公司进行会计处理时，应编制的会计分录如下：

第一种情况，设置“预付账款”账户。

（1）2022年5月6日预付货款时：

借：预付账款　　50 000
　　贷：银行存款　　50 000

（2）2022年8月6日收到商品时：

借：库存商品　　60 000
　　应交税费——应交增值税（进项税额）　　7 800
　　贷：预付账款　　67 800

（3）2022年8月10日补付货款时：

借：预付账款　　17 800
　　贷：银行存款　　17 800

第二种情况，企业不设“预付账款”账户，将预付的货款记入“应付账款”账户的借方。

（1）2022年5月6日预付货款时：

借：应付账款　　50 000
　　贷：银行存款　　50 000

（2）2022年8月6日收到商品时：

借：库存商品　　60 000
　　应交税费——应交增值税（进项税额）　　7 800
　　贷：应付账款——乙公司　　67 800

（3）2022年8月10日补付货款时：

借：应付账款　　17 800
　　贷：银行存款　　17 800

二、其他应收款

（一）其他应收款的内容

其他应收款是指企业除应收票据、应收账款、预付账款等以外的其他各种应收及暂付款项。其主要内容包括：（1）应收的各种赔款、罚款，如因企业财产等遭受意外损失而应向有关保险公司收取的赔款等；（2）应收的出租包装物租金；（3）应向职工收取的各种垫付款项，如为职工垫付的水电费、应由职工负担的房租费等；（4）存出保证金，如租入包装物支付的押金；（5）其他各种应收、暂付款项。

（二）其他应收款的核算

为了反映其他应收款的增减变动及其结存情况，企业应当设置“其他应收款”账户进行核算。“其他应收款”账户的借方登记其他应收款的增加，贷方登记其他应收款的收回，期末余额一般在借方，反映企业尚未收回的其他应收款项。

【例 3－13】 2022 年 5 月 1 日，甲公司租入包装物一批，租期一个月。以银行存款向出租方支付押金 10 000 元。甲公司进行会计处理时，应编制的会计分录如下：

借：其他应收款　　10 000

　　贷：银行存款　　10 000

【例 3－14】 沿用【例 3－13】资料，2022 年 6 月 1 日，甲公司租入包装物按期如数退回，收到出租方退还的押金 10 000 元，已存入银行。甲公司进行会计处理时，应编制的会计分录如下：

借：银行存款　　10 000

　　贷：其他应收款　　10 000

第四节　应收款项减值

企业应当在资产负债表日按照《企业会计准则第 22 号——金融工具确认和计量》中关于金融资产减值的规定，以预期信用损失为基础，对应收款项进行减值会计处理并确认坏账准备。在预期信用损失法下，应收款项减值准备的计提不以减值的实际发生为前提，而是以未来可能的违约事件造成的损失的期望值来计量当前（资产负债表日）应当确认的坏账准备。坏账准备，是指针对应收款项的预期信用损失计提的准备。

一、应收款项减值概述

预期信用损失，是指以发生违约的风险为权重的应收款项信用损失的加权平均值。

信用损失，是指企业按照原实际利率折现的、根据合同应收的所有合同现金流量与预期收取的所有现金流量之间的差额，即全部现金短缺的现值。其中，对于企业购买或源生的已发生信用减值的应收款项，应按照该应收款项经信用调整的实际利率折现。由于预期信用损失考虑付款的金额和时间分布，因此即使企业预计可以全额收款但收款时间晚于合同规定的到期期限，也会产生信用损失。

在估计现金流量时，企业应当考虑应收款项在整个预计存续期的所有合同条款（如提前还款、展期等）。企业所考虑的现金流量应当包括出售所持担保品获得的现金流量，以及属于合同条款组成部分的其他信用增级所产生的现金流量。

企业通常能够可靠估计应收款项的预计存续期。在极少数情况下，应收款项预计存续期无法可靠估计的，企业在计算确定预期信用损失时，应当基于该应收款项的剩余合同期间。

二、应收款项减值的三阶段

一般情况下，企业应当在每个资产负债表日评估相关应收款项的信用风险自初始确认后是否已显著增加，可以将应收款项发生信用减值的过程分为三个阶段，并按照下列情形分别计量其坏账准备、确认预期信用损失及其变动。

（一）第一阶段：信用风险自初始确认后未显著增加

对于处于该阶段的应收款项，企业应当按照未来 12 个月的预期信用损失计量坏账准备，并按其账面余额（即未扣除坏账准备）和实际利率计算利息收入。

（二）第二阶段：信用风险自初始确认后已显著增加但尚未发生信用减值

对于处于该阶段的应收款项，企业应当按照该应收款项整个存续期的预期信用损失计量坏账准备，并按其账面余额和实际利率计算利息收入。

（三）第三阶段：初始确认后发生信用减值

对于处于该阶段的应收款项，企业应当按照该应收款项整个存续期的预期信用损失计量坏账准备，但对利息收入的计算不同于处于前两阶段的应收款项。对于已发生信用减值的应收款项，企业应当按其摊余成本（账面余额减去已计提的坏账准备，也即账面价值）和实际利率计算利息收入。

上述三阶段的划分，适用于购买或源生时未发生信用减值的应收款项。对于购买或源生时已发生信用减值的应收款项，企业应当仅将初始确认后整个存续期内预期信用损失的变动确认为坏账准备，并按其摊余成本和经信用调整的实际利率计算利息收入。

企业对于不含重大融资成分的应收款项，应当始终按照整个存续期内预期信用损失的金额计量其坏账准备（企业对这种简化处理没有选择权）。

除此之外，《企业会计准则第 22 号——金融工具确认和计量》还允许企业作出会计政策选择，对包含重大融资成分的应收款项，始终按照相当于整个存续期内预期信用损失的金额计量其坏账准备。

三、预期信用损失的计量

企业计量应收款项预期信用损失的方法应当反映下列各项要素：（1）通过评价一系列可能的结果而确定的无偏概率加权平均金额；（2）货币时间价值；（3）在资产负债表日无须付出不必要的额外成本或努力即可获得的有关过去事项、当前状况以及未来经济状况预测的合理且有依据的信息。

对于应收款项，信用损失应为企业应收取的合同现金流量与预期收取的现金流量之间差额的现值。

企业应当以概率加权平均为基础对预期信用损失进行计量。企业对预期信用损失的计量应当反映发生信用损失的各种可能性，但不必识别所有可能的情形。在计量预期信用损失时，企业需考虑的最长期限为企业面临信用风险的最长合同期限（包括考虑续约选择权），而不是更长期间，即使该期间与业务实践相一致。

四、应收款项减值的会计处理

应收款项减值的会计处理

（一）坏账准备的计提和转回

企业应当在资产负债表日计算应收款项的预期信用损失。如果该预期信用损失大于该应收款项当前坏账准备的账面金额，企业应当将其差额确认为减值损失，借记“信用减值损失”科目，贷记“坏账准备”科目；如果资产负债表日计算的预期信用损失小于该应收款项当前坏账准备的账面金额，则应当将差额确认为减值利得，作相反的会计分录。

【例3-15】 2022年12月31日，甲公司应收乙公司所欠货款（通过“应收账款”科目核算）为2 700万元，且2022年12月31日前甲公司未对该应收账款计提坏账准备。2022年12月31日，甲公司根据所掌握的资料，评估后认为应收乙公司货款所面临的信用风险自该应收账款初始确认以来已经显著增加，该应收账款剩余存续期的预期信用损失为320万元。甲公司进行会计处理时，应编制的会计分录如下：

借：信用减值损失　　3 200 000
　　贷：坏账准备　　3 200 000

【例3-16】 沿用【例3-15】资料，2023年12月31日，甲公司虽然仍未收到乙公司所欠该笔货款，但甲公司根据最新掌握的资料，评估后认为应收乙公司货款所面临的信用风险自2022年12月31日以来已经显著降低，该应收账款剩余存续期的预期信用损失为120万元。甲公司进行会计处理时，应编制的会计分录如下：

借：坏账准备　　2 000 000
　　贷：信用减值损失　　2 000 000

（二）已发生信用损失应收款项的核销

企业实际发生信用损失，认定相关应收款项无法收回，经批准予以核销的，应当根据批准的核销金额，借记“坏账准备”科目，贷记“应收账款”科目。若核销金额大于已计提的坏账准备，还应按其差额借记“信用减值损失”科目。

【例3-17】 2022年6月30日，甲公司应收乙公司所欠货款（通过“应收账款”科目核算）为3 000万元，且2022年6月30日前甲公司未对该应收账款计提坏账准备。2022年6月30日，甲公司根据所掌握的资料，评估后认为应收乙公司货款所面临的信用风险自该应收账款初始确认以来已经显著增加，该应收账款剩余存续期的预期信用损失为700万元。甲公司进行会计处理时，应编制的会计分录如下：

借：信用减值损失　　7 000 000
　　贷：坏账准备　　7 000 000

【例3-18】 沿用【例3-17】资料，2022年12月31日，甲公司已收回乙公司所欠货款1 400万元，甲公司根据最新掌握的资料，评估后认为应收乙公司剩余1 600万元货款无法收回，经批准予以核销。甲公司进行会计处理时，应编制的会计分录如下：

借：坏账准备　　7 000 000
　　信用减值损失　　9 000 000
　　贷：应收账款　　16 000 000

思政研习

习近平论风险治理与企业应收款项的信用减值损失

党的十八大以来，习近平总书记先后作出一系列重要论述，深刻阐述了关于风险治理的方向性、原则性、根本性、战略性问题，提出了一系列新思想、新观点、新论断、新措施、新办法、新要求，极大深化和丰富了我们党对风险治理的规律性认识。习近平总书记关于风险治理的重要论述，是习近平新时代中国特色社会主义思想的重要组成部分，高屋建瓴、内涵丰富、思想深刻、指导性强，具有重大理论价值和实践意义，为全党做好新时代风险治理工作指明了方向路径、提供了根本遵循。

一、风险治理面临的形势

习近平总书记指出，我国发展仍处于并将长期处于重要战略机遇期，我们面临的风险总体可控、形势总体上是好的。同时，从我们党一脉相承的强烈忧患意识出发，突出强调形势的严峻性、复杂性，要求全党清醒认识面临的风险和挑战，把难点和复杂性估计得更充分一些，把各种风险想得更深入一些，把各方面情况考虑得更周全一些，搞好统筹兼顾。

习近平总书记密切联系国际国内大势，从许多方面对风险治理面临的形势作出分析。一是在外部环境方面。当前，世界大变局加速深刻演变，全球动荡源和风险点增多，我国外部环境复杂严峻。尽管世界经济整体保持增长，但危机的深层次影响仍未消除，经济增长新旧动能转换尚未完成，各类风险加快积聚。二是在国内经济形势方面。过去，经济高速发展掩盖了一些矛盾和风险。伴随着经济增速下调，各类隐性风险逐步显性化，地方政府性债务、影子银行、房地产等领域风险正在显露，就业也存在结构性风险。三是在开放发展方面。我们现在搞开放发展，面临的国际国内形势同以往有很大不同，总体上有利因素更多，但风险挑战不容忽视，而且都是深层次的风险挑战。我们今天的开放发展的大环境总体上比以往任何时候都更为有利，同时面临的矛盾、风险、博弈也前所未有，稍不留神就可能掉入别人精心设置的陷阱。四是综合分析各方面矛盾风险。我们正在进行具有许多新的历史特点的伟大斗争、推进党的建设新的伟大工程、推进中国特色社会主义伟大事业，时刻面对各种风险考验和重大挑战。今后可能是我国发展面临的各方面风险不断积累甚至集中显露的时期。我们面临的一些风险，量大面广，流动性加快，关联性增强，呈现出境外向境内传导、网上向网下延伸、单一向综合升级、经济领域向社会领域蔓延等新动向，决不能掉以轻心。

二、风险治理的地位作用

习近平总书记一再强调风险治理对于党和国家事业发展，特别是对于全面建成小康社会、夺取新时代中国特色社会主义伟大胜利、实现中华民族伟大复兴中国梦的重大意义，将风险治理置于治国理政的突出位置。风险挑战如果应对不好，或者发生系统性风险、颠覆性错误，就会延误甚至中断全面建成小康社会进程。如果发生重大风险又扛不住，国家安全就可能面临重大威胁，全面建成小康社会进程就可能被迫中断。

2018 年 1 月 5 日，习近平总书记在学习贯彻党的十九大精神研讨班开班式上发表重要讲话，将“增强忧患意识、防范风险挑战要一以贯之”与“坚持和发展中国特色社会主义要一以贯之”“推进党的建设新的伟大工程要一以贯之”并列，这在我们党的历史上是第一次。党的十九大将防范化解重大风险与精准脱贫、污染防治并列为三大攻坚战，且放在三大攻坚战的首位。

近年来，党中央一直将统筹抓好稳增长、促改革、调结构、惠民生、防风险工作作为经济工作的主要任务。2019 年新年伊始，省部级主要领导干部坚持底线思维着力防范化解重大风险专题研讨班在中央党校开班，习近平总书记出席开班式并发表重要讲话。他强调，要深刻认识和准确把握外部环境的深刻变化和我国改革发展稳定面临的新情况、新问题、新挑战，坚持底线思维，增强忧患意识，提高防控能力，着力防范化解重大风险，保持经济持续健康发展和社会大局稳定，为决胜全面建成小康社会、夺取新时代中国特色社会主义伟大胜利、实现中华民族伟大复兴的中国梦提供坚强保障。

三、风险治理的目标任务

习近平总书记关于风险治理的重要论述涵盖了风险治理的目标和任务等重要内容。风险治理的主要目标，是有效防范化解各方面风险，确保国家长治久安，确保党和国家事业顺利推进，当前要着力确保全面建成小康社会。风险治理的主要任务，是加强对各种风险源的调查研判，提高动态监测、实时预警能力，推进风险防控工作科学化、精细化，对各种风险及其原因都要心中有数、对症下药、综合施策，出手及时有力，力争把风险化解在源头，不让小风险演化为大风险，不让个别风险演化为综合风险，不让局部风险演化为区域性或系统性风险，不让经济风险演化为社会政治风险，不让国际风险演化为国内风险。强调防范化解重大风险，力争不出现重大风险或在出现重大风险时扛得住、过得去。防范化解重大风险，首要任务是维护以党的执政安全和我国社会主义制度安全为核心的国家政治安全。

要防范系统性风险，在新的长征路上，要立足世情国情党情，统筹国内国际两个大局，统筹党和国家事业发展全局，协调推进各项事业发展，抓住战略重点，实现关键突破，赢得战略主动，防范系统性风险，避免颠覆性危机，维护好发展全局。

四、风险治理的方针原则

一是坚持和完善党的领导。这是做好风险治理工作的根本保障。习近平总书记指出，始终坚持党的集中统一领导，我们才能实现伟大历史转折、开启改革开放新时期和中华民族伟大复兴新征程，才能成功应对一系列重大风险挑战、克服无数艰难险阻，才能有力应变局、平风波、战洪水、防“非典”、抗地震、化危机，才能既不走封闭僵化的老路也不走改旗易帜的邪路，而是坚定不移走中国特色社会主义道路。党要总揽全局、协调各方，坚持科学执政、民主执政、依法执政，完善党的领导方式和执政方式，提高党的执政能力和领导水平，不断提高党把方向、谋大局、定政策、促改革的能力和定力，确保改革开放这艘航船沿着正确航向破浪前行。

二是坚持科学理论指导。习近平总书记指出，我们党要赢得优势、赢得主动、赢得未来，战胜前进道路上各种各样的拦路虎、绊脚石，必须把马克思主义作为看家本领，以更宽广的视野、更长远的眼光来思考把握未来发展面临的一系列重大问题，不断提高运用马克思主义分析和解决实际问题的能力，不断提高运用科学理论指导我们应对重大挑战、抵御重大风险、克服重大阻力、解决重大矛盾的能力。缺乏理论思维的有力支撑，是难以有效战胜各种风险和困难的，也是难以前进的。

三是坚持防范为先为重、防范管控化解处置有机结合衔接。习近平总书记指出，面对波谲云诡的国际形势、复杂敏感的周边环境、艰巨繁重的改革发展稳定任务，我们必须始终保持高度警惕。既要高度警惕“黑天鹅”事件，也要防范“灰犀牛”事件；既要有防范风险的先手，也要有应对和化解风险挑战的高招；既要打好防范和抵御风险的有准备之战，也要打好化险为夷、转危为机的战略主动战；既要善于补齐短板，更要注意加固底板。必须积极主动、未雨绸缪，见微知著、防微杜渐，下好先手棋，打好主动仗，做好应对任何形式的矛盾风险挑战的准备，做好经济上、政治上、文化上、社会上、外交上、军事上各种斗争的准备，层层负责、人人担当。要求全党更加自觉地防范各种风险，坚决战胜一切在政治、经济、文化、社会等领域和自然界出现的困难和挑战。必须做好风险的管控、化解、应对、处置工作，做到全方位、全过程治理风险。必须保持清醒头脑、强化底线思维，有效防范、管理、处理国家安全风险，有力应对、处置、化解社会安定挑战。必须严防、严管、严控食品安全风险。

四是坚持抓重点抓关键。风险治理涉及经济、金融、政治安全、意识形态、党的建设、网络安全、军事、社会、公共安全、生态环境、自然界等非常广泛的领域。重大风险，既包括国内的经济、政治、意识形态、社会风险以及来自自然界的风险，也包括国际经济、政治、军事风险。对这些重大风险治理，习近平总书记作出许多精辟论述。在省部级主要领导干部坚持底线思维着力防范化解重大风险专题研讨班上，习近平总书记着重就防范化解政治、意识形态、科技、社会、外部环境、党的建设等领域重大风险作出深刻分析，指出要增强忧患意识，未雨绸缪，精准研判、妥善应对经济领域可能出现的重大风险。

对金融风险治理，习近平总书记尤为重视，在第五次全国金融会议上指出，要把主动防范化解系统性金融风险放在更加重要的位置，科学防范，早识别、早预警、早发现、早处置，着力防范化解重点领域风险，着力完善金融安全防线和风险应急处置机制。

在强调抓重点的同时，习近平总书记特别强调抓关键，指出保持定力，增强信心，集中精力办好自己的事情，是我们应对各种风险挑战的关键。这一重要思想，在加快实施自由贸易区战略建设方面得到充分体现。他强调，要继续练好内功、办好自己的事，加快市场化改革，营造法治化营商环境，加快经济结构调整，推动产业优化升级，支持企业做大做强，提高国际竞争力和抗风险能力。

五是坚持党政负责、部门担责。习近平总书记强调，防范化解重大风险，是各级党委、政府和领导干部的政治职责，大家要坚持守土有责、守土尽责，把防范化解重大风险工作做实做细做好。各级党委和政府要增强责任感和自觉性，把自己职责范围内的风险防控好，不能把防风险的责任都推给上面，也不能把防风险的责任都留给后面，更不能在工作中不负责任地制造风险。习近平总书记还强调部门担责。例如，在金融风险治理方面，强调地方政府要在坚持金融管理主要是中央事权的前提下，按照中央统一规则，强化属地风险处置责任。金融管理部门要努力培育恪尽职守、敢于监管、精于监管、严格问责的监管精神，形成有风险没有及时发现就是失职、发现风险没有及时提示和处置就是渎职的严肃监管氛围。

六是坚持标本兼治、对症下药。在风险治理方面，习近平总书记既重视治标，更重视治本，要求坚持稳定大局，统筹协调，分类施策，精准拆弹。例如，对于金融风险防范，习近平总书记提出，建立健全化解各类风险的体制机制，通过延长处理时间减少一次性风险冲击力度，如果有发生系统性风险的威胁，就要果断采取外科手术式的方法进行处理。他提出，要以强化金融监管为重点，以防范系统性金融风险为底线，加快相关法律法规建设，完善金融机构法人治理结构，加强宏观审慎管理制度建设，加强功能监管，更加重视行为监管。

五、关于风险治理的措施要求

一是增强风险意识。习近平总书记提出要常观大势、常思大局，科学预见形势发展走势和隐藏其中的风险挑战，做到未雨绸缪。对可能发生的各种风险，各级党委和政府要增强责任感和自觉性。

二是提高风险防范能力。习近平总书记指出，要提高风险化解能力，透过复杂现象把握本质，抓住要害、找准原因，果断决策，善于引导群众、组织群众，善于整合各方力量、科学排兵布阵，有效予以处理。领导干部要加强理论修养，深入学习马克思主义基本理论，学懂弄通习近平新时代中国特色社会主义思想，掌握贯穿其中的辩证唯物主义的世界观和方法论，提高战略思维、历史思维、辩证思维、创新思维、法治思维、底线思维能力，善于从纷繁复杂的矛盾中把握规律，不断积累经验、增长才干。要提高动态监测、实时预警能力，提高预测预警预防各类风险能力，全面提升防范应对各类风险挑战的水平。

三是建立健全化解各类风险的体制机制。习近平总书记强调，要完善风险防控机制，建立健全风险研判机制、决策风险评估机制、风险防控协同机制、风险防控责任机制，主动加强协调配合，坚持一级抓一级、层层抓落实。建立健全重大决策社会稳定风险评估机制，作任何决策都要把风险评估作为必经程序，重大决策要慎之又慎。

对涉及群众切身利益的重大决策，要认真进行社会稳定风险评估，充分听取群众意见和建议，充分考虑群众的承受能力，把可能影响社会稳定的问题和矛盾解决在决策之前。要完善和落实维护群众合法权益的体制机制，预防和减少利益冲突。对各种项目、投资、金融活动，要深入研判、评估风险，不能见钱眼开，有奶就是娘。

四是增强斗争精神。习近平总书记指出，防范化解重大风险，需要有充沛顽强的斗争精神。在重大风险面前，主动迎战才有生路，逃避退缩只能是死路一条。领导干部要敢于担当、敢于斗争，保持斗争精神、增强斗争本领，年轻干部要到重大斗争中去真刀真枪干。各级领导班子和领导干部要加强斗争历练，增强斗争本领，永葆斗争精神，以“踏平坎坷成大道，斗罢艰险又出发”的顽强意志，应对好每一场重大风险挑战，切实把改革发展稳定各项工作做实做好。

研讨主题：根据上述资料，讨论应当如何运用习近平总书记的风险治理思想来指导我国企业加强应收款项的管理，防控企业应收款项的信用减值损失。

思考题

1. 什么是“贴现”？贴现时贴现息如何计算？会计核算中如何处理贴现息？
2. 什么是商业折扣？存在商业折扣条件下应收账款应如何进行会计处理？
3. 应收账款的让售与抵借有何区别？
4. 什么是预期信用损失？应如何对预期信用损失进行计量？
5. 企业计量应收款项预期信用损失的方法应当反映哪些要素？

第四章

存　　货

课件

存货是企业一种重要的流动资产，它存在于企业的采购、生产、销售及售后服务等几乎所有的生产经营流程中，包括原材料、在产品、半成品、产成品、包装物以及低值易耗品等。本章将从存货确认、存货取得、存货发出、存货清查、存货减值等方面介绍企业存货的主要会计处理。

第一节　存货的确认

存货的确认和初始计量原则

一、存货的定义与确认标准

存货是指企业在日常活动中持有以备出售的产成品或商品、处在生产过程中的在产品、在生产过程或提供劳务过程中耗用的材料和物料等。存货区别于固定资产等非流动资产的最基本的特征是，企业持有存货的最终目的是出售，不论是准备直接出售的，如企业的产成品、商品等；还是需经过进一步加工后才能出售的，如原材料等。

存货同时满足下列条件的，才能予以确认：（1）与该存货有关的经济利益很可能流入企业；（2）该存货的成本能可靠地计量。

存货确认的标准是企业对货物是否具有法人财产权（或法定产权）。凡是在盘存日，法定产权属于企业的物品，不论其存放何处或处于何种状态，都应确认为企业的存货；反之，凡是法定产权不属于企业的物品，即使存放于企业，也不应确认为企业的存货。存货包括下列三类有形资产。

（1）在正常经营过程中储存以备出售的存货。指企业在正常的经营过程中处于待销售状态的各种物品，如工业企业的库存产成品，商品流通企业的库存商品等。但特种储备物资以及按国家指令专项储备的资产不属于存货的范围。

（2）为了最终出售正处于生产过程中的存货。指为了最终出售但目前尚处于生产加工过程中的各种物品，如工业企业的在产品和自制半成品等。

（3）为了生产供销售的商品或提供服务以备消耗的存货。指企业为产品生产或提供劳务过程中耗用而储存的各种物品，如工业企业为生产产品耗用而储存的原材料、燃料、包装物、低值易耗品等。值得注意的是，为建造固定资产等工程而储备的各种材料物资，虽然具有存货的某些特征，但其并不处于企业生产经营过程中的任何阶段，不属于为生产产品而储备的资产，不应包括在存货范围之内，而属于工程物资。

关于存货的范围需要说明以下三点。

（1）委托代销商品和受托代销商品。代销商品是指一方委托另一方代其销售的商品。从商品所有权的转移来分析，代销商品在售出以前，所有权属于委托方，受托方只是代对方销售商品。因此，代销商品应作为委托方的存货处理。但为了使受托方加强对代销商品的核算和管理，企业会计准则要求受托方将其受托代销商品作为存货核算，但并不在受托方的资产负债表的存货项目进行列报。

（2）在途商品。对于销售方按销售合同、协议约定已确认销售（如已收到货款等），但尚未发运给购货方的商品，应作为购货方的存货而不应再作为销货方的存货；对于购货方已收到商品但尚未收到销货方结算发票等的商品，购货方应作为其存货处理；对于购货方已经确认为购进（如已付款等）而尚未到达入库的在途商品，购货方应将其作为存货处理。

（3）购货约定。对于约定未来购入的商品，由于企业并没有实际的购货行为发生，因此，不作为企业的存货，也不确认有关的负债和费用。

二、存货的类型

存货存在于企业生产经营的各个环节，而且种类繁多、用途各异。为满足存货管理与核算的需要，应当对存货进行适当的分类。

不同行业的企业，由于经济业务的具体内容各不相同，因而存货的构成也不尽相同。例如，商品流通企业的主要业务是商品购销，其存货以待销售的商品为主，同时也包括少量的包装物、低值易耗品以及其他物料用品；制造企业的主要业务是生产和销售产品，其存货构成比较复杂，不仅包括各种将在生产过程中耗用的原材料、包装物和低值易耗品，也包括为了最终出售而处在生产过程中的在产品，还包括准备出售的产成品。因此，存货的具体内容和类别应依企业所处行业的性质而定。一般来说，存货按经济用途可分为如下六类。

（1）原材料，是指企业在生产过程中经加工改变其形态或性质并构成产品主要实体的各种原料及主要材料、辅助材料、外购半成品（外购件）、修理用备件（备品备件）、包装材料、燃料等。为建造固定资产等各项工程而储备的各种材料，虽然同属于材料，但是由于用于建造固定资产等各项工程，不符合存货的定义，因此不能作为企业的存货进行核算。

（2）在产品，是指企业正在制造尚未完工的产品，包括正在各个生产工序加工的产品，以及已加工完毕但尚未检验或已检验但尚未办理入库手续的产品。

（3）半成品，是指经过一定生产过程并已检验合格交付半成品仓库保管，但尚未制造完工成为产成品，仍需进一步加工的中间产品。

（4）产成品，是指工业企业已经完成全部生产过程并验收入库，可以按照合同规定的条件送交订货单位，或者可以作为商品对外销售的产品。企业接受外来原材料加工制造的代制品和为外单位加工修理的代修品，制造和修理完成验收入库后，应视同企业的产成品。

（5）商品，是指商品流通企业外购或委托加工完成验收入库用于销售的各种商品。

（6）周转材料，是指企业能够多次使用、逐渐转移其价值但仍保持原有形态不确认为固定资产的材料，如包装物和低值易耗品。其中，包装物是指为了包装本企业商品而储备的各种包装容器，如桶、箱、瓶、坛、袋等，其主要作用是盛装、装潢产品或商品。低值易耗品是指不符合固定资产确认条件的各种用具物品，如工具、管理用具、玻璃器皿、劳动保护用品以及在经营过程中周转使用的容器等。

第二节 存货的取得

一、存货取得的计价

企业会计准则规定，各种存货应当按照成本进行初始计量。存货成本包括采购成本、加工成本和其他成本。

由于存货的取得方式是多种多样的，而在不同的取得方式下，存货成本的具体构成内容并不完全相同。因此，企业应结合存货的不同取得方式，分别确定存货的实际成本。

（1）购入的存货，按买价加运输费（按规定计入存货成本部分）、装卸费、保险费、包装费、中转仓储费等运杂费、运输途中的合理损耗、入库前的挑选整理费用和按规定应计入成本的税金等，作为实际成本。

商品流通企业在采购商品过程中发生的运输费、装卸费、保险费以及其他可归属于存货采购成本的费用等进货费用，应计入所购商品成本。在实务中，企业也可以将发生的运输费、装卸费、保险费以及其他可归属于存货采购成本的费用等进货费用先进行归集，期末，按照所购商品的存销情况进行分摊。对于已销售商品的进货费用，计入主营业务成本；对于未售商品的进货费用，计入期末存货成本。商品流通企业采购商品的进货费用金额较小的，可以在发生时直接计入当期销售费用。

（2）加工取得的存货，主要包括产成品、在产品、半成品、委托加工物资等，其成本由采购成本、加工成本构成。某些存货还包括使存货达到目前场所和状态所发生的其他成本，如可直接认定的产品设计费用等。通过进一步加工取得的存货，其成本中的采购成本是由所使用或消耗的原材料采购成本转移而来的，因此，计量加工取得的存货成本，重点是要确定存货的加工成本。

存货加工成本由直接人工和制造费用构成，其实质是企业在进一步加工存货的过程中追加发生的生产成本，因此，不包括直接由材料存货转移来的价值。其中，直接人工，是指企业在生产产品过程中，直接从事产品生产的工人的职工薪酬。直接人工和间接人工的划分依据通常是生产工人是否与所生产的产品直接相关（即可否直接确定其服务的产品对象）。制造费用是指企业为生产产品和提供劳务而发生的各项间接费用。制造费用是一种间接生产成本，包括企业生产部门（如生产车间）管理人员的职工薪酬、折旧费、办公费、水电费、机物料消耗、劳动保护费、季节性和修理期间的停工损失等。

（3）委托外单位加工完成的存货，以实际耗用的原材料或者半成品的成本、加工费、运输费、装卸费和保险费等费用以及按规定应计入成本的税金，作为实际成本。

商品流通企业加工的商品，以商品的进货原价、加工费用和按规定应计入成本的税金，作为实际成本。

（4）投资者投入的存货，按照投资合同或协议约定的价值确定，但合同或协议约定价值不公允的除外。在投资合同或协议约定价值不公允的情况下，按照该项存货的公允价值作为其入账价值。

（5）通过非货币性资产交换、债务重组、企业合并等方式取得的存货的成本，应当分别按照《企业会计准则第 7 号——非货币性资产交换》《企业会计准则第 12 号——债务重组》和《企业会计准则第 20 号——企业合并》等的规定确定。但是，该项存货的后续计量和披露应当执行《企业会计准则第 1 号——存货》的规定。

（6）盘盈的存货，应按其重置成本作为入账价值，并通过“待处理财产损溢”账户进行会计处理，按管理权限报经批准后，冲减当期管理费用。

在确定存货成本的过程中，应当注意，下列费用不应当计入存货成本，而应当在其发生时计入当期损益：（1）非正常消耗的直接材料、直接人工及制造费用，应计入当期损益，不得计入存货成本。例如，企业超定额的废品损失以及由于自然灾害而发生的直接材料、直接人工及制造费用，由于这些费用的发生无助于使该存货达到目前场所和状态，不应计入存货成本，而应计入当期损益。（2）仓储费用，指企业在采购入库后发生的储存费用，应计入当期损益。但是，在生产过程中为达到下一个生产阶段所必需的仓储费用则应计入存货成本。例如，某种酒类产品生产企业为使生产的酒达到规定的产品质量标准，而必须发生的仓储费用，就应计入酒的成本，而不是计入当期损益。（3）不能归属于使存货达到目前场所和状态的其他支出，不符合存货的定义和确认条件，应在发生时计入当期损益，不得计入存货成本。

二、外购存货

（一）外购原材料

生产制造类企业购入的存货通常指原材料。本部分将以原材料为例，介绍存货购入的会计处理。在实际工作中，原材料的日常核算方法有两种：按实际成本计价核算和按计划成本计价核算。企业可根据材料品种规格的多少、收发业务量的大小以及管理要求等选择原材料的日常核算方法。

1. 按实际成本计价核算

（1）账户设置。外购材料按实际成本计价进行日常收发核算，其特点是：从材料的收发凭证到明细分类账和总分类账全部按实际成本计价、登记。为了核算企业各种外购材料的增减变动及结存情况，应设置“原材料”账户。该账户的借方登记入库原材料的实际成本，贷方登记发出原材料的实际成本，期末借方余额为库存原材料的实际成本。在该账户下，应按照原材料的保管地点、材料的类别、品种和规格设置“原材料明细账”进行明细分类核算。

实际成本法下原材料的会计处理

需要指出的是，由于企业外购材料时，往往出现材料运输时间超过银行结算凭证的传递时间，因而出现货款已付，而材料尚未运到的情况。为了核算企业已付款但尚未验收入库的材料，应设置“在途物资”账户。该账户的借方登记已付款但尚未验收入库的各种物资的实际成本，贷方登记已验收入库的各种在途物资的实际成本，期末借方余额为各种在途物资的实际成本。

此外，为了核算企业因采购材料应付给供货单位的款项，应设置“应付账款”账户。该账户的贷方登记应付未付的货款，借方登记已支付的货款，期末贷方余额为应付未付的货款。在该账户下，应按照供货单位设置明细账进行明细分类核算。

（2）会计处理。企业外购材料时，由于结算方式和采购地点不同，材料入库和货款的支付在时间上不一定完全同步，其会计处理也有所不同。

情形一：单货同到。对于发票账单与材料同时到达的采购业务，企业在支付货款、材料验收入库后，应根据结算凭证、发票和收料单等确定的材料实际成本，借记“原材料”科目，增值税采用一般计税方法的企业根据增值税专用发票上注明的增值税税额，借记“应交税费——应交增值税（进项税额）”科目，按照实际支付的款项，贷记“银行存款”等科目。

情形二：单到货未到。对于发票账单已到达企业，但材料尚未到达（或尚未验收入库）的业务，应根据结算凭证、发票账单等，借记“在途物资”科目，增值税采用一般计税方法的企业根据增值税专用发票上注明的增值税税额，借记“应交税费——应交增值税（进项税额）”科目，贷记“银行存款”等科目；待材料验收入库后，再根据收料单，借记“原材料”科目，贷记“在途物资”科目。

情形三：货到单未到。所购货物已经到达，但发票账单尚未到达，此时，由于企业无法确定存货的实际成本，因而暂不入账，但如果月末结算凭证仍未到达，为了在资产负债表上全面反映月末时企业的全部资产及负债，需按合同中约定的价格暂估入账，借记“原材料”科目，贷记“应付账款”科目，下月初，用红字编制相同的记账凭证冲销，待结算凭证到达并付款后，按单货同到的情况进行账务处理。

【例 4－1】 甲公司增值税采用一般计税方法，2022 年 5 月 6 日，甲公司购入原材料一批，取得的增值税专用发票上注明的原材料价款为 100 000 元，增值税税额为 13 000 元，发票等结算凭证已经收到，货款已通过银行转账支付，原材料已如数验收入库。甲公司进行会计处理时，应编制的会计分录如下：

借：原材料	100 000	
应交税费——应交增值税（进项税额）	13 000	
贷：银行存款		113 000

【例 4－2】 甲公司增值税采用一般计税方法，2022 年 5 月 16 日，甲公司购入材料一批，增值税专用发票上注明的材料价款为 30 000 元，增值税税额为 3 900 元，发票等结算凭证已到，货款已于当日支付，但材料尚未运到。5 月 21 日材料到达企业并验收入库。甲公司进行会计处理时，应编制的会计分录如下：

（1）2022 年 5 月 16 日，甲公司收到发票等结算凭证时：

借：在途物资	30 000	
应交税费——应交增值税（进项税额）	3 900	
贷：银行存款		33 900

（2）2022 年 5 月 21 日，上述材料到达验收入库时：

借：原材料	30 000	
贷：在途物资		30 000

【例 4－3】 甲公司增值税采用一般计税方法，2022 年 6 月 20 日，甲公司采购一批材料 10 吨，已验收入库，但结算凭证未到，未支付货款。月底，结算凭证仍未到达。该材料合同单价为 5 000 元/吨。7 月 6 日，增值税专用发票等结算单据到达，发票上列明的材料价款为 50 000 元，增值税税额为 6 500 元，款项已通过银行付讫。甲公司进行会计处理时，应编制的会计分录如下：

（1）2022 年 6 月 30 日，对已入库材料暂估入账：

借：原材料	50 000	

贷：应付账款 50 000

（2）2022 年 7 月 1 日，用红字冲回：

借：原材料 50 000

贷：应付账款 50 000

（3）2022 年 7 月 6 日，有关单据到达时：

借：原材料 50 000

应交税费——应交增值税（进项税额） 6 500

贷：银行存款 56 500

2. 按计划成本计价核算

计划成本法下原材料的会计处理

材料按计划成本计价进行核算，就是材料的总分类核算和明细分类核算均按计划成本计价、登记。其主要特点是：收发凭证按材料的计划成本计价，总账及其明细分类账按计划成本登记；外购材料付款时，先要通过“材料采购”科目进行核算，材料实际成本与计划成本的差异通过“材料成本差异”账户核算。

（1）账户设置。在材料按计划成本计价进行日常核算的企业，为了总括反映企业材料的增减变动以及结存情况，应设置“原材料”账户。该账户的借方登记入库原材料的计划成本，贷方登记发出原材料的计划成本，期末借方余额为库存原材料的计划成本。在该账户下，应按照原材料的保管地点、材料的类别、品种和规格设置“原材料明细账”进行明细分类核算。

此外，在材料按计划成本进行采购收发核算时，为了核算企业材料采购的实际成本和实际成本与计划成本的差异，还应设置“材料采购”和“材料成本差异”账户。

“材料采购”账户核算企业采用计划成本进行材料日常核算而购入材料的采购成本。该账户的借方登记已付款材料的实际采购成本和材料采购实际成本小于计划成本的差异；贷方登记已验收入库材料的计划成本和材料采购实际成本大于计划成本的差异；期末借方余额为已经收到发票账单并办理结算手续，但材料尚未到达或尚未验收入库的在途物资的实际成本。在该账户下，一般按材料的类别设置“材料采购明细账”进行明细分类核算。材料采购明细账可采用横线登记法登记，即同一笔采购业务的付款、收料与成本差异，都登记在同一条横线上。该明细账户的借方，根据货款结算凭证登记实际支付材料的买价、运杂费等，贷方根据收料凭证登记入库材料的计划成本以及根据同一行借贷金额进行计算后的成本差异。月末，只有借方记录而无贷方记录的，即为在途物资，应逐笔转入下月的“材料采购明细账”。

“材料成本差异”账户核算企业采用计划成本进行日常核算的材料计划成本与实际成本的差额。该账户的借方登记验收入库材料的实际成本大于计划成本的差异和结转发出材料应负担的成本差异（实际成本小于计划成本的差异）；贷方登记验收入库材料的实际成本小于计划成本的差异和结转发出材料应负担的成本差异（实际成本大于计划成本的差异）[①]。该账户期末借方余额，为库存材料的实际成本大于计划成本的差异，若为贷方余额，则为实际成本小于计划成本的差异。在该账户下，应分别按材料的类别或品种进行明细核算。

（2）会计处理。在材料按计划成本进行日常收发核算的情况下，企业外购材料时，也

① 结转发出材料应负担的实际成本小于计划成本的差异亦可计入“材料成本差异”账户的贷方，用红字登记。

会有三种不同的情形。

情形一：单货同到。对于发票账单与材料同时到达的采购业务，其账务处理方法是：付款时，根据结算凭证、发票账单等确定的材料实际成本，借记“材料采购”科目，增值税采用一般计税方法的企业根据增值税专用发票上注明的增值税税额，借记“应交税费——应交增值税（进项税额）”科目，按照实际支付的款项，贷记“银行存款”等科目。

材料验收入库时，根据收料凭证，按入库材料计划成本（计划单价×实际入库数量），借记“原材料”科目，贷记“材料采购”科目。结转入库材料的成本差异时，若入库材料的实际成本大于计划成本，应按其差额，借记“材料成本差异”科目，贷记“材料采购”科目；若入库材料的实际成本小于计划成本，应按其差额，借记“材料采购”科目，贷记“材料成本差异”科目。

【例4-4】 甲公司增值税采用一般计税方法，2022年6月3日，该公司购入原材料一批，取得的增值税专用发票上注明的原材料价款为100 000元，增值税税额为13 000元，发票等结算凭证已经收到，货款已通过转账支付。材料已验收入库。该材料的计划成本为110 000元。甲公司进行会计处理时，应编制的会计分录如下：

借：材料采购	100 000	
应交税费——应交增值税（进项税额）	13 000	
贷：银行存款		113 000
借：原材料	110 000	
贷：材料采购		110 000
借：材料采购	10 000	
贷：材料成本差异		10 000

情形二：单到货未到。对于已经付款但材料尚未到达（或尚未验收入库）的采购业务，付款时应根据结算凭证、发票账单等确定的材料实际成本借记“材料采购”账户，增值税采用一般计税方法的企业根据增值税专用发票上注明的增值税税额，借记“应交税费——应交增值税（进项税额）”账户，按照实际支付的款项，贷记“银行存款”等账户；待材料验收入库后，再编制按计划成本收料入库和结转入库材料成本差异的会计分录。

【例4-5】 甲公司增值税采用一般计税方法，2022年6月6日，甲公司购入原材料一批，发票等结算凭证已到，增值税专用发票上注明的价款为20 000元，增值税税额为2 600元，货款已经支付，但材料尚未运到；6月15日该批材料验收入库，其计划成本为18 000元。甲公司进行会计处理时，应编制的会计分录如下：

（1）2022年6月6日，收到发票账单时：

借：材料采购	20 000	
应交税费——应交增值税（进项税额）	2 600	
贷：银行存款		22 600

（2）2022年6月15日，材料入库时：

借：原材料	18 000	
贷：材料采购		18 000
借：材料成本差异	2 000	
贷：材料采购		2 000

情形三：货到单未到。对于材料已到并验收入库，但发票账单等凭证未到，货款尚未支付的采购业务，为了简化核算手续，平时收料时暂不作账务处理，待付款时，再按“单货同到”的业务作付款、收料和结转差异的会计分录；月末仍未付款的材料，才按计划成本暂估入账，借记“原材料”账户，贷记“应付账款——暂估应付款”账户，并于下月初用红字冲销；下月付款时，再按“单货同到”的业务进行账务处理。

【例 4-6】 甲公司增值税采用一般计税方法，2022 年 6 月 30 日，甲公司购入原材料一批，材料已经运到并验收入库，但发票等结算凭证尚未收到，货款尚未支付，该批材料的计划成本为 35 000 元。甲公司进行会计处理时，应编制的会计分录如下：

（1）月末按计划成本估价入账：

借：原材料	35 000	
贷：应付账款		35 000

（2）下月初用红字将上述分录冲销：

借：原材料	[35 000]	
贷：应付账款		[35 000]

下月收到有关结算凭证并支付款项时，按“单货同到”的业务作付款、收料和结转差异的会计分录。假设上述材料于下月 5 日付款，实际支付原材料价款 40 000 元，支付的增值税税额为 5 200 元。甲公司进行会计处理时，应编制的会计分录如下：

借：材料采购	40 000	
应交税费——应交增值税（进项税额）	5 200	
贷：银行存款		45 200
借：原材料	35 000	
贷：材料采购		35 000
借：材料成本差异	5 000	
贷：材料采购		5 000

以上材料验收入库和结转成本差异的会计分录是逐笔编制的，为了简化核算工作，也可按旬或按月汇总编制。

（二）外购商品

商品包括商品流通企业为销售而购入或委托外单位加工的各种商品，它是商品流通企业的主要存货，企业购进的商品应按商品的进价和按规定计入商品成本的税费作为其实际成本。企业可根据经营商品品种规格的多少、购销业务量的大小等选用售价法进行核算。

1. 账户设置

企业对商品存货基本业务一般设置“在途物资”“库存商品”和“商品进销差价”账户核算。

“在途物资”账户中商品采购业务的核算，类似材料采购的会计处理。

“库存商品”账户中的商品库存业务一般采用成本或售价进行收发核算。购入商品采用成本核算的，在商品到达验收入库后，按商品成本，借记“库存商品”科目，贷记“银行存款”“在途物资”等科目；购入商品采用售价核算的，在商品到达验收入库后，按商品售价，借记“库存商品”科目，按商品成本，贷记“银行存款”“在途物资”等科目，按商品售价与成本的差额，贷记“商品进销差价”科目。销售商品结转销售成本时，按发出商品的成本（或售价）借记“主营业务成本”科目，贷记“库存商品”科目。

“商品进销差价”是核算企业采用售价进行日常核算的商品售价与成本之间的差额的账户。企业因购入、加工收回以及销售退回等增加的库存商品，按商品售价，借记“库存商品”科目，按商品成本，贷记“银行存款”“委托加工物资”等科目，按售价与成本之间的差额，贷记“商品进销差价”科目。期（月）末分摊已销商品的进销差价，借记“商品进销差价”科目，贷记“主营业务成本”科目。

2. 会计处理

企业采购商品，按实际成本法核算时，借记“库存商品”“应交税费——应交增值税（进项税额）”等科目，贷记“银行存款”等科目。库存商品采用售价法核算的，按商品售价借记“库存商品”科目，按商品成本贷记“银行存款”等科目，按售价与成本的差额贷记“商品进销差价”科目。

【例 4－7】 甲公司增值税采用一般计税方法，2022 年 7 月 28 日，甲公司从乙公司购入空调 100 台，每台 1 300 元（售价 1 500 元），增值税税额为 16 900 元，空调到货，家电组验收入库，采用售价法核算，货款用银行存款支付；装卸费 800 元，以现金支付。甲公司进行会计处理时，应编制的会计分录如下：

借：库存商品	150 000	
应交税费——应交增值税（进项税额）	16 900	
贷：银行存款		146 900
库存现金		800
商品进销差价		19 200

三、加工取得的存货

（一）自制半成品

自制半成品是指经过一定生产过程并已检验合格交付半成品仓库，但尚未制造完成形成商品产品，仍须继续加工的中间产品。自制半成品可以按实际成本计价核算，也可以按计划成本计价核算，其方法与外购材料的核算基本相同。下面仅以自制半成品按实际成本计价核算为例介绍其核算方法。

为了核算企业各种自制半成品的增减变动及结存情况，应设置“自制半成品”账户。该账户的借方登记入库自制半成品的实际成本，贷方登记发出自制半成品的实际成本，期末借方余额为库存自制半成品的实际成本。在该账户下应按自制半成品的品种设置“库存半成品明细账”进行明细分类核算。企业外购的半成品（外购件）应作为原材料处理，不在“自制半成品”账户内核算。

自制半成品收入、发出的核算方法是：

（1）生产完成已检验送交半成品库的自制半成品，应按其实际成本结转，会计分录为：

借：自制半成品

　　贷：生产成本——基本生产成本

（2）生产车间领用自制半成品继续加工，按其实际成本结转，会计分录为：

借：生产成本——基本生产成本

贷：自制半成品

（3）对外销售自制半成品，结转其实际成本时，会计分录为：

借：主营业务成本（或其他业务成本）

贷：自制半成品

（二）自制产成品

产成品是指企业已完成全部生产过程并已验收入库、符合标准规格和技术条件，可以按照合同规定的条件送交订货单位，或可以作为商品对外销售的产品。产成品包括企业自行加工制造的商品产品、接受外来原材料加工制造的代制品和为外单位加工修理的代修品等。已完成销售手续、购货单位尚未提走的产品，不应作为产成品，而应作为代管产品设立备查簿登记。产成品可以采用实际成本核算，也可以采用计划成本核算，其方法与外购材料相似。以下仅就采用实际成本进行核算的有关会计处理予以说明。

为了反映和监督产成品的增减变化及其结存情况，应设置“库存商品”账户，借方登记验收入库的产成品的成本，贷方登记发出产成品的成本，余额在借方，表示结存产成品的实际成本。

对于产成品采用实际成本核算的企业，当产成品生产完成并验收入库时，应按其实际成本借记“库存商品”科目，贷记“生产成本——基本生产成本”科目。

【例 4-8】 2022 年 6 月 30 日，甲公司“产成品入库汇总表”记载，本月已验收入库 A 产品 300 件，实际单位成本 500 元，共计 150 000 元；B 产品 500 件，实际单位成本 200 元，计 100 000 元。甲公司进行会计处理时，应编制的会计分录如下：

借：库存商品——A 产品 150 000

——B 产品 100 000

贷：生产成本——基本生产成本（A 产品） 150 000

——基本生产成本（B 产品） 100 000

（三）委托加工物资

1. 委托加工物资的计价

企业为了满足生产用料的特殊要求，往往需要对购入的材料进行重新加工，使其变成另一种符合需要的材料。但限于企业的加工能力，有时需要委托外单位加工完成。这种发往受托单位进行加工的材料物资，会计上称作委托加工物资。一种物资经过加工，其实物形态、性能发生变化，使用价值也随之发生变化，而且，在其加工过程中要消耗原材料，还要发生各种费用支出等，从而使其价值相应增加。企业进行委托加工物资的核算，就是要正确地反映和监督委托加工物资的发出、加工费用的发生、加工完工以后的验收入库等。在进行核算时，首先要正确地对加工物资进行计价。

企业委托其他单位加工的物资，其实际成本一般包括：（1）加工中耗用物资的实际成本；（2）支付的加工费用及往返运杂费等；（3）支付的税金，包括委托加工物资负担的增值税和消费税。

对于委托加工物资应负担的增值税和消费税应区分不同情况处理：

增值税采用一般计税方法的企业委托加工物资应负担的增值税，凡属加工物资用于应交增值税项目并取得增值税专用发票的，应作为进项税额，不计入加工物资的成本；凡属加工物资用于非应纳增值税项目或免征增值税项目的，或未取得增值税专用发票的，应计入加工物资的成本。增值税采用简易计税方法的企业委托加工物资应交的增值税，一律计入委托加工物资的成本。

委托加工物资应负担的消费税，凡属加工物资收回后直接用于销售的，应将代扣代交的消费税计入委托加工物资的成本，收回的委托加工物资销售时，不再计算缴纳消费税；凡属加工物资收回后用于连续生产应交消费税产品的，且按规定准予抵扣的，企业将负担的消费税记入“应交税费——应交消费税”账户的借方，待应交消费税的加工物资连续生产完工销售后，抵交其应交纳的销售环节消费税。

2. 账户设置与会计处理

为了反映和监督委托加工物资增减变动及其结存情况，应设置“委托加工物资”账户，借方登记委托加工物资的实际成本，贷方登记加工完毕验收入库的物资的实际成本和退回物资的实际成本，余额在借方，表示尚未完工的委托加工物资的实际成本。

委托加工业务在会计处理上主要包括发出委托加工物资、支付加工费用、运杂费和税金、收回加工物资等几个环节。

（1）发出委托加工物资。企业发给外单位加工物资时，应将物资的实际成本由“原材料”“库存商品”等账户转入“委托加工物资”账户，借记“委托加工物资”科目，贷记“原材料”（或“库存商品”）科目；如果发出物资采用计划成本核算的，还应同时结转成本差异。

（2）支付加工费、运杂费、增值税等。企业支付的加工费、应负担的运杂费以及按规定应计入加工物资成本的增值税等，计入委托加工物资的成本，借记“委托加工物资”科目，可以作为进项税额的委托加工物资成本的增值税，借记“应交税费——应交增值税（进项税额）”科目；企业实际支付或应支付的款项总额，贷记“银行存款”“应付账款”等科目。

（3）交纳的消费税。按照消费税的有关规定，如果委托加工物资属于应税消费品，应由受托方在向委托方交货时代收代交税款。委托加工的应税消费品，用于连续生产的，所纳税款准予按规定抵扣；委托加工的应税消费品直接出售的，不再征收消费税。

在会计处理上，委托加工的物资收回后用于连续生产应税消费品的，委托方应按对方代收代交的消费税额，借记“应交税费——应交消费税”科目，贷记“应付账款”“银行存款”等科目；委托加工的物资收回后直接出售的，委托方应将对方代收代交的消费税计入委托加工物资的成本，借记“委托加工物资”科目，贷记“应付账款”“银行存款”等科目。

（4）收回加工物资。委托加工物资加工完成验收入库后，应按加工收回物资的实际成本和剩余物资的实际成本，借记“原材料”“库存商品”等科目，贷记“委托加工物资”科目。

【例4-9】 甲公司增值税采用一般计税方法，适用的增值税税率为13%，甲公司委托乙公司加工一批量具，发出原材料一批，计划成本6 000元，材料成本差异率2%，以库存现金支付相关杂费300元。甲公司进行会计处理时，应编制的会计分录如下：

（1）发出材料时：

借：委托加工物资	6 120	
贷：原材料		6 000

　　　材料成本差异　　　　　　　　　　　　　　　　　　　　　120

（2）支付相关杂费时：

借：委托加工物资　　　　　　　　　　　　　　　　　300

　　贷：库存现金　　　　　　　　　　　　　　　　　　　　　300

【例 4－10】 沿用【例 4－9】资料，甲公司以银行存款支付上述量具的加工费 1 000 元，增值税 130 元。甲公司进行会计处理时，应编制的会计分录如下：

借：委托加工物资　　　　　　　　　　　　　　　　　1 000

　　应交税费——应交增值税（进项税额）　　　　　　　130

　　贷：银行存款　　　　　　　　　　　　　　　　　　　　　1 130

四、其他方式取得的存货

其他方式取得的存货包括投资者投入的存货、非货币性交换换入的存货、债务重组取得的存货以及盘盈的存货等。其中，投资者投入存货的会计处理参见本教材第十章“所有者权益”部分的讲解，非货币性资产交换和债务重组取得存货的会计处理，分别参见《企业会计准则第 7 号——非货币性资产交换》和《企业会计准则第 12 号——债务重组》，盘盈存货的会计处理参见本章第四节“存货的清查”部分的讲解。

第三节　存货的发出

存货发出的计价

一、发出存货的计价

发出存货的计价是指对发出的存货和每次发出后的存货价值的计算确定。发出存货价值的确定是否正确，直接影响到当期销售成本和当期损益的计算，也直接影响到各期期末存货价值的确定，从而影响到资产负债表中存货项目的金额。

企业的经营性质不同，经营规模不一，存货收发的频繁程度以及每次收发存货的数量等都有所不同，因而，发出存货计价方法的选用也可以有所不同。发出存货的计价方法主要有：个别计价法、先进先出法、后进先出法、加权平均法（包括月末一次加权平均法和移动加权平均法）等。但根据我国现行《企业会计准则第 1 号——存货》的规定，禁止采用后进先出法。

（一）个别计价法

个别计价法又称个别认定法或具体辨认法，是按照存货的实物流动方式确定存货的成本流动，即要求存货的实物流动与成本流动完全保持一致的一种计价方法。这种方法要求所核算的存货必须是可以辨别认定的，而且对每一件存货的品种规格、入账时间、单位成本、存放地点等信息都要进行详细记录。

【例 4－11】 2022 年 4 月，甲公司 A 商品的收入、发出及结存资料如表 4－1 所示。

表 4-1 **A 商品收发结存登记表** 计量单位：件/元

日期		摘要	收入			发出			结存		
月	日		数量	单价	金额	数量	单价	金额	数量	单价	金额
4	1	期初余额							300	10	3 000
	5	购入	200	12	2 400				500		
	11	销售				400			100		
	16	购入	400	14	5 600				500		
	20	销售				200			300		
	23	购入	200	15	3 000				500		
	27	销售				200			300		
	30	本期合计	800	—	11 000	800	—		300		

经过具体辨认，本期发出 A 商品的情况如下：4 月 11 日发出的 400 件中，200 件系期初结存的，200 件系 5 日购入的；4 月 20 日发出的 200 件系 16 日购入的；4 月 27 日发出的 200 件中，100 件系期初结存的，100 件系 23 日购入的。按照个别计价法，甲公司 4 月份 A 商品收入、发出与结存情况如表 4-2 所示。

表 4-2 **库存商品明细账（个别计价法）**

商品类别：　　　　　　计量单位：件

商品编号：　　　　　　最高存量：

商品名称及规格：A 商品　　　　　　最低存量：

日期		摘要	收入			发出			结存		
月	日		数量	单价	金额	数量	单价	金额	数量	单价	金额
4	1	期初余额							300	10	3 000
	5	购入	200	12	2 400				300 200	10 12	3 000 2 400
	11	销售				200 200	10 12	2 000 2 400	100	10	1 000
	16	购入	400	14	5 600				100 400	10 14	1 000 5 600
	20	销售				200	14	2 800	100 200	10 14	1 000 2 800
	23	购入	200	15	3 000				100 200 200	10 14 15	1 000 2 800 3 000
	27	销售				100 100	10 15	1 000 1 500	200 100	14 15	2 800 1 500
	30	本期合计	800	—	11 000	800	—	9 700	200 100	14 15	2 800 1 500

个别计价法保持了存货实物流动和成本流动的完全一致性，因此，所反映的发出存货成本和期末存货成本非常真实。但在个别计价法下，存货的核算手续相当烦琐，需要对企业发出和结存存货的批次进行认定，以辨别其所属的具体收入批次。在存货品种繁多的情况下，

要对每一种存货保持详细记录，工作量相当大，有时甚至不可能。因此，个别计价法通常只适用于品种和数量不多、单位价值较高且不能替代使用的存货，如珠宝、名画、工艺品、轮船、高档汽车等。

（二）先进先出法

先进先出法是以先入库的存货先发出这一存货实物流转假设为前提对发出存货进行计价的一种方法。根据先进先出法，先入库的存货成本在后入库的存货成本之前转出，并据此确定发出存货和期末存货的成本。

先进先出法的存货成本流转比较接近存货的实物流转，尤其在存货容易陈旧变质时更是如此。该方法下，库存存货成本是按最近的购货确定的，因而，期末存货的实际成本与该种存货的现行成本较为接近，这使资产负债表中的存货成本较接近现行市场价值。这种计价方法的缺点是工作量较大，特别是存货的进出量大且较频繁的企业。而且，当物价波动较大时，该方法的选择对企业本期的利润确定会产生较大的影响。当物价上涨时，可能会高估企业当期利润；反之，则可能会低估当期利润。

【例 4－12】 沿用【例 4－11】资料，假设甲公司采用先进先出法对发出存货进行计价，则 A 商品本期收入、发出和结存情况如表 4－3 所示。

表 4－3　　库存商品明细账（先进先出法）

商品类别：　　计量单位：件

商品编号：　　最高存量：

商品名称及规格：A 商品　　最低存量：

日期		摘要	收入			发出			结存		
月	日		数量	单价	金额	数量	单价	金额	数量	单价	金额
4	1	期初余额							300	10	3 000
	5	购入	200	12	2 400				300 200	10 12	3 000 2 400
	11	销售				300 100	10 12	3 000 1 200	100	12	1 200
	16	购入	400	14	5 600				100 400	12 14	1 200 5 600
	20	销售				100 100	12 14	1 200 1 400	300	14	4 200
	23	购入	200	15	3 000				300 200	14 15	4 200 3 000
	27	销售				200	14	2 800	100 200	14 15	1 400 3 000
	30	本期合计	800	—	11 000	800	—	9 600	100 200	14 15	1 400 3 000

（三）月末一次加权平均法

月末一次加权平均法，是指以月初结存存货数量和本月各批收入存货数量作为权数，计算本月存货的加权平均单位成本，据以确定本期发出存货成本和期末结存存货成本的一种方法。加权平均单位成本的计算公式如下：

$$加权平均单位成本=\frac{月初结存存货成本+本月取得存货成本}{月初结存存货数量+本月取得存货数量}$$

【例 4－13】 根据【例 4－11】资料，甲公司采用加权平均法计算的 A 商品本月加权平均单位成本及本月发出和期末结存成本如下：

4 月份 A 商品加权平均单位成本＝(300×10＋200×12＋400×14＋200×15)/(300＋200＋400＋200)≈12.73（元）

4 月份甲商品的发出成本＝800×12.73＝10 184（元）

4 月份甲商品的期末结存成本＝3 000＋11 000－10 184＝3 816（元）

甲公司采用加权平均法对发出存货进行计价时，A 商品本期收入、发出和结存情况如表 4－4 所示。

表 4－4　　库存商品明细账（月末一次加权平均法）

商品类别：　　计量单位：件

商品编号：　　最高存量：

商品名称及规格：A 商品　　最低存量：

日期		摘要	收入			发出			结存		
月	日		数量	单价	金额	数量	单价	金额	数量	单价	金额
4	1	期初余额							300	10	3 000
	5	购入	200	12	2 400				500		
	11	销售				400			100		
	16	购入	400	14	5 600				500		
	20	销售				200			300		
	23	购入	200	15	3 000				500		
	27	销售				200			300		
	30	本期合计	800	—	1 1000	800	12.73	10 184	300	12.73	3 816

采用加权平均法，只在月末一次计算加权平均单位成本并结转发出存货成本即可，平时不对发出存货计价，因而日常核算工作量较小，简便易行，适用于存货收发比较频繁的企业。但也正因为存货计价集中在月末进行，所以平时无法提供发出存货和结存存货的单价及金额，不利于存货的管理。

（四）移动加权平均法

移动加权平均法，是指以每次进货的成本加上原有库存存货的成本，除以每次进货数量与原有库存存货的数量之和，据以计算加权平均单位成本，作为在下次进货前计算各次发出存货成本的依据。加权平均单位成本的计算公式如下：

$$加权平均单位成本=\frac{原有库存存货的实际成本+本次进货的实际成本}{原有库存存货数量+本次进货数量}$$

【例 4－14】 沿用【例 4－11】资料，假设甲公司采用移动加权平均法对发出存货进行计价，则 A 商品本期收入、发出和结存情况如表 4－5 所示。

表 4－5　　　　库存商品明细账（移动加权平均法）

商品类别：　　　　　　　　　　　　　　　　计量单位：件
商品编号：　　　　　　　　　　　　　　　　最高存量：
商品名称及规格：A 商品　　　　　　　　　　最低存量：

日期		摘要	收入			发出			结存		
月	日		数量	单价	金额	数量	单价	金额	数量	单价	金额
4	1	期初余额							300	10	3 000
	5	购入	200	12	2 400				500	10. 8	5 400
	11	销售				400	10. 8	4 320	100	10. 8	1 080
	16	购入	400	14	5 600				500	13. 36	6 680
	20	销售				200	13. 36	2 672	300	13. 36	4 008
	23	购入	200	15	3 000				500	14. 016	7 008
	27	销售				200	14. 016	2 803. 2	300	14. 016	4 204. 8
	30	本期合计	800	—	11 000	800	—	9 795. 2	300	14. 016	4 204. 8

二、存货发出的会计处理

（一）材料发出的会计处理

1. 实际成本法下的会计处理

企业发出材料时，应根据领用材料的单位和用途，将所耗用材料的实际成本（按照先进先出法或加权平均法、个别计价法等确定的实际成本）计入有关账户：基本生产车间生产产品耗用的，计入“生产成本——基本生产成本”账户；辅助生产车间生产产品或提供劳务耗用的，计入“生产成本——辅助生产成本”账户；各车间一般耗用的，计入“制造费用”账户；企业管理部门耗用的，计入“管理费用”账户；企业固定资产建造工程耗用的，计入“在建工程”账户；企业销售的材料计入“其他业务成本”账户等。在实际工作中，由于发料的次数频繁，领料凭证的数量较多，为了简化核算手续，平时一般不直接根据领料凭证编制记账凭证，登记总账，而是对已签收和标价的领料凭证按各类材料的不同用途，陆续进行分类整理，月末再根据已分类汇兑的领料凭证编制“材料发出汇总表”，并据以进行材料发出的总分类核算。

【例 4－15】 2022 年 5 月，甲公司根据领料凭证编制的“材料发出汇总表”如表 4－6 所示。

表 4－6　　　　材料发出汇总表

企业名称：甲公司　　　　2022 年 5 月　　　　单位：元

材料类别 / 材料用途	原材料	其他材料
基本生产车间生产产品领用	100 000	
辅助生产车间生产产品领用	50 000	
各车间一般消耗	10 000	略
企业管理部门领用	30 000	

续表

材料用途＼材料类别	原材料	其他材料
企业扩建工程领用	60 000	
对外销售	20 000	
合 计	270 000	

根据表 4－6“材料发出汇总表”，甲公司进行会计处理时，应编制的会计分录如下：

借：生产成本——基本生产成本　　100 000
　　　　　　——辅助生产成本　　50 000
　　制造费用　　10 000
　　管理费用　　30 000
　　在建工程　　60 000
　　其他业务成本　　20 000
　　贷：原材料　　270 000

按实际成本进行材料核算，其优点是：可以直接提供材料资金的实际占用额；能为计算产品成本直接提供实际材料费用数据；核算结果比较准确。其缺点是：在材料品种规格繁多、采购收发业务频繁的企业，材料计价工作量较大，而且不能通过账户反映材料采购业务的成果。

2. 计划成本法下的会计处理

与按实际成本计价核算一样，月末，企业应按照领料单位和材料的用途将本月领、退料凭证进行分类、汇总，编制“材料发出汇总表”，表中除填列发出材料的计划成本外，还要根据材料成本差异率计算并填列发出材料的计划成本应负担的材料成本差异额，将发出材料的计划成本调整为实际成本。

【例 4－16】 2022 年 6 月，甲公司根据领、退料凭证和有关资料编制的“材料发出汇总表”，如表 4－7 所示。

表 4－7　　材料发出汇总表

企业名称：甲公司　　2022 年 6 月　　单位：元

材料用途＼材料类别	原材料	
	计划成本	差异额（差异率 2%）
基本生产车间生产产品领用	200 000	4 000
辅助生产车间生产产品领用	100 000	2 000
各车间一般消耗	15 000	300
企业管理部门领用	30 000	600
企业扩建工程领用	40 000	800
对外销售	5 000	100
合 计	390 000	7 800

根据表 4－7“材料发出汇总表”，甲公司进行会计处理时，应编制的会计分录如下：

（1）分配发出原材料计划成本：

借：生产成本——基本生产成本	200 000	
——辅助生产成本	100 000	
制造费用	15 000	
管理费用	30 000	
在建工程	40 000	
其他业务成本	5 000	
贷：原材料		390 000

（2）计算并结转发出原材料计划成本应负担的成本差异：

本月发出原材料应负担的成本差异＝本月发出原材料计划成本×本月材料成本差异率

材料成本差异率是指材料成本差异额与材料计划成本的比率。其计算公式如下：

$$\text{本月材料成本差异率}=\frac{\text{月初结存材料的成本差异}+\text{本月收入材料的成本差异}}{\text{月初结存材料的计划成本}+\text{本月收入材料的计划成本}}\times 100\%$$

在实际工作中，材料成本差异率的计算是通过编制“材料成本差异计算表”来完成的。

【例 4－17】 2022 年 6 月，甲公司原材料月初结存节约差异 900 元，月初结存计划成本 50 000 元；本月收入超支差异 9 900 元，本月收入计划成本 400 000 元。

根据以上资料，编制的“材料成本差异计算表”，如表 4－8 所示。

表 4－8　　**材料成本差异计算表**

企业名称：甲公司　　2022 年 6 月

类别	月初结存		本月收入		合　计		成本差异率
	计划成本	成本差异	计划成本	成本差异	计划成本	成本差异	
原材料	50 000	－900	400 000	9 900	450 000	9 000	2%

表 4－8 中，本月原材料成本差异率为：

$$\text{本月原材料成本差异率}=\frac{-900+9\,900}{50\,000+400\,000}\times 100\%=2\%$$

根据表 4－8 提供的有关资料，计算本月发出原材料应负担的材料成本差异额：

本月发出原材料应负担的成本差异＝390 000×2%＝7 800（元）

甲公司结转本月发出原材料应负担的成本差异时，应编制的会计分录如下：

借：生产成本——基本生产成本	4 000	
——辅助生产成本	2 000	
制造费用	300	
管理费用	600	
在建工程	800	
其他业务成本	100	
贷：材料成本差异		7 800

发出材料实际成本小于计划成本的差异（即节约差异）的结转，编制借贷相反的会计分录（或金额数字用红字记录亦可）。

材料按计划成本计价核算，其优点是：通过“材料采购”和“材料成本差异”账户的设置与应用，可以确定各类材料的实际成本与计划成本的差异，便于考核材料采购业务的成果；在计划成本下，排除了价格变动对发出材料成本的影响，有利于分析各部门耗用材料的节约或浪费情况，考核各用料部门的经济效果；简化了材料收发计价的明细核算工作。缺点是：在材料按计划成本进行日常核算的情况下，月末需要把发出材料和库存材料的计划成本调整为实际成本，由于不可能按照每种材料进行成本差异的核算，因而调整的结果不如直接按实际成本计算准确。

（二）产成品发出的会计处理

产成品的发出主要是对外销售，其次还有在建工程耗用等。企业应根据发出商品的用途借记各有关科目，贷记“库存商品”科目。

根据不同的销售方式，其会计处理也有所不同：

对于已实现销售的产品，在结转其销售成本时，应借记“主营业务成本”科目，贷记“库存商品”科目；同时，按照现行《企业会计准则第 1 号——存货》的规定，相应的存货跌价准备也应当予以结转。

对于未满足收入确认条件的发出商品，应按发出商品的实际成本（或进价）或计划成本（或售价），借记“发出商品”科目，贷记“库存商品”科目。发出商品发生退回的，应按退回商品的实际成本（或进价）或计划成本（或售价），借记“库存商品”科目，贷记“发出商品”科目。发出商品满足收入确认条件时，应结转销售成本，借记“主营业务成本”科目，贷记“发出商品”科目。采用计划成本或售价核算的，同时结转应分摊的产品成本差异或商品进销差价。“发出商品”账户的期末借方余额，反映企业发出商品的实际成本（或进价）或计划成本（或售价）。

【例 4－18】 甲公司月末汇总的发出商品中，当月实现销售的 A 产品有 200 件，B 产品有 400 件；采用分期收款销售方式发出 A 产品 50 件（假定尚未实现销售）。该月 A 产品实际单位成本 500 元，B 产品实际单位成本 200 元。甲公司进行会计处理时，应编制的会计分录如下：

借：主营业务成本	180 000	
发出商品	25 000	
贷：库存商品		205 000

（三）包装物和低值易耗品发出的会计处理

企业应当采用一次转销法或者五五摊销法对包装物和低值易耗品进行摊销，计入相关资产的成本或者当期损益。如果对相关包装物或低值易耗品计提了存货跌价准备，还应结转已计提的存货跌价准备，冲减相关资产的成本或当期损益。

生产领用的包装物，应将其成本计入制造费用；随同商品出售但不单独计价的包装物，应将其成本计入当期销售费用；随同商品出售并单独计价的包装物，应将其成本计入当期其他业务成本。

1. 一次转销法

一次转销法，是指低值易耗品或包装物在领用时就将其全部账面价值计入相关资产成本或当期损益的方法。一次转销法通常适用于价值较低或极易损坏的管理用具和小型工具、卡具，以及在单件小批生产方式下为制造某批订货所用的专用工具等低值易耗品以及生产领用的包装物和随同商品出售的包装物。数量不多、金额较小，且业务不频繁的出租或出借包装物，也可以采用一次转销法结转包装物的成本，但在以后收回使用过的出租和出借包装物时，应加强实物管理，并在备查簿上进行登记。

低值易耗品报废时回收的残料、出租或出借的包装物不能使用作报废处理所取得的残料，应作为当月低值易耗品或包装物摊销额的减少，冲减有关资产成本或当期损益。

2. 五五摊销法

五五摊销法，是指低值易耗品在领用时，出租或出借包装物时先摊销其成本的一半，在报废时再摊销其成本的另一半。即低值易耗品或包装物分两次各按 50% 进行摊销。

第四节　存货的清查

一、存货清查方法

为了保证企业存货的安全完整，做到账实相符，企业必须对存货进行定期或不定期的清查。

存货清查通常采用实地盘点的方法。即通过盘点确定各种存货的实际库存数，并与账面结存数相核对。对于账实不符的存货，核实盘盈、盘亏和毁损的数量，查明造成盘亏或毁损的原因，并据以编制“存货盘点报告表”，按规定程序，报请有关部门审批。

二、存货清查结果的处理程序

存货清查结果的会计处理程序分为两个步骤：

首先，在报经有关部门处理前，根据“存货盘点报告表”，将盘盈或盘亏、毁损存货，作为待处理财产溢余或损失处理，同时按盘盈或盘亏、毁损存货的实际成本调整存货的账面价值，使存货账实相符。

其次，在报经有关部门批准后，根据存货盘盈或盘亏、毁损的不同原因和处理结果，将待处理财产损溢分别结转到不同的账户，落实经济责任。

三、存货清查的会计处理

存货清查的会计处理

为了核算企业在财产清查中查明的各种财产物资的盘盈、盘亏和毁损，企业应设置“待处理财产损溢”账户。从其性质和结构看，该账户具有双重性质。其借方登记发生的各种财产物资的盘亏金额和批准转销的盘盈金额，贷方登记发生的各种财产物资的盘盈金额和批准转销的盘亏金额。期末借方余额为尚未处理的各种财产物资的净损失，期末贷方余额为尚未处理的各种财产物资的净溢余。该账户下应设置“待处理流动资产损溢”和“待处理固定资产损溢”两个明细账户。存货的盘盈、盘亏和毁损，通过“待处理流动资产损溢”明细账户核算。

（一）存货盘盈的会计处理

发生盘盈的存货，经查明是由于收发计量或核算上的误差等原因造成的，应及时办理存货入账的手续，调整增加存货的账存数，同时按同类或类似存货的市场价格作为实际成本记入“待处理财产损溢”账户。

按规定程序报经有关部门批准后，转销待处理存货盘盈，冲减管理费用。

【例4-19】 甲公司在财产清查中盘盈A材料500千克，市场价格30元，经查属于材料收发计量错误。甲公司进行会计处理时，应编制的会计分录如下：

（1）发现盘盈时：

借：原材料　　15 000

　　贷：待处理财产损溢——待处理流动资产损溢　　15 000

（2）批准处理时：

借：待处理财产损溢——待处理流动资产损溢　　15 000

　　贷：管理费用　　15 000

（二）存货盘亏或毁损的会计处理

企业存货的盘亏或毁损，在报经批准前，应根据“存货盘点报告表”，及时办理存货销账手续，调整减少存货的账存数，同时，按盘亏或毁损存货的实际成本，记入“待处理财产损溢”账户。

对于购进的货物、在产品、产成品发生非正常损失①引起盘亏存货应负担的增值税，应一并转入“待处理财产损溢”账户。

在报经有关部门批准后，对于已入账的存货盘亏、毁损，应根据不同的情况分别处理：

（1）属于自然损耗产生的定额内损耗，经批准后计入管理费用。

（2）属于计量收发差错和管理不善等原因造成的存货短缺或毁损，应先扣除残料价值、可以收回的保险赔偿和过失人的赔偿，然后将净损失计入管理费用。

（3）属于自然灾害或意外事故造成的存货毁损，应先扣除残料价值和可以收回的保险赔偿，然后将净损失计入营业外支出。

【例4-20】 2022年6月，甲公司在财产清查中发现盘亏A材料200千克，实际单位成本28元，经查属于定额内合理损耗。甲公司进行会计处理时，应编制的会计分录如下：

（1）发现盘亏时：

借：待处理财产损溢——待处理流动资产损溢　　5 600

　　贷：原材料　　5 600

（2）批准处理时：

借：管理费用　　5 600

　　贷：待处理财产损溢——待处理流动资产损溢　　5 600

【例4-21】 甲公司增值税采用一般计税方法，2022年7月，甲公司在财产清查中发现因管理不善毁损A材料50千克，实际单位成本40元，该批A材料的增值税进项税额为260元，经查属于材料保管员的过失造成的，按规定由其个人赔偿1 000元，残料已办理入库手续，价值300元。甲公司进行会计处理时，应编制的会计分录如下：

（1）发现毁损时：

借：待处理财产损溢——待处理流动资产损溢　　2 260

　　贷：原材料　　2 000

---

① 增值税相关法规所指的非正常损失是指因管理不善造成被盗、丢失、霉烂变质的损失。

应交税费——应交增值税（进项税额转出） 260

（2）批准处理时：

①由过失人赔偿部分：

借：其他应收款 1 000

贷：待处理财产损溢——待处理流动资产损溢 1 000

②残料入库：

借：原材料 300

贷：待处理财产损溢——待处理流动资产损溢 300

③材料毁损净损失：

借：管理费用 960

贷：待处理财产损溢——待处理流动资产损溢 960

第五节 存货的减值

存货减值概述

一、存货减值概述

《企业会计准则第 1 号——存货》规定，“资产负债表日，存货应当按照成本与可变现净值孰低计量”。所谓“成本与可变现净值孰低”，是指对期末存货按照成本与可变现净值两者之中较低者进行计价的方法。即当成本低于可变现净值时，存货按成本计价；当可变现净值低于成本时，存货按可变现净值计价。

这里所讲的“成本”是指存货的历史成本，即按以历史成本为基础的发出存货计价方法（如先进先出法等）计算的期末存货的实际成本，如果企业在存货成本的日常核算中采用计划成本法，则“成本”为经调整后的实际成本。“可变现净值”是指在日常活动中，存货的估计售价减去至完工时估计将要发生的成本、估计的销售费用以及相关税费后的金额。

例如，2022 年 9 月，甲公司购入 A 商品的历史成本为 200 元。2022 年 12 月 31 日，甲公司仍持有该项存货，若在 2022 年 12 月 31 日该 A 商品的可变现净值为 210 元，则该 A 商品仍按 200 元计价，期末存货仍按 200 元计价而不作调整；若在 2022 年 12 月 31 日该 A 商品的可变现净值为 180 元，则应对该 A 商品改按 180 元计价，由此而造成的跌价损失计入当期损益。

“成本与可变现净值孰低”的理论基础主要是使存货符合资产的定义。当存货的可变现净值下跌至成本以下时，表明该存货给企业带来的未来经济利益低于其账面金额，因而应将这部分损失从资产价值中扣除，计入当期损益。否则，当存货的可变现净值低于其成本时，如果仍然以其历史成本计量，就会出现虚计资产的现象。

二、可变现净值的确定

（一）确定可变现净值应考虑的主要因素

企业在确定存货的可变现净值时，应当以取得的可靠证据为基础，并且考虑持有存货的目的、资产负债表日后事项的影响等因素。

（1）应以取得的可靠证据为基础。此处所讲的“可靠证据”是指对确定存货的可变现净值有直接影响的确凿证明，如产品的市场销售价格、与企业产品相同或类似商品的市场销售价格、供货方提供的有关资料、销售方提供的有关资料、生产成本资料等。

（2）应考虑持有存货的目的。由于企业持有存货的目的不同，确定存货可变现净值的计算方法也不同。如用于出售的存货和用于继续加工的存货，其可变现净值的计算就不相同，因此，企业在确定存货的可变现净值时，应考虑持有存货的目的。企业持有存货的目的通常可以分为：一是持有以备出售，如商品、产成品，其中又分为有合同约定的存货和没有合同约定的存货；二是将在生产过程或提供劳务过程中耗用，如原材料等。

（二）可变现净值中估计售价的确定

从上述“可变现净值”的概念可以看出，存货估计售价的确定对于计算其可变现净值非常重要。企业在确定存货的估计售价时，应当以资产负债表日为基准，但是如果当月存货价格变动较大时，则应当以当月该存货平均销售价格或资产负债表日最近几次销售价格的平均数，作为其估计售价的基础。此外，企业还应当按照以下原则确定存货的估计售价。

（1）为执行销售合同或者劳务合同而持有的存货，通常应当以产成品或商品的合同价格作为其可变现净值的计量基础。

如果企业与购买方签订了销售合同（或劳务合同，下同），并且销售合同订购的数量大于或等于企业持有的存货数量，在这种情况下，在确定与该项销售合同直接相关存货的可变现净值时，应当以销售合同价格作为其可变现净值的计量基础。也就是说，如果企业就其产成品或商品签订了销售合同，则该批产成品或商品的可变现净值应当以合同价格作为计量基础；如果企业销售合同所规定的标的物还没有生产出来，但持有专门用于该标的物生产的原材料，其可变现净值也应当以合同价格作为计量基础。这里所讲的“销售合同”是指固定销售合同，如价格固定、数量固定、标的物的规格固定、交货地点固定等。

（2）如果企业持有存货的数量多于销售合同订购数量，超出部分的存货可变现净值应当以产成品或商品的一般销售价格作为计量基础。

在这种情况下，销售合同约定数量的存货，应以销售合同所规定的价格作为可变现净值的计量基础；超出部分的存货的可变现净值应以一般销售价格作为计量基础。

（3）没有销售合同或劳务合同约定的存货，其可变现净值应当以产成品或商品一般销售价格或原材料的市场价格作为计量基础。

【例 4－22】 2022 年 9 月 26 日，甲公司与乙公司签订销售合同：甲公司于 2023 年 3 月 6 日向乙公司销售笔记本电脑 10 000 台，每台 1.5 万元。2022 年 12 月 31 日甲公司库存笔记本电脑 13 000 台，单位成本 1.4 万元，账面成本为 18 200 万元。2022 年 12 月 31 日市场销售价格为每台 1.3 万元，预计销售税费每台 0.05 万元。则 2022 年 12 月 31 日笔记本电脑的账面价值计算如下：

由于甲公司持有的笔记本电脑数量 13 000 台多于已经签订销售合同的数量 10 000 台。因此，销售合同约定数量 10 000 台，其可变现净值 = 10 000 × 1.5 － 10 000 × 0.05 = 14 500（万元），成本为 14 000 万元，账面价值为 14 000 万元；超过部分的可变现净值 = 3 000 × 1.3 － 3 000 × 0.05 = 3 750（万元），其成本为 4 200 万元，账面价值为 3 750 万元。该批笔记本电脑账面价值 = 14 000 + 3 750 = 17 750（万元）。

三、存货减值的会计处理

存货减值的会计处理

（一）存货跌价准备的提取方法

企业每期都应当重新确定存货的可变现净值，企业在定期检查时，如果发现以下情形之一，应当考虑计提存货跌价准备：（1）市价持续下跌，并且在可预见的未来无回升的希望；（2）企业使用该项原材料生产的产品的成本大于产品的销售价格；（3）企业因产品更新换代，原有库存原材料已不适应新产品的需要，而该原材料的市场价格又低于其账面成本；（4）因企业所提供的商品或劳务过时或消费者偏好改变而使市场的需求发生变化，导致市场价格逐渐下跌；（5）其他足以证明该项存货实质上已经发生减值的情形。

《企业会计准则第 1 号——存货》规定，“存货跌价准备应当按照单个存货项目计提”。即在一般情况下，企业应当按每个存货项目的成本与可变现净值逐一进行比较，取其低者计量存货，并且将成本高于可变现净值的差额作为计提的存货跌价准备。企业应当根据管理要求及存货的特点，具体规定存货项目的确定标准。比如，将某一型号和规格的材料作为一个存货项目、将某一品牌和规格的商品作为一个存货项目等。

但是，在某些情况下，与具有类似目的或最终用途并在同一地区生产和销售的产品系列相关，且难以将其与该产品系列的其他项目区别开来进行估价的存货，《企业会计准则第 1 号——存货》规定可以合并计提存货跌价准备。因为与在同一地区生产和销售的产品系列相关的，具有类似目的或最终用途的存货，所处的经济环境、法律环境、市场环境等都相同，这就意味着它们具有相同的风险和报酬。因此，在这种情况下，可以对存货进行合并计提存货跌价准备。

另外，对于数量繁多、单价较低的存货，《企业会计准则第 1 号——存货》规定可以按存货类别计提存货跌价准备。即按存货类别的成本总额与可变现净值总额进行比较，每个存货类别均取较低者确定存货价值。

（二）存货减值的账务处理

每一会计期末，通过比较成本与可变现净值计算出“存货跌价准备”账户应有的余额，然后与“存货跌价准备”账户已有的余额进行比较，若应提数大于已提数，应予补提；反之，应冲销部分已提数。提取和补提存货跌价准备时，借记“资产减值损失——计提的存货跌价准备”账户，贷记“存货跌价准备”账户；冲回或转销存货跌价准备时，作相反会计分录。但是，当已计提跌价准备的存货的价值以后又得以恢复，其冲减的跌价准备金额，应以“存货跌价准备”账户的余额冲减至零为限。需要说明的是，减记的转回要以“以前减记存货价值的影响因素已经消失”为前提，否则不得转回。

在进行上述账务处理时，应注意以下两点：

（1）期末对存货进行计量时，如果同一类存货，其中一部分是有合同价格约定的，另一部分不存在合同价格，在这种情况下，企业应区分有合同价格约定的和没有合同价格约定的两个部分，分别确定其期末可变现净值，并与其相对应的成本进行比较，从而分别确定是否需计提存货跌价准备，由此计提的存货跌价准备不得相互抵销。

因存货价值回升而转回的存货跌价准备，按上述同一原则确定当期应转回的金额。

（2）企业计提了存货跌价准备，如果其中有部分存货已经销售，则企业在结转销售成本的同时，应结转对其已计提的存货跌价准备，结转的存货跌价准备冲减当期的销售成本。

【例 4-23】 甲公司是一家生产电子产品的上市公司。

2022 年 12 月 31 日，甲公司期末存货有关资料见表 4-9。

表 4-9 甲公司期末存货明细表

存货品种	数 量	单位成本（万元）	账面余额（万元）	备 注
A 产品	280 台	10	2 800	
B 产品	500 台	3	1 500	
C 产品	1 000 台	1.7	1 700	
D 配件	400 件	1.5	600	用于生产 C 产品
合 计			6 600	

2022 年 12 月 31 日，A 产品市场销售价格为每台 13 万元，预计销售费用及税金为每台 0.5 万元。

2022 年 12 月 31 日，B 产品市场销售价格为每台 3 万元。甲公司已经与乙公司签订一份不可撤消的销售合同，约定在 2023 年 2 月 10 日向乙公司销售 B 产品 300 台，合同价格为每台 3.2 万元。B 产品预计销售费用及税金为每台 0.2 万元。

2022 年 12 月 31 日，C 产品市场销售价格为每台 2 万元，预计销售费用及税金为每台 0.15 万元。

2022 年 12 月 31 日，D 配件的市场销售价格为每件 1.2 万元。现有 D 配件可用于生产 400 台 C 产品，用 D 配件加工成 C 产品后预计 C 产品单位成本为 1.75 万元。

2021 年 12 月 31 日，C 产品的存货跌价准备余额为 150 万元，对其他存货未计提存货跌价准备；2022 年销售 C 产品结转存货跌价准备 100 万元。

甲公司按单项存货、按年计提跌价准备。

要求：计算甲公司 2022 年 12 月 31 日应计提或转回的存货跌价准备，并编制相关的会计分录。

A 产品的可变现净值 = 280 × （13 - 0.5） = 3 500（万元），大于成本 2 800 万元，则 A 产品不用计提存货跌价准备。

B 产品有合同部分的可变现净值 = 300 × （3.2 - 0.2） = 900（万元），其成本 = 300 × 3 = 900（万元），则有合同部分不用计提存货跌价准备；无合同部分的可变现净值 = 200 × （3 - 0.2） = 560（万元），其成本 = 200 × 3 = 600（万元），应计提跌价准备 = 600 - 560 = 40（万元）。

C 产品的可变现净值 = 1 000 × （2 - 0.15） = 1 850（万元），其成本是 1 700 万元，则 C 产品不用计提跌价准备，同时要把原有余额 150 - 100 = 50（万元）存货跌价准备转回。

D 配件对应的 C 产品的成本 = 600 + 400 × （1.75 - 1.5） = 700（万元），可变现净值 = 400 × （2 - 0.15） = 740（万元），C 产品未减值，则 D 配件不用计提存货跌价准备。

甲公司进行会计处理时，应编制的会计分录如下：

（1）为 B 产品计提存货跌价准备时：

借：资产减值损失——计提的存货跌价准备 400 000

贷：存货跌价准备 400 000

（2）转回 C 产品计提的存货跌价准备时：

借：存货跌价准备　　500 000

　　贷：资产减值损失——计提的存货跌价准备　　500 000

思政研习

习近平论供给侧结构性改革与企业存货管理

中共中央总书记、国家主席、中央军委主席、中央财经领导小组组长习近平 2016 年 1 月 26 日下午主持召开中央财经领导小组第十二次会议，研究供给侧结构性改革方案、长江经济带发展规划、森林生态安全工作。习近平发表重要讲话强调，供给侧结构性改革的根本目的是提高社会生产力水平，落实好以人民为中心的发展思想。要在适度扩大总需求的同时，去产能、去库存、去杠杆、降成本、补短板，从生产领域加强优质供给，减少无效供给，扩大有效供给，提高供给结构适应性和灵活性，提高全要素生产率，使供给体系更好适应需求结构变化。

习近平在讲话中指出，制定好方案是做好供给侧结构性改革的基础。要把思想认识统一到党中央关于推进供给侧结构性改革的决策部署上来。去产能、去库存、去杠杆、降成本、补短板是工作重点，关系到供给侧结构性改革的开局、关系到“十三五”的开局。各地区各部门要坚定信心、坚决行动，抓紧抓好抓实，切实取得实效。

习近平强调，做好工作方案，一是情况要摸清，搞清楚现状是什么，深入调查研究，搞好基础数据测算，善于解剖麻雀，把实际情况摸准摸透，胸中有数，有的放矢。二是目的要明确，搞清楚方向和目的是什么，把握好手段，防止就事论事甚至本末倒置。三是任务要具体，搞清楚到底要干什么，确定的任务要具体化、可操作。四是责任要落实，搞清楚谁来干，做到可督促、可检查、能问责。五是措施要有力，搞清楚怎么办，用什么政策措施来办，政策措施要符合实际、有效有用、有操作性，让地方和相关部门知道怎么干。

中共中央政治局 2017 年 1 月 22 日下午就深入推进供给侧结构性改革进行第三十八次集体学习。中共中央总书记习近平在主持学习时强调，推进供给侧结构性改革是我国经济发展进入新常态的必然选择，是经济发展新常态下我国宏观经济管理必须确立的战略思路。必须把改善供给侧结构作为主攻方向，从生产端入手，提高供给体系质量和效率，扩大有效和中高端供给，增强供给侧结构对需求变化的适应性，推动我国经济朝着更高质量、更有效率、更加公平、更可持续的方向发展。

习近平在主持学习时发表了讲话。他指出，深入推进供给侧结构性改革是当前我国经济发展必须抓紧抓好的一件大事。今年是供给侧结构性改革的深化之年，所以新年伊始，中央政治局就以此为题进行集体学习，目的是分析供给侧结构性改革取得的成效，理清供给侧结构性改革面临的重点和难点，研究推进供给侧结构性改革的具体举措。

习近平强调，综合分析，当前制约我国经济发展的因素，有周期性、总量性的，但主要是结构性的。结构性问题，供给和需求两侧都有，但矛盾的主要方面在供给侧。供给侧结构性改革是一场关系全局、关系长远的攻坚战。我们要在已有工作和成效的基础上，在目标、任务、方式、政策、路径、举措等方面深化落实，不断取得实质性进展。推进供给侧结构性改革，要处理好几个重大关系。

习近平指出，要处理好政府和市场的关系。使市场在资源配置中起决定性作用和更好发挥政府作用，是推进供给侧结构性改革的重大原则。我们既要遵循市场规律、善用市场机制解决问题，又要让政府勇担责任、干好自己该干的事。市场作用和政府作用是相辅相成、相互促进、互为补充的。要坚持使市场在资源配置中起决定性作用，完善市场机制，打破行业垄断、进入壁垒、地方保护，增强企业对市场需求变化的反应和调整能力，提高企业资源要素配置效率和竞争力。发挥政府作用，不是简单下达行政命令，要在尊重市场规律的基础上，用改革激发市场活力，用政策引导市场预期，用规划明确投资方向，用法治规范市场行为。

习近平强调，要处理好短期和长期的关系。要立足当前、着眼长远，从化解当前突出矛盾入手，从构建长效体制机制、重塑中长期经济增长动力着眼，既要在战略上坚持持久战，又要在战术上打好歼灭战。战略上要坚持稳中求进，搞好顶层设计，把握好节奏和力度，久久为功。战术上要抓落实干实事，注重实效，步步为营，一仗接着一仗打。破茧成蝶都有伤痛，供给侧结构性改革出现的短期阵痛是必须承受的阵痛，不能因为有阵痛就止步不前。要合理引导社会预期，尽量控制和减少阵痛，妥善处置企业债务，做好人员安置工作，做好社会托底工作，维护社会和谐稳定。同时，要在培育新的动力机制上做好文章、下足功夫，着力推进体制机制建设，激发市场主体内生动力和活力。

习近平指出，要处理好减法和加法的关系。做减法，就是减少低端供给和无效供给，去产能、去库存、去杠杆，为经济发展留出新空间。做加法，就是扩大有效供给和中高端供给，补短板、惠民生，加快发展新技术、新产业、新产品，为经济增长培育新动力。无论做减法还是做加法，都要把握症结、用力得当，突出定向、精准、有度。做减法不能“一刀切”，要减得准、不误伤。做加法不要一拥而上，避免强刺激和撒胡椒面，避免形成新的重复建设。要增加社会急需的公共产品和公共服务供给，缩小城乡、地区公共服务水平差距，加大脱贫攻坚力度。要把调存量同优增量、推动传统产业改造升级同培育新兴产业有机统一起来，振兴实体经济。要紧紧围绕经济竞争力的关键、消费升级的方向、供给侧的短板、社会发展瓶颈制约等问题，统筹部署创新链和产业链，全面提高创新能力，提高科技进步对经济增长贡献率。

习近平强调，要处理好供给和需求的关系。供给和需求是市场经济内在关系的两个基本方面，供给侧和需求侧是管理和调控宏观经济的两个基本手段。经济政策是以供给侧为重点还是以需求侧为重点，要依据宏观经济形势作出抉择，二者不是非此即彼、一去一存的替代关系，而是要相互配合、协调推进。推进供给侧结构性改革，要用好需求侧管理这个重要工具，使供给侧改革和需求侧管理相辅相成、相得益彰，为供给侧结构性改革提供良好环境和条件。

习近平指出，志不求易者成，事不避难者进。各地区各部门一定要树立必胜信念、知难而进，注意发现和研究解决新问题，不能因有困难而不为、因有风险而躲避、因有阵痛而不前，坚定不移把供给侧结构性改革向前推进。

研讨主题：根据上述资料，讨论应当如何运用习近平总书记的供给侧结构性改革思想来指导我国企业加强存货管理，提升企业存货供给竞争力，防控企业存货风险。

思考题

1. 存货的范围和基本特征是什么？

2. 如何对企业的存货进行分类？

3. 存货的入账价值如何确定？

4. 发出存货成本的确定方法主要有哪几种？各有什么优缺点？

5. 外购材料按实际成本计价核算与按计划成本计价核算在账户设置和会计处理上有何异同？

6. 为什么要进行存货清查？存货清查中的存货盘盈、盘亏如何核算？

7. 委托加工物资的实际成本包括哪些内容？

8. 什么是成本与可变现净值孰低法？在成本与可变现净值孰低法下，如何进行会计处理？

第五章

对外投资

课件

企业在正常生产经营之外，可能为了有效地利用暂时闲置的资金，以获取一定的经济利益；或者为了影响或控制其他企业的经营与财务政策，以保障本企业正常经营业务的顺利进行和经营规模的扩大；或者为了积累整笔巨额资金，为满足企业未来某些特定用途作准备等，而将现金、实物资产或无形资产让渡给其他单位，而获得股票、债券、基金份额等，从而形成企业的各种对外投资。

第一节　对外投资概述

对外投资的定义与特点

一、投资的定义及范围

会计上的投资有广义和狭义之分。一般来说，狭义的投资是指企业购入并持有的其他企业、组织或政府机构发行的证券，也就是说，狭义的投资就是企业的证券投资，包括各种债券投资、股票投资和基金投资等；而广义的投资既包括对外的证券投资，又包括对内的固定资产、无形资产等长期资产投资。

本章所述的对外投资是指企业为通过分配来增加财富，或为谋求其他利益而将资产让渡给其他单位所获得的另一项资产，即狭义的投资。它具体体现为企业通过支付货币资金或转让其他资产所取得和持有的各种证券，属于企业的金融资产。如企业以货币资金在证券市场购买的各类债券，就是企业将货币资金让渡给其他单位而获得的债券投资；企业以货币资金在证券市场购买股票，或以非现金资产直接投资于其他单位而取得其他单位的股权，就是企业将货币资金或非现金资产让渡给其他单位而获得的股权投资。

二、对外投资的特点

对外投资作为一项资产要素，与其他资产相比，具有以下四个方面的特点。

（一）对外投资是让渡其他资产而换取的另一项资产

对外投资是一种资产交换结果的特殊表现形式，如企业以现金购买债券或股票，以固定资产等非现金资产向其他单位投资取得其他单位的股权，就是将其拥有的现金、固定资产等其他资产让渡给其他单位使用，而换取债权投资或股权投资。

（二）对外投资是企业在生产经营过程之外而持有的资产

对外投资虽然是企业的一项资产，但它不参与企业的生产经营周转，不直接为企业生产商品、提供劳务或行政管理服务。

（三）对外投资是一种以权利为表现形式的资产

对外投资表现为对被投资单位的一项权利（股权或债权），即要求取得收益或其他利益的权利。对外投资虽然与其他资产一样，能为企业带来未来的经济利益，但对外投资所流入的经济利益与其他资产为企业带来的经济利益在形式上有所不同。一般说来，企业的其他资产带给企业的经济利益，是企业通过本身生产经营所产生的，是一种直接的经济利益；而对外投资带给企业的经济利益，是通过其他单位使用投资者投入的资产创造净利润后分配取得的，或者通过对外投资改善贸易关系等而达到获取利益的目的，因而是一种间接的经济利益。

（四）对外投资是一种具有财务风险的资产

由于对外投资是将企业的其他资产让渡给其他单位使用而取得的一项权利，企业的对外投资目的能否实现，取决于被投资企业经营状况的好坏，以及证券市场上有价证券市价的上涨或下跌，如果被投资单位发生亏损，投资企业就不能分得股利或利润，如果股票或债券的市价持续下跌或者被投资单位财务状况恶化，就可能导致企业投资的减值损失甚至无法收回。

三、对外投资的分类

对外投资的分类

为了更好地体现企业管理当局的投资策略和风险管理要求，便于强化对外投资的管理，恰当地组织对外投资的核算，企业根据管理金融资产的业务模式和金融资产的合同现金流量特征，以及投资方对被投资方的影响程度可以将对外投资分类为以摊余成本计量的金融资产、以公允价值计量且其变动计入其他综合收益的金融资产、以公允价值计量且其变动计入当期损益的金融资产和长期股权投资四类。

企业管理金融资产的业务模式，是指企业如何管理其金融资产以产生现金流量。业务模式决定企业所管理金融资产现金流量的来源是收取合同现金流量、出售金融资产还是两者兼有。企业管理金融资产的业务模式，应当以企业关键管理人员决定的对金融资产进行管理的特定业务目标为基础确定。企业确定管理金融资产的业务模式，应当以客观事实为依据，不得以按照合理预期不会发生的情形为基础确定。

金融资产的合同现金流量特征，是指金融工具合同约定的、反映相关金融资产经济特征的现金流量属性。企业分类为以摊余成本计量的金融资产和以公允价值计量且其变动计入其他综合收益的金融资产，其合同现金流量特征，应当与基本借贷安排相一致。即相关金融资产在特定日期产生的合同现金流量仅为对本金和以未偿付本金金额为基础的利息的支付，其中，本金是指金融资产在初始确认时的公允价值，本金金额可能因提前还款等原因在金融资产的存续期内发生变动；利息包括对货币时间价值、与特定时期未偿付本金金额相关的信用风险以及其他基本借贷风险、成本和利润的对价。其中，货币时间价值是利息要素中仅因为时间流逝而提供对价的部分，不包括为所持有金融资产的其他风险或成本提供的对价，但货币时间价值要素有时可能存在修正。在货币时间价值要素存在修正的情况下，企业应当对相关修正进行评估，以确定其是否满足上述合同现金流量特征的要求。此外，金融资产包含可能导致其合同现金流量的时间分布或金额发生变更的合同条款（如包含提前还款特征）的，企业应当对相关条款进行评估（如评估提前还款特征的公允价值是否非常小），以确定其是否满足上述合同现金流量特征的要求。

（一）以摊余成本计量的金融资产

分类为以摊余成本计量的金融资产应当同时符合下列条件[①]：（1）企业管理该金融资产的业务模式是以收取合同现金流量为目标；（2）该金融资产的合同条款规定，在特定日期产生的现金流量，仅为对本金和以未偿付本金金额为基础的利息的支付。

（二）以公允价值计量且其变动计入其他综合收益的金融资产

分类为以公允价值计量且其变动计入其他综合收益的金融资产应当同时符合下列条件[②]：（1）企业管理该金融资产的业务模式既以收取合同现金流量为目标，又以出售该金融资产为目标；（2）该金融资产的合同条款规定，在特定日期产生的现金流量，仅为对本金和以未偿付本金金额为基础的利息的支付。

（三）以公允价值计量且其变动计入当期损益的金融资产

分类为以公允价值计量且其变动计入当期损益的金融资产是指不符合以摊余成本计量的金融资产和以公允价值计量且其变动计入其他综合收益的金融资产确认标准的金融资产。

需要提醒读者注意的是，在初始确认时，企业可以将非交易性权益工具投资指定为以公允价值计量且其变动计入其他综合收益的金融资产[③]。该指定一经做出，不得撤消。

金融资产满足下列条件之一的，表明企业持有该金融资产的目的是交易性的：（1）取得相关金融资产的目的，主要是为了近期出售或回购；（2）相关金融资产在初始确认时属于集中管理的可辨认金融工具组合的一部分，且有客观证据表明近期实际存在短期获利模式；（3）相关金融资产属于衍生工具。但符合财务担保合同定义的衍生工具以及被指定为有效套期工具的衍生工具除外。

另外，在初始确认时，如果能够消除或显著减少会计错配，企业可以将金融资产指定为以公允价值计量且其变动计入当期损益的金融资产。该指定一经做出，不得撤消。

（四）长期股权投资

长期股权投资，是指投资方对被投资单位实施控制、重大影响的权益性投资，以及对其合营企业的权益性投资。长期股权投资包括以下三个方面的内容：（1）投资企业能够对被投资单位实施控制的权益性投资，即对子公司投资；（2）投资企业与其他合营方对被投资单位实施共同控制且对被投资单位净资产享有权利的权益性投资，即对合营企业投资；（3）投资企业对被投资单位具有重大影响的权益性投资，即对联营企业投资。

第二节　以摊余成本计量的金融资产

一、以摊余成本计量的金融资产概述

前已述及，分类为以摊余成本计量的金融资产应当同时符合下列条件：（1）企业管理

① 后文部分内容中为简化表述，对满足该确认条件的以摊余成本计量的金融资产以债权投资予以替代。

② 后文部分内容中为简化表述，对满足该确认条件的以公允价值计量且其变动计入其他综合收益的金融资产以其他债权投资予以替代。

③ 后文部分内容中为简化表述，对满足该确认条件的以公允价值计量且其变动计入其他综合收益的金融资产以其他权益工具投资予以替代。

该金融资产的业务模式是以收取合同现金流量为目标；（2）该金融资产的合同条款规定，在特定日期产生的现金流量，仅为对本金和以未偿付本金金额为基础的利息的支付。

为了反映企业以摊余成本计量的金融资产的取得、持有期间的投资收益以及到期收回等情况，企业应设置“债权投资”账户，并可按其类别和品种，分别设置“成本”“利息调整”“应计利息”等进行明细分类核算。以摊余成本计量的金融资产发生减值的还应设置“债权投资减值准备”账户。

二、以摊余成本计量的金融资产的取得

以摊余成本计量的金融资产取得时的会计处理

以摊余成本计量的金融资产取得时应按取得时的公允价值和相关交易费用之和作为初始确认金额。支付的价款中包含的已到付息期但尚未领取的债券利息，应单独确认为应收项目。

交易费用，是指可直接归属于购买、发行或处置金融工具的增量费用。增量费用是指企业没有发生购买、发行或处置相关金融工具的情形就不会发生的费用，包括支付给代理机构、咨询公司、券商、证券交易所、政府有关部门等的手续费、佣金、相关税费以及其他必要支出，不包括债券溢价、折价、融资费用、内部管理成本和持有成本等与交易不直接相关的费用。

企业为取得以摊余成本计量的金融资产所支付的购买价格往往会因为金融市场利率与其票面利率的大小关系等方面的原因，出现平价购入、折价购入或溢价购入三种情况。当以摊余成本计量的金融资产的初始确认金额不等于其面值时，二者的差额实际上是根据利息确定投资收益时的调整项目。

为此，当企业取得以摊余成本计量的金融资产时，应按投资的面值，借记“债权投资——成本”科目，按支付的价款中包含的已到付息期但尚未领取的利息，借记“应收利息”科目，按照实际支付的全部价款，贷记“银行存款”等科目，按其差额，借记或贷记“债权投资——利息调整”科目。

【例5-1】 2022年1月1日，甲公司以银行存款9 675 000元（包括相关交易费用200 000元）购入乙公司同日发行的3年期、票面利率为4%的债券。该债券到期一次归还本金和利息。甲公司购入的该批债券的面值为10 000 000元。甲公司取得该批债券后将其划分为以摊余成本计量的金融资产。甲公司购入的该批债券的实际利率为5%。假定按年计提利息，利息不是以复利计算。甲公司进行会计处理时，应编制的会计分录如下：

借：债权投资——成本　　10 000 000
　贷：银行存款　　9 675 000
　　债权投资——利息调整　　325 000

【例5-2】 2022年1月1日，甲公司以银行存款420 000元购入乙公司同日发行的5年期债券，分类为以摊余成本计量的金融资产。甲公司购入的该批债券的面值为400 000元，票面利率为12%。该债券每年付息一次、到期还本和支付最后一年利息，每年利息在下年1月1日支付。购入债券的实际利率为10.66%。甲公司进行会计处理时，应编制的会计分录如下：

借：债权投资——成本　　400 000
　　——利息调整　　20 000

贷：银行存款 420 000

三、以摊余成本计量的金融资产的利息收入

资产负债表日，企业应按账面余额或摊余成本①和实际利率计算以摊余成本计量的金融资产在持有期间的利息收入，计入投资收益。

（一）以摊余成本计量的金融资产的后续计量方法

对以摊余成本计量的金融资产的后续计量，一般采用实际利率法，按摊余成本计量。

1. 实际利率法

实际利率法，是指计算金融资产或金融负债的摊余成本以及将利息收入或利息费用分摊计入各会计期间的方法。

实际利率，是指将金融资产或金融负债在预计存续期的估计未来现金流量，折现为该金融资产账面余额（不考虑减值）或该金融负债摊余成本所使用的利率。在确定实际利率时，应当在考虑金融资产或金融负债所有合同条款（如提前还款、展期、看涨期权或其他类似期权等）的基础上估计预期现金流量，但不应当考虑预期信用损失。

2. 摊余成本

以摊余成本计量的金融资产的摊余成本，是指该以摊余成本计量的金融资产的初始确认金额经下列调整后的结果：（1）扣除已偿还的本金；（2）加上或减去采用实际利率法将该初始确认金额与到期日金额之间的差额进行摊销形成的累计摊销额；（3）扣除累计计提的损失准备。

在按实际利率法摊销以摊余成本计量的金融资产的利息调整金额时，每期应收取（或应计）的利息、应摊销的利息调整金额以及应确认的利息收入的有关计算方法如下：

某期应收取（或应计）的利息 = 该投资的票面金额 × 票面利率

某期应确认的利息收入 = 该投资的期初账面余额或摊余成本 × 实际利率

某期应摊销的利息调整金额 = |该期应收取（或应计）的利息 − 该期应确认的利息收入|

（二）以摊余成本计量的金融资产持有期间的会计处理

1. 到期一次还本付息的以摊余成本计量的金融资产

资产负债表日，以摊余成本计量的金融资产为到期一次还本付息的债券投资，应于资产负债表日按票面利率计算确定的应收未收利息，借记“债权投资——应计利息”科目，按以摊余成本计量的金融资产账面余额或摊余成本和实际利率计算确定的利息收入，贷记“投资收益”科目，按其差额，借记或贷记“债权投资——利息调整”科目。

以摊余成本计量的金融资产后续计量的会计处理（上）

【例5-3】 沿用【例5-1】资料，甲公司在资产负债表日对该以摊余成本计量的金融资产应编制的会计分录如下：

（1）计提利息及利息调整摊销表如表5-1所示（四舍五入，保留整数）。

① 如果是在信用减值第一阶段和第二阶段，用账面余额（即未扣除减值准备）；如果是在信用减值第三阶段，用摊余成本（即扣除减值准备，也即账面价值）。关于信用减值三阶段的划分与第三章第四节的应收款项减值三阶段的划分相同，此处不再赘述。

表 5－1　　计提利息及利息调整表（到期一次还本付息）

（实际利率法）

单位：元

计息日期	应计利息 ①＝面值×票面利率（4%）	利息收入 ②＝期初⑤×实际利率（5%）	利息调整额 ③＝｜①－②｜	利息调整余额 ④＝期初④－③	账面余额或摊余成本 ⑤＝期初⑤＋②
2022. 1. 1				325 000	9 675 000
2022. 12. 31	400 000	483 750	83 750	241 250	10 158 750
2023. 12. 31	400 000	507 938	107 938	133 312	10 666 688
2024. 12. 31	400 000	533 312*	133 312	0	11 200 000

＊尾数调整。

（2）2022 年 12 月 31 日，甲公司计提利息及利息调整摊销时：

借：债权投资——应计利息　　400 000
　　　　　　——利息调整　　83 750
　贷：投资收益　　483 750

（3）2023 年 12 月 31 日，甲公司计提利息及利息调整摊销时：

借：债权投资——应计利息　　400 000
　　　　　　——利息调整　　107 938
　贷：投资收益　　507 938

（4）2024 年 12 月 31 日，甲公司计提利息及利息调整摊销时：

借：债权投资——应计利息　　400 000
　　　　　　——利息调整　　133 312
　贷：投资收益　　533 312

2. 分期付息、到期一次还本的以摊余成本计量的金融资产

资产负债表日，以摊余成本计量的金融资产为分期付息、到期一次还本的债券投资，应按票面利率计算确定的应收未收利息，借记“应收利息”科目，按以摊余成本计量的金融资产账面余额或摊余成本和实际利率计算确定的利息收入，贷记“投资收益”科目，按其差额，借记或贷记“债权投资——利息调整”科目。

以摊余成本计量的金融资产后续计量的会计处理（下）

分期付息、到期一次还本的以摊余成本计量的金融资产的利息收到时，借记“银行存款”科目，贷记“应收利息”科目。

【例 5－4】 沿用【例 5－2】资料，甲公司在资产负债表日和每年 1 月 1 日收到利息时对该以摊余成本计量的金融资产应编制的会计分录如下：

（1）计提利息及利息调整摊销表如表 5－2 所示（四舍五入，保留整数）。

（2）2022 年 12 月 31 日，甲公司计提利息及利息调整摊销时：

借：应收利息　　48 000
　贷：投资收益　　44 772
　　　债权投资——利息调整　　3 228

（3）2023 年 1 月 1 日，甲公司收到上年利息时：

表 5－2　　计提利息及利息调整表（分期付息到期还本）
（实际利率法）　　单位：元

计息日期	应收利息 ①＝面值×票面利率（12%）	利息收入 ②＝期初⑤×实际利率（10.66%）	利息调整额 ③＝｜①－②｜	利息调整余额 ④＝期初④－③	账面余额或摊余成本 ⑤＝期初⑤－③
2022.1.1				20 000	420 000
2022.12.31	48 000	44 772	3 228	16 772	416 772
2023.12.31	48 000	44 428	3 572	13 200	413 200
2024.12.31	48 000	44 047	3 953	9 247	409 247
2025.12.31	48 000	43 626	4 374	4 873	404 873
2026.12.31	48 000	43 127 *	4 873	0	400 000

* 尾数调整。

借：银行存款　　48 000
　　贷：应收利息　　48 000

（4）2023 年 12 月 31 日，甲公司计提利息及利息调整摊销时：

借：应收利息　　48 000
　　贷：投资收益　　44 428
　　　　债权投资——利息调整　　3 572

（5）2024 年 1 月 1 日，甲公司收到上年利息时：

借：银行存款　　48 000
　　贷：应收利息　　48 000

（6）2024 年 12 月 31 日，甲公司计提利息及利息调整摊销时：

借：应收利息　　48 000
　　贷：投资收益　　44 047
　　　　债权投资——利息调整　　3 953

（7）2025 年 1 月 1 日，甲公司收到上年利息时：

借：银行存款　　48 000
　　贷：应收利息　　48 000

（8）2025 年 12 月 31 日，甲公司计提利息及利息调整摊销时：

借：应收利息　　48 000
　　贷：投资收益　　43 626
　　　　债权投资——利息调整　　4 374

（9）2026 年 1 月 1 日，甲公司收到上年利息时：

借：银行存款　　48 000
　　贷：应收利息　　48 000

（10）2026 年 12 月 31 日，甲公司计提利息及利息调整摊销时：

借：应收利息　　48 000
　　贷：投资收益　　43 127
　　　　债权投资——利息调整　　4 873

四、以摊余成本计量的金融资产的减值

以摊余成本计量的金融资产减值时的会计处理

当对金融资产预期未来现金流量具有不利影响的一项或多项事件发生时，该金融资产成为已发生信用减值的金融资产。金融资产已发生信用减值的证据包括下列可观察信息：（1）发行方或债务人发生重大财务困难；（2）债务人违反合同，如偿付利息或本金违约或逾期等；（3）债权人出于与债务人财务困难有关的经济合同考虑，给予债务人在任何其他情况下都不会做出的让步；（4）债务人很可能破产或进行其他财务重组；（5）发行方或债务人财务困难导致该金融资产的活跃市场消失；（6）以大幅折扣购买或源生一项金融资产，该折扣反映了发生信用损失的事实。

金融资产发生信用减值，有可能是多个事件的共同作用所致，未必是可单独识别的事件所致。

资产负债表日，企业应以预期信用损失为基础，对其持有的以摊余成本计量的金融资产进行减值会计处理并确认损失准备。

预期信用损失，是指以发生违约的风险为权重的金融工具信用损失的加权平均值。

信用损失，是指企业按照原实际利率折现的、根据合同应收的所有合同现金流量与预期收取的所有现金流量之间的差额，即全部现金短缺的现值。对于以摊余成本计量的金融资产，信用损失应为企业应收取的合同现金流量与预期收取的现金流量之间差额的现值。其中，对于企业购买或源生的已发生信用减值的金融资产，应按照该金融资产经信用调整的实际利率折现。由于预期信用损失考虑付款的金额和时间分布，因此即使企业预计可以全额收款但收款时间晚于合同规定的到期期限，也会产生信用损失。

在估计现金流量时，企业应当考虑金融工具在整个预计存续期的所有合同条款（如提前还款、展期、看涨期权或其他类似期权等）。企业所考虑的现金流量应当包括出售所持担保品获得的现金流量，以及属于合同条款组成部分的其他信用增级所产生的现金流量。

企业应当在每个资产负债表日评估相关金融工具的信用风险自初始确认后是否已显著增加，并按照下列情形分别计量其损失准备、确认预期信用损失及其变动：

（1）如果该金融工具的信用风险自初始确认后已显著增加，企业应当按照相当于该金融工具整个存续期内预期信用损失的金额计量其损失准备。无论企业评估信用损失的基础是单项金融工具还是金融工具组合，由此形成的损失准备的增加或转回金额，应当作为减值损失或利得计入当期损益。

（2）如果该金融工具的信用风险自初始确认后并未显著增加，企业应当按照相当于该金融工具未来 12 个月内预期信用损失的金额计量其损失准备，无论企业评估信用损失的基础是单项金融工具还是金融工具组合，由此形成的损失准备的增加或转回金额，应当作为减值损失或利得计入当期损益。

未来 12 个月内预期信用损失，是指因资产负债表日后 12 个月内（若金融工具的预计存续期少于 12 个月，则为预计存续期）可能发生的金融工具违约事件而导致的预期信用损失，是整个存续期预期信用损失的一部分。

无论企业采用何种方式评估信用风险是否显著增加，通常情况下，如果逾期超过 30 日，则表明金融工具的信用风险已经显著增加。除非企业在无须付出不必要的额外成本或努力的情况下即可获得合理且有依据的信息，证明即使逾期超过 30 日，信用风险自初始确认后仍

未显著增加。如果企业在合同付款逾期超过 30 日前已确定信用风险显著增加，则应当按照整个存续期的预期信用损失确认损失准备。

如果交易对手方未按合同规定时间支付约定的款项，则表明该金融资产发生逾期。

企业计量金融工具预期信用损失的方法应当反映下列各项要素：（1）通过评价一系列可能的结果而确定的无偏概率加权平均金额；（2）货币时间价值；（3）在资产负债表日无须付出不必要的额外成本或努力即可获得的有关过去事项、当前状况以及未来经济状况预测的合理且有依据的信息。

企业应当以概率加权平均为基础对预期信用损失进行计量。企业对预期信用损失的计量应当反映发生信用损失的各种可能性，但不必识别所有可能的情形。

为了如实反映确认的以摊余成本计量的金融资产减值损失和计提的资产减值准备，企业应设置“信用减值损失”账户和“债权投资减值准备”账户。企业以摊余成本计量的金融资产发生减值时，应按确定的减值损失的金额。借记“信用减值损失”科目，贷记“债权投资减值准备”科目。信用减值损失恢复的，应当按照所确定的恢复的金额，借记“债权投资减值准备”科目，贷记“信用减值损失”科目。

【例 5－5】 2022 年 12 月 31 日，甲公司持有乙公司面值总额为 3 000 万元、年利率为 10%、期限为 6 年、到期一次还本付息的债券，分类为以摊余成本计量的金融资产，该年年末其未确认减值损失前的账面价值为 3 300 万元。因乙公司经营出现严重财务困难，甲公司根据所掌握的资料，预期乙公司债券信用风险显著增加，对该债券投资未来现金流量重新作了估计，预期信用损失为 1 347 万元。

甲公司在 2022 年 12 月 31 日确认以摊余成本计量的金融资产减值损失时，应编制的会计分录如下：

借：信用减值损失　　13 470 000

　　贷：债权投资减值准备　　13 470 000

五、以摊余成本计量的金融资产的处置

（一）到期一次还本付息的以摊余成本计量的金融资产

企业处置到期一次还本付息的以摊余成本计量的金融资产时，应按实际收到的金额，借记“银行存款”等科目，按账面余额，贷记“债权投资——成本”“债权投资——应计利息”等科目，借记或贷记“债权投资——利息调整”科目，按其差额，贷记或借记“投资收益”科目。已计提减值准备的，还应同时结转减值准备。

以摊余成本计量的金融资产处置时的会计处理

【例 5－6】 沿用【例 5－1】【例 5－3】资料，2025 年 1 月 1 日，以摊余成本计量的金融资产到期时，甲公司进行会计处理时，应编制的会计分录如下：

借：银行存款　　11 200 000

　　贷：债权投资——成本　　10 000 000

　　　　　　　　——应计利息　　1 200 000

（二）分期付息、到期一次还本的以摊余成本计量的金融资产

企业处置分期付息、到期一次还本的以摊余成本计量的金融资产时，应按实际收到的金额，借记“银行存款”等科目，按账面余额，贷记“债权投资——成本”“应收利息”等科目，借记或贷记“债权投资——利息调整”科目，按其差额，贷记或借记“投资收益”

科目。已计提减值准备的，还应同时结转减值准备。

【例 5－7】 沿用【例 5－2】【例 5－4】资料，2027 年 1 月 1 日，以摊余成本计量的金融资产到期时，甲公司进行会计处理时，应编制的会计分录如下：

借：银行存款 448 000

　　贷：债权投资——成本 400 000

　　　　应收利息 48 000

六、以摊余成本计量的金融资产的重分类

以摊余成本计量的金融资产重分类时的会计处理

当企业改变其管理金融资产的业务模式时，应当对所有受影响的相关金融资产进行重分类。

企业对金融资产进行重分类，应当自重分类日起采用未来适用法进行相关会计处理，不得对以前已经确认的利得、损失（包括减值损失或利得）或利息进行追溯调整。

重分类日，是指导致企业对金融资产进行重分类的业务模式发生变更后的首个报告期间的第一天。

（一）以摊余成本计量的金融资产重分类为以公允价值计量且其变动计入当期损益的金融资产

企业将一项以摊余成本计量的金融资产重分类为以公允价值计量且其变动计入当期损益的金融资产的，应当按照该资产在重分类日的公允价值进行计量。原账面价值与公允价值之间的差额计入当期损益。

【例 5－8】 2022 年 6 月，由于贷款基准利率的变动和其他市场因素的影响，甲公司持有的、原分类为以摊余成本计量的金融资产的乙公司债券价格持续下跌。为此，甲公司于 2022 年 7 月 1 日将该以摊余成本计量的金融资产重分类为以公允价值计量且其变动计入当期损益的金融资产，该债券的公允价值为 20 000 000 元，摊余成本为 24 000 000 元（与债券面值一致，不存在利息调整等）。

2022 年 7 月 1 日，甲公司将以摊余成本计量的金融资产重分类为以公允价值计量且其变动计入当期损益的金融资产，进行会计处理时，应编制的会计分录如下：

借：交易性金融资产——成本 24 000 000

　　公允价值变动损益 4 000 000

　　贷：债权投资——成本 24 000 000

　　　　交易性金融资产——公允价值变动 4 000 000

（二）以摊余成本计量的金融资产重分类为以公允价值计量且其变动计入其他综合收益的金融资产

企业将一项以摊余成本计量的金融资产重分类为以公允价值计量且其变动计入其他综合收益的金融资产的，应当按照该金融资产在重分类日的公允价值进行计量。原账面价值与公允价值之间的差额计入其他综合收益。该金融资产重分类不影响其实际利率和预期信用损失的计量。

【例 5－9】 2022 年 6 月，由于贷款基准利率的变动和其他市场因素的影响，甲公司持有的、原分类为以摊余成本计量的金融资产的乙公司债券价格持续下跌。为此，甲公司于 2022 年 7 月 1 日将该以摊余成本计量的金融资产重分类为以公允价值计量且其变动计入其

他综合收益的金融资产，该债券的公允价值为20 000 000元，摊余成本为24 000 000元（与债券面值一致，不存在利息调整等）。

2022年7月1日，甲公司将以摊余成本计量的金融资产重分类为以公允价值计量且其变动计入其他综合收益的金融资产，进行会计处理时，应编制的会计分录如下：

借：其他债权投资——成本	24 000 000	
其他综合收益	4 000 000	
贷：债权投资——成本		24 000 000
其他债权投资——公允价值变动		4 000 000

第三节　以公允价值计量且其变动计入其他综合收益的金融资产

一、以公允价值计量且其变动计入其他综合收益的金融资产概述

前已述及，分类为以公允价值计量且其变动计入其他综合收益的金融资产应当同时符合下列条件：（1）企业管理该金融资产的业务模式既以收取合同现金流量为目标又以出售该金融资产为目标；（2）该金融资产的合同条款规定，在特定日期产生的现金流量，仅为对本金和以未偿付本金金额为基础的利息的支付。

为了如实反映债权性投资分类为以公允价值计量且其变动计入其他综合收益的金融资产的取得、应计利息及其公允价值变动，企业应设置“其他债权投资”账户，并可按以公允价值计量且其变动计入其他综合收益的金融资产的类别和品种，分别设置“成本”“应计利息”“利息调整”“公允价值变动”等明细账户进行明细分类核算。以公允价值计量且其变动计入其他综合收益的金融资产公允价值变动，应通过“其他综合收益”账户核算。

除了债权性投资可以分类为以公允价值计量且其变动计入其他综合收益的金融资产外，企业在初始确认时，可以将非交易性权益工具投资指定为以公允价值计量且其变动计入其他综合收益的金融资产。该指定一经做出，不得撤销。

为了如实反映非交易性权益工具分类为以公允价值计量且其变动计入其他综合收益的金融资产的取得、利息收入及其公允价值变动，企业应设置“其他权益工具投资”账户，并可按以公允价值计量且其变动计入其他综合收益的金融资产的类别和品种，分别设置“成本”“公允价值变动”等明细账户进行明细分类核算。以公允价值计量且其变动计入其他综合收益的金融资产公允价值变动，应通过“其他综合收益”账户核算。

二、以公允价值计量且其变动计入其他综合收益的金融资产的取得

以公允价值计量且其变动计入其他综合收益的金融资产取得时的会计处理

（一）债权性以公允价值计量且其变动计入其他综合收益的金融资产

债权性投资分类为以公允价值计量且其变动计入其他综合收益的金融资产应按取得时的公允价值和相关交易费用之和作为初始确认金额。支付的价款中包含的已到付息期但尚未领取的债券利息，应单独确认为应收项目。

企业为取得债权性以公允价值计量且其变动计入其他综合收益的金融资产所支付的购买

价格往往会因为金融市场利率与其票面利率的大小关系等方面的原因，出现平价购入、折价购入或溢价购入三种情况。当以公允价值计量且其变动计入其他综合收益的金融资产的初始确认金额不等于其面值时，二者的差额实际上是根据利息确定投资收益时的调整项目。

企业取得债权性投资分类为以公允价值计量且其变动计入其他综合收益的金融资产，应按债券的面值，借记“其他债权投资——成本”科目，按支付的价款中包含的已到付息期但尚未领取的利息，借记“应收利息”科目，按实际支付的金额，贷记“银行存款”等科目，按差额，借记或贷记“其他债权投资——利息调整”科目。

【例5-10】 2022年1月1日，甲公司以银行存款10 282 440元购入乙公司发行的3年期公司债券，该公司债券的票面总金额为10 000 000元，票面利率为4%，实际利率为3%，利息每年年末支付，本金到期一次支付。甲公司将该债券投资划分为以公允价值计量且其变动计入其他综合收益的金融资产。甲公司进行会计处理时，应编制的会计分录如下：

借：其他债权投资——成本　　10 000 000
　　　　　　　　——利息调整　　282 440
　贷：银行存款　　10 282 440

（二）权益性以公允价值计量且其变动计入其他综合收益的金融资产

企业取得非交易性权益工具投资指定为以公允价值计量且其变动计入其他综合收益的金融资产时，应当按照公允价值计量；相关的交易费用，应当计入投资的初始入账金额中，但所支付的价款中包含的已宣告但尚未发放的现金股利或利润，应单独确认为应收项目。

企业将非交易性权益工具投资指定为以公允价值计量且其变动计入其他综合收益的金融资产，应按其公允价值与交易费用之和，借记“其他权益工具投资——成本”科目；按支付的价款中包含的已宣告但尚未发放的现金股利，借记“应收股利”科目；按实际支付的金额，贷记“银行存款”等科目。

【例5-11】 2022年7月13日，甲公司以银行存款从二级市场购入乙公司股票100万股，每股15元，手续费3万元，甲公司将该股票投资划分为以公允价值计量且其变动计入其他综合收益的金融资产。甲公司进行会计处理时，应编制的会计分录如下：

借：其他权益工具投资——成本　　15 030 000
　贷：银行存款　　15 030 000

三、以公允价值计量且其变动计入其他综合收益的金融资产的利息收入或现金股利收入

以公允价值计量且其变动计入其他综合收益的金融资产后续计量的会计处理（上）

（一）债权性以公允价值计量且其变动计入其他综合收益的金融资产的利息收入

债权性以公允价值计量且其变动计入其他综合收益的金融资产在持有期间，企业应在每一个资产负债表日，按实际利率法计提利息，直接计入当期损益。

以公允价值计量且其变动计入其他综合收益的金融资产为一次还本付息债券投资的，应于资产负债表日按票面利率计算确定的应收未收利息，借记“其他债权投资——应计利息”科目，按以公允价值计量且其变动计入其他综合收益的金融资产的摊余成本[①]和实际

① 此处不考虑减值；如果考虑减值，参照以摊余成本计量的金额资产相应内容的处理。下同。

利率计算确定的利息收入，贷记“投资收益”科目，按其差额，借记或贷记“其他债权投资——利息调整”科目。

资产负债表日，以公允价值计量且其变动计入其他综合收益的金融资产为分期付息、一次还本债券投资的，应按票面利率计算确定的应收未收利息，借记“应收利息”科目，按以公允价值计量且其变动计入其他综合收益的金融资产的摊余成本和实际利率计算确定的利息收入，贷记“投资收益”科目，按其差额，借记或贷记“其他债权投资——利息调整”科目。

【例 5-12】 沿用【例 5-10】资料，2022 年 12 月 31 日，甲公司对该债券投资计提利息收入并收到利息时，应编制的会计分录如下（四舍五入，保留整数）：

利息收入 = 10 282 440 × 3% = 308 473（元）

借：应收利息　　400 000

　　贷：其他债权投资——利息调整　　91 527

　　　　投资收益　　308 473

借：银行存款　　400 000

　　贷：应收利息　　400 000

（二）权益性以公允价值计量且其变动计入其他综合收益的金融资产的现金股利收入

权益性以公允价值计量且其变动计入其他综合收益的金融资产持有期间取得的现金股利或利润（购入前已宣告但尚未发放的现金股利或利润除外），应在被投资方宣告发放现金股利或利润时，直接计入当期损益，借记“应收股利”科目，贷记“投资收益”科目。

【例 5-13】 沿用【例 5-11】资料，2022 年 12 月 10 日，乙公司宣告分派现金股利，每股 0.2 元。甲公司进行会计处理时，应编制的会计分录如下：

借：应收股利　　200 000

　　贷：投资收益　　200 000

四、以公允价值计量且其变动计入其他综合收益的金融资产的公允价值变动

以公允价值计量且其变动计入其他综合收益的金融资产后续计量的会计处理（下）

（一）债权性以公允价值计量且其变动计入其他综合收益的金融资产的公允价值变动

资产负债表日，企业应对持有的债权性以公允价值计量且其变动计入其他综合收益的金融资产按公允价值计价，因其公允价值变动而产生的未实现利得或损失，应计入其他综合收益。以公允价值计量且其变动计入其他综合收益的金融资产的公允价值高于其账面余额的差额，借记“其他债权投资——公允价值变动”科目，贷记“其他综合收益”科目；公允价值低于其账面余额的差额做相反的会计分录。

【例 5-14】 沿用【例 5-10】【例 5-12】资料，2022 年 12 月 31 日，甲公司持有的该债券投资的公允价值为 10 000 940 元。甲公司进行会计处理时，应编制的会计分录如下：

借：其他综合收益　　189 973

　　贷：其他债权投资——公允价值变动　　189 973

（二）权益性以公允价值计量且其变动计入其他综合收益的金融资产的公允价值变动

资产负债表日，企业应对持有的权益性以公允价值计量且其变动计入其他综合收益的金

融资产按公允价值计价，因其公允价值变动而产生的未实现利得或损失，应计入其他综合收益。以公允价值计量且其变动计入其他综合收益的金融资产的公允价值高于其账面余额的差额，借记“其他权益工具投资——公允价值变动”科目，贷记“其他综合收益”科目；公允价值低于其账面余额的差额做相反的会计分录。

【例 5 – 15】 沿用【例 5 – 11】【例 5 – 13】资料，2022 年 12 月 31 日，甲公司仍持有该股票，该股票当日的公允价值为每股 16 元。甲公司进行会计处理时，应编制的会计分录如下：

借：其他权益工具投资——公允价值变动　　970 000

　　贷：其他综合收益　　970 000

五、债权性以公允价值计量且其变动计入其他综合收益的金融资产的减值[1]

以公允价值计量且其变动计入其他综合收益的金融资产减值时的会计处理

与以摊余成本计量的金融资产减值一样，债权性以公允价值计量且其变动计入其他综合收益的金融资产的减值，应以金融工具的预期信用损失为基础，进行减值会计处理并确认损失准备。

对于债权性以公允价值计量且其变动计入其他综合收益的金融资产，企业应当在其他综合收益中确认其损失准备，并将减值损失或利得计入当期损益，且不应减少该金融资产在资产负债表中列示的账面价值。

确定债权性以公允价值计量且其变动计入其他综合收益的金融资产发生减值的，按应减记的金额，借记“信用减值损失”科目，贷记“其他综合收益”科目。

对于已确认减值损失的债权性以公允价值计量且其变动计入其他综合收益的金融资产，在随后会计期间内公允价值已上升且客观上与确认原减值损失事项有关的，应按原确认的减值损失，借记“其他综合收益”科目，贷记“信用减值损失”科目。

【例 5 – 16】 2022 年 12 月 31 日，甲公司持有乙公司面值总额为 3 000 万元、年利率为 10%、期限为 6 年、到期一次还本付息的债券，分类为以公允价值计量且其变动计入其他综合收益的金融资产，该年年末其未确认减值损失前的账面价值为 3 050 万元。因乙公司经营出现严重财务困难，甲公司根据所掌握的资料，预期乙公司债券信用风险显著增加，对该债券投资未来现金流量重新作了估计，预期信用损失为 585 万元。

甲公司在 2022 年 12 月 31 日确认以公允价值计量且其变动计入其他综合收益的金融资产减值损失时，应编制的会计分录如下：

借：信用减值损失　　5 850 000

　　贷：其他综合收益　　5 850 000

六、以公允价值计量且其变动计入其他综合收益的金融资产的处置

以公允价值计量且其变动计入其他综合收益的金融资产处置时的会计处理

（一）债权性以公允价值计量且其变动计入其他综合收益的金融资产的处置

企业处置债权性以公允价值计量且其变动计入其他综合收益的金融资产时，应将所取得的款项与其账面价值之间的差额确认为投资收益。同时，应将原计

① 权益性以公允价值计量且其变动计入其他综合收益的金融资产不计提减值损失。

入其他综合收益的公允价值累计变动额中对应于处置部分的金额转出，计入投资收益。

企业处置债权性以公允价值计量且其变动计入其他综合收益的金融资产，应按实际收到的金额，借记“银行存款”等科目，按其账面余额，贷记“其他债权投资——成本”“其他债权投资——应计利息”“应收利息”等科目，贷记或借记“其他债权投资——公允价值变动”“其他债权投资——利息调整”等科目，按应从其他综合收益中转出的公允价值累计变动额，借记或贷记“其他综合收益”科目，按其差额，贷记或借记“投资收益”科目。

【例 5－17】 沿用【例 5－10】【例 5－12】【例 5－14】资料，2023 年 1 月 15 日，甲公司将持有的乙公司债券出售，取得价款 10 001 250 元。假定不考虑其他因素。甲公司进行会计处理时，应编制的会计分录如下：

借：银行存款	10 001 250	
其他债权投资——公允价值变动	189 973	
投资收益	189 663	
贷：其他债权投资——成本		10 000 000
——利息调整		190 913
其他综合收益		189 973

（二）权益性以公允价值计量且其变动计入其他综合收益的金融资产的处置

企业将非交易性权益工具投资指定为以公允价值计量且其变动计入其他综合收益的金融资产的，当该金融资产终止确认时，处置所得与账面价值的差额计入留存收益；之前计入其他综合收益的累计利得或损失应当从其他综合收益中转出，计入留存收益。

企业处置权益性以公允价值计量且其变动计入其他综合收益的金融资产，应按实际收到的金额，借记“银行存款”等科目，按其账面余额，贷记“其他权益工具投资——成本”科目，贷记或借记“其他权益工具投资——公允价值变动”，按应从其他综合收益中转出的公允价值累计变动额，借记或贷记“其他综合收益”科目，按其差额，贷记或借记“利润分配——未分配利润”科目。

【例 5－18】 沿用【例 5－11】【例 5－13】【例 5－15】资料，2023 年 2 月 1 日，甲公司将持有的乙公司股票出售，售价为每股 13 元，交易费用为 1.3 万元。假定不考虑其他因素。甲公司进行会计处理时，应编制的会计分录如下：

借：银行存款	12 987 000	
其他综合收益	970 000	
利润分配——未分配利润	2 043 000	
贷：其他权益工具投资——成本		15 030 000
——公允价值变动		970 000

七、以公允价值计量且其变动计入其他综合收益的金融资产的重分类

（一）以公允价值计量且其变动计入其他综合收益的金融资产重分类为以摊余成本计量的金融资产

企业将一项以公允价值计量且其变动计入其他综合收益的金融资产重分类为以摊余成本计量的金融资产的，应当将之前计入其他综合收益的累计利得或损失转出，调整该金融资产在重分类日的公允价值，并以调整后的金额

以公允价值计量且其变动计入其他综合收益的金融资产重分类时的会计处理

作为新的账面价值，即视同该金融资产一直以摊余成本计量。该金融资产重分类不影响其实际利率和预期信用损失的计量。

【例5-19】 2022年7月1日，甲公司改变其管理一项债券投资的业务模式，将其由以公允价值计量且其变动计入其他综合收益的金融资产重分类为以摊余成本计量的金融资产，该债券的公允价值为24 000 000元，取得投资时的成本为20 000 000元（与债券面值一致，不存在利息调整等）。

2022年7月1日，甲公司将以公允价值计量且其变动计入其他综合收益的金融资产重分类为以摊余成本计量的金融资产，进行会计处理时，应编制的会计分录如下：

借：债权投资——成本	20 000 000	
其他综合收益	4 000 000	
贷：其他债权投资——成本		20 000 000
——公允价值变动		4 000 000

（二）以公允价值计量且其变动计入其他综合收益的金融资产重分类为以公允价值计量且其变动计入当期损益的金融资产

企业将一项以公允价值计量且其变动计入其他综合收益的金融资产重分类为以公允价值计量且其变动计入当期损益的金融资产的，应当继续以公允价值计量该金融资产。同时，企业应当将之前计入其他综合收益的累计利得或损失从其他综合收益转入当期损益。

【例5-20】 2022年7月1日，甲公司改变其管理一项债券投资的业务模式，将其由以公允价值计量且其变动计入其他综合收益的金融资产重分类为以公允价值计量且其变动计入当期损益的金融资产，该债券的公允价值为24 000 000元，取得投资时的成本为20 000 000元（与债券面值一致，不存在利息调整等）。

2022年7月1日，甲公司将以公允价值计量且其变动计入其他综合收益的金融资产重分类为以公允价值计量且其变动计入当期损益的金融资产，进行会计处理时，应编制的会计分录如下：

借：交易性金融资产——成本	20 000 000	
——公允价值变动	4 000 000	
贷：其他债权投资——成本		20 000 000
——公允价值变动		4 000 000
借：其他综合收益	4 000 000	
贷：公允价值变动损益		4 000 000

第四节 以公允价值计量且其变动计入当期损益的金融资产

一、以公允价值计量且其变动计入当期损益的金融资产概述

分类为以公允价值计量且其变动计入当期损益的金融资产是指不符合以摊余成本计量的金融资产和以公允价值计量且其变动计入其他综合收益的金融资产确认标准的金融资产。

为了核算以公允价值计量且其变动计入当期损益的金融资产的取得、收取现金股利或利息、处置等业务，企业应当设置“交易性金融资产”“公允价值变动损益”“投资收益”等账户。

“交易性金融资产”账户核算以公允价值计量且其变动计入当期损益的金融资产的公允价值。“交易性金融资产”账户的借方登记以公允价值计量且其变动计入当期损益的金融资产的取得成本、资产负债表日其公允价值高于账面余额的差额，以及企业出售以公允价值计量且其变动计入当期损益的金融资产时结转的公允价值变动损失；贷方登记资产负债表日其公允价值低于账面余额的差额，以及企业出售以公允价值计量且其变动计入当期损益的金融资产时结转的成本和公允价值变动利得。企业应当按照以公允价值计量且其变动计入当期损益的金融资产的类别和品种，分别设置“成本”“公允价值变动”等明细账户进行核算。

“公允价值变动损益”账户核算企业以公允价值计量且其变动计入当期损益的金融资产公允价值变动而形成的应计入当期损益的利得或损失，贷方登记资产负债表日企业持有的以公允价值计量且其变动计入当期损益的金融资产公允价值高于账面余额的差额；借方登记资产负债表日企业持有的以公允价值计量且其变动计入当期损益的金融资产公允价值低于账面余额的差额。

“投资收益”账户核算企业处置以公允价值计量且其变动计入当期损益的金融资产实现的投资收益或投资损失，贷方登记企业出售以公允价值计量且其变动计入当期损益的金融资产实现的投资收益；借方登记企业出售以公允价值计量且其变动计入当期损益的金融资产发生的投资损失。

二、以公允价值计量且其变动计入当期损益的金融资产的取得

以公允价值计量且其变动计入当期损益的金融资产取得时的会计处理

企业取得以公允价值计量且其变动计入当期损益的金融资产时，应当按照取得时的公允价值作为其初始确认金额，借记“交易性金融资产——成本”科目。取得以公允价值计量且其变动计入当期损益的金融资产所支付价款中包含了已宣告但尚未发放的现金股利或已到付息期但尚未领取的债券利息的，应当单独确认为应收项目，借记“应收股利”或“应收利息”科目。

取得以公允价值计量且其变动计入当期损益的金融资产所发生的相关交易费用应当在发生时计入投资收益。交易费用是指可直接归属于购买金融工具新增的外部费用，包括支付给代理机构、咨询公司、券商等的手续费和佣金及其他必要支出。

【例 5－21】 2022 年 6 月 2 日，甲公司以银行存款 4 000 万元购入乙公司股票 400 万股，并将其划分为以公允价值计量且其变动计入当期损益的金融资产，另以银行存款支付相关交易费用 10 万元。甲公司进行会计处理时，应编制的会计分录如下：

借：交易性金融资产——成本　　40 000 000
　　投资收益　　100 000
　　贷：银行存款　　40 100 000

【例 5－22】 2022 年 7 月 1 日，甲公司以银行存款 575 000 元购入乙公司 2021 年 1 月 1 日发行的 3 年期债券，并将其划分为以公允价值计量且其变动计入当期损益的金融资产。该债券面值为 500 000 元，年利率为 8%，到期一次还本付息。甲公司另以银行存款支付相关交易费用 2 500 元。甲公司进行会计处理时，应编制的会计分录如下：

借：交易性金融资产——成本　　575 000

投资收益　　2 500

贷：银行存款　　577 500

【例 5-23】 2022 年 2 月 1 日，甲公司以银行存款 330 000 元购入乙公司 2021 年 1 月 1 日发行的 3 年期债券，并将其划分为以公允价值计量且其变动计入当期损益的金融资产。该债券面值为 300 000 元，年利率为 9%，债券利息按年于每年年末支付，到期一次偿还本金，该债券 2021 年度的利息尚未领取。甲公司另以银行存款支付相关交易费用 1 200 元。甲公司进行会计处理时，应编制的会计分录如下：

借：交易性金融资产——成本　　303 000

应收利息　　27 000

投资收益　　1 200

贷：银行存款　　331 200

三、以公允价值计量且其变动计入当期损益的金融资产的现金股利收入或利息收入

企业持有以公允价值计量且其变动计入当期损益的金融资产期间，被投资单位宣告发放现金股利时，企业应将应享有的现金股利确认为投资收益，借记“应收股利”科目，贷记“投资收益”科目；企业对分期付息、一次还本债券类以公允价值计量且其变动计入当期损益的金融资产应在资产负债表日按债券的面值和票面利率计算利息收入，借记“应收利息”科目，贷记“投资收益”科目。

以公允价值计量且其变动计入当期损益的金融资产后续计量的会计处理（上）

【例 5-24】 甲公司对乙公司股票投资的有关资料如下：

（1）2022 年 3 月 1 日，以银行存款购入乙公司股票 100 000 股，划分为以公允价值计量且其变动计入当期损益的金融资产，每股买价为 16 元，同时支付相关税费 8 000 元。

（2）2022 年 4 月 20 日，乙公司宣告发放现金股利，每股 0.4 元。

（3）2022 年 4 月 22 日，甲公司又购入乙公司股票 100 000 股，划分为以公允价值计量且其变动计入当期损益的金融资产，每股买价为 18.4 元（其中包含已宣告但尚未发放的现金股利每股 0.4 元），同时支付相关税费 12 000 元。

（4）2022 年 4 月 25 日，收到乙公司发放的现金股利 80 000 元。

甲公司进行会计处理时，应编制的会计分录如下：

（1）2022 年 3 月 1 日，购入乙公司股票时：

借：交易性金融资产——成本　　1 600 000

投资收益　　8 000

贷：银行存款　　1 608 000

（2）2022 年 4 月 20 日，乙公司宣告发放现金股利时：

借：应收股利　　40 000

贷：投资收益　　40 000

（3）2022 年 4 月 22 日，再次购入乙公司股票时：

借：交易性金融资产——成本　　1 800 000

应收股利　　40 000

投资收益　　12 000

贷：银行存款　　1 852 000

（4）2022 年 4 月 25 日，收到乙公司发放的现金股利时：

借：银行存款　　80 000

　　贷：应收股利　　80 000

【例 5－25】 甲公司对其持有的外购债券每半年末计提利息一次，2022 年该公司对乙公司债券投资的有关资料如下：

（1）1 月 1 日，以赚取差价为目的以银行存款 2 060 000 元从二级市场购入乙公司发行的债券一批，划分为以公允价值计量且其变动计入当期损益的金融资产，支付的价款中包含已到付息期但尚未领取的 2021 年下半年的利息 60 000 元，另以银行存款支付交易费用 40 000 元。该批债券的面值总额为 2 000 000 元，票面利率为 6%，3 年期，每半年付息一次。

（2）1 月 15 日，收到 2021 年下半年的利息 60 000 元。

（3）6 月 30 日，按债券票面利率计算利息收入。

（4）7 月 15 日，收到 2022 年上半年的利息存入银行。

甲公司进行会计处理时，应编制的会计分录如下：

（1）2022 年 1 月 1 日，购入乙公司债券时：

借：交易性金融资产——成本　　2 000 000

　　应收利息　　60 000

　　投资收益　　40 000

　　贷：银行存款　　2 100 000

（2）2022 年 1 月 15 日，收到 2021 年下半年的利息时：

借：银行存款　　60 000

　　贷：应收利息　　60 000

（3）2022 年 6 月 30 日，计算利息收入时：

借：应收利息　　60 000

　　贷：投资收益　　60 000

（4）2022 年 7 月 15 日，收到 2022 年上半年的利息时：

借：银行存款　　60 000

　　贷：应收利息　　60 000

四、以公允价值计量且其变动计入当期损益的金融资产的公允价值变动

资产负债表日，以公允价值计量且其变动计入当期损益的金融资产应当按照公允价值计量，公允价值与账面余额之间的差额应当计入当期损益。企业应当在资产负债表日按照以公允价值计量且其变动计入当期损益的金融资产公允价值与其账面余额的差额，借记或贷记“交易性金融资产——公允价值变动”科目，贷记或借记“公允价值变动损益”科目。

以公允价值计量且其变动计入当期损益的金融资产后续计量的会计处理（下）

【例 5－26】 沿用【例 5－24】资料，2022 年 12 月 31 日，乙公司股票公允价值为每股 20 元。甲公司进行会计处理时，应编制的会计分录如下：

借：交易性金融资产——公允价值变动　　600 000

　　贷：公允价值变动损益　　600 000

【例 5 – 27】 沿用【例 5 – 25】资料，2022 年 12 月 31 日，甲公司持有的乙公司债券的公允价值为 2 200 000 元。甲公司进行会计处理时，应编制的会计分录如下：

借：交易性金融资产——公允价值变动　　200 000
　　贷：公允价值变动损益　　200 000

五、以公允价值计量且其变动计入当期损益的金融资产的处置

以公允价值计量且其变动计入当期损益的金融资产处置时的会计处理

企业出售以公允价值计量且其变动计入当期损益的金融资产时，应按实际收到的金额，借记“银行存款”等科目，按该以公允价值计量且其变动计入当期损益的金融资产的账面余额，贷记“交易性金融资产——成本”科目，贷记或借记“交易性金融资产——公允价值变动”科目，按其差额，贷记或借记“投资收益”科目。

【例 5 – 28】 沿用【例 5 – 24】【例 5 – 26】资料，2023 年 2 月 20 日，甲公司将其持有的乙公司股票 200 000 股全部出售，实际收到 4 200 000 元存入银行。甲公司进行会计处理时，应编制的会计分录如下：

借：银行存款　　4 200 000
　　贷：交易性金融资产——成本　　3 400 000
　　　　　　　　　　　——公允价值变动　　600 000
　　　　投资收益　　200 000

【例 5 – 29】 沿用【例 5 – 25】【例 5 – 27】资料，2023 年 8 月 10 日，甲公司将其持有的乙公司债券全部出售，实际收到 2 300 000 元存入银行。甲公司进行会计处理时，应编制的会计分录如下：

借：银行存款　　2 300 000
　　贷：交易性金融资产——成本　　2 000 000
　　　　　　　　　　　——公允价值变动　　200 000
　　　　投资收益　　100 000

六、以公允价值计量且其变动计入当期损益的金融资产的重分类

以公允价值计量且其变动计入当期损益的金融资产重分类时的会计处理

（一）以公允价值计量且其变动计入当期损益的金融资产重分类为以摊余成本计量的金融资产

企业将一项以公允价值计量且其变动计入当期损益的金融资产重分类为以摊余成本计量的金融资产的，应当以其在重分类日的公允价值作为新的账面余额。此重分类情形，企业应当根据该金融资产在重分类日的公允价值确定其实际利率。同时，企业应当将重分类日视为初始确认日。

【例 5 – 30】 2022 年 7 月 1 日，甲公司改变其管理一项债券投资的业务模式，将其由以公允价值计量且其变动计入当期损益的金融资产重分类为以摊余成本计量的金融资产，该债券的公允价值为 24 000 000 元，取得投资时的成本为 20 000 000 元（与债券面值一致）。

2022 年 7 月 1 日，甲公司将以公允价值计量且其变动计入当期损益的金融资产重分类为以摊余成本计量的金融资产，进行会计处理时，应编制的会计分录如下：

借：债权投资——成本　　20 000 000

——利息调整 4 000 000

贷：交易性金融资产——成本 20 000 000

——公允价值变动 4 000 000

（二）以公允价值计量且其变动计入当期损益的金融资产重分类为以公允价值计量且其变动计入其他综合收益的金融资产

企业将一项以公允价值计量且其变动计入当期损益的金融资产重分类为以公允价值计量且其变动计入其他综合收益的金融资产的，应当继续以公允价值计量该金融资产。此重分类情形，如果是债务工具的，企业应当根据该金融资产在重分类日的公允价值确定其实际利率。同时，企业应当将重分类日视为初始确认日。

【例 5－31】2022 年 7 月 1 日，甲公司改变其管理一项债券投资的业务模式，将其由以公允价值计量且其变动计入当期损益的金融资产重分类为以公允价值计量且其变动计入其他综合收益的金融资产，该债券的公允价值为 24 000 000 元，取得投资时的成本为 20 000 000 元（与债券面值一致）。

2022 年 7 月 1 日，甲公司将以公允价值计量且其变动计入当期损益的金融资产重分类为以公允价值计量且其变动计入其他综合收益的金融资产，进行会计处理时，应编制的会计分录如下：

借：其他债权投资——成本 20 000 000

——利息调整 4 000 000

贷：交易性金融资产——成本 20 000 000

——公允价值变动 4 000 000

第五节 长期股权投资

长期股权投资核算范围

一、长期股权投资概述

长期股权投资，是指投资方对被投资单位实施控制、具有重大影响的权益性投资，以及对其合营企业的权益性投资。企业取得长期股权投资的方式主要有两种：一是在证券市场上购买被投资单位发行的普通股股票；二是直接将货币资金、实物资产或无形资产等投向被投资单位，以取得被投资单位的股权。根据投资企业因持有被投资单位的权益性投资而对被投资单位相关活动的影响程度，长期股权投资的核算范围可划分为以下三种。

（一）对子公司投资

对子公司投资，是指投资方能够对被投资单位实施控制的权益性投资。控制，是指投资方拥有对被投资方的权力，通过参与被投资单位的相关活动而享有可变回报，并且有能力运用对被投资单位的权力影响其回报金额。相关活动，是指对被投资方的回报产生重大影响的活动。被投资方的相关活动应当根据具体情况进行判断，通常包括商品或劳务的销售和购买、金融资产的管理、资产的购买和处置、研究与开发活动以及融资活动等。

（二）对合营企业投资

对合营企业投资，是指投资方与其他合营方对被投资单位实施共同控制且对被投资单位净资产享有权利的权益性投资。共同控制，是指按照相关约定对某项安排所共有的控制，并且该安排的相关活动必须经过分享控制权的参与方一致同意后才能决策。相关活动，是指对某项安排的回报产生重大影响的活动。某项安排的相关活动应当根据具体情况进行判断，通常包括商品或劳务的销售和购买、金融资产的管理、资产的购买和处置、研究与开发活动以及融资活动等。

（三）对联营企业投资

对联营企业投资，是指投资方对被投资单位具有重大影响的权益性投资。重大影响，是指对一个企业的财务和经营政策有参与决策的权力，但并不能够控制或与其他方一起共同控制这些政策的制定。实务中，较为常见的重大影响体现为在被投资单位的董事会或类似权力机构中派有代表，通过在被投资单位财务和经营政策制定过程中的发言权实施重大影响。投资方直接或通过子公司间接持有被投资单位20%以上但低于50%的表决权时，一般认为对被投资单位具有重大影响，除非有明确的证据表明该种情况下不能参与被投资单位的生产经营决策，不形成重大影响。在确定能否对被投资单位施加重大影响时，一方面应考虑投资方直接或间接持有被投资单位的表决权股份，同时要考虑投资方及其他方持有的当期可执行潜在表决权在假定转换为对被投资单位的股权后产生的影响，如被投资单位发行的当期可转换的认股权证、股份期权及可转换公司债券等的影响。

为了正确记录和反映各项长期股权投资所发生的成本和损益，企业应设置“长期股权投资”账户，并可按被投资单位进行明细核算，长期股权投资采用权益法进行后续计量的，还应当分别设置“投资成本”“损益调整”“其他综合收益”“其他权益变动”等明细账户进行明细分类核算。

二、长期股权投资的取得

企业合并形成长期股权投资时的会计处理

（一）企业合并形成的长期股权投资

企业合并，是指将两个或两个以上单独的企业合并形成一个报告主体的交易或事项。我国企业合并分为同一控制下的企业合并和非同一控制下的企业合并。参与合并的企业在合并前后均受同一方或相同的多方最终控制且该控制并非暂时性的，为同一控制下的企业合并。参与合并的各方在合并前后不受同一方或相同的多方最终控制的，为非同一控制下的企业合并。企业合并形成的长期股权投资，应区分同一控制下控股合并与非同一控制下控股合并进行会计处理。

1. 同一控制下企业合并形成的长期股权投资

同一控制下企业合并形成的长期股权投资，应在合并日按照被合并方所有者权益在最终控制方合并财务报表中的账面价值的份额作为长期股权投资的初始投资成本，借记“长期股权投资——投资成本”科目，按享有被投资单位已宣告但尚未发放的现金股利或利润，借记“应收股利”科目，按支付的合并对价的账面价值，贷记有关科目，按其差额，贷记“资本公积——资本溢价或股本溢价”科目；为借方差额的，借记“资本公积——资本溢价或股本溢价”科目，资本公积（资本溢价或股本溢价）不足冲减的，借记“盈余公积”“利润分配——未分配利润”科目。企业为同一控制下的企业合并发生的审计、法律服务、评估咨询等中介费用以及其他相关管理费用，直接计入当期损益，借记“管理费用”科目，贷记“银行存款”等科目。

【例 5－32】 2022 年 1 月 15 日，某企业集团内甲公司以原价为 1 200 万元、已计提折旧 200 万元、未曾计提减值准备、公允价值为 1 600 万元的固定资产作为对价，取得同一企业集团内乙公司 60% 的股权。合并日乙公司所有者权益在最终控制方合并财务报表中的账面价值为 1 800 万元。假定甲公司在合并日的资本公积（股本溢价）为 40 万元，盈余公积为 30 万元，未分配利润为 100 万元。甲公司进行会计处理时，应编制的会计分录如下：

借：固定资产清理	10 000 000	
累计折旧	2 000 000	
贷：固定资产		12 000 000
借：长期股权投资——投资成本	10 800 000	
贷：固定资产清理		10 000 000
资本公积——股本溢价		800 000

【例 5－33】 2022 年 4 月 15 日，某企业集团内甲公司以原价为 1 200 万元、已计提折旧 200 万元、没有计提减值准备、公允价值为 1 600 万元的固定资产作为对价，取得同一企业集团内乙公司 60% 的股权。合并日乙公司所有者权益在最终控制方合并财务报表中的账面价值为 1 500 万元。假定甲公司在合并日的资本公积（股本溢价）为 40 万元，盈余公积为 30 万元，未分配利润为 100 万元。甲公司进行会计处理时，应编制的会计分录如下：

借：固定资产清理	10 000 000	
累计折旧	2 000 000	
贷：固定资产		12 000 000
借：长期股权投资——投资成本	9 000 000	
资本公积——股本溢价	400 000	
盈余公积	300 000	
利润分配——未分配利润	300 000	
贷：固定资产清理		10 000 000

2. 非同一控制下企业合并形成的长期股权投资

非同一控制下企业合并形成的长期股权投资，应在购买日按合并成本（不含应自被投资单位收取的现金股利或利润），借记“长期股权投资——投资成本”科目，按享有被投资单位已宣告但尚未发放的现金股利或利润，借记“应收股利”科目，按支付合并对价的账面价值，贷记有关科目，按其差额，贷记或借记“资产处置损益”等科目。非同一控制下企业合并涉及以库存商品等作为合并对价的，应按库存商品的公允价值，贷记“主营业务收入”科目，并同时结转相关的成本。涉及增值税的，还应进行相应的处理。企业为非同一控制下的企业合并发生的审计、法律服务、评估咨询等中介费用以及其他相关管理费用，直接计入当期损益，借记“管理费用”科目，贷记“银行存款”等科目。

【例 5－34】 甲、乙两家公司属于非同一控制下的独立公司。2022 年 7 月 1 日，甲公司以本公司的固定资产为对价取得乙公司 60% 的股份。该固定资产原值 1 500 万元，已计提折旧 400 万元，已提取减值准备 50 万元，7 月 1 日该固定资产公允价值为 1 250 万元。2022 年 7 月 1 日，乙公司所有者权益为 2 000 万元。甲公司进行会计处理时，应编制的会计分录如下：

借：固定资产清理	10 500 000	
累计折旧	4 000 000	

固定资产减值准备　　500 000
　　贷：固定资产　　15 000 000
借：长期股权投资——投资成本　　12 500 000
　　贷：固定资产清理　　10 500 000
　　　　资产处置损益　　2 000 000

（二）企业合并以外的方式取得的长期股权投资

1. 以支付现金取得的长期股权投资

非企业合并方式形成长期股权投资时的会计处理

以支付现金取得的长期股权投资，应当按照实际支付的购买价款作为初始投资成本，包括与取得长期股权投资直接相关的费用、税金及其他必要支出，但所支付价款中包含的被投资单位已宣告但尚未发放的现金股利或利润应作为应收项目核算，不构成取得长期股权投资的成本。

【例 5－35】 2022 年 5 月 15 日，甲公司以银行存款 2 000 万元自公开市场中购入乙公司 25% 的股份，另支付手续费等相关税费 100 万元，准备长期持有，并于同日完成了相关手续。甲公司取得该部分股权后能够对乙公司施加重大影响。甲公司进行会计处理时，应编制的会计分录如下：

借：长期股权投资——投资成本　　21 000 000
　　贷：银行存款　　21 000 000

2. 以发行权益性证券方式取得的长期股权投资

以发行权益性证券方式取得的长期股权投资，其初始投资成本为所发行权益性证券的公允价值，但不包括应自被投资单位收取的已宣告但尚未发放的现金股利或利润。

投资方通过发行权益性证券取得长期股权投资的，所发行的权益性证券的公允价值，应按《企业会计准则第 39 号——公允价值计量》等相关准则确定。为发行权益性证券支付给有关证券承销机构等的手续费、佣金等与权益性证券发行直接相关的费用，不构成取得长期股权投资的成本。该部分费用应自发行权益性证券的溢价发行收入中扣除，溢价收入不足冲减的，依次冲减盈余公积和未分配利润。

【例 5－36】 2022 年 2 月 15 日，甲公司通过定向增发 5 000 万股普通股（面值 1 元/股），从非关联方处取得乙公司 30% 的股权，所增发股份的公允价值为 11 000 万元。为增发该部分股份，甲公司向证券承销机构等支付了 600 万元的佣金和手续费。相关手续于增发当日完成。甲公司取得乙公司 30% 股权后能够对乙公司施加重大影响。不考虑其他相关税费等的影响。甲公司进行会计处理时，应编制的会计分录如下：

借：长期股权投资——投资成本　　110 000 000
　　贷：股本　　50 000 000
　　　　资本公积——股本溢价　　54 000 000
　　　　银行存款　　6 000 000

3. 投资者投入的长期股权投资

投资者投入的长期股权投资，应当按照投资合同或协议约定的价值作为初始投资成本，但合同或协议约定的价值不公允的除外。

投资者投入的长期股权投资，是指投资者以其持有的对第三方的投资作为出资投入企业，接受投资的企业原则上应当按照投资各方在投资合同或协议中约定的价值作为取得投资的初始投资成本，但有明确证据表明合同或协议中约定的价值不公允的除外。

在确定投资者投入的长期股权投资的公允价值时，有关权益性投资存在活跃市场的，应当参照活跃市场中的市价确定其公允价值；不存在活跃市场，无法按照市场信息确定其公允价值的情况下，应当将按照一定的估值技术等合理的方法确定的价值作为其公允价值。

一般而言，投资者投入的长期股权投资应根据法律法规的要求进行评估作价，在公平交易当中，投资者投入的长期股权投资的公允价值，与所发行的权益性证券的公允价值不应存在重大差异。如有确凿证据表明，取得长期股权投资的公允价值比所发行权益性证券的公允价值更加可靠的，以投资者投入的长期股权投资的公允价值为基础确定其初始投资成本。投资方通过发行债务性证券取得长期股权投资的，比照通过发行权益性证券处理。

【例 5-37】 2022 年 6 月 15 日，非上市公司甲公司（有限责任公司）成立时，乙公司以其持有的对丙公司的长期股权投资作为出资投入甲公司。丙公司为上市公司，其权益性证券有活跃交易市场，公允价值能够可靠计量。投资合同约定，乙公司作为出资的长期股权投资作价 8 000 万元（该作价与其公允价值相当）。交易完成后，甲公司注册资本增加至 32 000 万元，其中乙公司的持股比例为 20%。甲公司取得该长期股权投资后能够对丙公司施加重大影响。不考虑相关税费等其他因素的影响。甲公司进行会计处理时，应编制的会计分录如下：

借：长期股权投资——投资成本　80 000 000
　　贷：实收资本　64 000 000
　　　　资本公积——资本溢价　16 000 000

企业以债务重组、非货币性资产交换等方式取得的长期股权投资，其初始投资成本应按照《企业会计准则第 12 号——债务重组》和《企业会计准则第 7 号——非货币性资产交换》的规定确定。本书不再赘述。

需要提醒读者注意的是，无论何种情况下企业取得的长期股权投资，实际支付的价款或对价中包含的被投资方已宣告但尚未发放的现金股利或利润，均作为应收项目处理，不构成长期股权投资的成本。

三、长期股权投资的成本法

长期股权投资的成本法

（一）成本法的适用范围

根据长期股权投资准则，投资方持有的对子公司投资应当采用成本法核算，投资方为投资性主体且子公司不纳入其合并财务报表的除外。投资方在判断对被投资单位是否具有控制时，应综合考虑直接持有的股权和通过子公司间接持有的股权。在个别财务报表中，投资方进行成本法核算时，应仅考虑直接持有的股权份额。

长期股权投资准则要求投资方对子公司的长期股权投资采用成本法核算，主要是为了避免在子公司实际宣告发放现金股利或利润之前，母公司垫付资金发放现金股利或利润等情况，解决了权益法核算下投资收益不能足额收回导致超分配的问题。

（二）成本法核算的要点

采用成本法核算的长期股权投资应按初始投资成本计价。除取得投资时实际支付的价款或对价中包含的已宣告但尚未发放的现金股利或利润外，投资企业应当按照享有被投资单位宣告发放的现金股利或利润确认投资收益，无论有关利润分配是属于对取得投资前还是取得投资后被投资单位实现净利润的分配。

采用成本法核算的长期股权投资，在追加投资时，按照追加投资支付的对价的公允价值及发生的相关交易费用增加长期股权投资的账面价值。

【例 5－38】 2022 年 12 月 1 日，甲公司自非关联方处以现金 800 万元取得乙公司 60%的股权，相关手续于当日完成，并能够对乙公司实施控制。2023 年 3 月 15 日，乙公司宣告分派现金股利，甲公司按其持股比例可取得 10 万元。不考虑相关税费等其他因素的影响。2023 年 3 月 20 日，甲公司收到乙公司分派的现金股利 10 万元存入银行。甲公司进行会计处理时，应编制的会计分录如下：

（1）2022 年 12 月 1 日，甲公司取得乙公司股权时：

借：长期股权投资——投资成本　　8 000 000

　　贷：银行存款　　8 000 000

（2）2023 年 3 月 15 日，乙公司宣告分派现金股利时：

借：应收股利　　100 000

　　贷：投资收益　　100 000

（3）2023 年 3 月 20 日，甲公司收到乙公司分派的现金股利时：

借：银行存款　　100 000

　　贷：应收股利　　100 000

四、长期股权投资的权益法

长期股权投资权益法的适用范围与核算要点

（一）权益法的适用范围

根据长期股权投资准则，投资方持有的对合营企业和联营企业投资应当采用权益法核算。投资方在判断对被投资单位是否具有共同控制、重大影响时，应综合考虑直接持有的股权和通过子公司间接持有的股权。在综合考虑直接持有的股权和通过子公司间接持有的股权后，如果认定投资方在被投资单位拥有共同控制或重大影响，在个别财务报表中，投资方进行权益法核算时，应仅考虑直接持有的股权份额；在合并财务报表中，投资方进行权益法核算时，应同时考虑直接持有和间接持有的份额。

（二）权益法核算的要点

权益法下对初始投资成本进行调整的会计处理

1. 可能需要对初始投资成本进行调整

投资企业取得对合营企业或联营企业的投资以后，对于取得投资时投资成本与应享有被投资单位可辨认净资产公允价值份额之间的差额，应区别情况分别处理。

第一，长期股权投资的初始投资成本大于投资时应享有被投资单位可辨认净资产公允价值份额的，不调整长期股权投资的初始投资成本。长期股权投资的初始投资成本大于投资时应享有被投资单位可辨认净资产公允价值份额的差额是投资企业在取得投资过程中通过购买作价体现出的与所取得股权份额相对应的商誉价值。

第二，长期股权投资的初始投资成本小于投资时应享有被投资单位可辨认净资产公允价值份额的，两者之间的差额体现为双方在交易作价过程中转让方的让步，该部分经济利益流入应计入取得投资当期的营业外收入，同时调整增加长期股权投资的账面价值。

【例 5－39】 2022 年 7 月 1 日，甲公司以银行存款 100 万元取得乙公司 40%的股权，甲公司取得该部分股权后，能够对乙公司的财务和经营政策施加重大影响。甲、乙两公司均为居民纳税人，适用的企业所得税税率均为25%。2022年7月1日，乙公司所有者权益的账面价值为180万元，当天乙公司除一项固定资产的公允价值比账面价值高20万元以外，乙公司其他各项可辨认资产、负债的公允价值与账面价值均相同。甲公司进行会计处理时，应编制的会计分录如下：

借：长期股权投资——投资成本　　1 000 000

　　贷：银行存款　　1 000 000

【例5-40】 2022年7月1日，甲公司以银行存款70万元取得乙公司40%的股权，甲公司取得该部分股权后，能够对乙公司的财务和经营政策施加重大影响。甲、乙两公司均为居民纳税人，适用的企业所得税税率均为25%。2022年7月1日，乙公司所有者权益的账面价值为180万元，当天乙公司除一项固定资产的公允价值比账面价值多20万元以外，乙公司其他各项可辨认资产、负债的公允价值与账面价值均相同。甲公司进行会计处理时，应编制的会计分录如下：

借：长期股权投资——投资成本　　700 000

　　贷：银行存款　　700 000

借：长期股权投资——投资成本　　100 000

　　贷：营业外收入　　100 000

2. 无论被投资单位是否分派现金股利或利润，投资企业均需确认投资损益

投资企业取得对合营企业或联营企业的投资以后，应当按照应享有或应分担被投资单位实现净利润或发生净亏损的份额（法规或章程规定不属于投资企业的净损益除外），调整长期股权投资的账面价值，并确认为当期投资损益。

权益法下被投资单位实现净损益时的会计处理（上）

在确认应享有或应分担被投资单位的净利润或净亏损时，在被投资单位账面净利润的基础上，应考虑以下三方面因素的影响进行适当调整。

第一，被投资单位采用的会计政策及会计期间与投资企业不一致的，应按投资企业的会计政策及会计期间对被投资单位的财务报表进行调整。

第二，以取得投资时被投资单位固定资产、无形资产的公允价值为基础计提的折旧额或摊销额，以及以投资企业取得投资时的公允价值为基础计算确定的资产减值准备金额等对被投资单位净利润的影响。

被投资单位个别利润表中的净利润是以其持有的资产、负债账面价值为基础持续计算的，而投资企业在取得投资时，是以被投资单位有关资产、负债的公允价值为基础确定投资成本，长期股权投资的投资收益所代表的是被投资单位资产、负债在公允价值计量的情况下在未来期间通过经营产生的损益中归属于投资企业的部分。取得投资时有关资产、负债的公允价值与其账面价值不同的，未来期间，在计算归属于投资企业应享有的净利润或应承担的净亏损时，应以投资时被投资单位有关资产对投资企业的成本即取得投资时的公允价值为基础计算确定，从而产生了需要对被投资单位账面净利润进行调整的情况。

在针对上述事项对被投资单位实现的净利润进行调整时，应考虑重要性原则，不具有重要性的项目可不予调整。符合下列条件之一的，投资企业可以以被投资单位的账面净利润为基础，计算确认投资损益，同时应在财务报表附注中说明不能按照企业会计准则中规定进行核算的原因：（1）投资企业无法合理确定取得投资时被投资单位各项可辨认资产等的公允

价值；（2）投资时被投资单位可辨认资产的公允价值与其账面价值相比，两者之间的差额不具重要性的；（3）其他原因导致无法取得被投资单位的有关资料，不能按照准则中规定的原则对被投资单位的净损益进行调整的。

【例5－41】 2022年1月1日，甲公司以银行存款100万元取得乙公司40%的股权，甲公司取得该部分股权后，能够对乙公司的财务和经营政策施加重大影响。甲、乙两公司均为居民纳税人，适用的企业所得税税率均为25%。2022年1月1日，乙公司所有者权益的账面价值为180万元，当天乙公司各项可辨认资产、负债的公允价值与账面价值均相同。2022年乙公司实现净利润80万元。甲公司进行会计处理时，应编制的会计分录如下：

借：长期股权投资——损益调整　　320 000

　　贷：投资收益　　320 000

【例5－42】 2022年1月1日，甲公司以银行存款100万元取得乙公司40%的股权，甲公司取得该部分股权后，能够对乙公司的财务和经营政策施加重大影响。甲、乙两公司均为居民纳税人，适用的企业所得税税率均为25%。2022年1月1日，乙公司所有者权益的账面价值为180万元，当天乙公司各项可辨认资产、负债的公允价值与账面价值均相同。2022年乙公司发生净亏损50万元。甲公司进行会计处理时，应编制的会计分录如下：

借：投资收益　　200 000

　　贷：长期股权投资——损益调整　　200 000

【例5－43】 2022年1月10日，甲公司以银行存款2 200万元购入乙公司30%的股份，并自取得投资之日起派人参与乙公司的生产经营决策。取得投资当日，乙公司可辨认净资产公允价值为6 000万元。甲、乙两公司均为居民纳税人，适用的企业所得税税率均为25%。有关资产的账面价值与公允价值等资料如表5－3所示。

表5－3　　乙公司2022年1月10日相关资产信息表　　单位：万元

项　目	账面原价	已提折旧或摊销	公允价值	乙公司预计使用年限	甲公司取得投资后剩余使用年限
存货	500		700		
固定资产	1 200	240	1 600	20	16
无形资产	700	140	800	10	8
小　计	2 400	380	3 100		

假定乙公司于2022年实现净利润600万元，其中在甲公司取得投资时的账面存货有80%对外出售。甲公司与乙公司的会计年度及采用的会计政策相同。固定资产、无形资产均按年限平均法提取折旧或摊销，预计净残值均为0。

甲公司在确定其应享有的投资收益时，应在乙公司实现净利润的基础上，根据取得投资时乙公司有关资产的账面价值与其公允价值差额的影响进行调整（假定不考虑所得税影响）：

存货账面价值与公允价值的差额应调减的利润＝（700－500）×80%＝160（万元）

固定资产公允价值与账面价值差额应调整增加的折旧额＝1 600÷16－1 200÷20＝40（万元）

无形资产公允价值与账面价值差额应调整增加的摊销额＝800÷8－700÷10＝30（万元）

调整后的净利润 = 600 - 160 - 40 - 30 = 370（万元）

甲公司应享有份额 = 370 × 30% = 111（万元）

甲公司进行会计处理时，应编制的会计分录如下：

借：长期股权投资——损益调整　　　　1 110 000

　　贷：投资收益　　　　1 110 000

第三，对于投资企业与其合营企业或联营企业之间发生的未实现内部交易损益应予以抵销。即投资企业与联营企业及合营企业之间发生的未实现内部交易损益按照持股比例计算归属于投资企业的部分，应当予以抵销，在此基础上确认投资损益。投资企业与被投资单位发生的内部交易损失，按照《企业会计准则第 8 号——资产减值》等规定属于资产减值损失的，应当全额确认。

应当注意的是，投资方与联营企业、合营企业之间发生投出或出售资产的交易，该资产构成业务的，应当按照《企业会计准则第 20 号——企业合并》《企业会计准则第 33 号——合并财务报表》的有关规定进行会计处理。此处不再赘述。

权益法下被投资单位实现净损益时的会计处理（下）

投资企业与其联营企业及合营企业之间的未实现内部交易损益的抵销包括顺流交易和逆流交易，其中，顺流交易是指投资企业向其联营企业或合营企业出售资产；逆流交易是指联营企业或合营企业向投资企业出售资产。当该未实现内部交易损益体现在投资企业或其联营企业、合营企业持有的资产账面价值中时，相关的损益在计算确认投资损益时应予抵销。

（1）对于投资企业向联营企业或合营企业出售资产的顺流交易，在该交易存在未实现内部交易损益的情况下（即有关资产未对外部独立第三方出售），投资企业在采用权益法计算确认应享有联营企业或合营企业的投资损益时，应抵销该未实现内部交易损益的影响，同时调整对联营企业或合营企业长期股权投资的账面价值。当投资方向联营企业或合营企业出资或是将资产出售给联营企业或合营企业，同时有关资产由联营企业或合营企业持有时，投资方对于投出或出售资产产生的损益确认仅限于归属于联营企业或合营企业其他投资者的部分。即在顺流交易中，投资方投出资产或出售资产给其联营企业或合营企业产生的损益中，按照持股比例计算确定归属于本企业的部分不予确认。

【例 5 - 44】 甲公司持有乙公司有表决权股份的 20%，能够对乙公司的财务和经营政策施加重大影响。假定甲公司取得该项投资时，乙公司各项可辨认资产、负债的公允价值与其账面价值相同，两者在以前期间未发生过内部交易。2022 年 11 月，甲公司将其账面价值为 600 万元的商品以 900 万元的价格出售给乙公司，乙公司将取得的商品作为管理用固定资产核算，预计使用寿命为 10 年，采用年限平均法计提折旧，净残值为 0。乙公司 2022 年实现净利润为 1 000 万元。假定不考虑企业所得税的影响。

甲公司在该项交易中实现利润 300 万元，其中的 60（300 × 20%）万元是针对本公司持有的对联营企业的权益份额，在采用权益法计算确认投资损益时应予抵销，同时应考虑相关固定资产折旧对损益的影响，甲公司进行会计处理时，应编制的会计分录如下：

借：长期股权投资——损益调整　　　　1 405 000

　　贷：投资收益　　　　1 405 000

其中，140.5 万元 =（1 000 - 300 + 300 ÷ 10 ÷ 12）× 20%

（2）对于联营企业或合营企业向投资企业出售资产的逆流交易，在该交易存在未实现内部交易损益的情况下（即有关资产未对外部独立第三方出售），投资企业在采用权益法计算确认应享有联营企业或合营企业的投资损益时，应抵销该未实现内部交易损益的影响。当投资企业自其联营企业或合营企业购买资产时，在将该资产出售给外部独立第三方之前，不应确认联营企业或合营企业因该交易产生的损益中本企业应享有的部分。

【例 5 – 45】 甲公司持有乙公司 20% 有表决权股份，能够对乙公司的财务和经营政策施加重大影响。假定甲公司取得该项投资时，乙公司各项可辨认资产、负债的公允价值与其账面价值相同。2022 年 11 月，乙公司将其成本为 600 万元的商品以 900 万元的价格出售给甲公司，甲公司将取得的商品作为固定资产核算，预计使用寿命为 10 年，采用年限平均法计提折旧，净残值为 0。至 2022 年 12 月 31 日，甲公司未对外出售该固定资产。乙公司 2022 年实现净利润为 1 600 万元。假定不考虑企业所得税的影响。

甲公司进行会计处理时，应编制的会计分录如下：

借：长期股权投资——损益调整　　2 605 000

　　贷：投资收益　　2 605 000

其中，260.5 万元 = (1 600 − 300 + 300 ÷ 10 ÷ 12) × 20%

应当说明的是，投资企业与其联营企业及合营企业之间发生的无论是顺流交易还是逆流交易产生的未实现内部交易损失，属于所转让资产发生减值损失的，有关的未实现内部交易损失不应予以抵销。

【例 5 – 46】 甲公司持有乙公司 20% 有表决权股份，能够对乙公司的财务和经营政策施加重大影响。假定甲公司取得取该项投资时，乙公司各项可辨认资产、负债的公允价值与其账面价值相同，两者在以前期间未发生过内部交易。2022 年，甲公司将其账面价值为 400 万元的商品以 320 万元的价格出售给乙公司。2022 年 12 月 31 日，该批商品尚未对外部第三方出售。乙公司 2022 年净利润为 1 000 万元。假定不考虑企业所得税的影响。

上述甲公司在确认应享有乙公司 2022 年净损益时，如果有证据表明交易价格 320 万元与甲公司该商品账面价值 400 万元之间的差额是该资产发生了减值损失，在确认投资损益时不应予以抵销。甲公司进行会计处理时，应编制的会计分录如下：

借：长期股权投资——损益调整　　2 000 000

　　贷：投资收益　　2 000 000

3. 超额亏损的确认

投资企业在确认应分担被投资单位发生的亏损时，如果被投资单位发生超额亏损，应按以下顺序进行处理：首先，冲减长期股权投资的账面价值；其次，长期股权投资的账面价值不足以冲减的，应以其他实质上构成对被投资单位净投资的长期权益账面价值为限继续确认投资损失，冲减长期应收项目等的账面价值；最后，经过上述处理，按投资合同或协议约定企业仍承担额外义务的，还应确认预计负债，计入当期投资损失。

权益法下被投资单位发生超额亏损时的会计处理

企业在发生投资损失时，应借记“投资收益”科目，贷记“长期股权投资——损益调整”科目。在长期股权投资的账面价值减记至零以后，考虑其他实质上构成对被投资单位净投资的长期权益，继续确认的投资损失应借记“投资收益”科目，贷记“长期应收款”

科目；因投资合同或协议约定导致投资企业需要承担额外义务的，按照或有事项准则的规定，对于符合确认条件的义务，应确认为当期损失，同时确认预计负债，借记“投资收益”科目，贷记“预计负债”科目。

在确认了有关的投资损失以后，被投资单位于以后期间实现盈利的，应按以上相反顺序分别减记已确认的预计负债、恢复其他长期权益及长期股权投资的账面价值，同时确认投资收益。即应当按顺序分别借记“预计负债”“长期应收款”“长期股权投资”科目，贷记“投资收益”科目。

【例 5－47】 甲公司持有乙公司 40% 的股权，能够对乙公司的财务和经营政策施加重大影响。假定甲公司在取得该投资时，乙公司各项可辨认资产、负债的公允价值与其账面价值相等，双方所采用的会计政策及会计期间也相同。2022 年 12 月 31 日，甲公司该项长期股权投资的账面价值为 4 000 万元。2023 年乙公司由于一项主要经营业务市场条件发生变化，当年度亏损 12 000 万元，甲公司按其持股比例确认应分担的损失为 4 800 万元，但长期股权投资的账面价值仅为 4 000 万元，如果没有其他实质上构成对被投资单位净投资的长期权益项目，则甲公司应确认的投资损失仅为 4 000 万元，超额损失在账外进行备查登记；在确认了 4 000 万元的投资损失，长期股权投资的账面价值减记至零以后，甲公司账上仍有应收乙公司的长期应收款 1 600 万元，该款项从目前情况看，没有明确的清偿计划（并非产生于商品购销等日常活动），甲公司进行会计处理时，应编制的会计分录如下：

借：投资收益　　48 000 000
　贷：长期股权投资——损益调整　　40 000 000
　　长期应收款　　8 000 000

4. 被投资单位其他综合收益变动，投资企业应增加或减少所有者权益

权益法下被投资单位其他综合收益变动时的会计处理

其他综合收益，是指企业根据其他会计准则规定未在当期损益中确认的各项利得和损失。根据其他相关会计准则的规定，其他综合收益分为两类：一是以后会计期间不能重分类进损益的其他综合收益项目，包括重新计量设定受益计划净负债或净资产导致的变动、其他权益工具投资的公允价值变动、按照权益法核算的在被投资单位以后会计期间不能重分类进损益的其他综合收益中所享有的份额等；二是以后会计期间在满足规定条件时将重分类进损益的其他综合收益项目，包括按照权益法核算的在被投资单位以后会计期间在满足规定条件时将重分类进损益的其他综合收益中所享有的份额、其他债权投资公允价值变动形成的利得或损失、债权投资重分类为其他债权投资形成的利得或损失、现金流量套期（境外经营净投资套期）套期工具产生的利得或损失中属于有效套期的部分、外币财务报表折算差额、自用房地产或作为存货的房地产转换为以公允价值模式计量的投资性房地产在转换日公允价值大于账面价值的部分。

投资企业取得对合营企业或联营企业的投资以后，对于被投资单位其他综合收益发生变动的，在持股比例不变的情况下，投资企业应按持股比例与被投资单位其他综合收益变动中归属于本企业的部分，相应调整长期股权投资的账面价值，同时增加或减少其他综合收益。

【例 5－48】 2022 年 1 月 1 日，甲公司以银行存款 100 万元取得乙公司 40% 的股权，甲公司取得该部分股权后，能够对乙公司的财务和经营政策施加重大影响。2022 年 1 月 1 日乙公司所有者权益的账面价值为 180 万元，当天乙公司各项可辨认资产、负债的公允价值与账面价值均相同。2022 年，乙公司因持有的可供出售金融资产公允价值的变动计入所有者

权益的金额为 15 万元。假定不考虑企业所得税的影响。甲公司进行会计处理时，应编制的会计分录如下：

借：长期股权投资——其他综合收益　　60 000

　　贷：其他综合收益　　60 000

5. 被投资单位除净损益、其他综合收益以及利润分配以外的所有者权益的其他变动，投资企业应增加或减少所有者权益

权益法下被投资单位发生除净损益、其他综合收益以及利润分配以外的所有者权益的其他变动时的会计处理

被投资单位除净损益、其他综合收益以及利润分配以外所有者权益的其他变动的因素，主要包括被投资单位接受其他股东的资本性投入、被投资单位发行可分离交易的可转债中包含的权益成分、以权益结算的股份支付、其他股东对被投资单位增资导致投资方持股比例变动等。

投资企业取得对合营企业或联营企业的投资以后，对于被投资单位除净损益、其他综合收益以及利润分配以外所有者权益的其他变动，投资企业应按持股比例与被投资单位除净损益、其他综合收益以及利润分配以外所有者权益的其他变动中归属于本企业的部分，相应调整长期股权投资的账面价值，同时增加或减少资本公积（其他资本公积）。

【例 5－49】 2022 年 1 月 1 日，甲、乙、丙公司分别以银行存款 400 万元、800 万元和 800 万元出资设立丁公司，分别持有丁公司 20%、40%、40% 的股权。甲公司对丁公司具有重大影响。丁公司自设立之日起至 2022 年 12 月 31 日实现净利润 2 000 万元，除此之外，无其他影响净资产的事项。2023 年 1 月 1 日，经甲、乙、丙公司协商，乙公司对丁公司增资 1 600 万元，增资后丁公司净资产为 5 600 万元，甲、乙、丙公司分别持有丁公司 15%、50%、35% 的股权。相关手续于当日完成。虽然甲公司的持股比例下降到 15%，但根据公司章程的规定，甲公司仍然能够对丁公司的财务和经营政策施加重大影响。假定不考虑企业所得税的影响。甲公司进行会计处理时，应编制的会计分录如下：

借：长期股权投资——其他权益变动　　400 000

　　贷：资本公积——其他资本公积　　400 000

6. 取得现金股利或利润的处理

权益法下被投资单位宣告和发放现金股利或股票股利时的会计处理

投资企业取得对合营企业或联营企业的投资以后，被投资单位宣告分派现金股利或利润时，投资企业按持股比例计算应分得的部分，应冲减长期股权投资的账面价值。在被投资单位宣告分派现金股利或利润时，借记“应收股利”科目，贷记“长期股权投资——损益调整”科目。

【例 5－50】 2022 年 1 月 1 日，甲公司以银行存款 100 万元取得乙公司 40% 的股权，甲公司取得该部分股权后，能够对乙公司的财务和经营政策施加重大影响。甲、乙两公司均为居民纳税人，适用的企业所得税税率均为 25%。2022 年 1 月 1 日乙公司所有者权益的账面价值为 180 万元，当天乙公司各项可辨认资产、负债的公允价值与账面价值均相同。2022 年乙公司实现净利润 80 万元。2023 年 1 月 15 日乙公司宣告分派现金股利 30 万元。甲公司进行会计处理时，应编制的会计分录如下：

（1）2022 年 12 月 31 日，甲公司应编制的会计分录：

借：长期股权投资——损益调整　　320 000

　　贷：投资收益　　320 000

（2）2023 年 1 月 15 日，甲公司应编制的会计分录：

借：应收股利　　120 000

　贷：长期股权投资——损益调整　　120 000

【例 5 - 51】 2022 年 1 月 1 日，甲公司以银行存款 100 万元取得乙公司 40% 的股权，甲公司取得该部分股权后，能够对乙公司的财务和经营政策施加重大影响。甲、乙两公司均为居民纳税人，适用的企业所得税税率均为 25%。2022 年 1 月 1 日乙公司所有者权益的账面价值为 180 万元，当天乙公司各项可辨认资产、负债的公允价值与账面价值均相同。2022 年乙公司实现净利润 80 万元。2023 年 1 月 15 日乙公司宣告分派现金股利 100 万元。甲公司进行会计处理时，应编制的会计分录如下：

（1）2022 年 12 月 31 日，甲公司应编制的会计分录：

借：长期股权投资——损益调整　　320 000

　贷：投资收益　　320 000

（2）2023 年 1 月 15 日，甲公司应编制的会计分录：

借：应收股利　　400 000

　贷：长期股权投资——损益调整　　400 000

7. 取得股票股利的处理

被投资单位分派的股票股利，投资企业不作账务处理，但应于除权日注明所增加的股数，以反映股份的变化情况。

8. 投资方持股比例增加但仍采用权益法核算的会计处理

投资方因增加投资等原因对被投资单位的持股比例增加，但被投资单位仍然是投资方的联营企业或合营企业时，投资方应当按照新的持股比例对股权投资继续采用权益法进行核算。在新增投资日，如果新增投资成本大于按新增持股比例计算的享有被投资单位新增投资日可辨认净资产公允价值份额，不调整长期股权投资成本；如果新增投资成本小于按新增持股比例计算的享有被投资单位新增投资日可辨认净资产公允价值份额，应按该差额，调整长期股权投资成本和营业外收入。需要注意的是，进行上述调整时，应当综合考虑与原持有投资和追加投资相关的商誉或计入损益（负商誉）的金额。

投资方持股比例增加但仍采用权益法核算的会计处理

【例 5 - 52】 2022 年 1 月 1 日，甲公司以银行存款 5 000 万元向非关联方购买乙公司 20% 的股权，并对乙公司具有重大影响。当日，乙公司各项可辨认资产、负债的公允价值与账面价值均相等，均为 20 000 万元。2022 年 1 月 1 日至 2024 年 12 月 31 日期间，乙公司实现净利润 4 000 万元。除此以外，乙公司无其他引起净资产发生变动的事项。2025 年 1 月 1 日，甲公司以银行存款 3 400 万元向另一非关联方购买乙公司 10% 的股权，但仍对乙公司具有重大影响，相关手续于当日完成。当日乙公司可辨认净资产公允价值为 30 000 万元。甲公司和乙公司均按 10% 计提法定盈余公积，不考虑相关税费等其他因素影响。

甲公司进行会计处理时，第一次投资和第二次追加投资应编制的会计分录如下（省略权益法下的其他会计分录）：

（1）2022 年 1 月 1 日，甲公司应编制的会计分录：

借：长期股权投资——投资成本　　50 000 000

　贷：银行存款　　50 000 000

（2）2025 年 1 月 1 日，甲公司应编制的会计分录：

借：长期股权投资——投资成本　34 000 000

　　贷：银行存款　34 000 000

其他情形一：

假定第一次投资时是以银行存款 3 600 万元为对价，第二次追加投资时是以银行存款 2 400 万元为对价。在其他条件不变的情况下，甲公司进行会计处理时，第一次投资和第二次追加投资应编制的会计分录如下（省略权益法下的其他会计分录）：

（1）2022 年 1 月 1 日，甲公司应编制的会计分录：

借：长期股权投资——投资成本　36 000 000

　　贷：银行存款　36 000 000

借：长期股权投资——投资成本　4 000 000

　　贷：营业外收入　4 000 000

（2）2025 年 1 月 1 日，甲公司应编制的会计分录：

借：长期股权投资——投资成本　24 000 000

　　贷：银行存款　24 000 000

借：长期股权投资——投资成本　6 000 000

　　贷：营业外收入　6 000 000

其他情形二：

假定第一次投资时是以银行存款 5 000 万元为对价，第二次追加投资时是以银行存款 2 400 万元为对价。在其他条件不变的情况下，甲公司进行会计处理时，第一次投资和第二次追加投资应编制的会计分录如下（省略权益法下的其他会计分录）：

（1）2022 年 1 月 1 日，甲公司应编制的会计分录：

借：长期股权投资——投资成本　50 000 000

　　贷：银行存款　50 000 000

（2）2025 年 1 月 1 日，甲公司应编制的会计分录：

借：长期股权投资——投资成本　24 000 000

　　贷：银行存款　24 000 000

其他情形三：

假定第一次投资时是以银行存款 5 000 万元为对价，第二次追加投资时是以银行存款 1 800 万元为对价。在其他条件不变的情况下，甲公司进行会计处理时，第一次投资和第二次追加投资应编制的会计分录如下（省略权益法下的其他会计分录）：

（1）2022 年 1 月 1 日，甲公司应编制的会计分录：

借：长期股权投资——投资成本　50 000 000

　　贷：银行存款　50 000 000

（2）2025 年 1 月 1 日，甲公司应编制的会计分录：

借：长期股权投资——投资成本　18 000 000

　　贷：银行存款　18 000 000

借：长期股权投资——投资成本　2 000 000

　　贷：营业外收入　2 000 000

其他情形四：

假定第一次投资时是以银行存款 3 600 万元为对价，第二次追加投资时是以银行存款 3 100 万元为对价。在其他条件不变的情况下，甲公司进行会计处理时，第一次投资和第二次追加投资应编制的会计分录如下（省略权益法下的其他会计分录）：

（1）2022 年 1 月 1 日，甲公司应编制的会计分录：

借：长期股权投资——投资成本	36 000 000	
贷：银行存款		36 000 000
借：长期股权投资——投资成本	4 000 000	
贷：营业外收入		4 000 000

（2）2025 年 1 月 1 日，甲公司应编制的会计分录：

借：长期股权投资——投资成本	31 000 000	
贷：银行存款		31 000 000
借：盈余公积——法定盈余公积	100 000	
利润分配——未分配利润	900 000	
贷：长期股权投资——投资成本		1 000 000

其他情形五：

假定第一次投资时是以银行存款 3 600 万元为对价，第二次追加投资时是以银行存款 3 500 万元为对价。在其他条件不变的情况下，甲公司进行会计处理时，第一次投资和第二次追加投资应编制的会计分录如下（省略权益法下的其他会计分录）：

（1）2022 年 1 月 1 日，甲公司应编制的会计分录：

借：长期股权投资——投资成本	36 000 000	
贷：银行存款		36 000 000
借：长期股权投资——投资成本	4 000 000	
贷：营业外收入		4 000 000

（2）2025 年 1 月 1 日，甲公司应编制的会计分录：

借：长期股权投资——投资成本	35 000 000	
贷：银行存款		35 000 000
借：盈余公积——法定盈余公积	400 000	
利润分配——未分配利润	3 600 000	
贷：长期股权投资——投资成本		4 000 000

五、长期股权投资的减值

长期股权投资减值时的会计处理

长期股权投资如果存在减值迹象，应估计其可收回金额。可收回金额应根据长期股权投资的公允价值减去处置费用后的净额与长期股权投资未来现金流量现值两者之间较高者确定。长期股权投资的可收回金额低于其账面价值的，应将长期股权投资的账面价值减记至可收回金额，减记的金额确认为资产减值损失，计入当期损益，同时计提相应的资产减值准备，资产减值损失一经确认，在以后会计期间不得转回。

【例 5－53】 2022 年 1 月 1 日，甲公司以银行存款 1 200 万元取得乙公司 40% 的股权，甲公司取得该部分股权后，能够对乙公司的财务和经营政策施加重大影响。甲、乙两公司均为居民纳税人，适用的企业所得税税率均为 25%。2022 年 1 月 1 日乙公司所有者权益的账面价值为 3 000 万元，当天乙公司各项可辨认资产、负债的公允价值与账面价值均相同。2022 年乙公司实现净利润 600 万元。2023 年 1 月 15 日乙公司宣告分派现金股利 400 万元。2023 年，乙公司发生亏损 300 万元。2023 年年末甲公司根据获得的信息发现持有的乙公司股权出现减值迹象，按规定计算确定的该项投资的可收回金额为 900 万元。甲公司进行会计处理时，应编制的会计分录如下：

借：资产减值损失　　2 600 000
　　贷：长期股权投资减值准备　　2 600 000

2023 年 12 月 31 日，甲公司应计提的长期股权投资减值准备为 260 万元。因为甲公司 2023 年 12 月 31 日对乙公司的长期股权投资的账面价值为 1 160（1 200＋600×40%－400×40%－300×40%）万元，而其可收回金额为 900 万元，可收回金额低于账面价值 260 万元，因而甲公司 2023 年 12 月 31 日应计提长期股权投资减值准备为 260 万元。

六、长期股权投资的处置

处置长期股权投资时的会计处理

企业持有长期股权投资的过程中，出于各方面的考虑，决定将所持有的对被投资单位的股权全部或部分对外出售时，应相应结转与所售股权相对应的长期股权投资的账面价值，一般情况下，出售所得价款与处置长期股权投资账面价值之间的差额，应确认为处置损益。

投资方全部处置权益法核算的长期股权投资时，原权益法核算的相关其他综合收益应当在终止采用权益法核算时采用与被投资单位直接处置相关资产或负债相同的基础进行会计处理，因被投资单位除净损益、其他综合收益和利润分配以外的其他所有者权益变动而确认的所有者权益（资本公积——其他资本公积），应当在终止采用权益法核算时全部转入当期损益（投资收益）。

【例 5－54】 2022 年 7 月 1 日，甲公司将原持有乙公司 40% 股权全部出售，出售取得价款 600 万元。出售时甲公司对乙公司长期股权投资的账面价值为 500 万元，具体构成为：投资成本 400 万元，损益调整 60 万元，其他综合收益 30 万元（可重分类进损益），其他权益变动 10 万元。甲公司进行会计处理时，应编制的会计分录如下：

借：银行存款　　6 000 000
　　其他综合收益　　300 000
　　资本公积——其他资本公积　　100 000
　　贷：长期股权投资——投资成本　　4 000 000
　　　　　　　　　　——损益调整　　600 000
　　　　　　　　　　——其他综合收益　　300 000
　　　　　　　　　　——其他权益变动　　100 000
　　　　投资收益　　1 400 000

投资方部分处置权益法核算的长期股权投资，剩余股权仍采用权益法核算的，原权益法核算的相关其他综合收益应当采用与被投资单位直接处置相关资产或负债相同的基础处理并按比例结转，因被投资单位除净损益、其他综合收益和利润分配以外的其他所有者权益变动而确认的所有者权益（资本公积——其他资本公积），应当按比例结转计入当期损益（投资收益）。

投资方部分处置持有的长期股权投资，剩余股权涉及转换的（如由于减少投资导致的从权益法核算转公允价值计量、成本法核算转权益法核算、成本法核算转公允价值计量等），在转换日的会计处理将在长期股权投资核算方法的转换部分介绍。

投资方通过多次交易分步处置对子公司股权投资直至丧失控制权，如果上述交易属于一揽子交易的[1]，应当将各项交易作为一项处置子公司股权投资并丧失控制权的交易进行会计处理；但是在丧失控制权之前每一次处置价款与所处置的股权对应的长期股权投资账面价值之间的差额，应当先确认为其他综合收益，到丧失控制权时再一并转入丧失控制权的当期损益。

七、长期股权投资核算方法的转换

公允价值计量转权益法的会计处理

投资方因追加投资或因处置部分股权投资等原因，可能导致其核算需要由一种方法转换为另外一种方法。

（一）因追加投资导致的转换

1. 公允价值计量转权益法的会计处理

投资方原持有的对被投资单位的股权投资（不具有控制、共同控制或重大影响的），按照金融工具确认和计量准则进行会计处理的，因追加投资等原因导致持股比例上升，能够对被投资单位施加重大影响或实施共同控制的，在转按权益法核算时，投资方应当按照金融工具确认和计量准则确定的原股权投资的公允价值加上为取得新增投资而应支付对价的公允价值，作为改按权益法核算的初始投资成本。原持有的股权投资分类为以公允价值计量且其变动计入其他综合收益的金融资产的，其公允价值与账面价值之间的差额，以及原计入其他综合收益的累计公允价值变动应当转入改按权益法核算的留存收益（利润分配——未分配利润）。

然后，比较上述计算所得的初始投资成本和按照追加投资后全新的持股比例计算确定的应享有被投资单位在追加投资日可辨认净资产公允价值份额，前者大于后者的，不调整长期股权投资的账面价值；前者小于后者的，差额应调整长期股权投资的账面价值，并计入当期损益（营业外收入）。

【例 5－55】 2022 年 1 月 1 日，甲公司以银行存款 100 000 000 元自非关联方处取得乙公司股票 10 000 000 股，占乙公司 10% 的股权，分类为以公允价值计量且其变动计入其他综合收益的金融资产。2022 年 6 月 30 日，甲公司持有的乙公司的该项股票投资公允价值为 125 000 000 元。2022 年 6 月 30 日，甲公司又以银行存款 250 000 000 元自另一非关联方处取得乙公司股票 20 000 000 股，占乙公司 20% 的股权。至此，甲公司共计持有乙公司的股票占乙公司股权的 30%，对乙公司具有重大影响。当日，乙公司可辨认净资产的账面价值为 1 000 000 000 元，公允价值为 1 100 000 000 元。不考虑其他因素的影响。甲公司进行会计处理时，应编制的会计分录如下：

① 处置对子公司股权投资的各项交易的条款、条件以及经济影响符合下列一种或多种情况，通常表明应将多次交易事项作为一揽子交易进行会计处理：（一）这些交易是同时或者在考虑了彼此影响的情况下订立的；（二）这些交易整体才能达成一项完整的商业结果；（三）一项交易的发生取决于其他至少一项交易的发生；（四）一项交易单独考虑时是不经济的，但是和其他交易一并考虑时是经济的。

（1）2022 年 1 月 1 日，取得投资时：

借：其他权益工具投资——成本　　100 000 000

　　贷：银行存款　　100 000 000

（2）2022 年 6 月 30 日，公允价值变动时：

借：其他权益工具投资——公允价值变动　　25 000 000

　　贷：其他综合收益　　25 000 000

（3）2022 年 6 月 30 日，因追加投资从公允价值计量转换为权益法核算时：

借：长期股权投资——投资成本　　375 000 000

　　贷：银行存款　　250 000 000

　　　　其他权益工具投资——成本　　100 000 000

　　　　　　　　　　　——公允价值变动　　25 000 000

借：其他综合收益　　25 000 000

　　贷：利润分配——未分配利润　　25 000 000

2. 公允价值计量转成本法的会计处理

投资方原持有的对被投资单位不具有控制、共同控制或重大影响的，按照金融工具确认和计量准则进行会计处理的权益性投资，因追加投资等原因，能够对被投资单位实施控制的，属于通过多次交易分步实现的控股合并[①]，应分别按同一控制下的控股合并和非同一控制下的控股合并进行会计处理。

（1）多次交易形成同一控制下的控股合并。

投资方（合并方）通过多次交易分步取得同一控制下被投资单位的股权，最终形成控股合并，不属于“一揽子交易”的，取得控制权日，投资方（合并方）应按照以下步骤进行会计处理：

同一控制下公允价值计量转成本法的会计处理

第一，确定同一控制下控股合并形成的长期股权投资的初始投资成本。在合并日，根据合并后投资方应享有被合并方所有者权益在最终控制方合并财务报表中账面价值的份额，确定长期股权投资的初始投资成本。

第二，长期股权投资初始投资成本与合并对价账面价值之间差额的处理。合并日长期股权投资的初始投资成本，与达到合并前的长期股权投资账面价值加上合并日进一步取得股份新支付对价的账面价值之和的差额，调整资本公积（资本溢价或股本溢价），资本公积不足冲减的，冲减留存收益。

第三，合并日之前持有的股权投资，因采用金融工具确认和计量准则核算，原计入其他综合收益的累计公允价值变动，暂不进行会计处理，直至处置该项投资时转入留存收益（利润分配——未分配利润）。其中，如果是部分处置的，处置后的剩余股权采用成本法或权益法核算的，其他综合收益应按比例结转；处置后的剩余股权改按金融工具确认和计量准则进行会计处理的，其他综合收益应全部结转。

【例 5－56】 2022 年 1 月 1 日，甲公司以银行存款 100 000 000 元取得同一控制下的乙公司股票 10 000 000 股，占乙公司 10% 的股权，分类为以公允价值计量且其变动计入其他

① 通过多次交易分步实现的控股合并，需要区分各项交易是否属于“一揽子交易”而采用不同的会计处理方法。本教材假设多次交易分步实现的控股合并不属于“一揽子交易”。

综合收益的金融资产。2022 年 6 月 30 日，甲公司持有的乙公司的该项股票投资公允价值为 125 000 000 元。2022 年 7 月 1 日，甲公司又以银行存款 750 000 000 元取得同一控制下另一公司持有的乙公司股票 60 000 000 股，占乙公司 60% 的股权。此时甲公司共计持有乙公司的股票占乙公司股权的 70%，对乙公司具有控制权。甲公司购买乙公司 10% 和 60% 的股权不构成"一揽子交易"。当日，乙公司在最终控制方合并财务报表中所有者权益的账面价值为 1 300 000 000 元。不考虑其他因素的影响。甲公司进行会计处理时，应编制的会计分录如下：

①2022 年 1 月 1 日，取得投资时：

借：其他权益工具投资——成本　　100 000 000
　贷：银行存款　　100 000 000

②2022 年 6 月 30 日，公允价值变动时：

借：其他权益工具投资——公允价值变动　　25 000 000
　贷：其他综合收益　　25 000 000

③2022 年 7 月 1 日，因追加投资从公允价值计量转换为成本法核算时：

借：长期股权投资——投资成本　　910 000 000
　贷：银行存款　　750 000 000
　　其他权益工具投资——成本　　100 000 000
　　　　　　　　　——公允价值变动　　25 000 000
　　资本公积——股本溢价　　35 000 000

（2）多次交易形成非同一控制下的控股合并。

投资方（购买方）通过多次交易分步取得非同一控制下被投资单位的股权，最终形成控股合并的，取得控制权日，投资方（购买方）应按照以下步骤进行会计处理：

非同一控制下公允价值计量转成本法的会计处理

第一，确定非同一控制下控股合并形成的长期股权投资的初始投资成本。在购买日，购买日之前持有的股权投资，因采用金融工具确认和计量准则进行会计处理，应当将按照该准则确定的股权投资的公允价值加上新增投资成本之和，作为改按成本法核算的长期股权投资的初始投资成本。

第二，原持有的股权投资分类为以公允价值计量且其变动计入其他综合收益的金融资产的，其公允价值与账面价值之间的差额，以及原计入其他综合收益的累计公允价值变动应当转入改按成本法核算的留存收益（利润分配——未分配利润）。

【例 5－57】 2022 年 1 月 1 日，甲公司以银行存款 100 000 000 元取得乙公司股票 10 000 000 股，占乙公司 10% 的股权，分类为以公允价值计量且其变动计入其他综合收益的金融资产。甲公司和乙公司不存在关联方关系。2022 年 6 月 30 日，甲公司持有的乙公司的该项股票投资公允价值为 125 000 000 元。2022 年 7 月 1 日，甲公司又以银行存款 750 000 000 元取得乙公司股票 60 000 000 股，占乙公司 60% 的股权。至此甲公司共计持有乙公司的股票占乙公司股权的 70%，对乙公司具有控制权。甲公司购买乙公司 10% 和 60% 的股权不构成"一揽子交易"。当日，乙公司可辨认净资产的账面价值为 1 000 000 000 元，公允价值为 1 100 000 000 元。不考虑其他因素的影响。甲公司进行会计处理时，应编制的会计分录如下：

①2022 年 1 月 1 日，取得投资时：

借：其他权益工具投资——成本　　100 000 000

　　贷：银行存款　　100 000 000

②2022 年 6 月 30 日，公允价值变动时：

借：其他权益工具投资——公允价值变动　　25 000 000

　　贷：其他综合收益　　25 000 000

③2022 年 7 月 1 日，因追加投资从公允价值计量转换为成本法核算时：

借：长期股权投资——投资成本　　875 000 000

　　贷：银行存款　　750 000 000

　　　　其他权益工具投资——成本　　100 000 000

　　　　　　　　　　　　——公允价值变动　　25 000 000

借：其他综合收益　　25 000 000

　　贷：利润分配——未分配利润　　25 000 000

3. 权益法转成本法的会计处理

投资方原持有的对联营企业、合营企业的长期股权投资，因追加投资等原因，能够对被投资单位实施控制的，属于通过多次交易分步实现的控股合并，应分别按同一控制下的控股合并和非同一控制下的控股合并进行会计处理。

（1）多次交易形成同一控制下的控股合并。

投资方（合并方）通过多次交易分步取得同一控制下被投资单位的股权，最终形成控股合并，不属于“一揽子交易”的，取得控制权日，投资方（合并方）应按照以下步骤进行会计处理：

同一控制下权益法转成本法的会计处理

第一，确定同一控制下控股合并形成的长期股权投资的初始投资成本。在合并日，根据合并后投资方应享有被合并方所有者权益在最终控制方合并财务报表中账面价值的份额，确定长期股权投资的初始投资成本。

第二，长期股权投资初始投资成本与合并对价账面价值之间差额的处理。合并日长期股权投资的初始投资成本，与达到合并前的长期股权投资账面价值加上合并日进一步取得股份新支付对价的账面价值之和的差额，调整资本公积（资本溢价或股本溢价），资本公积不足冲减的，冲减留存收益。

第三，合并日之前持有的股权投资，因采用权益法核算而确认的其他综合收益，暂不进行会计处理，直至处置该项投资时采用与被投资单位直接处置相关资产或负债相同的基础进行会计处理；因采用权益法核算而确认的被投资单位除净损益、其他综合收益和利润分配以外的所有者权益其他变动（资本公积——其他资本公积），暂不进行会计处理，直至处置该项投资时转入当期损益（投资收益）。其中，如果是部分处置的，处置后的剩余股权采用成本法或权益法核算的，其他综合收益和其他所有者权益变动（资本公积——其他资本公积）应按比例结转；处置后的剩余股权改按金融工具确认和计量准则进行会计处理的，其他综合收益和其他所有者权益变动（资本公积——其他资本公积）应全部结转。

【例 5－58】 2022 年 1 月 1 日，甲公司以银行存款 300 000 000 元取得同一控制下的乙公司股票 30 000 000 股，占乙公司 30% 的股权，准备长期持有，因其取得该项投资时甲公司对乙公司具有重大影响，因此甲公司取得时分类为长期股权投资，采用权益法核算。2022 年 1 月 1 日，乙公司可辨认净资产的账面价值为 1 000 000 000 元，不存在公允价值与账面价值不等的可辨认资产、负债。至 2022 年 12 月 31 日，乙公司当年实现净利润 100 000 000

元，其他综合收益为100 000元（满足条件时可重分类进损益），其他所有者权益变动为200 000元。2023年1月1日，甲公司持有的乙公司的该项股票投资公允价值为375 000 000元。2023年1月1日，甲公司又以银行存款375 000 000元取得同一控制下另一公司持有的乙公司股票30 000 000股，占乙公司30%的股权。至此甲公司共计持有乙公司的股票占乙公司股权的60%，对乙公司具有控制权。甲公司购买乙公司第一次30%和第二次30%的股权不构成“一揽子交易”。当日，乙公司在最终控制方合并财务报表中的净资产的账面价值为1 200 000 000元。不考虑其他因素的影响。甲公司进行会计处理时，应编制的会计分录如下：

①2022年1月1日，取得投资时：

借：长期股权投资——投资成本　　300 000 000
　　贷：银行存款　　300 000 000

②2022年12月31日，权益法下在资产负债表日：

借：长期股权投资——损益调整　　30 000 000
　　　　　　　　——其他综合收益　　30 000
　　　　　　　　——其他权益变动　　60 000
　　贷：投资收益　　30 000 000
　　　　其他综合收益　　30 000
　　　　资本公积——其他资本公积　　60 000

③2023年1月1日，因追加投资从权益法核算转换为成本法核算时：

借：长期股权投资——投资成本　　720 000 000
　　贷：银行存款　　375 000 000
　　　　长期股权投资——投资成本　　300 000 000
　　　　　　　　　　——损益调整　　30 000 000
　　　　　　　　　　——其他综合收益　　30 000
　　　　　　　　　　——其他权益变动　　60 000
　　　　资本公积——股本溢价　　14 910 000

（2）多次交易形成非同一控制下的控股合并。

投资方（购买方）通过多次交易分步取得非同一控制下被投资单位的股权，最终形成控股合并的，取得控制权日，投资方（购买方）应按照以下步骤进行会计处理：

非同一控制下权益法转成本法的会计处理

第一，确定非同一控制下控股合并形成的长期股权投资的初始投资成本。在购买日，应当按照原持有的股权投资的账面价值加上新增投资成本之和，作为改按成本法核算的长期股权投资的初始投资成本。

第二，购买日之前持有的股权投资，因采用权益法核算而确认的其他综合收益，暂不进行会计处理，直至处置该项投资时采用与被投资单位直接处置相关资产或负债相同的基础进行会计处理；因采用权益法核算而确认的被投资单位除净损益、其他综合收益和利润分配以外的所有者权益其他变动（资本公积——其他资本公积），暂不进行会计处理，直至处置该项投资时转入当期损益（投资收益）。其中，如果是部分处置的，处置后的剩余股权采用成本法或权益法核算的，其他综合收益和其他所有者权益变动（资本公积——其他资本公积）应按比例结转；处置后的剩余股权改按金融工具确认和计量准则进行会计处理的，其他综合收益和其他所有者权益变动（资本公积——其他资本公积）应全部结转。

【例 5－59】 2022 年 1 月 1 日，甲公司以银行存款 300 000 000 元自非关联方处取得乙公司股票 30 000 000 股，占乙公司 30% 的股权，准备长期持有，因其取得该项投资时甲公司对乙公司具有重大影响，因此甲公司取得时分类为长期股权投资，采用权益法核算。2022 年 1 月 1 日，乙公司可辨认净资产的账面价值为 1 000 000 000 元，不存在公允价值与账面价值不等的可辨认资产、负债。至 2022 年 12 月 31 日，乙公司当年实现净利润 100 000 000 元，其他综合收益为 100 000 元（满足条件时可重分类进损益），其他所有者权益变动为 200 000 元。2023 年 1 月 1 日，甲公司持有的乙公司的该项股票投资公允价值为 375 000 000 元。2023 年 1 月 1 日，甲公司又以银行存款 375 000 000 元从另一非关联方处取得乙公司股票 30 000 000 股，占乙公司 30% 的股权。至此甲公司共计持有乙公司的股票占乙公司股权的 60%，对乙公司具有控制权。甲公司购买乙公司第一次 30% 和第二次 30% 的股权不构成“一揽子交易”。当日，乙公司可辨认净资产的账面价值为 1 100 300 000 元，公允价值为 1 200 000 000 元。不考虑其他因素的影响。甲公司进行会计处理时，应编制的会计分录如下：

①2022 年 1 月 1 日，投资时：

借：长期股权投资——投资成本	300 000 000	
贷：银行存款		300 000 000

②2022 年 12 月 31 日，权益法下在资产负债表日：

借：长期股权投资——损益调整	30 000 000	
——其他综合收益	30 000	
——其他权益变动	60 000	
贷：投资收益		30 000 000
其他综合收益		30 000
资本公积——其他资本公积		60 000

③2023 年 1 月 1 日，因追加投资从权益法核算转换为成本法核算时：

借：长期股权投资——投资成本	705 090 000	
贷：银行存款		375 000 000
长期股权投资——投资成本		300 000 000
——损益调整		30 000 000
——其他综合收益		30 000
——其他权益变动		60 000

（二）因减少投资导致的转换

1. 权益法转公允价值计量的会计处理

权益法转公允价值计量的会计处理

原持有的对被投资单位具有共同控制或重大影响的长期股权投资，因部分处置等原因导致持股比例下降，不能再对被投资单位实施共同控制或重大影响的，应改按金融工具确认和计量准则对剩余股权投资进行会计处理，其在丧失共同控制或重大影响之日的公允价值与账面价值之间的差额计入当期损益（投资收益）。原采用权益法核算的相关其他综合收益应当在终止采用权益法核算时，采用与被投资单位直接处置相关资产或负债相同的基础进行会计处理，因被投资单位除净损益、其他综合收益和利润分配以外的其他所有者权益变动而确认的所有者权益（资本公积——其他资本公积），应当在终止采用权益法核算时全部转入当期损益。

【例5-60】 2022年1月1日，甲公司以银行存款375 000 000元取得乙公司股票30 000 000股，占乙公司30%的股权，准备长期持有，因其取得该项投资时甲公司对乙公司具有重大影响，因此甲公司取得时分类为长期股权投资，采用权益法核算。2022年1月1日，乙公司可辨认净资产的账面价值为1 000 000 000元，不存在公允价值与账面价值不等的可辨认资产、负债。至2022年12月31日，甲公司的该项投资未发生减值，乙公司当年实现净利润100 000 000元，其他综合收益为100 000元（满足条件时可重分类进损益），其他所有者权益变动为200 000元。2023年1月1日，甲公司将持有的乙公司的该项股票投资处置了2/3，取得处置所得300 000 000元，剩余的1/3对乙公司股票投资的公允价值为150 000 000元。此时甲公司持有乙公司的股票仅占乙公司股权的10%，甲公司将其分类为以公允价值计量且其变动计入其他综合收益的金融资产。不考虑其他因素的影响。甲公司进行会计处理时，应编制的会计分录如下：

（1）2022年1月1日，取得投资时：

借：长期股权投资——投资成本	375 000 000	
贷：银行存款		375 000 000

（2）2022年12月31日，权益法下在资产负债表日：

借：长期股权投资——损益调整	30 000 000	
——其他综合收益	30 000	
——其他权益变动	60 000	
贷：投资收益		30 000 000
其他综合收益		30 000
资本公积——其他资本公积		60 000

（3）2023年1月1日，部分处置时：

借：银行存款	300 000 000	
贷：长期股权投资——投资成本		250 000 000
——损益调整		20 000 000
——其他综合收益		20 000
——其他权益变动		40 000
投资收益		29 940 000

（4）2023年1月1日，因减少投资从权益法核算转换为公允价值计量时：

借：其他权益工具投资——成本	150 000 000	
贷：长期股权投资——投资成本		125 000 000
——损益调整		10 000 000
——其他综合收益		10 000
——其他权益变动		20 000
投资收益		14 970 000
借：其他综合收益	30 000	
贷：投资收益		30 000

借：资本公积——其他资本公积　　60 000

　　贷：投资收益　　60 000

2. 成本法转权益法的会计处理

成本法转权益法的会计处理

因部分处置投资导致对被投资单位由能够实施控制转为具有重大影响或者与其他投资方一起实施共同控制的，首先应按处置投资的比例结转应终止确认的长期股权投资成本。

其次，比较剩余长期股权投资的成本与按照剩余持股比例计算原投资时应享有被投资单位可辨认净资产公允价值的份额，前者大于后者的，属于投资作价中体现的商誉部分，不调整长期股权投资的账面价值；前者小于后者的，在调整长期股权投资成本的同时，调整留存收益。

最后，对于剩余长期股权投资，原取得投资时至部分处置投资时（转为权益法核算）之间被投资单位实现净损益中投资方应享有的份额，一方面应当调整长期股权投资的账面价值，同时，对于原取得投资时至部分处置投资当期期初被投资单位实现的净损益（扣除已宣告发放的现金股利或利润）中投资方应享有的份额，调整留存收益；对于部分处置投资当期期初至部分处置投资交易之日被投资单位实现的净损益中投资方应享有的份额，计入当期损益（投资收益）；在被投资单位其他综合收益变动中应享有的份额，在调整长期股权投资账面价值的同时，应当计入其他综合收益；在被投资单位除净损益、其他综合收益和利润分配以外的其他原因导致被投资单位所有者权益变动中应享有的份额，在调整长期股权投资账面价值的同时，应当计入资本公积（其他资本公积）。长期股权投资自成本法转为权益法后，未来期间应当按照长期股权投资准则规定计算确认应享有被投资单位实现的净损益、其他综合收益和所有者权益其他变动的份额。

【例 5－61】 2022 年 1 月 1 日，甲公司以银行存款 6 000 万元自非关联方处取得乙公司 60% 的股权，能够对乙公司实施控制。2023 年 7 月 1 日，甲公司将其持有的对乙公司长期股权投资的 1/3 出售给丙公司，出售取得价款 3 600 万元已存入银行，当日乙公司可辨认净资产公允价值总额为 16 000 万元。甲公司原取得乙公司 60% 股权时，乙公司可辨认净资产公允价值总额为 9 000 万元（假定乙公司各项资产、负债的公允价值与账面价值均相同）。自甲公司取得对乙公司长期股权投资后至部分处置投资前，乙公司实现净利润 5 000 万元，其中 1 000 万元系乙公司 2023 年 1 月 1 日至 6 月 30 日实现的净利润，其他综合收益为 10 万元（满足条件时可重分类进损益），其他所有者权益变动为 20 万元。甲公司按净利润的 10% 提取法定盈余公积。甲公司在部分出售乙公司的股权后，对乙公司的持股比例下降为 40%。此时，甲公司对乙公司具有重大影响。不考虑其他因素的影响。甲公司进行会计处理时，应编制的会计分录如下：

（1）2022 年 1 月 1 日，取得投资时：

借：长期股权投资——投资成本　　60 000 000

　　贷：银行存款　　60 000 000

（2）2023 年 7 月 1 日，部分处置时：

借：银行存款　　36 000 000

　　贷：长期股权投资——投资成本　　20 000 000

　　　　投资收益　　16 000 000

（3）2023 年 7 月 1 日，因减少投资从成本法核算转换为权益法核算时：

借：长期股权投资——损益调整　　20 000 000

　　　　　　　　——其他综合收益　　40 000

　　　　　　　　——其他权益变动　　80 000

　　贷：盈余公积——法定盈余公积　　1 600 000

　　　　利润分配——未分配利润　　14 400 000

　　　　投资收益　　4 000 000

　　　　其他综合收益　　40 000

　　　　资本公积——其他资本公积　　80 000

3. 成本法转公允价值计量的会计处理

成本法转公允价值计量的会计处理

原持有的对被投资单位具有控制的长期股权投资，因部分处置等原因导致持股比例下降，不能再对被投资单位实施控制、共同控制或重大影响的，应改按金融工具确认和计量准则进行会计处理，在丧失控制权之日的公允价值与账面价值之间的差额计入当期损益（投资收益）。

【例 5－62】 2022 年 1 月 1 日，甲公司以银行存款 6 000 万元自非关联方处取得乙公司 60% 的股权，能够对乙公司实施控制。2023 年 7 月 1 日，甲公司将其持有的对乙公司长期股权投资的 5/6 出售给丙公司，出售取得价款 5 500 万元已存入银行，当日乙公司可辨认净资产公允价值总额为 16 000 万元。甲公司原取得乙公司 60% 股权时，乙公司可辨认净资产公允价值总额为 9 000 万元（假定乙公司各项资产、负债的公允价值与账面价值均相同）。自甲公司取得对乙公司长期股权投资后至部分处置投资前，乙公司实现净利润 5 000 万元，其中 1 000 万元系乙公司 2023 年 1 月 1 日至 6 月 30 日实现的净利润，其他综合收益为 10 万元（满足条件时可重分类进损益），其他所有者权益变动为 20 万元。甲公司按净利润的 10% 提取法定盈余公积。甲公司在部分出售乙公司的股权后，对乙公司的持股比例下降为 10%。此时，甲公司将其分类为以公允价值计量且其变动计入其他综合收益的金融资产。当日，剩余部分投资的公允价值为 1 100 万元。不考虑其他因素的影响。甲公司进行会计处理时，应编制的会计分录如下：

（1）2022 年 1 月 1 日，取得投资时：

借：长期股权投资——投资成本　　60 000 000

　　贷：银行存款　　60 000 000

（2）2023 年 7 月 1 日，部分处置时：

借：银行存款　　55 000 000

　　贷：长期股权投资——投资成本　　50 000 000

　　　　投资收益　　5 000 000

（3）2023 年 7 月 1 日，因减少投资从成本法核算转换为公允价值计量时：

借：其他权益工具投资——成本　　11 000 000

　　贷：长期股权投资——投资成本　　10 000 000

　　　　投资收益　　1 000 000

思政研习

习近平论股票市场投资者权益保护与企业对外投资

在对美国进行国事访问前夕，中国国家主席习近平2015年9月22日接受了美国《华尔街日报》书面采访，就中美关系、两国在亚太及国际地区事务中的合作、两国人民交往、完善全球治理体系、中国经济形势、中国全面深化改革、外国企业在华投资、中国互联网政策、反腐败等回答了提问。

在回答关于中国全面深化改革等问题的提问时，习近平指出，当前，中国经济体制改革的重要方向就是使市场在资源配置中起决定性作用和更好发挥政府作用。简言之，就是“看不见的手”和“看得见的手”都要用好。

习近平表示，股市涨跌有其自身的运行规律，一般情况下政府不干预。政府的职责是维护公开、公平、公正的市场秩序，保护投资者特别是中小投资者的合法权益，促进股市长期稳定发展，防止发生大面积恐慌。前段时间，中国股市出现了异常波动，这主要是由于前期上涨过高过快以及国际市场大幅波动等因素引起的。为避免发生系统性风险，中国政府采取了一些措施，遏制了股市的恐慌情绪，避免了一次系统性风险。境外成熟市场也采取过类似做法。在综合采取多种稳定措施后，市场已经进入自我修复和自我调节阶段。发展资本市场是中国的改革方向，不会因为这次股市波动而改变。

中共中央总书记、国家主席、中央军委主席、中央财经领导小组组长习近平2015年11月10日上午主持召开中央财经领导小组第十一次会议，习近平指出，要防范化解金融风险，加快形成融资功能完备、基础制度扎实、市场监管有效、投资者权益得到充分保护的股票市场。

习近平总书记在讲话中将“融资功能完备”放在对股票市场要求的首要位置，引起了资本市场人士广泛共鸣。

证券日报董少鹏：习近平在中央财经领导小组第十一次会议上，对股市发展提出了新的要求。我想，在中央财经领导小组会议上对股市发展作出部署，这一动向本身就不同寻常，这说明股市的发展需要统筹各个部委、各方面的行政执政资源才能够进一步发展好，才能更好地解决问题。在对股市提出的四个方面要求中，总书记对发展股市提出的要求，首先强调了防范化解金融风险，这是从总体上对股市的平和发展做出部署。在股市的建设方面，强调了四点：融资功能完备、基础制度扎实、市场监管有效、投资者权益得到充分保护。把融资功能完备放到第一位置，这是回归股市的根本。

英大证券李大霄：习总书记说的保护投资人的权益，这是一个实实在在的重大利好消息，这是一条正确的道路，只有切实保护投资人的权益，中国的股票市场才会健康、稳定发展，这是唯一正确的方向。

金融界赵鹏飞：对当前的资本市场而言，个人觉得制度建设是重中之重，股市根本上要为实体经济服务，监管、融资、投资要各归其位，都在制度之下运行，在市场出现系统性风险时，要允许监管采取特别措施。纯市场派的观点有其先天不足，重融资、轻回报的市场被投资者厌恶，但融资功能不完备的市场，也不是正常的市场，所以要平衡兼顾投资、投融两方面的需求。之前有效的制度继续保留，并不断完善，要加强投资者风险教育力度，也要对投资者适当放手，否则容易让制度扭曲，反而不能真正保护投资者。

安信证券首席投资顾问张德良：一个健康稳健发展的资本市场，应该具备几个条件：首先具有很好的融资功能，投资者权益也能得到很好的保护，监管也非常到位有效，各方面的制度建设也非常完备。就目前来看，A股市场还存在非常多的缺陷，无论在融资功能、制度建设、监管以及投资者的利益保护上都还存在差距。不过，我们看到A股市场正在朝着积极健康的方向发展。

申万宏源石磊：市场经历前期的大幅波动之后，上方的套牢压力比较大。市场在深幅下跌之后叠加了管理层的利好的堆积，促成了这波政策性的反弹，而向上的突破压力需要真金白银的消耗，更需要持续热点的带动，这个动力一旦衰减，在套牢盘和获利盘的双重压力下未来的路就可能不那么平坦，这是与年初的牛市根本的区别。在操作上可以顺势而为，但是要留有一分警惕，估值合理加业绩增长是基础，符合“十三五”规划是根本。

申万宏源证券桂浩明：进入10月份以来，股市出现了一个平稳向上运行的态势，走势比较平稳。高杠杆去除以后，投资者对未来的预期趋于稳定，应该说营造了一个良性发展的态势。但是我们也注意到，目前市场还不能说真正进入常态化运行，很多临时的监管措施还在，另外基本面还并不很支持股市走出大牛市。所以，现在还是一种修复性的行情。股市真正的上升，我觉得除了制度的进一步改革以外，也需要来自宏观基本面支持。

研讨主题：根据上述资料，讨论应当如何运用习近平总书记的股票市场投资者权益保护思想来指导我国企业的股票投资，提升企业股票投资效率，防控企业股票投资风险。

思考题

1. 什么是投资？它有哪些主要特点？
2. 如何对投资进行分类？
3. 以摊余成本计量的金融资产的确认应当满足哪些条件？
4. 如何进行以摊余成本计量的金融资产的购入、期末计提利息、利息调整金额摊销的账务处理？
5. 以摊余成本计量的金融资产如何计提减值准备？
6. 以公允价值计量且其变动计入其他综合收益的金融资产的确认应当满足哪些条件？
7. 如何确定以公允价值计量且其变动计入其他综合收益的金融资产的取得成本？
8. 非交易性权益工具投资被指定为以公允价值计量且其变动计入其他综合收益的金融资产，其会计核算有何特点？
9. 以公允价值计量且其变动计入当期损益的金融资产的取得成本如何确定？
10. 长期股权投资核算的内容有哪些？
11. 如何确定同一控制下企业合并形成的长期股权投资的初始成本？
12. 如何确定非同一控制下企业合并形成的长期股权投资的初始成本？
13. 如何确认企业合并以外其他方式取得的长期股权投资的初始成本？
14. 什么是控制？投资方可以通过哪些方式取得被投资方的控制权？
15. 什么是共同控制？其实质是什么？
16. 什么是重大影响？如何确定对被投资单位施加重大影响？
17. 长期股权投资成本法的适用范围有哪些？成本法的核算要点是什么？

18. 长期股权投资权益法的适用范围有哪些？权益法的核算要点是什么？

19. 如何判断长期股权投资是否发生减值？计提长期股权投资减值准备如何进行会计处理？

20. 长期股权投资转换有哪些情形，每种情形如何进行会计处理？

第六章

固 定 资 产

课件

固定资产是企业资产中最重要的非流动资产之一，它是整个企业生产、经营与管理活动的实物载体，是企业赖以生存的物资基础。正确核算与管理固定资产关系到企业的运营与发展。固定资产在企业中一般表现为建筑物、设备、运输工具等实物形态。本章将从固定资产的确认、取得、折旧、减值、清查与处置等环节入手，详细介绍固定资产的会计处理。

第一节　固定资产的确认

固定资产的确认与初始计量原则

一、固定资产的定义与确认标准

固定资产是指为生产商品、提供劳务、出租或经营管理而持有的，使用寿命超过一个会计年度的有形资产。

从固定资产的定义可以看出，固定资产的最基本特征是，企业持有固定资产的目的是生产商品、提供劳务、出租或经营管理，而不是直接用于出售。这一特征使固定资产明显区别于库存商品等流动资产。虽然企业持有无形资产的目的也是生产商品、提供劳务、出租或经营管理而持有，但是，无形资产不具有实物形态，而固定资产通常表现为机器、机械、房屋建筑物、运输工具等实物资产。因此，《企业会计准则第 4 号——固定资产》在强调持有固定资产目的和具有实物形态这两个特征外，还强调了固定资产的使用寿命超过一个会计年度特征。

对于符合固定资产定义的资产项目，要作为企业的固定资产进行会计确认，还应同时符合以下两个条件。

第一，该固定资产所包含的经济利益很可能流入企业。在会计实务中，判断固定资产所包含的经济利益是否很可能流入企业，主要依据的是与该固定资产所有权相关的风险和报酬是否转移为标志。其中，与固定资产所有权相关的风险是指由于经营情况变化造成的相关收益的变动，以及由于资产闲置、技术陈旧等原因造成的损失；与固定资产所有权相关的报酬是指在固定资产使用寿命期内直接使用该资产而获得的经济利益，以及处置该资产所实现的收益等。通常，取得固定资产的所有权是判断与固定资产所有权相关的风险和报酬是否转移的重要标志，即凡是所有权已属于企业，无论企业是否收到或持有该固定资产，均作为企业的固定资产；反之，则不能作为企业的固定资产。

第二，该固定资产的成本能够可靠地计量。成本能够可靠计量是指取得固定资产的支出能够准确地计量或合理地估计。在会计实务中，企业在确定固定资产成本时，有时需要根据所获得的资料对固定资产的成本进行合理的估计。比如，企业对达到预定可使用状态的固定资产，在未办理竣工决算前，就需要根据工程预算、工程造价或者工程实际发生的成本等资料，按暂估价值确定固定资产的入账价值，待办理竣工决算手续后再作调整。

企业在对固定资产进行确认时，应当按照固定资产的定义和确认条件，考虑企业的具体情形加以判断。如企业的环保设备和安全设备等资产，虽然不能直接为企业带来经济利益，却有助于企业从相关资产获得经济利益，也应当确认为固定资产，但这类资产的账面价值之和不能超过这两类资产可收回金额总额。另外，构成固定资产的各个组成部分，如果各自具有不同的使用寿命或者以不同的方式为企业提供经济利益，从而适用不同的折旧率或折旧方法，此时，企业应将其各组成部分单独确认为固定资产。比如，飞机的引擎，如果其与飞机具有不同的使用寿命，从而适用不同的折旧率或折旧方法，就应将其单独确认为固定资产。

二、固定资产的分类

为了科学地管理固定资产，发挥固定资产的最大使用效率，根据固定资产的经济用途和使用状况将其分为以下六大类。

（1）生产经营用固定资产。生产经营用固定资产是指直接服务于企业的生产经营活动的各种固定资产，包括生产经营用房屋、建筑物、机器设备、运输工具、管理用具等。

（2）非生产经营用固定资产。非生产经营用固定资产是指不直接服务于企业生产经营活动的固定资产，包括职工食堂、职工浴池、幼儿园、医院等所使用的房屋、设备等固定资产①。

（3）租出固定资产。租出固定资产是指企业采用经营租赁方式出租给外单位使用的固定资产。

（4）不需用的固定资产。不需用固定资产是指本企业因生产条件变化等原因而导致出现多余或不适用，需要处置的固定资产。

（5）未使用的固定资产。未使用固定资产是指已经完工或购建的尚未交付使用的新增固定资产，以及因改建、扩建等原因暂时停用的固定资产。但不包括因修理停用或季节性停用的固定资产。

（6）土地。土地是指单独计价入账的土地，而不是指土地使用权②。

---

① 在企业改制过程中，有的公司将此类固定资产进行了剥离，专门成立了后勤服务中心等具有法人资格的实体，在固定资产分类中则不再包括此类。

② 1995 年 10 月 8 日财政部财工字〔1995〕108 号《关于国有企业清产核资中土地估价有关财务处理问题的通知》中明确：对于企业过去已作为固定资产单独入账的土地，估价后，应按确认、批复的价值调整账面价值，并按调整后的账面价值单独入账，不计提折旧。调整后的土地账面价值高于原账面价值部分，经清产核资机构会同同级财政部门批准后，作为国家投资，在资本公积金中单独反映；对于通过行政划拨方式依法无偿取得的土地，企业应按确认、批复后的价值，经清产核资机构会同同级财政部门批准后，作增加固定资产处理，同时增加国家资本公积金。企业占用的行政划拨土地在估价入账后，应在固定资产中单独反映，不计提折旧。

第二节 固定资产的取得

一、固定资产取得的计价

固定资产的计量，涉及初始计量和期末计量两方面，其中，固定资产的初始计量是指确定固定资产的取得成本，即计入“固定资产”账户的价值构成，企业取得固定资产的方式不同，如购买、自行建造、投资者投入、非货币性资产交换取得、债务重组取得等，其取得成本的价值构成及具体确定方法也不尽相同。需要说明的是，增值税转型改革后，企业购建（包括购进、接受捐赠、实物投资、自制、改扩建和安装）生产用固定资产发生的增值税进项税额，可以从销项税额中抵扣，不计入固定资产成本。

（一）外购的固定资产

企业外购的固定资产，按实际支付的购买价款加上相关税费，以及使固定资产达到预定可使用状态前发生的可直接归属于该固定资产的其他支出，如场地整理费、运杂费、包装费、保险费、安装费和专业人员服务费等，作为其入账价值。

有时，企业基于价格等因素的考虑，可能以一笔款项购入多项没有单独标价的固定资产。如果这些资产均符合固定资产的定义，并满足固定资产的确认条件，则应将各项资产单独确认为固定资产，并按各项固定资产公允价值的比例对总成本进行分配，分别确定各项固定资产的入账价值。如果以一笔款项购入的多项资产中还包括固定资产以外的其他资产，则按上述类似方法处理。

购买固定资产的价款超过正常信用条件延期支付，实质上具有融资性质的，固定资产的成本以购买价款的现值为基础确定。实际支付的价款与购买价款的现值之间的差额，应当在信用期间内采用实际利率法分期计入固定资产的成本或当期损益。

（二）自行建造的固定资产

企业自行建造的固定资产，按建造该固定资产达到预定可使用状态前发生的必要支出作为入账价值。此处的“必要支出”包括工程用物资、人工成本、应予资本化的借款费用、交纳的相关税费以及应分摊的间接费用等。

（三）投资者投入的固定资产

由投资者投入的固定资产，应当按照投资合同或协议约定的价值作为固定资产的入账价值，但合同或协议约定价值不公允的除外。

（四）其他方式取得的固定资产

非货币性资产交换换入的固定资产和债务重组取得的固定资产的入账价值的确定，分别参见《企业会计准则第 7 号——非货币性资产交换》和《企业会计准则第 12 号——债务重组》中的介绍。

另外，在固定资产的入账价值中，还应当包括为取得固定资产而交纳的契税、耕地占用税、车辆购置税等相关税费。

在确认固定资产入账价值时，如果预计固定资产的弃置费用[①]较大，还需考虑预计弃置费用的现值。在账务处理时，按预计的弃置费用的现值，借记“固定资产”科目，贷记“预计负债”科目。

二、固定资产取得的会计处理

固定资产取得的会计处理

前已述及，由于固定资产取得的方式不同，其价值构成的具体内容也有所差异，故其取得时的账务处理也有所不同，下面分别不同的取得方式予以阐述。

（一）购置固定资产

1. 购置不需安装的固定资产

企业购置不需安装的固定资产，直接根据有关发票或单据注明的价款及其支付的相关税费等借记“固定资产”“应交税费——应交增值税（进项税额）”等科目；贷记“银行存款”等科目。

【例6-1】 甲公司增值税采用一般计税方法，2022年6月25日，以银行存款购买一台不需安装的生产用设备，增值税专用发票上注明的价款为50万元，增值税税额为6.5万元，另支付包装费1万元，保险费0.5万元。甲公司进行会计处理时，应编制的会计分录如下：

借：固定资产	515 000	
应交税费——应交增值税（进项税额）	65 000	
贷：银行存款		580 000

2. 购置需要安装的固定资产

企业购入需要安装的固定资产，应按其实际支付的购买价款、相关税费、包装费、运杂费以及安装调试成本等作为所购固定资产的实际成本，首先通过“在建工程”或“工程物资”科目归集，借记“在建工程”“工程物资”等科目，贷记“银行存款”等科目。待安装完毕达到预定可使用状态时，再转入固定资产，借记“固定资产”科目，贷记“在建工程”科目。

【例6-2】 沿用【例6-1】资料，假定该设备需要安装，购入该设备后直接投入安装，以银行存款支付安装费用0.8万元（不考虑税费等因素的影响）。设备已安装完毕，达到预定可使用状态，并交付使用。其他资料不变。甲公司进行会计处理时，应编制的会计分录如下：

（1）购买设备投入安装时：

借：在建工程	515 000	
应交税费——应交增值税（进项税额）	65 000	
贷：银行存款		580 000

（2）支付安装费时：

借：在建工程	8 000	
贷：银行存款		8 000

（3）达到预定可使用状态，并交付使用时：

---

① 弃置费用通常是指根据国家法律和行政法规、国际公约等规定，企业承担的环境保护和生态恢复等义务发生的支出。如核电站设施的弃置和恢复环境义务等。

借：固定资产　　523 000

　　贷：在建工程　　523 000

（二）接受投资者投入的固定资产

企业接受投资者投入的固定资产，按照投资合同或协议约定的价值借记“固定资产”“在建工程”等科目；按其在注册资本所占的份额，贷记“实收资本”或“股本”科目，按其差额，贷记“资本公积——资本溢价或股本溢价”科目。

【例6-3】 2022年6月15日，甲有限责任公司接受乙公司投入一台不需安装的设备作为其出资，该设备的原值50万元，已计提折旧20万元，投资合同约定的价值为40万元，乙公司占注册资本的份额为35万元。不考虑税费等因素的影响。甲公司进行会计处理时，应编制的会计分录如下：

借：固定资产　　400 000

　　贷：实收资本　　350 000

　　　　资本公积——资本溢价　　50 000

（三）自行建造固定资产

自行建造固定资产是企业为了新建、改建、扩建固定资产或者对固定资产进行技术改造、设备更新而由本企业自营建造或出包建造固定资产的一种经济业务。这类业务应通过“在建工程”和“工程物资”科目进行核算。企业自行建造固定资产可以分为自营工程和出包工程两类。通常，大型的建设项目和设备安装必须由具有相应资质的建设单位才能从事项目施工，而一般的设备安装可由企业自己组织施工。

1. 自营工程

企业进行自营工程，一般分为三个阶段：第一阶段，购买建筑材料和设备等工程物资；第二阶段，进行施工；第三阶段，项目达到预定可使用状态。

（1）购入建筑材料等工程物资。企业购入建筑材料等工程物资时，应根据发票上注明的价款、增值税和支付的相关费用借记“工程物资”等科目；贷记“银行存款”“应付账款”等科目。

【例6-4】 甲公司增值税采用一般计税方法，2022年6月，甲公司决定采用自营方式建设厂房一栋，当月10日，为项目购进建筑材料一批，取得的增值税专用发票上注明的价款为200万元，增值税税额为26万元，款项已通过银行付讫。甲公司进行会计处理时，应编制的会计分录如下：

借：工程物资　　2 000 000

　　应交税费——应交增值税（进项税额）　　260 000

　　贷：银行存款　　2 260 000

（2）进行项目建设。自营基建工程领用工程物资时，按所领工程物资的实际成本，借记“在建工程”科目，贷记“工程物资”科目。

如果基建项目还领用了本企业的原材料，则应按领用原材料的实际成本，借记“在建工程”科目，按领用原材料的实际成本（或计划成本）贷记“原材料”科目，如果有材料成本差异，则借记或贷记“材料成本差异”科目。

如果基建项目领用了本企业的产成品，借记“在建工程”科目，贷记“库存商品”科目；如果领用的是属于应税消费品，还需计算应缴纳的消费税。

【例6－5】 沿用【例6－4】资料，2022年6月20日，甲公司为建造厂房领用上述全部工程物资，领用生产产品的A材料10万元；领用B产品（非应税消费品）一批，成本88万元。用银行存款支付其他项目建设支出160万元。甲公司进行会计处理时，应编制的会计分录如下：

借：在建工程	4 580 000	
贷：工程物资		2 000 000
原材料		100 000
库存商品		880 000
银行存款		1 600 000

（3）项目达到预定可使用状态。企业以自营方式建造固定资产，工程完工达到预定可使用状态时，借记“固定资产”科目，贷记“在建工程”科目。

【例6－6】 沿用【例6－4】和【例6－5】资料，2022年12月28日，甲公司厂房完工，达到预定可使用状态。甲公司进行会计处理时，应编制的会计分录如下：

借：固定资产	4 580 000	
贷：在建工程		4 580 000

需要说明的是，已达到预定可使用状态的固定资产，如果尚未办理竣工结算的，应当按照估计价值入账，并计提折旧；待办理竣工结算手续后，再按照实际成本调整原来的暂估价值，但不需调整原已计提的折旧额。

2. 出包工程

企业采用出包方式建造固定资产时，按实际支付给承包单位的工程价款作为固定资产的成本。因工程成本在承建单位计算，而企业只与承建单位进行工程款的结算。其会计核算主要包括三个环节。

第一，签订合同并预付工程款。按支付的预付款金额，借记“预付账款”科目，贷记“银行存款”科目。

第二，按工程进度和合同规定结算进度款。企业按照合理估计的完工进度和合同规定结算工程进度款时，借记“在建工程”科目，贷记“银行存款”“预付账款”等科目。其间，如果工程资金有来源于银行的借款或发行债券筹集的资金，还需要核算借款费用资本化问题，借记“在建工程”科目；贷记“应付利息”等科目。

第三，工程达到预定可使用状态时，根据合同和工程竣工决算表（单）结转固定资产，借记“固定资产”科目；贷记“在建工程”科目。

【例6－7】 2022年1月至2023年6月，甲公司采用出包方式建造一栋办公楼，合同规定，该大楼的总造价800万元。甲公司于2022年1月10日预付工程备料款200万元，其余款项在每半年末按工程进度进行结算，2022年6月30日、2022年12月31日和2023年6月30日的工程进度分别为30%、70%和100%。甲公司按工程完工进度和合同规定在每一个结算日与承包商进行工程价款结算。2023年6月30日，该办公楼达到预定可使用状态。不考虑增值税等税费的影响。甲公司进行会计处理时，应编制的会计分录如下：

（1）2022年1月10日，预付工程备料款时：

借：预付账款	2 000 000	
贷：银行存款		2 000 000

（2）2022 年 6 月 30 日，按工程进度进行结算时：

借：在建工程　　2 400 000

　　贷：预付账款　　2 000 000

　　　　银行存款　　400 000

（3）2022 年 12 月 31 日，按工程进度进行结算时：

借：在建工程　　3 200 000

　　贷：银行存款　　3 200 000

（4）2023 年 6 月 30 日，按工程进度进行结算时：

借：在建工程　　2 400 000

　　贷：银行存款　　2 400 000

（5）2023 年 6 月 30 日，该办公楼达到预定可使用状态时：

借：固定资产　　8 000 000

　　贷：在建工程　　8 000 000

（四）固定资产的后续支出

1. 固定资产后续支出的界定

固定资产后续支出的会计处理

企业的固定资产在投入使用后，为了适应新技术发展的需要，或者为维护或提高固定资产的使用效能，往往需要对现有固定资产进行维护、改建、扩建或者改良。固定资产的后续支出是指固定资产使用过程中发生的更新改造支出、修理费用等。固定资产后续支出的原则为：符合固定资产确认条件的，应当计入固定资产成本，同时将被替换部分的账面价值扣除；不符合固定资产确认条件的，应当计入当期损益。

2. 资本化的后续支出

企业通过对固定资产的改建、扩建和改良而使其更加坚固耐用，或使固定资产的性能、质量都有较大提高。通常，应将下列情形所发生的后续支出资本化：（1）使固定资产的使用寿命延长；（2）使固定资产的生产能力提高；（3）使产品的质量提高；（4）使产品的生产成本降低；（5）提高了单位时间内产品的产出数量；（6）提高了其生产产品的精度，实现了产品的更新换代；（7）提高了产品的价格竞争力等。

【例 6－8】 2022 年 2 月 1 日，甲公司决定对一条生产线予以扩建，以提高生产能力。该生产线原价为 156.8 万元，已计提折旧 100 万元，账面价值为 56.8 万元。经过 3 个月的扩建，完成了生产线的扩建，共发生支出 26.89 万元，全部以银行存款支付。该生产线达到预定可使用状态后，不仅可以大大提高生产能力，而且使该生产线的使用寿命延长 4 年。假定整个扩建过程不考虑有关税费。甲公司进行会计处理时，应编制的会计分录如下：

（1）将该生产线转入在建工程时：

借：在建工程　　568 000

　　累计折旧　　1 000 000

　　贷：固定资产　　1 568 000

（2）发生后续支出时：

借：在建工程　　268 900

　　贷：银行存款　　268 900

（3）扩建工程完工转入固定资产时：

借：固定资产　　836 900

　　贷：在建工程　　836 900

3. 费用化的后续支出

与固定资产有关的修理费用等后续支出，不符合固定资产确认条件的，应当根据不同情况分别在发生时计入当期管理费用或销售费用。

一般情况下，固定资产投入使用之后，由于固定资产磨损、各组成部分耐用程度不同，可能导致固定资产的局部损坏，为了维护固定资产的正常运转和使用，充分发挥其使用效能，企业将对固定资产进行必要的维护。固定资产的日常修理费用在发生时应直接计入当期损益。企业生产车间（部门）和行政管理部门等发生的固定资产修理费用等后续支出计入“管理费用”；企业专设销售机构的，其发生的与专设销售机构相关的固定资产修理费用等后续支出，计入“销售费用”。固定资产更新改造支出不满足固定资产的确认条件，在发生时直接计入当期损益。

【例6－9】 2022年5月1日至6月2日，甲公司对总部行政大楼的设备进行修理，共发生修理支出8 000元，以银行存款转账支付。甲公司进行会计处理时，应编制的会计分录如下：

借：管理费用　　8 000

　　贷：银行存款　　8 000

第三节　固定资产的折旧

固定资产折旧的会计处理（上）

一、固定资产折旧的概念及性质

固定资产折旧是指在固定资产使用寿命期内，按照确定的方法对应计折旧额进行的系统分摊。其中，应计折旧额是指应当计提折旧的固定资产原价扣除其预计净残值后的余额。如果已对固定资产计提了减值准备，还应当扣除已计提的固定资产减值准备累计金额。固定资产折旧的过程，也是将固定资产价值计入成本、费用的过程。即固定资产价值逐渐转移，并以折旧的形式从销售收入中得到补偿，并转化为货币资金的过程。

二、影响固定资产折旧的因素

固定资产在有效使用年限内应将其价值合理地分摊，但如何合理分摊固定资产的价值，是正确计算折旧额的重要问题。影响折旧额的大小主要有三大因素：一是固定资产原价，是指固定资产的取得成本，即固定资产初始计价金额；二是固定资产的净残值，是指假定固定资产使用寿命已满并处于使用寿命终了时的预期状态，目前从该项资产处置中获得的，扣除预计处置费用后的金额；三是固定资产的使用寿命，必须根据固定资产的预计生产能力或实物产量，有形损耗、无形损耗，以及法律或类似规定对固定资产的限制情况等确定。

所谓有形损耗是指固定资产由于使用或自然力作用而引起的使用价值和价值的损失；而无形损耗是指由于科学技术进步等原因而引起的固定资产价值损失。固定资产有效使用年限确定是否合理直接影响各期计提的折旧额。

企业应当根据固定资产的性质和消耗方式，合理地确定固定资产的预计使用年限和预计净残值，并根据科学技术的发展、环境的变化及其他因素，合理选择固定资产的折旧方法，按照管理权限，经股东大会或董事会，或经理（厂长）会议或类似机构批准，作为计提折旧的依据。企业已经确定的固定资产预计使用年限、预计净残值、折旧方法等一经确定，不得随意变更，如需变更，应将变更的理由、影响金额等信息在会计报表附注中说明。

企业因更新改造等原因调整固定资产价值的，应当根据调整后的价值、预计尚可使用年限和净残值，按选定的折旧方法计提折旧。

三、固定资产的折旧范围

企业应当对所有固定资产计提折旧。但是，已提足折旧仍继续使用的固定资产和单独计价入账的土地除外。在确定固定资产计提折旧的范围时还应注意以下三点。

第一，固定资产应当按月计提折旧。固定资产应自达到预定可使用状态时开始计提折旧，终止确认时或划分为持有待售非流动资产时停止计提折旧。为了简化核算，当月增加的固定资产，当月不提折旧，从下月起计提折旧；当月减少的固定资产，当月照提折旧，从下月起不再计提折旧。

第二，固定资产提足折旧后，不论能否继续使用，均不再计提折旧，提前报废的固定资产也不再补提折旧。所谓提足折旧是指已经提足该项固定资产的应计折旧额。

第三，已达到预定可使用状态的固定资产，如果尚未办理竣工结算的，应当按照估计价值确定其成本，并计提折旧；待办理竣工决算手续后再按照实际成本调整原来的暂估价值，但不需调整原已计提的折旧额。

【例 6－10】 2022 年 1 月 1 日，甲公司增加一台生产用设备，成本 12 万元，按照年限平均法计提折旧，净残值为零，预计可使用 10 年，则 2022 年应计提的折旧额为 11 000 元。即 2022 年该设备计提折旧的月份只有 11 个月，而不是 12 个月。再比如，乙公司 2022 年 12 月 5 日购置的 A 设备于 2029 年 6 月 5 日报废，该设备的原价 24 万元，预计使用 8 年，假定净残值为零，采用年限平均法计提折旧，则该设备报废时已计提的折旧总额为 19.5 万元[①]。

四、固定资产折旧的方法

固定资产折旧的会计处理（下）

会计上可用的固定资产折旧方法较多，不同的折旧方法，计算的每期折旧额也有所不同，而每期折旧额的多少直接影响到企业当期成本、费用的大小，进而影响到企业利润总额的大小。因此，对折旧方法的选择应科学、合理。《企业会计准则第 4 号——固定资产》规定，企业根据固定资产所包含经济利益的预期实现方式，合理选择固定资产折旧方法。折旧方法可采用年限平均法、工作量法、年数总和法、双倍余额递减法等。折旧方法一经确定，不得随意变更。

（一）年限平均法

年限平均法又称直线法，是指将固定资产的应计折旧额均衡地分摊到固定资产预计使用寿命内的一种方法。采用这种方法计算的每期折旧额均相等。其计算公式如下：

年折旧额＝（固定资产原价－预计净残值）÷预计使用寿命（年）

---

① 有关计算如下：计提折旧时间范围：2023 年 1 月 1 日至 2029 年 6 月 5 日（6 年零 6 个月）；年折旧额＝240 000÷8＝30 000（元）；已计提折旧额＝30 000×6.5＝195 000（元）。

月折旧额 = 年折旧额 ÷ 12

【例 6 – 11】 2022 年 12 月 2 日，甲公司建造完成厂房一栋，达到预定可使用状态，其入账原价 400 万元，预计使用 20 年，预计残值 25 万元，预计清理费用 8 万元。则 2023 年 1 月份的折旧额为：

年折旧额 = [400 – (25 – 8)] ÷ 20 = 19.15（万元）

月折旧额 = 191 500 ÷ 12 ≈ 15 958（元）

（二）工作量法

工作量法，是根据实际工作量计算每期应提折旧额的一种方法。其计算公式如下：

$$\text{单位工作量折旧额} = \text{固定资产原价} \times \left(1 - \text{预计净残值率}\right) \div \text{预计总工作量}$$

$$\text{某项固定资产月折旧额} = \text{该项固定资产当月工作量} \times \text{单位工作量折旧额}$$

【例 6 – 12】 2022 年 12 月 15 日，甲公司以银行存款 12 万元购买了一辆货运卡车，预计其净残值率为 5%，预计总行驶里程为 100 万公里。2023 年 1 月行驶了 5 000 公里。则有关折旧额计算如下：

单位工作量折旧额 = 120 000 × (1 – 5%) ÷ 1 000 000 = 0.114（元/公里）

2023 年 1 月份应计提折旧额 = 5 000 × 0.114 = 570（元）

（三）加速折旧法

所谓加速折旧法，又称快速折旧法或递减折旧法，是指在固定资产使用的前期多计提折旧、后期相对少计提折旧，从而使折旧额呈递减趋势、相对加快折旧速度的折旧方法。在具体运用中有多种计算方法，但常用的是年数总和法和双倍余额递减法。

1. 年数总和法

年数总和法，又称年限合计法，是指将固定资产的原价减去预计净残值后的余额，乘以一个以固定资产尚可使用寿命为分子、以预计使用寿命逐年数字之和为分母的逐年递减的分数计算每年折旧额的方法。其计算公式如下：

年折旧率 = 尚可使用年限 ÷ 预计使用寿命的年数总和 × 100%

月折旧率 = 年折旧率 ÷ 12

月折旧额 =（固定资产原价 – 预计净残值）× 月折旧率

【例 6 – 13】 2021 年 12 月 3 日，甲公司购买的一台生产用设备，其入账原价 10 万元，预计使用 5 年，预计净残值 0.4 万元。采用年数总和法计算的各年折旧额如表 6 – 1 所示。

表 6 – 1　　年数总和法下折旧额计算表　　单位：元

年份	尚可使用年限	原价 – 净残值	年折旧率	年折旧额	累计折旧
2022	5	96 000	5/15	32 000	32 000
2023	4	96 000	4/15	25 600	57 600
2024	3	96 000	3/15	19 200	76 800
2025	2	96 000	2/15	12 800	89 600
2026	1	96 000	1/15	6 400	96 000
合计	—	—	—	96 000	96 000

2. 双倍余额递减法

双倍余额递减法，是指在不考虑固定资产预计净残值的情况下，根据每期期初固定资产原价减去累计折旧后的金额和双倍的直线法折旧率计算固定资产折旧的一种方法。应用这种方法计算折旧额时，由于每年年初固定资产净值没有扣除预计净残值，所以在计算固定资产折旧额时，应在其折旧年限到期前两年内，将固定资产净值扣除预计净残值后的余额平均摊销。其计算公式如下：

年折旧率 =2 ÷ 预计使用寿命（年）×100%

月折旧率 = 年折旧率 ÷12

月折旧额 = 每年年初固定资产账面净值 × 月折旧率

【例 6 -14】 2021 年 12 月 3 日，甲公司购买一台生产用设备，其入账原价 56 万元，预计使用年限 5 年，预计净残值 6 万元，采用双倍余额递减法计算的各年折旧额如表 6 -2 所示。

表 6 -2　双倍余额递减法下折旧额计算表　　单位：元

年　份	固定资产原价	折旧率	年折旧额	累计折旧	账面净值
2022	560 000	40%	224 000	224 000	336 000
2023	560 000		134 400	358 400	201 600
2024	560 000		80 640	439 040	120 960
2025	560 000		30 480	469 520	90 480
2026	560 000		30 480	500 000	60 000
合计	—	—	500 000	—	—

五、固定资产折旧的会计处理

在会计实务中，企业各月计提折旧的工作是通过编制“固定资产折旧计算表”完成的。计算出当月折旧额后，根据固定资产的用途分别借记“制造费用”“管理费用”“其他业务成本”等科目，贷记“累计折旧”科目。

【例 6 -15】 2022 年 6 月，甲公司的固定资产折旧计算如表 6 -3 所示。

根据表 6 -3 资料，甲公司进行会计处理时，应编制的会计分录如下：

借：制造费用	76 800	
管理费用	99 000	
其他业务成本	4 000	
贷：累计折旧		179 800

六、固定资产折旧的会计变更

固定资产折旧的会计变更包括折旧方法的变更、折旧年限的变更以及净残值率的调整等多种情形。根据固定资产的使用状况，如果变更折旧方法或折旧年限以及调整净残值率，能够使所反映的财务状况、经营成果和现金流量的信息更为可靠、相关，则应改变折旧方法、折旧年限或调整净残值率。根据我国《企业会计准则第 28 号——会计政策、会计估计变更和差错更正》的规定，如果固定资产使用寿命、预计净残值和折旧方法发生改变应作为会计估计变更，采用未来适用法进行会计处理。

表 6－3　　固定资产折旧计算表　　单位：元

使用部门	固定资产项目	上月折旧额	上月增加固定资产		上月减少固定资产		本月折旧额	分配费用
			原价	折旧额	原价	折旧额		
一车间	厂　房	3 000					3 000	制造费用
	机器设备	15 000					15 000	
	其他设备	9 000					9 000	
	小　计	27 000					27 000	
二车间	厂　房	20 000					20 000	
	机器设备	12 000	500 000	4 200			16 200	
	其他设备	14 000			20 000	400	13 600	
	小　计	46 000		4 200		400	49 800	
厂部管理部门及非生产经营部门	办公楼	50 000	600 000	2 000			52 000	管理费用
	运输工具	25 000					25 000	
	管理用具	15 000			60 000	1 000	14 000	
	其　他	8 000					8 000	
	小　计	98 000		2 000		1 000	99 000	
经营租赁方式出租	房　屋	4 000					4 000	其他业务成本
	小　计	4 000					4 000	
合计		175 000	1 100 000	6 200	80 000	1 400	179 800	

第四节　固定资产的减值

企业的固定资产存在减值迹象的，应当估计其可收回金额，然后将所估计的资产可收回金额与其账面价值相比较，以确定资产是否发生了减值，以及是否需要计提资产减值准备并确认相应的减值损失。

一、固定资产可收回金额的估计

固定资产可收回金额的估计，应当根据其公允价值减去处置费用后的净额与资产预计未来现金流量的现值两者之间较高者确定。因此，要估计资产的可收回金额，通常需要同时估计该固定资产的公允价值减去处置费用后的净额和资产预计未来现金流量的现值。

（一）固定资产公允价值减去处置费用后净额的估计

固定资产的公允价值减去处置费用后的净额，通常反映的是资产如果被出售或者处置时可以收回的净现金收入。其中，固定资产的公允价值是指在公平交易中熟悉情况的交易双方自愿进行资产交换的金额；处置费用是指可以直接归属于固定资产处置的增量成本，包括与资产处置有关的法律费用、相关税费、搬运费以及为使资产达到可销售状态所发生的直接费用等，但是，财务费用和所得税费用等不包括在内。企业在估计固定资产的公允价值减去处置费用后的净额时，应当按照下列顺序进行。

首先，应当根据公平交易中固定资产的销售协议价格减去可直接归属于该固定资产处置费用的金额确定固定资产的公允价值减去处置费用后的净额。其次，在固定资产不存在销售协议但存在活跃市场的情况下，应当根据该固定资产的市场价格减去处置费用后的金额确定。固定资产的市场价格通常应当按照固定资产的买方出价确定。但是，如果难以获得固定资产在估计日的买方出价的，企业可以以固定资产最近的交易价格作为其公允价值减去处置费用后的净额的估计基础，其前提是固定资产的交易日和估计日之间，有关经济、市场环境等没有发生重大变化。最后，在既不存在固定资产销售协议又不存在固定资产活跃市场的情况下，企业应当以可获取的最佳信息为基础，根据在资产负债表日如果处置固定资产的话，熟悉情况的交易双方自愿进行公平交易愿意提供的交易价格减去固定资产处置费用后的净额，估计固定资产的公允价值减去处置费用后的净额。在实务中，该金额可以参考同行业类似固定资产的最近交易价格或者结果进行估计。

如果企业按照上述要求仍然无法可靠估计固定资产的公允价值减去处置费用后的净额的，应当以该固定资产预计未来现金流量的现值作为其可收回金额。

（二）固定资产预计未来现金流量的现值的估计

1. 固定资产预计未来现金流量

为了估计资产未来现金流量的现值，需要首先预计资产的未来现金流量，为此，企业管理层应当在合理和有依据的基础上对资产剩余使用寿命内整个经济状况进行最佳估计，并将资产未来现金流量的预计建立在经企业管理层批准的最近财务预算或者预测数据之上。但是，出于数据可靠性和便于操作等方面的考虑，建立在该预算或者预测基础上的预计现金流量最多涵盖 5 年，企业管理层如能证明更长的期间是合理的，可以涵盖更长的期间。其原因是，在通常情况下，要对期限超过 5 年的未来现金流量进行较为可靠的预测比较困难，即使企业管理层可以以超过 5 年的财务预算或者预测为基础对未来现金流量进行预计，企业管理层应当确保这些预计的可靠性，并提供相应的证明，比如根据过去的经验和实践，企业有能力而且能够对超过 5 年的期间作出较为准确的预测。

例如，企业某固定资产剩余使用年限为 3 年，企业预计未来 3 年里在正常的情况下，该资产每年可为企业产生的净现金流量分别为 100 万元、50 万元、10 万元。该现金流量通常即为最有可能产生的现金流量，企业应以该现金流量的预计数为基础计算资产的现值。

2. 固定资产未来现金流量的现值

为了固定资产减值测试的目的，计算固定资产未来现金流量现值时所使用的折现率应当是反映当前市场货币时间价值和资产特定风险的税前利率。该折现率是企业在购置或者投资固定资产时所要求的必要报酬率。需要说明的是，如果在预计资产的未来现金流量时已经对资产特定风险的影响作了调整的，折现率的估计不需要考虑这些特定风险。如果用于估计折现率的基础是税后的应当将其调整为税前的折现率以便于与资产未来现金流量的估计基础相一致。在实务中，折现率的确定，应当首先以该固定资产的市场利率为依据。

在预计了固定资产的未来现金流量和折现率后，固定资产未来现金流量的现值只需将该资产的预计未来现金流量按照预计的折现率在预计的资产使用寿命里加以折现即可确定。其一般计算公式如下：

固定资产未来现金流量的现值(PV) = $\sum$[预计第 t 年未来现金流量 ÷ (1 + 折现率)^t]

【例 6-16】 甲公司拥有一台生产用设备，账面原值 100 万元，已计提折旧 30 万元。2021 年 12 月 31 日，甲公司对该设备进行减值测试。该设备目前存在活跃的交易市场，设备的市场价格为 70 万元，预计处置该设备的处置费用为 5 万元。甲公司同时预计，如不处置该设备，该设备尚可继续使用 2 年。第 1 年预计为甲公司带来的现金流量为 40 万元，第 2 年预计带来的现金流量为 30 万元，折现率为 4%。要求确定 2021 年 12 月 31 日该设备的可收回金额。

公允价值减去处置费用后净额 = 70 - 5 = 65（万元）

预计未来现金流量的现值 = $40 \times (1+4\%)^{-1} + 30 \times (1+4\%)^{-2}$ = 38.46 + 27.74 = 66.2（万元）

可收回金额为公允价值减去处置费用后的净额与资产预计未来现金流量的现值两者之间较高者。因此，该设备的可收回金额为 66.2 万元。

二、固定资产减值的会计处理

固定资产减值的会计处理

为了正确核算企业确认的固定资产减值损失和计提的固定资产减值准备，企业应当设置“资产减值损失”账户，按照资产类别进行明细核算，反映各类资产在当期确认的资产减值损失金额。同时，设置“固定资产减值准备”账户，反映企业已计提但尚未转销的固定资产减值准备。

当企业确定固定资产发生了减值时，应当根据所确认的固定资产减值金额，借记“资产减值损失”科目，贷记“固定资产减值准备”科目。在期末，企业应当将“资产减值损失”账户余额转入“本年利润”账户，结转后该账户应当没有余额。

【例 6-17】 沿用【例 6-16】资料，甲公司对该设备的减值进行会计处理时，应编制的会计分录如下：

借：资产减值损失　　38 000

　　贷：固定资产减值准备　　38 000

需要注意的是，为了避免确认固定资产重估增值和操纵利润，我国《企业会计准则第 8 号——资产减值》规定，固定资产减值损失一经确认，在以后会计期间不得转回。以前期间计提的固定资产减值准备，在固定资产处置、出售、对外投资、以非货币性资产交换方式换出等时，才可予以转出。

第五节 固定资产的清查

一、固定资产清查的内容

在固定资产使用过程中，由于客观原因或人为的原因，会出现固定资产账实不符的情况，为了保护企业固定资产的安全完整，应定期或不定期地对固定资产进行清查。其清查的基本方法是实地盘点，其目的是达到账实相符，防止固定资产流失或被侵占。

固定资产的清查一般在年末进行，清查时按固定资产类别成立清查小组，分别清查房屋、建筑物、机器设备、运输工具等。

清查时，首先进行实物清查及使用状况检查，检查固定资产的编号、名称、规格、制造厂家、出厂编号及日期，并向使用单位询问其技术状况。

其次，检查会计记录中固定资产的原始价值、已提折旧额、净值等数据。对于会计记录不健全的，应及时补充完整或更正。

对于租出的固定资产，由出租方进行清查，一旦发现没有登记入账的，要将清查结果与承租方核对后，登记入账。

对于借出和未按规定手续批准转让的固定资产，必须及时查明原因，及时收回或补办转让手续。

清查固定资产时，应及时登记“固定资产清查报告表”，并以此作为固定资产清查的账务处理依据。

二、固定资产清查的会计处理

（一）固定资产盘盈的会计处理

根据《企业会计准则第 28 号——会计政策、会计估计变更和差错更正》等有关规定，固定资产盘盈应作为前期差错通过“以前年度损益调整”账户核算。之所以将固定资产盘盈作为前期差错进行会计处理，是因为固定资产出现由于企业无法控制的因素而造成盘盈的可能性极小，甚至是不可能的。固定资产如果出现盘盈，必定是企业自身“主观”原因所造成的，或者说以前会计期间少计或漏计等会计差错而形成的，所以，应当按照前期差错进行更正处理。固定资产盘盈通过“以前年度损益调整”账户进行核算，调整未分配利润，使企业的财务报表更加透明，这样也能在一定程度上控制人为调节利润的可能性。

【例 6－18】 2022 年 12 月 20 日，甲公司在对其固定资产进行清查时，盘盈一台机器设备，该设备同类产品市场价格为 10 万元，企业所得税税率为 25%。甲公司进行会计处理时，应编制的会计分录如下：

（1）盘盈时：

借：固定资产	100 000	
贷：以前年度损益调整		100 000

（2）调整所得税的影响时：

借：以前年度损益调整	25 000	

贷：应交税费——应交所得税 25 000

（3）结转以前年度损益调整时：

借：以前年度损益调整 75 000

贷：利润分配——未分配利润 75 000

（二）固定资产盘亏的会计处理

固定资产出现盘亏，则应按其账面价值，借记“待处理财产损溢”科目，按其已计提的折旧借记“累计折旧”科目，按其已计提的减值准备借记“固定资产减值准备”科目，按账面原值贷记“固定资产”科目。

经有关程序批准后，将盘亏的固定资产账面价值转入营业外支出，借记“营业外支出”科目，贷记“待处理财产损溢”科目。

【例6－19】 2022年12月20日，甲公司对其固定资产进行全面清查，结果发现缺少一台设备，该设备的账面原值50万元，已计提折旧20万元，已计提固定资产减值准备5万元。经批准，盘亏的固定资产作为当期损益处理。甲公司进行会计处理时，应编制的会计分录如下：

（1）盘亏时：

借：待处理财产损溢 250 000

累计折旧 200 000

固定资产减值准备 50 000

贷：固定资产 500 000

（2）经批准将盘亏固定资产转入营业外支出时：

借：营业外支出 250 000

贷：待处理财产损溢 250 000

第六节 固定资产的处置

固定资产处置是指企业的固定资产因清理、对外投资、转让出售、非货币性资产交换换出等原因而发生固定资产退出企业的经济业务。本节仅介绍企业因固定资产出售、报废、毁损、对外捐赠与对外投资等引发的处置行为。非货币性资产交换换出固定资产参见《企业会计准则第7号——非货币性资产交换》，以固定资产抵偿债务参见《企业会计准则第12号——债务重组》。

一、固定资产出售、报废和毁损

固定资产出售、报废和毁损虽属不同性质的经济行为，但在会计处理上基本相同，均包括如下五大环节。

固定资产处置的会计处理

（一）固定资产转入清理

企业的固定资产出售、报废和毁损，首先将其账面价值转入“固定资产清理”账户，并冲销对应“固定资产”“累计折旧”和“固定资产减值准备”等账户金额。会计处理时，借记“固定资产清理”“累计折旧”“固定资产减值准备”科目，贷记“固定资产”科目。

【例 6-20】 甲公司增值税采用一般计税方法，2022 年 12 月 20 日，甲公司将一台生产用设备对外出售，该设备的原值 50 万元，已计提折旧 40 万元，未计提固定资产减值准备。甲公司进行会计处理时，应编制的会计分录如下：

借：固定资产清理　　100 000
　　累计折旧　　400 000
　　贷：固定资产　　500 000

（二）发生的清理费用和相关税费

企业的固定资产在出售、报废和毁损时会发生一些诸如拆卸、运输等清理费用，以及按照税法的规定应交相关税费，企业处置固定资产时发生的清理费用和相关税费，借记“固定资产清理”科目，贷记“银行存款”“应交税费”等科目。

【例 6-21】 沿用【例 6-20】的资料，甲公司出售该设备时，以银行存款支付清理费用 2 000 元。甲公司进行会计处理时，应编制的会计分录如下：

借：固定资产清理　　2 000
　　贷：银行存款　　2 000

（三）取得转让收入或残料收入

企业出售、报废和毁损所取得的残料收入或转让收入，如果取得的残料作为修理用备件，则计入“原材料”账户。其会计处理为：借记“银行存款”“原材料”等科目，贷记“固定资产清理”“应交税费——应交增值税（销项税额）”等科目。

【例 6-22】 沿用【例 6-20】资料，甲公司出售该设备取得处置收入 135 600 元，其中价款为 120 000 元，增值税税额为 15 600 元，取得的转让价款存入银行。不考虑其他税费等影响因素。甲公司进行会计处理时，应编制的会计分录如下：

借：银行存款　　135 600
　　贷：固定资产清理　　120 000
　　　　应交税费——应交增值税（销项税额）　　15 600

（四）保险赔偿的处理

企业的固定资产因自然灾害等原因造成毁损或提前报废，企业计算或收到应由保险公司或过失人赔偿的损失，应借记“其他应收款”“银行存款”等科目，贷记“固定资产清理”科目。

（五）清理净损益的处理

固定资产清理完毕后，属于生产经营期间正常处置损益，借记或贷记“资产处置损益”科目，贷记或借记“固定资产清理”科目；属于毁损报废损失，借记“营业外支出”科目，贷记“固定资产清理”科目。

【例 6-23】 沿用【例 6-20】【例 6-21】【例 6-22】资料，甲公司出售固定资产净收益为 18 000 元转入资产处置损益。甲公司进行会计处理时，应编制的会计分录如下：

借：固定资产清理　　18 000
　　贷：资产处置损益　　18 000

二、固定资产对外捐赠

企业对外捐赠固定资产，首先，应注销对外捐赠固定资产的账面价值，按其账面价值，借记“固定资产清理”科目，按已计提的折旧，借记“累计折旧”科目，按已计提的固定资产减值准备，借记“固定资产减值准备”科目，按其账面原值，贷记“固定资产”科目；其次，将捐赠固定资产支付的相关税费，借记“固定资产清理”科目，贷记“应交税费”等科目；最后，结转捐赠固定资产的账面价值以及应支付的相关税费，借记“营业外支出”科目，贷记“固定资产清理”等科目。

【例6-24】 甲公司增值税采用一般计税方法，2022年8月12日，甲公司将一台生产用设备无偿捐赠给乙公司。该设备的原值为460 000元，已计提折旧60 000元，该设备未计提固定资产减值准备，其公允价值（计税价格）为400 000元，适用的增值税税率为13%。不考虑其他税费等影响因素。甲公司进行会计处理时，应编制的会计分录如下：

（1）将设备转入清理时：

借：固定资产清理	400 000	
累计折旧	60 000	
贷：固定资产		460 000

（2）确定应交的增值税时：

借：固定资产清理	52 000	
贷：应交税费——应交增值税（销项税额）		52 000

（3）将捐赠资产账面价值和应支付的税费转入营业外支出时：

借：营业外支出	452 000	
贷：固定资产清理		452 000

三、固定资产对外投资

采用固定资产对外投资时，首先，应注销对外投资固定资产的账面价值，按其账面价值，借记“固定资产清理”科目，按已计提的折旧，借记“累计折旧”科目，按已计提的固定资产减值准备，借记“固定资产减值准备”科目，按其账面原值，贷记“固定资产”科目；其次，按投出固定资产的公允价值加上应支付的相关税费，借记“长期股权投资”科目，贷记“固定资产清理”“应交税费”等科目；最后，结转固定资产对外投资的净损益，借记或贷记“资产处置损益”科目，贷记或借记“固定资产清理”科目。

【例6-25】 甲公司增值税采用一般计税方法，2022年6月20日，甲公司以一台生产用设备对乙公司投资，取得乙公司20%的股权，因对乙公司具有重大影响，甲公司采用权益法核算该项投资。该设备的原值150万元，已计提折旧50万元，已计提固定资产减值准备2万元，该设备的公允价值（计税价格）为100万元，适用的增值税税率为13%。投资日，乙公司可辨认净资产的公允价值为400万元。不考虑税费等其他影响因素。甲公司进行会计处理时，应编制的会计分录如下：

（1）将固定资产转入清理时：

借：固定资产清理	980 000	
累计折旧	500 000	
固定资产减值准备	20 000	
贷：固定资产		1 500 000

（2）对外投资时：

借：长期股权投资——投资成本 1 130 000

  贷：固定资产清理 1 000 000

    应交税费——应交增值税（销项税额） 130 000

（3）结转固定资产清理净损益时：

借：固定资产清理 20 000

  贷：资产处置损益 20 000

思政研习

习近平的共建“一带一路”倡议与企业固定资产投资

共建“一带一路”倡议，最早由习近平主席2013年9月和10月在哈萨克斯坦和印度尼西亚提出。近8年来，无论身在国内还是国外，他对这一倡议倾注大量心血，始终十分牵挂。

近年来，习近平主席几乎每次出访，从会见、演讲到发表署名文章，都会谈及“一带一路”。他的表达和诚意，获得所到国领导人和民众积极响应。在异国他乡，他还关心具体的“一带一路”项目，见证谅解备忘录签订……他的行程遍及五大洲，他的“一带一路”足迹遍及世界。

这足迹，在中国所处的亚洲。2015年4月21日，习近平主席在巴基斯坦指出，南亚地处“一带一路”海陆交汇之处，是推进“一带一路”建设的重要方向和合作伙伴。2016年1月20日，在沙特阿拉伯，他亲自出席中沙延布炼厂投产启动仪式。同年6月22日，在乌兹别克斯坦，他说，中亚是古丝绸之路必经之地，中国将中亚地区视为共建“一带一路”的重点合作地区和重要合作伙伴，愿同各方一道推动“一带一路”建设向更高水平、更广空间迈进。

这足迹，在大洋彼岸的北美。2015年9月22日，美国华盛顿州，习近平主席在演讲中提出，我们推动共建“一带一路”、设立丝路基金、倡议成立亚洲基础设施投资银行等，目的是支持各国共同发展，而不是要谋求政治势力范围。“一带一路”是开放包容的，我们欢迎包括美国在内的世界各国和国际组织参与到合作中来。

这足迹，在富饶美丽的欧洲。2019年3月23日，在意大利，习近平主席见证中意签署政府间关于共同推进“一带一路”建设的谅解备忘录。两天后，同法国总统马克龙会见时，他说，我们赞赏总统先生多次表达同中方开展“一带一路”务实合作的意愿，双方要落实好“一带一路”第三方市场合作示范项目。

这足迹，在广阔无垠的非洲。2018年7月22日，习近平主席在南非媒体发表署名文章说，我们要加强两国发展战略对接，发挥好双边、中非合作论坛、“一带一路”、金砖国家合作等机制和平台作用，不断深化两国产业产能、资源能源、基础设施建设、金融、旅游、数字经济等重点领域合作，更好造福两国人民。次日，在卢旺达，他说，中方欢迎卢方积极参与共建“一带一路”国际合作，鼓励中国企业赴卢旺达投资兴业，助力卢旺达工业化和现代化进程。

这足迹，在热情奔放的拉美。2018年12月2日，在阿根廷，习近平主席提出，双方要以未来5年两国政府共同行动计划为纲领，在共建“一带一路”框架内加强沟通和合作，对接两国发展规划，统筹推进各层次各领域交流合作。1天后，在巴拿马，他提到，双方政治互信日益深化，以共建“一带一路”为牵引，各领域交往合作快速发展，成效显著。

这足迹，在岛屿如星的大洋洲。2018年11月16日，在巴布亚新几内亚，习近平主席说，巴新地处21世纪海上丝绸之路自然延伸，是太平洋岛国地区首个同中方签署共建“一带一路”合作协议的国家。往前推4年，2014年11月22日，在斐济，同太平洋岛国领导人集体会晤并发表主旨讲话时，他谈到，中方提出了建设21世纪海上丝绸之路倡议，我们真诚希望同各岛国分享发展经验和成果，真诚欢迎岛国搭乘中国发展快车……

这足迹，在重要的国际会议上。2017年1月17日，在瑞士达沃斯世界经济论坛年会开幕式主旨演讲中，习近平主席提到，“一带一路”倡议来自中国，但成效惠及世界。中国人民张开双臂欢迎各国人民搭乘中国发展的“快车”“便车”。1天后，在联合国日内瓦总部的演讲中，他说，我提出“一带一路”倡议，就是要实现共赢共享发展。

2019年4月26日，习近平主席在第二届“一带一路”国际合作高峰论坛开幕式上的主旨演讲：齐心开创共建“一带一路”美好未来

共建“一带一路”倡议，目的是聚焦互联互通，深化务实合作，携手应对人类面临的各种风险挑战，实现互利共赢、共同发展。在各方共同努力下，“六廊六路多国多港”的互联互通架构基本形成，一大批合作项目落地生根，首届高峰论坛的各项成果顺利落实，150多个国家和国际组织同中国签署共建“一带一路”合作协议。共建“一带一路”倡议同联合国、东盟、非盟、欧盟、欧亚经济联盟等国际和地区组织的发展和合作规划对接，同各国发展战略对接。从亚欧大陆到非洲、美洲、大洋洲，共建“一带一路”为世界经济增长开辟了新空间，为国际贸易和投资搭建了新平台，为完善全球经济治理拓展了新实践，为增进各国民生福祉作出了新贡献，成为共同的机遇之路、繁荣之路。事实证明，共建“一带一路”不仅为世界各国发展提供了新机遇，也为中国开放发展开辟了新天地。

中国古人说：“万物得其本者生，百事得其道者成。”共建“一带一路”，顺应经济全球化的历史潮流，顺应全球治理体系变革的时代要求，顺应各国人民过上更好日子的强烈愿望。面向未来，我们要聚焦重点、深耕细作，共同绘制精谨细腻的“工笔画”，推动共建“一带一路”沿着高质量发展方向不断前进。

——我们要秉持共商、共建、共享原则，倡导多边主义，大家的事大家商量着办，推动各方各施所长、各尽所能，通过双边合作、三方合作、多边合作等各种形式，把大家的优势和潜能充分发挥出来，聚沙成塔、积水成渊。

——我们要坚持开放、绿色、廉洁理念，不搞封闭排他的小圈子，把绿色作为底色，推动绿色基础设施建设、绿色投资、绿色金融，保护好我们赖以生存的共同家园，坚持一切合作都在阳光下运作，共同以零容忍态度打击腐败。我们发起了《廉洁丝绸之路北京倡议》，愿同各方共建风清气正的丝绸之路。

——我们要努力实现高标准、惠民生、可持续目标，引入各方普遍支持的规则标准，推动企业在项目建设、运营、采购、招投标等环节按照普遍接受的国际规则标准进行，同时要尊重各国法律法规。要坚持以人民为中心的发展思想，聚焦消除贫困、增加就业、改善民生，让共建“一带一路”成果更好惠及全体人民，为当地经济社会发展作出实实在在的贡献，同时确保商业和财政上的可持续性，做到善始善终、善作善成。

共建“一带一路”，关键是互联互通。我们应该构建全球互联互通伙伴关系，实现共同

发展繁荣。我相信，只要大家齐心协力、守望相助，即使相隔万水千山，也一定能够走出一条互利共赢的康庄大道。

基础设施是互联互通的基石，也是许多国家发展面临的瓶颈。建设高质量、可持续、抗风险、价格合理、包容可及的基础设施，有利于各国充分发挥资源禀赋，更好融入全球供应链、产业链、价值链，实现联动发展。中国将同各方继续努力，构建以新亚欧大陆桥等经济走廊为引领，以中欧班列、陆海新通道等大通道和信息高速路为骨架，以铁路、港口、管网等为依托的互联互通网络。我们将继续发挥共建“一带一路”专项贷款、丝路基金、各类专项投资基金的作用，发展丝路主题债券，支持多边开发融资合作中心有效运作。我们欢迎多边和各国金融机构参与共建“一带一路”投融资，鼓励开展第三方市场合作，通过多方参与实现共同受益的目标。

商品、资金、技术、人员流通，可以为经济增长提供强劲动力和广阔空间。“河海不择细流，故能就其深。”如果人为阻断江河的流入，再大的海，迟早都有干涸的一天。我们要促进贸易和投资自由化便利化，旗帜鲜明反对保护主义，推动经济全球化朝着更加开放、包容、普惠、平衡、共赢的方向发展。我们将同更多国家商签高标准自由贸易协定，加强海关、税收、审计监管等领域合作，建立共建“一带一路”税收征管合作机制，加快推广“经认证的经营者”国际互认合作。我们还制定了《“一带一路”融资指导原则》，发布了《“一带一路”债务可持续性分析框架》，为共建“一带一路”融资合作提供指南。中方今年将举办第二届中国国际进口博览会，为各方进入中国市场搭建更广阔平台。

截至2020年11月底，中国已与138个国家、31个国际组织签署201份共建“一带一路”合作文件，共同展开了2 000多个项目。秉承古丝路精神的“一带一路”正从中国倡议变成全球行动，成为构建人类命运共同体的伟大实践。

研讨主题：根据上述资料，讨论应当如何运用习近平总书记的共建“一带一路”倡议思想来指导我国企业走出国门，在境外投资建厂，提高生产要素效率，积极参与全球竞争，做大做强中国企业。

思考题

1. 固定资产确认的标准有哪些？如何理解固定资产的确认标准？
2. 不同固定资产取得方式下，其入账价值的确定有何特点？
3. 在固定资产核算中，哪些情形会涉及公允价值的运用？
4. 固定资产有哪些处置方式？不同处置方式有哪些特点？
5. 影响固定资产折旧的因素有哪些？它们对固定资产折旧额有何影响？
6. 固定资产常见的折旧方法有哪些？其各期折旧额是如何计算的？
7. 固定资产的后续支出如何划分？其会计核算有何区别？
8. 固定资产清查结果该如何处理？

第七章

无形资产

课件

随着科学技术的不断发展，无形资产在企业资产中的地位和作用越来越重要，成为企业资产中非常重要的非流动资产之一。正确核算与管理无形资产关系到企业的运营与发展。本章将从无形资产的确认、取得、摊销与减值、处置等环节入手，详细介绍无形资产的会计处理。

第一节　无形资产的确认

无形资产的确认与初始计量原则

一、无形资产的定义与特征

无形资产，是指企业拥有或者控制的没有实物形态的可辨认非货币性资产。作为一项资产，它由企业拥有或控制，并能为企业带来未来经济利益，但无形资产为企业带来经济利益的方式与固定资产不同，固定资产是通过实物价值的磨损和转移来为企业带来经济利益，而无形资产在很大程度上是通过某些权利、技术等优势为企业带来经济利益。除了具备资产的本质特征外，无形资产还具有以下三个方面的主要特征。

（一）无形资产不具有实物形态

无形资产通常表现为某种权利、某项技术或某种获取超额利润的综合能力。比如，专利权、商标权、特许经营权、土地使用权、非专利技术等。与原材料、厂房建筑、机器设备等有形资产相比，这些权利或技术一般看不见、摸不着，没有实物形态。因此，不具有实物形态是无形资产区别于其他资产的特征之一。

需要指出的是，无形资产的无形性，并不等于非物质性。某些无形资产的存在依赖实物载体。比如，专利权的物质载体是“专利权证书”；商标权的物质载体是“商标证书”；特许经营权的物质载体是“特许经营许可协议”；土地使用权的物质载体是“土地使用证”等。这些证书均是某种权利的载体，而非权利本身，不改变无形资产不具有实物形态的特征。

无形资产的无形性主要表现在以下两方面。

第一，无形资产存在形式的无形性。无形资产是一种特殊的经济资源，它以知识形态存在于企业中，它的具体表现形式是各种计算公式、文字、图纸、图案、图表、配方等以及企业生产经营者在长期的实践中摸索的不成文的经验、技巧、诀窍等。这些资源存在于企业中，不容易使人们感觉到它的存在，也因此往往被人们所忽视。

第二，无形资产作用的无形性。无形资产在企业的生产经营过程中并不直接作用于劳动对象而发挥作用，而是以特殊的方式将其作用体现在有形资产中和企业的经营过程中，如产品的配方、特有的制造工艺、计算机软件、商标权、外观设计专利权等。通过它们的使用，可能在相当程度上提高了固定资产使用效率、节约了原材料消耗、提高了产品质量、减少了产品生产工时、扩大了产品销售量等，从而降低了产品成本，增加了企业的利润。但是，无形资产的这些作用在一定程度上是无形的，往往被人们所忽视，正是由于无形资产作用的无形性，使人们对它的认识不够，对它的作用发挥不够。

（二）无形资产具有可辨认性

无形资产的定义要求无形资产是能够区别于其他资产可单独辨认的。这就将无形资产与商誉清楚地区分开来。由于商誉是与企业整体价值联系在一起的，无法与企业自身分离，不具有可辨认性，虽然商誉也是没有实物形态的非货币性资产，但不构成无形资产。符合以下条件之一的，则认为其具有可辨认性。

第一，能够从企业中分离或者划分出来，并能单独用于出售或转让等，而不需要同时处置在同一获利活动中的其他资产，则说明无形资产可以辨认。某些情况下无形资产可能需要与有关的合同一起用于出售、转让等，这种情况下也视为可辨认无形资产。

第二，产生于合同性权利或其他法定权利，无论这些权利是否可以从企业或其他权利和义务中转移或者分离。如一方通过与另一方签订特许权合同而获得的特许使用权，通过法律程序申请获得的商标权、专利权等。

通常情况下，企业对其无形资产应当拥有所有权，若没有所有权，但有权获得一项无形资产产生的未来经济利益，并能约束其他方获得这些利益，则说明企业控制了该项无形资产，或者说控制了该无形资产产生的经济利益。例如，对于会产生经济利益的技术知识，若其受到版权、贸易协议约束（如果允许）等法定权利或雇员保密法定职责的保护，那么说明该企业控制了相关利益，应将其确认为无形资产。

客户关系、人力资源等，由于企业无法控制其带来的经济利益，不符合无形资产的定义，不应将其确认为无形资产。此外，企业内部产生的品牌、报刊名、客户名单和实质上类似项目的支出不能与整个业务的开发成本区分开来。因此，这类项目也不确认为无形资产。

（三）无形资产属于非货币性资产

非货币性资产，是指企业持有的货币资金和将以固定或可确定的金额收取的资产以外的其他资产。无形资产的交易价格具有一定的特殊性，这是由于其产生的特殊性所决定的。无形资产是人类的智力成果，虽然其价值仍然是科技人员复杂劳动的凝结，但无形资产的形成具有偶然性和单一性以及对其耗费计量的不准确性，导致其价值计量的不确定性。正是由于无形资产产生的特殊性又导致了其没有发达的交易市场，在持有过程中为企业带来经济利益的情况不确定，不属于以固定或可确定的金额收取的资产，属于非货币性资产。货币性资产主要有现金、银行存款、应收账款、应收票据和短期有价证券等，它们的共同点是直接表现为固定的货币数额，或在将来收到一定货币数额的权利。虽然应收款项等资产也没有实物形态，但与无形资产的区别就在于，无形资产属于非货币性资产，而应收款项等资产则不属于非货币性资产。另外，虽然固定资产也属于非货币性资产，但其为企业带来经济利益的方式与无形资产不同，而且固定资产是有形资产。固定资产是通过实物价值的磨损和转移为企业带来未来经济利益，而无形资产很大程度上是通过某些权利、技术等优势为企业带来未来经济利益。

二、无形资产的内容

在无形资产理论研究和实务中，不同学科对其涵盖的内容有所区别，如经济学中所涉及的无形资产具体存在形式已接近30种，美国一些评估公司在进行资产评估时涉及的无形资产也已达到23种之多，且有日趋增多的趋势，我国在资产评估实务中运用单项评估和整体评估时涉及的无形资产目前有12种。《企业会计准则第6号——无形资产》界定的无形资产包括：专利权、非专利技术、商标权、著作权、特许权和土地使用权等。

（一）专利权

专利权是指国家专利主管机关依法授予发明创造专利申请人，对其发明创造在法定期限内所享有的专有权利，包括发明专利权、实用新型专利权和外观设计专利权。发明专利权的期限为20年，实用新型专利权和外观设计专利权的期限为10年，均自申请日起计算。

（二）非专利技术

非专利技术，也称专有技术，是指不为外界所知、在生产经营活动中已采用了的、不享有法律保护的、可以带来经济效益的各种技术和诀窍。非专利技术一般包括工业专有技术、商业贸易专有技术、管理专有技术等。非专利技术并不是专利法的保护对象，一般采用自我保密的方式来维护其独占性，具有经济性、机密性和动态性等特点。

（三）商标权

商标是用来辨认特定的商品或劳务的标记。商标权是指专门在某类指定的商品或产品上使用特定的名称或图案的权利。《中华人民共和国商标法》明确规定，经商标局核准注册的商标为注册商标，商标注册人享有商标专用权，受法律的保护。注册商标的有效期为10年，自核准注册之日起计算。注册商标有效期满，需要继续使用的，应当在期满前6个月内申请续展注册；在此期间未能提出申请的，可以给予6个月的宽展期。宽展期满仍未提出申请的，注销其注册商标。每次续展注册的有效期为10年。

（四）著作权

著作权又称版权，指作者对其创作的文学、科学和艺术作品依法享有的某些特殊权利。著作权包括署名权、发表权、修改权、保护作品完整权、复制权、展览权、翻译权、改编权等。其中，署名权、修改权和保护作品完整权的保护期不受限制，与著作权相关的其他权利的保护期为作者终生及其死亡后50年。如果是合作作品，截止于最后死亡的作者死亡后第50年的12月31日。

（五）特许权

特许权，又称经营特许权、专营权，指企业在某一地区经营或销售某种特定商品的权利或是一家企业接受另一家企业使用其商标、商号、技术秘密等的权利。通常有两种形式，一种是由政府机关授权、准许企业使用或在一定地区享有经营某种业务的特权，如水、电、邮电通讯等专营权、烟草专卖权等；另一种是指企业间依照签订的合同，有期限或无期限使用另一家企业的某些权利，如连锁店分店使用总店的名称等。

（六）土地使用权

土地使用权，是指国家准许某一企业或单位在一定期间内对国有土地享有开发、利用、经营的权利。根据我国土地管理法的规定，我国土地实行公有制，任何单位和个人不得侵占、买卖或以其他形式非法转让。企业取得土地使用权的方式大致有行政划拨取得、购买取得（如以缴纳土地出让金方式取得）及接受投资者投资取得等。通常情况下，企业以缴纳土地出让金等方式外购的土地使用权、投资者投入等方式取得的土地使用权，应作为无形资产核算，但改变土地使用权用途，用于赚取租金或资本增值的，应当将其转为投资性房地产。

三、无形资产的分类

为了更好地发挥无形资产的效能，科学地管理无形资产，必须将无形资产按照一定的标准予以分类。

（一）按无形资产是否具有存续期限分类

无形资产按是否具有存续期限分为使用寿命有限的无形资产和使用寿命不确定的无形资产两类。

使用寿命有限的无形资产，是指由于法律、契约或合同的规定以及无形资产本身的性质所决定，无形资产具有一定的存续期限而不能永久存在。如专利权、著作权、特许权（有合同约定年限者）、土地使用权等。

使用寿命不确定的无形资产，是指取得无形资产时并未规定其存续期限或无法确定其存续期限的无形资产。如永久特许权、非专利技术等。

此种分类的目的在于对两类无形资产在确认其取得成本和摊销价值时应考虑不同的影响因素，并采取相应的会计政策。如专利权，是典型的具有存续期限的无形资产，其摊销价值的确认必须以法定年限为基础，在法定有效期限内予以摊销；又比如，非专利技术，只要企业在生产经营过程中其秘密不被泄露，企业就可以永久“使用”，会计上就不计提摊销。

（二）按无形资产的存在形式分类

无形资产按其存在形式分为法定权利和合同约定权利两类。

法定权利类无形资产是一种独占权利，是指该类无形资产是法律或法规所赋予的一种特殊权利。如专利权、著作权、商标权等。

合同约定类无形资产是根据企业间、企业与政府间签订的合同所赋予的一种独占权利。如特许权、土地使用权等。

此种分类的目的在于明确企业的无形资产是因何种原因所产生或获得的，以便于对其进行价值评估和会计处理。

（三）按无形资产的取得方式分类

无形资产按取得方式可分为外购、自创、接受债务人以无形资产抵偿债务、以非货币性交易换入、接受捐赠和投资者投入等六类。

此种分类的目的在于明确不同来源的无形资产，其取得成本的构成不同，会计上在计量无形资产的取得成本时，应分别按不同情况处理。

四、无形资产的确认条件

无形资产的确认是指将符合无形资产确认条件的项目作为企业的无形资产加以记录并将其列入企业资产负债表的过程。《企业会计准则第 6 号——无形资产》规定，无形资产应当在符合定义的前提下，同时满足以下两个确认条件才能予以确认。

（一）与该无形资产有关的经济利益很可能流入企业

作为无形资产确认的项目，必须具备产生的经济利益很可能流入企业这一条件。但在实务中，要确定无形资产产生的经济利益是否能够流入企业，需要一定的职业判断。在实施这项职业判断时，需要对无形资产在预计使用寿命内可能存在的各种经济因素作出合理估计，并且应当有明确的证据支持。比如，从企业内部来看，企业是否有足够的人力资源、高素质的管理队伍、相关的硬件设施、相关的原材料供应等来配合无形资产为企业创造经济利益。同时，更重要的是关注一些外界因素的影响，比如是否存在与该无形资产相关的新技术、新产品的冲击，或据其生产的产品是否存在市场等。

（二）该无形资产的成本能够可靠地计量

成本能够可靠地计量是资产确认的一项基本条件。这一条件对无形资产相对更为重要。企业内部产生的品牌、报刊名等，因其成本无法可靠计量，不确认为无形资产。又比如，一些高科技企业的科技人才，假定其与企业签订了服务合同，且合同规定其在一定期限内不能为其他企业提供服务。在这种情况下，虽然这些科技人才的知识与能力是企业重要的资源，在规定期限内预期能够为企业创造经济利益。但由于这些科技人才的知识和能力难以辨认，且形成这些知识和能力所发生的支出在目前还难以计量，故不能将人力资源的知识和技能确认为无形资产。

第二节 无形资产的取得

一、无形资产取得时的初始计量

企业取得无形资产，包括外购、自创、投资者投入、债务重组、非货币性资产交换、接受捐赠等多种形式。由于取得方式不同，其初始计量的入账价值亦有所不同。

（一）外购的无形资产

外购的无形资产，其成本包括购买价款、相关税费[①]以及直接归属于使该项资产达到预定用途所发生的其他支出。其中，直接归属于使该项资产达到预定用途所发生的其他支出包括使无形资产达到预定用途所发生的专业服务费用、测试无形资产是否能够正常发挥作用的费用等；不包括为引入新产品进行宣传而发生的广告费、管理费用及其他间接费用，以及无形资产已经达到预定用途以后发生的费用。

外购的无形资产，应按其取得成本进行初始计量；如果购买无形资产的价款超过正常信用条件延期支付，实质上具有融资性质的，则无形资产的成本应以购买价款的现值为基础确定。实际支付的价款与购买价款的现值之间的差额，作为未确认的融资费用，在付款期间内按照实际利率法确认为利息费用。

对于一揽子购入的多项资产，其无形资产的价值应根据无形资产和其他资产的公允价值的相对比例确定。在一揽子购入多项资产的情况下，是否需要单独确认无形资产，通常需要

① 企业外购无形资产涉及可以抵扣的增值税时，该增值税应当作为进项税额，不能计入外购无形资产的成本。

考虑两大因素：一是无形资产占全部资产的比重，如果无形资产的比重较小，则无需单独核算；二是无形资产是否能与其他资产在使用上相分离，如果一揽子购买的无形资产和其他资产在使用上不可分离，而且在使用年限上基本一致，无形资产也无需单独核算。

（二）投资者投入的无形资产

投资者投入的无形资产，其成本应当按照投资合同或协议约定的价值确定，但合同或协议约定价值不公允的，应按无形资产的公允价值作为无形资产初始成本入账。

（三）其他方式取得的无形资产

企业采用非货币性资产交换、债务重组、政府补助和企业合并等方式取得的无形资产，其成本分别按照《企业会计准则第 7 号——非货币性资产交换》《企业会计准则第 12 号——债务重组》《企业会计准则第 16 号——政府补助》《企业会计准则第 20 号——企业合并》确定。

（四）自行研发的无形资产

根据《企业会计准则第 6 号——无形资产》的规定，企业自行研发的无形资产，应将研究开发项目分为研究阶段和开发阶段，其中，研究是指为获取并理解新的科学或技术知识而进行的独创性的有计划调查。研究阶段所发生的支出，应当于发生时计入当期损益；而开发是指在进行商业性生产或使用前，将研究成果或其他知识应用于某项计划或设计，以生产出新的或具有实质性改进的材料、装置、产品等。开发阶段的支出，则应进行有条件的资本化。至于研究与开发阶段的划分，企业应当根据研究与开发的实际情况加以判断。

《企业会计准则第 6 号——无形资产》应用指南认为，研究阶段是探索性的，为进一步开发活动进行资料及相关方面的准备，已进行的研究活动将来是否会转入开发、开发后是否会形成无形资产等具有较大的不确定性。比如，意在获取知识而进行的活动，研究成果或其他知识的应用研究、评价和最终选择，材料、设备、产品、工序、系统或服务替代品的研究，新的或经改进的材料、设备、产品、工序、系统或服务的可能替代品的配制、设计、评价和最终选择等，均属于研究活动。相对于研究阶段而言，开发阶段应当是已完成研究阶段的工作，在很大程度上具备了形成一项新产品或新技术的基本条件。比如，生产前或使用前的原型和模型的设计、建造和测试，不具有商业性生产经济规模的试生产设施的设计、建造和运营等，均属于开发活动。

在开发阶段发生的支出，如果满足无形资产的确认条件，应予以资本化。其中开发阶段是指已完成研究阶段的工作，在很大程度上具备了形成一项新产品或新技术的基本条件。比如，生产前或使用前的原型和模型设计、建造或测试，不具有商业性生产经济规模的试生产设施的设计、建造和运营等。开发阶段的特点在于：（1）具有针对性。开发阶段是建立在研究阶段基础上，因而，对项目的开发具有针对性。（2）形成成果的可能性较大。由于开发阶段相对于研究阶段更进一步，相对于研究阶段来讲，进入开发阶段，则很大程度上形成一项新产品或新技术的基本条件已经具备，形成成果的可能性较大。企业在开发无形资产阶段的支出，如果同时满足下列五个条件，应将开发支出确认为无形资产。

第一，完成该项无形资产以使其能够使用或出售在技术上具有可行性。判断无形资产的开发在技术上是否具有可行性，应当以目前阶段的成果为基础，并提供相关的证据和材料，证明企业进行开发所需的技术条件等已经具备，不存在技术上的障碍或其他不确定性。比如，企业已经完成了全部计划、设计和测试活动，这些活动是使资产能够达到设计计划书中的功能、特征和技术所必需的活动，或经过专家鉴定等。

第二，具有完成该无形资产并使用或出售的意图。即企业能够说明其开发无形资产的目的，并具有完成该项无形资产开发并使其能够使用或出售的可能性。

第三，无形资产产生未来经济利益的方式，包括能够证明运用该无形资产生产的产品存在市场或无形资产自身存在市场，无形资产将在内部使用的，应当证明其有用性。无形资产是否能够为企业带来经济利益，应当运用该无形资产生产产品的市场情况进行可靠预计，以证明所生产的产品存在市场并能够带来经济利益，或能够证明市场上存在对该无形资产的需求。

第四，有足够的技术、财务资源和其他资源支持，以完成该无形资产的开发，并有能力使用或出售该无形资产。企业能够证明可以取得进行无形资产开发所需的技术、财务和其他资源，以及获得这些资源的相关计划。企业自有资金不足以提供支持的，应能够证明存在其他方面的资金支持，如银行等金融机构声明愿意为该无形资产的开发提供所需资金等。

第五，归属于该无形资产开发阶段的支出能够可靠地计量。企业对研究开发的支出应当单独核算，比如，直接发生的研发人员的工资、材料费以及相关设备的折旧费等。同时从事多项研究开发活动的，所发生的支出应当按照合理的标准在各项研究开发活动之间分配；无法合理分配的，计入当期损益。

可予资本化的开发支出，其成本包括开发活动开始至无形资产达到预定用途前所发生的支出总额，但对以前期间已经费用化的支出不再调整。

二、取得无形资产的会计处理

无形资产取得的会计处理

企业取得无形资产有多种形式，此处主要介绍外购、自创和投资者投入三种情形取得无形资产的会计处理。

（一）外购无形资产

企业外购的无形资产，应以购买价款、相关税费以及直接归属于使该项资产达到预定用途所发生的其他支出作为成本入账，借记“无形资产”“应交税费——应交增值税（进项税额）”等科目，贷记“银行存款”等科目。

【例 7－1】 甲公司增值税采用一般计税方法，2022 年 9 月 10 日，以银行存款 212 万元购买一项商标权，取得的增值税专用发票注明的价款为 200 万元，增值税税额为 12 万元。同日，甲公司已经办理了必要的产权过户手续。甲公司进行会计处理时，应编制的会计分录如下：

借：无形资产	2 000 000	
应交税费——应交增值税（进项税额）	120 000	
贷：银行存款		2 120 000

（二）自创无形资产

企业自创的无形资产，如专利权、非专利技术等，其研究开发的时间较长，而且能否成功具有较大的不确定性。现行会计准则规定，在企业进行研究与开发过程中发生的支出，先通过“研发支出”科目予以归集，并分别设置“费用化支出”和“资本化支出”明细账进行明细核算。企业发生的研究开发支出，不满足资本化条件的，借记“研发支出——费用化支出”科目，满足资本化条件的，借记“研发支出——资本化支出”科目，贷记“原材料”“应付职工薪酬”“银行存款”等科目。月末，将费用化的研发支出作为当期的费用处理，借记“管理费用”科目，贷记“研发支出——费用化支出”科目。如果开发项目达到预定用途形成无形资产，满足其资本化的条件，则将开发阶段的支出资本化为无形资产，借记“无形资产”科目，贷记“研发支出——资本化支出”科目。

【例7－2】 2022年12月1日，甲公司开始研发A产品，至2022年12月31日完成基础研究工作。研究阶段共发生研究费用8.5万元，均以银行存款支付。自2023年1月1日转入开发阶段并满足资本化条件，2023年1月31日开发完成。在开发阶段以银行存款支付开发费用20万元、专利申请费用2.9万元、律师费用1.3万元。甲公司进行会计处理时，应编制的会计分录如下：

（1）2022年12月，发生研究费用时：

借：研发支出——费用化支出	85 000	
贷：银行存款		85 000

（2）2022年12月31日，将当月的研发费用转入管理费用时：

借：管理费用	85 000	
贷：研发支出——费用化支出		85 000

（3）2023年1月，发生开发支出时：

借：研发支出——资本化支出	242 000	
贷：银行存款		242 000

（4）2023年1月31日，研发成功，转入无形资产时：

借：无形资产	242 000	
贷：研发支出——资本化支出		242 000

（三）投资者投入无形资产

投资者投入的无形资产的成本，应当按照投资合同或协议约定的价值确定，但合同或协议约定价值不公允的除外。收到投资者以无形资产出资时，按确认的无形资产入账价值借记“无形资产”“应交税费——应交增值税（进项税额）”等科目，按投资者所占注册资本的比例贷记“实收资本”或“股本”等科目，按两者的差额贷记“资本公积——资本溢价”或“资本公积——股本溢价”科目。

【例7－3】 甲有限责任公司增值税采用一般计税方法，由两名股东共同投资组建，注册资本500万元。其中一名股东以商标权A作为投资，经双方认可，该项商标权的公允价值为100万元（计税价格）。甲公司取得的增值税专用发票注明的价款为100万元，增值税税额为6万元。按出资协议，该股东占注册资本的20%。甲公司进行会计处理时，应编制的会计分录如下：

借：无形资产	1 000 000	
应交税费——应交增值税（进项税额）	60 000	
贷：实收资本		1 000 000
资本公积——资本溢价		60 000

第三节 无形资产的摊销与减值

一、无形资产的摊销方法及其使用寿命的确定

（一）无形资产的摊销方法

根据《企业会计准则第6号——无形资产》的规定，使用寿命有限的无形资产，应当自无形资产可供使用时起，至不再作为无形资产确认时止，将其应摊销额在使用寿命内系统合理地摊销。无形资产的应摊销金额为其成本扣除残值后的金额，已计提减值准备的无形资产，还应扣除已计提的无形资产减值准备累计金额。使用寿命有限的无形资产，其残值应当视为零，但下列两种情形除外：一是有第三方承诺在无形资产使用寿命结束时购买该无形资产；二是可以根据活跃市场得到预计残值信息，并且该市场在无形资产使用寿命结束时很可能存在。

需要特别注意的是，使用寿命不确定的无形资产不摊销。

企业选择的无形资产摊销方法，应当反映与该项无形资产有关的经济利益的预期实现方式。无法可靠确定预期实现方式的，一般应当采用直线法摊销。无形资产的摊销金额一般应当计入当期损益，但如果某项无形资产是专门用于生产某种产品的，其所包含的经济利益是通过转入所生产的产品中体现的，无形资产的摊销费用应构成产品成本的一部分。

企业在选择无形资产摊销方法时，应根据与无形资产有关的经济利益的预期消耗方式做出决定。由于收入可能受到投入、生产过程和销售等因素的影响，这些因素与无形资产有关经济利益的预期消耗方式无关，因此，企业通常不应以包括使用无形资产在内的经济活动所产生的收入为基础进行摊销，但是，下列极其有限的情况除外：

1. 企业根据合同约定确定无形资产固有的根本性限制条款（如无形资产的使用时间、使用无形资产生产产品的数量或因使用无形资产而应取得固定的收入总额）的，当该条款为因使用无形资产而应取得的固定的收入总额时，取得的收入可以成为摊销的合理基础，如企业获得勘探开采黄金的特许权，且合同明确规定该特许权在销售黄金的收入总额达到某固定的金额时失效。

2. 有确凿的证据表明收入的金额和无形资产经济利益的消耗是高度相关的。

企业采用车流量法对高速公路经营权进行摊销的，不属于以包括使用无形资产在内的经济活动产生的收入为基础的摊销方法。

（二）无形资产的使用寿命

一般情况下，无形资产的应摊销金额应在其预计使用寿命内摊销。企业在确定无形资产预计使用寿命时，通常应考虑以下因素：运用该资产生产的产品通常的寿命周期；可获得的类似资产使用寿命的信息、技术、工艺等方面的现阶段情况及对未来发展趋势的估计；以该资产生产的产品或提供服务的市场需求情况；现在或潜在的竞争者预期采取的行动；为维持该资产带来经济利益能力的预期维护支出，以及企业预计支付有关支出的能力；对该资产控制期限的相关法律规定或类似限制，如特许使用期、租赁期等；与企业持有其他资产使用寿命的关联性等。

但是，如果预计使用寿命超过了相关合同规定的受益年限或法律规定的年限，应按如下原则确定摊销年限。

第一，按合同规定受益年限。如果某项无形资产的合同规定了受益年限，但法律没有规定有效年限的，其摊销年限不应超过受益年限。

第二，按法定有效年限摊销。如果某项无形资产的合同没有规定受益年限，但法律规定了有效年限的，按不超过法律规定的有效年限摊销。

第三，既有合同规定年限，又有法定有效年限，按孰短原则处理。如果某项无形资产既有合同规定的受益年限，又有法定有效年限，摊销年限按不超过受益年限和法定有效年限二者之中较短者确定。

无形资产的摊销年限一经确定，不得随意变更，如果因为客观经济环境改变确实需要变更摊销年限的，应将该变更作为会计估计变更处理。

二、无形资产摊销的会计处理

无形资产摊销的会计处理

无形资产摊销时，按其摊销额，借记"管理费用""其他业务成本""生产成本""制造费用"等科目，贷记"累计摊销"科目。

在会计实务中，无形资产摊销的计算是通过编制"无形资产摊销计算表"完成的。

【例 7-4】 2022 年 10 月，甲公司对有关无形资产计提的摊销额如表 7-1 所示（四舍五入，保留整数）：

表 7-1　　无形资产摊销计算表

2022 年 10 月　　单位：元

种　类	入账价值	使用寿命	月摊销额
A 专利权（行政管理用）	1 200 000	8	12 500
B 专利权（出租）	500 000	4	10 417
合　计	1 700 000	—	22 917

根据表 7-1，甲公司进行会计处理时，应编制的会计分录如下：

借：管理费用　　12 500
　　其他业务成本　　10 417
　　贷：累计摊销　　22 917

三、无形资产的减值

无形资产减值的会计处理

企业使用寿命有限的无形资产存在减值迹象的，应当估计其可收回金额，然后将所估计的资产可收回金额与其账面价值相比较，以确定资产是否发生了减值，以及是否需要计提资产减值准备并确认相应的减值损失。

对于使用寿命不确定的无形资产，在持有期间内不需要摊销，如果期末重新复核后仍为不确定的，应当在每个会计期间继续进行减值测试。

无形资产的减值测试方法与固定资产减值测试的方法基本相同，在此不再赘述。

为了正确核算企业确认的无形资产减值损失和计提的无形资产减值准备，企业应当设置"资产减值损失"账户，按照资产类别进行明细核算，反映各类资产在当期确认的资产减值损失金额。同时，设置“无形资产减值准备”账户，反映企业已计提但尚未转销的无形资产减值准备。

当企业确定无形资产发生减值时，应当根据所确认的无形资产减值金额，借记“资产减值损失”科目，贷记“无形资产减值准备”科目。在期末，企业应当将“资产减值损失”账户余额转入“本年利润”账户，结转后该账户应当没有余额。

需要注意的是，与固定资产减值一样，我国《企业会计准则第 8 号——资产减值》规定，无形资产减值损失一经确认，在以后会计期间不得转回。以前期间计提的无形资产减值准备，在无形资产处置、出售、对外投资、以非货币性资产交换方式换出、抵偿债务等时，才可予以转出。

四、确认减值损失后的无形资产的摊销

根据《企业会计准则第 6 号——无形资产》的规定，企业确认减值损失后的无形资产，应根据所确定账面价值和尚可使用寿命重新计算无形资产的摊销额，并按《企业会计准则第 28 号——会计政策、会计估计变更和差错更正》准则的要求采用未来适用法进行会计处理。

【例 7－5】 2020 年 1 月 1 日，甲公司外购一项 A 无形资产，实际支付价款 120 万元。根据相关法律，A 无形资产的有效年限为 10 年，已使用 1 年。甲公司预计该项无形资产还可使用 6 年，采用直线法摊销，假定净残值为零。2021 年 12 月 31 日，由于与 A 无形资产相关的经济因素发生不利变化，导致 A 无形资产发生减值，预计可收回金额为 25 万元。2023 年 12 月 31 日，甲公司发现，导致 A 无形资产减值的某些不利因素消失，此时，A 无形资产的可收回金额为 40 万元。2025 年年末该无形资产使用寿命结束予以转销。不考虑企业所得税和其他税费的影响。甲公司进行会计处理时，应编制的会计分录如下：

（1）2020 年 1 月 1 日，购买 A 无形资产时：

借：无形资产	1 200 000	
贷：银行存款		1 200 000

（2）2020 年和 2021 年每年分别计提 A 无形资产的摊销时：

借：管理费用	200 000	
贷：累计摊销		200 000

（3）2021 年年末，计提 A 无形资产的减值准备时：

借：资产减值损失	550 000	
贷：无形资产减值准备		550 000

（4）2022 年至 2025 年，每年分别计提无形资产的摊销时：

借：管理费用	62 500	
贷：累计摊销		62 500

（5）2025 年年末转销无形资产时：

借：无形资产减值准备	550 000	
累计摊销	650 000	
贷：无形资产		1 200 000

上述结果如表 7－2 所示：

表 7－2 **无形资产的摊销计算表** 单位：元

时间	项目	金额
2020 年 1 月 1 日	取得成本	1 200 000
2020 年	摊销	（1 200 000/6）200 000
2020 年 12 月 31 日	账面价值	1 000 000
2021 年	摊销	200 000
2021 年	计提减值准备	550 000
2021 年 12 月 31 日	账面价值	250 000
2022 年	摊销	（250 000/4）62 500
2022 年 12 月 31 日	账面价值	187 500
2023 年	摊销	62 500
2023 年 12 月 31 日	账面价值	125 000
2024 年	摊销	62 500
2024 年 12 月 31 日	账面价值	62 500
2025 年	摊销	62 500
2025 年 12 月 31 日	账面价值	0

第四节 无形资产的处置

无形资产的处置包括无形资产的出售、对外出租、对外投资以及转销等。在处置时，按处置对象分别借记“银行存款”“长期股权投资”“资产处置损益”“营业外支出”等科目，贷记“无形资产”“应交税费”“资产处置损益”“营业外收入”等科目。

无形资产处置的会计处理

一、无形资产出售

企业拥有的无形资产，可以依法出售，企业出售无形资产，表明放弃该无形资产的所有权。《企业会计准则第 6 号——无形资产》规定，企业出售无形资产时，应将所得价款与该项无形资产账面价值的差额确认为当期损益。

在出售无形资产时，按其取得的出售所得，借记“银行存款”等科目，按已计提的无形资产减值准备，借记“无形资产减值准备”科目，按已计提的累计摊销，借记“累计摊销”科目，按处置无形资产的账面余额，贷记“无形资产”科目，按应支付的相关税费，贷记“应交税费”等科目，其差额，借记或贷记“资产处置损益”科目。

【例 7－6】 甲公司增值税采用一般计税方法，2022 年 10 月 2 日，甲公司将其拥有的 A 商标权予以出售，开出的增值税专用发票注明的价款为 200 万元，增值税税额为 12 万元，款项 212 万元均已存入银行。该项商标权的账面余额为 100 万元，已计提摊销 10 万元。不考虑其他相关税费。甲公司进行会计处理时，应编制的会计分录如下：

借：银行存款　　2 120 000
　　累计摊销　　100 000
　　贷：无形资产　　1 000 000
　　　　应交税费——应交增值税（销项税额）　　120 000
　　　　资产处置损益　　1 100 000

二、无形资产出租

无形资产出租是指企业将所拥有的无形资产使用权让渡给他人，并收取租金。根据《企业会计准则第 14 号——收入》的规定，此类交易属于企业让渡资产使用权，因而相关所得应作为收入处理。企业取得出租无形资产的价款时，借记“银行存款”等科目，贷记“其他业务收入”“应交税费——应交增值税（销项税额）”等科目；结转无形资产的摊销时，借记“其他业务成本”科目，贷记“累计摊销”科目。

【例 7－7】 甲公司增值税采用一般计税方法，2022 年 1 月 3 日，甲公司将一项商标权出租给乙公司使用，期限 3 年。合同约定，乙公司在每月月末支付租金 2 万元，该商标权每月摊销额为 1 万元，增值税税率为 6%，不考虑其他相关税费。假定甲公司出租专利权的收入每月确认一次，按月摊销。甲公司进行会计处理时，应编制的会计分录如下：

（1）2022 年 1 月至 12 月，每月确认租金收入时：

借：银行存款	21 200	
贷：其他业务收入		20 000
应交税费——应交增值税（销项税额）		1 200

（2）2022 年 1 月至 12 月，每月计提摊销时：

借：其他业务成本	10 000	
贷：累计摊销		10 000

三、无形资产对外投资

企业以无形资产对外投资时，按投出无形资产的公允价值加上应支付的相关税费①，借记“长期股权投资”等科目，按已计提的累计摊销，借记“累计摊销”科目，按已计提的无形资产减值准备，借记“无形资产减值准备”科目，按无形资产的账面余额，贷记“无形资产”科目，按应支付的相关税费，贷记“应交税费”等科目，其差额，借记或贷记“资产处置损益”科目。

【例 7－8】 甲公司增值税采用一般计税方法，2022 年 10 月 10 日，甲公司以一项商标权从第三方取得乙公司 20% 的股份并准备长期持有，甲公司对此项股权投资采用权益法核算。甲公司作为对价的该商标权的账面余额为 80 万元，未计提摊销，也未发生减值，投资双方认可的公允价值为 100 万元（计税价格），甲公司开出的增值税专用发票注明的价款为 100 万元，增值税税额为 6 万元。甲公司取得乙公司股权当日，乙公司可辨认净资产的公允价值为 500 万元。不考虑其他相关税费。甲公司进行会计处理时，应编制的会计分录如下：

借：长期股权投资——投资成本	1 060 000	
贷：无形资产		800 000
应交税费——应交增值税（销项税额）		60 000
资产处置损益		200 000

① 此处是指投出的无形资产涉及增值税时，应当将应支付的增值税计入投资的初始计量金额。

四、无形资产转销

无形资产预期不能为企业带来经济利益的，应当将该无形资产的账面价值予以转销，计入当期损益。转销无形资产时，按已计提的累计摊销，借记“累计摊销”科目，按已计提的无形资产减值准备，借记“无形资产减值准备”科目，按账面余额，贷记“无形资产”科目，按其差额，借记“营业外支出”科目。企业在判断无形资产是否预期不能为企业带来经济利益时，应根据以下迹象判断：一是该无形资产是否已被其他新技术等所替代，且不能给企业带来经济利益；二是该无形资产是否不再受法律保护，且不能给企业带来经济利益。

【例 7－9】 2022 年 12 月 31 日，甲公司在检查某项非专利技术的盈利能力时发现，该技术现已被同类的新技术所替代，而且采用该技术生产的产品已经没有市场。该非专利技术的账面余额为 18 万元，未计提摊销，已计提的减值准备为 3 万元。经批准决定将该非专利技术予以转销。甲公司进行会计处理时，应编制的会计分录如下：

借：营业外支出	150 000	
无形资产减值准备	30 000	
贷：无形资产		180 000

思政研习

习近平论科技创新与企业无形资产研发

党的十八大以来，习近平总书记针对科技创新提出了一系列新思想、新论断、新要求，立意高远，内涵深刻，形成了习近平关于新时代科技创新的重要论述。

2014 年 6 月，习近平总书记在两院院士大会讲话中强调，我国科技发展的方向就是创新、创新、再创新。

2018 年 7 月，习近平总书记在中央财经委员会第二次会议上强调，关键核心技术是国之重器，必须切实提高我国关键核心技术创新能力，把科技发展主动权牢牢掌握在自己手里，为我国发展提供有力科技保障。

2018 年 9 月，习近平总书记在考察中国一重集团有限公司时说：“国际上单边主义、保护主义上升了，逼着我们靠自己，走自力更生的道路，这不是个坏事。福兮祸所伏，祸兮福所倚，中国最终还要靠自己。”

2020 年 9 月 11 日，中共中央总书记、国家主席、中央军委主席习近平在京主持召开科学家座谈会并发表重要讲话，就“十四五”时期我国科技事业发展听取意见。

习近平总书记指出，当今世界正经历百年未有之大变局，我国发展面临的国内外环境发生深刻复杂变化，我国“十四五”时期以及更长时期的发展对加快科技创新提出了更为迫切的要求。

加快科技创新是推动高质量发展的需要，是实现人民高品质生活的需要，是构建新发展格局的需要，是顺利开启全面建设社会主义现代化国家新征程的需要。

我国拥有数量众多的科技工作者、规模庞大的研发投入，关键是要改善科技创新生态，激发创新创造活力，给广大科学家和科技工作者搭建施展才华的舞台，让科技创新成果源源不断涌现出来。

坚持需求导向和问题导向，对能够快速突破、及时解决问题的技术，要抓紧推进；对属于战略性、需要久久为功的技术，要提前部署。

发挥我国社会主义制度能够集中力量办大事的优势，整合优化科技资源配置，狠抓创新体系建设，进行优化组合，组建一批国家实验室，形成我国实验室体系，发挥高校在科研中的重要作用，推动重要领域关键核心技术攻关。

持之以恒加强基础研究，明确我国基础研究领域方向和发展目标，加大基础研究投入，在财政、金融、税收等方面给予必要政策支持，创造有利于基础研究的良好科研生态，建立健全科学评价体系、激励机制，持续不断坚持下去。

加强创新人才教育培养，把教育摆在更加重要位置，全面提高教育质量，加强数学、物理、化学、生物等基础学科建设，鼓励具备条件的高校积极设置基础研究、交叉学科相关学科专业，加强基础学科本科生培养，注重培养学生创新意识和创新能力。

依靠改革激发科技创新活力，通过深化科技体制改革把巨大创新潜能有效释放出来，坚决破除"唯论文、唯职称、唯学历、唯奖项"。

加强国际科技合作，更加主动地融入全球创新网络，在开放合作中提升自身科技创新能力。

科学成就离不开精神支撑，科学家精神是科技工作者在长期科学实践中积累的宝贵精神财富。希望广大科技工作者不忘初心、牢记使命，秉持国家利益和人民利益至上，继承和发扬老一辈科学家胸怀祖国、服务人民的优秀品质，弘扬"两弹一星"精神，主动肩负起历史重任，把自己的科学追求融入建设社会主义现代化国家的伟大事业中去。

树立敢于创造的雄心壮志，敢于提出新理论、开辟新领域、探索新路径，在独创独有上下功夫；多出高水平的原创成果，为不断丰富和发展科学体系作出贡献；鼓励科技工作者专注于自己的科研事业，勤奋钻研，不慕虚荣，不计名利；广泛宣传科技工作者勇于探索、献身科学的生动事迹；好奇心是人的天性，对科学兴趣的引导和培养要从娃娃抓起，使他们更多了解科学知识，掌握科学方法，形成一大批具备科学家潜质的青少年群体。

各级党委和政府以及各级领导干部要认真贯彻党中央关于科技创新的决策部署，落实好创新驱动发展战略，尊重劳动、尊重知识、尊重人才、尊重创造，遵循科学发展规律，推动科技创新成果不断涌现，并转化为现实生产力。领导干部要加强对新科学知识的学习，关注全球科技发展趋势。

研讨主题：根据上述资料，讨论应当如何运用习近平总书记的科技创新思想来指导我国企业尊重知识、尊重人才、尊重创造，遵循科学发展规律，加大研发投入，推动科技创新成果不断涌现，提升企业持续竞争力。

思考题

1. 取得无形资产有哪些主要方式？每种方式下其取得成本该如何计量？
2. 自行开发无形资产时，其研究与开发阶段该如何划分，其会计处理有何不同？
3. 计提无形资产摊销时，应考虑哪些主要因素？
4. 无形资产发生减值后，其摊销额应该如何计算？
5. 转让无形资产所有权和转让无形资产使用权的会计处理有何差异？

第八章

流动负债

课件

负债是企业过去的交易或事项形成的，预期会导致经济利益流出的现时义务。从产权角度讲，负债是企业的债权人权益，是企业资产的重要来源。负债按其流动性区分为流动负债与非流动负债，按其发生的确定性区分为可确定负债与或有负债。本章主要讲述的是负债中可确定的流动负债的确认与计量。

第一节　流动负债概述

流动负债的划分标准

一、流动负债的定义及确认条件

流动负债是指满足下列条件之一的负债：(1) 预计在一个正常营业周期中清偿；(2) 主要为交易目的而持有；(3) 自资产负债表日起一年内到期应予以清偿；(4) 企业无权自主地将清偿推迟至资产负债表日后一年以上。正常营业周期，是指企业从购买用于加工的资产起至实现现金或现金等价物的期间。企业的正常营业周期通常短于一年，但也有一些例外，如大型船舶制造企业、房地产开发企业等企业的正常营业周期大都超过一年。

企业的流动负债主要包括短期借款、应付票据、应付账款、合同负债①、预收账款②、应付职工薪酬、应交税费、应付股利、应付利息、其他应付款等。在实务中，根据实质重于形式的要求，企业将于一年内到期的非流动负债也归为流动负债进行列报。

流动负债的确认除必须符合流动负债的定义之外，还应当同时满足以下两个条件：(1) 与该义务有关的经济利益很可能流出企业；(2) 未来流出的经济利益的金额能够可靠地计量。

二、流动负债的计量

流动负债代表着企业未来的现金流出，从理论上讲，应按未来应付金额的现值③计量。但是，由于流动负债的偿还期限较短（通常不超过 12 个月），其到期值与现值的差别不是很大，为了简便起见，会计实务中一般按照未来应付金额（面值）计量流动负债，并列示于资产负债表上。这种做法，虽然高估了负债，但有三方面的优点：其一，体现了谨慎原

---

① 合同负债将在第十一章讲解。

② 预收账款核算企业预收的与收入确认和计量无关的款项，本教材不予介绍。

③ 现值是将未来应收或应付的金额按照一定的折现率计算的现在的价值。

则；其二，体现了重要性原则；其三，简化了核算，符合“成本—效益”原则。

第二节　短期借款及应付款项

短期借款的会计处理

一、短期借款

短期借款是企业向银行或其他金融机构借入的期限在一年以下（含一年）或超过一年的一个正常营业周期以内的各种借款。短期借款一般是企业为维持正常的生产经营所需资金而借入的或者为抵偿某项到期债务而借入的。企业借入的短期借款，无论用于哪些方面，必须按照规定期限还本付息。在会计核算上，企业要及时如实地反映短期借款的借入、利息的发生和本金及利息的偿还情况。为了核算企业短期借款的取得与归还情况，企业应设置“短期借款”账户。

“短期借款”账户的贷方登记取得的短期借款，借方登记已归还的短期借款，期末贷方余额为企业尚未归还的短期借款本金。该账户应按债权人设置明细账，并按借款种类进行明细核算。

企业从银行或其他金融机构取得短期借款时，借记“银行存款”科目，贷记“短期借款”科目。

在实际工作中，银行一般于每季度末收取短期借款利息，为此，企业的每个季度的头两个月短期借款利息一般采用月末预提的方式进行核算。企业在资产负债表日预提短期借款利息费用时，借记“财务费用”科目，贷记“应付利息”科目；季度末实际支付利息时，根据已预提的利息，借记“应付利息”科目，根据本季度最后月份已发生但未预提的利息，借记“财务费用”科目，根据实际支付的本季度利息总额，贷记“银行存款”科目。

企业短期借款到期偿还本金时，借记“短期借款”科目，贷记“银行存款”科目。

【例 8－1】 2022 年 7 月 1 日，甲公司向该公司的开户银行取得期限为 3 个月的借款 1 000 000 元存入银行，月利率 5‰。假定该公司按月预提利息，到期一次还本付息。甲公司进行会计处理时，应编制的会计分录如下：

（1）2022 年 7 月 1 日，取得短期借款时：

借：银行存款　　1 000 000

　　贷：短期借款　　1 000 000

（2）2022 年 7 月 31 日，预提短期借款利息时：

借：财务费用　　5 000

　　贷：应付利息　　5 000

（3）2022 年 8 月 31 日，预提短期借款利息时：

借：财务费用　　5 000

　　贷：应付利息　　5 000

（4）2022 年 9 月 30 日，偿还借款本息时：

借：短期借款　　1 000 000

　　应付利息　　10 000

财务费用　　5 000

贷：银行存款　　1 015 000

值得注意的是，以上只是短期借款一般业务的会计处理。实务中，有时会存在企业借入短期借款时银行先从借款总额中扣除未来应收取的借款利息的情形，譬如应收票据贴现借款。在这一情形下，企业短期借款的整个核算过程则为：借入借款时，按扣除利息后的实得金额借记“银行存款”科目，按未扣除未来利息前的借款总额贷记“短期借款——本金”科目，按借贷的差额借记“短期借款——利息调整”科目；借款存续期间不计提、不支付利息，但应按实际利率法对“短期借款——利息调整”进行摊销，摊销时借记“财务费用”科目，贷记“短期借款——利息调整”科目；归还借款本金时，借记“短期借款——本金”科目，贷记“银行存款”科目。

二、应付票据

应付款项的会计处理

应付票据与第二章中述及的商业汇票相联系，是出票人在约定日期应尽的一种商业汇票结算支付义务，是企业流动负债的重要组成部分。应付票据按承兑人不同分为应付商业承兑汇票和应付银行承兑汇票两种，按是否带息分为应付带息商业汇票和应付不带息商业汇票两种①。为核算该项负债的增减变动情况，企业应设置“应付票据”账户。

“应付票据”账户贷方登记该项负债的增加数（开具并承兑商业汇票的面值），借方登记该项负债的减少数，期末贷方余额为企业尚未结算的应付票据债务。该账户应按债权人设置明细账进行明细核算。

企业开出商业汇票或以承兑商业汇票抵付货款、应付账款时，借记“材料采购”“应交税费——应交增值税（进项税额）”等科目，贷记“应付票据”科目；支付银行承兑汇票的手续费时，借记“财务费用”科目，贷记“银行存款”科目。如果应付商业承兑汇票到期，企业无力支付票款的，按应付票据的票面金额，借记“应付票据”科目，贷记“应付账款”科目；如果应付银行承兑汇票到期，企业无力支付票款的，按应付票据的票面金额，借记“应付票据”科目，贷记“短期借款”科目。

【例8-2】 甲公司增值税采用一般计税方法，材料按计划成本核算。2022年7月1日，从乙公司购入A原材料一批，增值税专用发票上注明的价款为1 000 000元，增值税税额为130 000元，同日开出并自行承兑的不带息商业承兑汇票一张，期限3个月。该批A原材料的计划成本为1 200 000元，同日已经验收入库。甲公司进行会计处理时，应编制的会计分录如下：

（1）2022年7月1日，开出并承兑汇票时：

借：材料采购　　1 000 000

　　应交税费——应交增值税（进项税额）　　130 000

　　贷：应付票据　　1 130 000

（2）2022年7月1日，原材料按计划成本入库时：

借：原材料　　1 200 000

① 由于我国商业汇票最长期限为6个月，实践中我国商业汇票都是不带息的商业汇票。

贷：材料采购 1 000 000

材料成本差异 200 000

【例 8－3】 沿用【例 8－2】的资料，如果甲公司 2022 年 9 月 30 日无力支付该商业承兑汇票的票款，则甲公司进行会计处理时，应编制的会计分录如下：

借：应付票据 1 130 000

贷：应付账款 1 130 000

【例 8－4】 沿用【例 8－2】的资料，假设甲公司 2022 年 9 月 30 日无力支付的商业汇票不是商业承兑汇票，而是银行承兑汇票。则甲公司在收到银行已代甲公司支付票款的通知进行会计处理时，应编制的会计分录如下：

借：应付票据 1 130 000

贷：短期借款 1 130 000

三、应付账款

应付账款是企业因购买原材料、商品或接受劳务等而发生的一般结算性债务。为核算应付账款的增减变动情况，企业应设置“应付账款”账户。

“应付账款”账户的贷方一般登记其增加数额，借方一般登记其减少数额，期末余额一般在贷方，表示企业尚欠的应付账款数额。该账户应按各债权人设置相应明细账进行明细核算。从理论上讲，应付账款的入账应以购买物资的所有权发生转移或接受的劳务已经发生为标志，但在会计实务中，应区别不同情况处理。

（一）单货同到

“单货同到”是指购买的货物和有关发票账单同时到达的情形。在此情形下，应付账款一般在原材料验收入库后按发票账单登记入账，借记“材料采购”或“原材料”“应交税费——应交增值税（进项税额）”等科目，贷记“应付账款”等科目。此种处理主要是为了避免如果所购的货物与合同不相符而增加调账的工作量，会计处理相对较为简单。

【例 8－5】 甲公司增值税采用一般计税方法，2022 年 9 月 20 日，从乙公司购买 A 原材料一批，增值税专用发票上注明的价款为 500 000 元，增值税税额为 65 000 元。另以银行存款支付杂费 20 000 元。该原材料已验收入库（材料按计划成本核算，该批材料的计划成本为 550 000 元），货款及增值税未支付。甲公司进行会计处理时，应编制的会计分录如下：

（1）2022 年 9 月 20 日，采购 A 原材料时：

借：材料采购 520 000

应交税费——应交增值税（进项税额） 65 000

贷：应付账款 565 000

银行存款 20 000

（2）2022 年 9 月 20 日，所采购的 A 原材料入库时：

借：原材料 550 000

贷：材料采购 520 000

材料成本差异 30 000

（二）单到货未到

“单到货未到”是指购买货物的有关发票、账单已经到达企业，而货物尚未到达的情形。通常情况下应根据经审核无误的有关单据借记“材料采购”或“在途物资”“应交税费——应交增值税（进项税额）”等科目，贷记“应付账款”等科目。

（三）货到单未到

“货到单未到”是指购买的货物已经到达企业，而有关发票账单尚未到达企业的情形。为简化核算，通常在先收到货物时仅作备忘记录，不反映企业所欠应付账款的增加。但如果直到月末有关单据还未到达企业，为了保证账实相符，需要对已入库的原材料按暂估价入账，借记“原材料”科目，贷记“应付账款”科目。下月初用红字冲回，待有关单据到达后，视同“单货同到”的情形进行会计处理。

【例8-6】 2022年7月25日，甲公司收到并入库从乙公司购买的A材料5 000公斤，但有关的发票账单直至月末尚未到达。该材料的计划单价为50元/公斤。甲公司月末按其计划成本作为暂估价进行会计处理时，应编制的会计分录如下：

（1）2022年7月31日，对A材料按暂估价入账时：

借：原材料　　250 000

　　贷：应付账款　　250 000

（2）2022年8月1日，以红字冲回原暂估价记录时：

借：原材料　　[250 000]

　　贷：应付账款　　[250 000]

企业的应付账款一般情况下是以货币资金进行清偿。清偿时，借记“应付账款”科目，贷记“库存现金”“银行存款”“其他货币资金”等科目。

四、应付利息

应付利息是企业按照约定应支付给债权人的借款利息，在实际支付之前形成企业的一项流动负债，包括分期付息到期还本的长短期借款、应付债券等应支付的利息。为核算该负债的增减变动情况，企业应设置“应付利息”账户。

“应付利息”账户的贷方登记按约定计提的应付利息的发生额，借方登记实际支付的利息金额，贷方余额表示期末尚未支付的应付利息金额。该账户应按各债权人设置相应明细账进行明细核算。

企业应于资产负债表日按债务的摊余成本和实际利率计算确定发生的实际利息费用①，借记“财务费用”“在建工程”等科目，按合同约定利率计算确定的应付利息贷记“应付利息”科目，按借贷双方之间的差额，借记或贷记“长期借款——利息调整”“应付债券——利息调整”等科目。实际支付利息时，借记“应付利息”科目，贷记“银行存款”等科目。应付利息的具体会计处理参见本节“短期借款”及第九章的相关内容。

五、应付股利

发放股利是企业对净利润进行分配的主要形式。股利分配的具体形式很多，现金股利是最常见的形式之一。根据股东大会或类似机构批准的利润分配方案宣告分派的现金股利，在

① 合同利率与实际利率差异较小的，也可直接采用合同利率计算确定发生的实际利息费用。

实际发放之前形成企业的一项流动负债。为核算股份制企业向股东分配现金股利的情况，企业应设置“应付股利”① 账户。

“应付股利”账户的贷方登记按股利分配方案应派发现金股利的数额，借方登记实际发放现金股利的数额，贷方余额表示已宣告但尚未发放的现金股利数额。该账户应按各股东设置相应明细账进行明细核算。

企业于股东大会或类似机构审议通过利润分配方案后，按应支付的现金股利总额借记“利润分配”科目，贷记“应付股利”科目；实际支付现金股利时，借记“应付股利”科目，贷记“银行存款”等科目。其具体会计处理参见第十二章的相关内容。

六、其他应付款

其他应付款是指企业除了应付票据、应付账款、应付利息、应付股利、应付职工薪酬、应交税费等以外的其他各项应付款项，主要包括应付的各种罚款或违约金、存入保证金等。为核算该负债的增减变动情况，企业应设置“其他应付款”账户。

“其他应付款”账户的贷方登记其他应付款的增加数，借方登记其他应付款的减少数，贷方余额一般表示期末尚欠的其他应付款数额。该账户应按各债权人设置相应明细账进行明细核算。

企业发生其他应付款项时，借记“管理费用”“银行存款”等科目，贷记“其他应付款”科目；支付其他应付款项时，借记“其他应付款”科目，贷记“银行存款”等科目。

【例 8－7】 2022 年 6 月 1 日，甲公司向乙公司出租包装物一批，收取押金 10 000 元存入银行。甲公司进行会计处理时，应编制的会计分录如下：

借：银行存款　　10 000

　　贷：其他应付款　　10 000

【例 8－8】 沿用【例 8－7】，2022 年 6 月 30 日，收回包装物并以银行存款退还原收包装物押金 10 000 元。甲公司进行会计处理时，应编制的会计分录如下：

借：其他应付款　　10 000

　　贷：银行存款　　10 000

第三节　应交税费

企业税费负担与列支渠道

一、应交税费的主要类别

依法纳税是企业应尽的基本社会责任与义务。在生产经营过程中，企业需要缴纳的税费主要有：耕地占用税、契税、关税、增值税、消费税、土地增值税、资源税、环境保护税、城市维护建设税、房产税、土地使用税、车船税、印花税、所得税以及教育费附加、土地使用费、海域使用费等。这些税费有的与固定资产相关，如耕地占用税和契税；有的与企业的

① 非股份制企业应设置“应付利润”账户，其结构及运用与“应付股利”账户相似。

流转额相关，如增值税、消费税等；有的与财产相关，如房产税、土地使用税等，还有的与企业的盈利相关，如所得税等。在具体履行这些税费义务时，除少部分税费外，一般都应按相关义务的权责归属先预计其应缴纳税额，在实际缴纳之前，形成企业的一项重要流动负债。

二、应交增值税的会计处理

增值税是以商品（含货物、加工、修理修配劳务、服务、无形资产或不动产，统称商品，下同）在流转过程中产生的增值额作为计税依据而征收的一种流转税。按现行增值税有关规定，企业增值税计缴方法有一般计税方法和简易计税方法两种。企业增值税采用一般计税方法的，购入商品支付的增值税（即进项税额），除部分不满足规定条件的之外，一般可以从销售商品按规定收取的增值税（即销项税额）中抵扣。

应交增值税的特征与一般计交原理

（一）采用一般计税方法的会计处理

1. 应交增值税的计算原理及核算账户

增值税采用一般计税方法的纳税人销售商品等的应纳税额为当期销项税额抵扣当期进项税额后的余额。应纳税额计算公式如下：

应纳税额 = 当期销项税额 − 当期进项税额

增值税采用一般计税方法的纳税人应在“应交税费”账户下设置“应交增值税”“未交增值税”“待认证进项税额”“待抵扣进项税额”“待转销项税额”“预交增值税”“代扣代交增值税”“转让金融商品应交增值税”等多个与增值税核算相关的明细账户。其中“应交增值税”明细账户的借方发生额，反映企业购进商品等支付的进项税额、实际已缴纳的增值税等；贷方发生额，反映企业销售商品等产生的销项税额、出口货物退税、转出已支付或应分担的增值税等；期末借方余额，反映企业尚未抵扣的增值税①。企业应在“应交增值税”明细账户下设置“进项税额”“已交税金”“销项税额”“出口退税”“进项税额转出”“转出未交增值税”“转出多交增值税”“减免税款”“出口抵减内销产品应纳税额”等专栏进行进一步的明细核算，其基本格式如表 8 – 1 所示。

表 8 – 1　　应交税费——应交增值税

摘要	借方						贷方						
	合计	进项税额	已交税金	减免税款	出口抵减内销产品应纳税额	转出未交增值税	合计	销项税额	进项税额转出	出口退税	转出多交增值税	借或贷	余额

“未交增值税”明细科目的借方登记当月交纳以前月份欠交的增值税，以及月末从“应交增值税”明细账户转来的当月多交的增值税额，贷方登记月末从“应交增值税”明细账

① 该明细账户期末不允许出现贷方余额。期末如果存在多交或应交未交的增值税必须转入“应交税费——未交增值税”明细账户。

户转来的当月欠交的增值税额，期末余额在借方，表示多交的增值税额，期末余额在贷方，表示欠交的增值税额。

“待认证进项税额”明细科目，核算采用一般计税方法的纳税人由于未经税务机关认证而不得从当期销项税额中抵扣的进项税额。包括：采用一般计税方法的纳税人已取得增值税扣税凭证、按照现行增值税制度规定准予从销项税额中抵扣，但尚未经税务机关认证的进项税额；采用一般计税方法的纳税人已申请稽核但尚未取得稽核相符结果的海关缴款书进项税额等。

“待抵扣进项税额”明细科目，核算采用一般计税方法的纳税人已取得增值税扣税凭证并经税务机关认证，按照现行增值税制度规定准予以后期间从销项税额中抵扣的进项税额。比如实行纳税辅导期管理的采用一般计税方法的纳税人取得的尚未交叉稽核比对的增值税扣税凭证上注明或计算的进项税额。

“待转销项税额”明细科目，核算采用一般计税方法的纳税人销售商品等，已确认相关收入（或利得）但尚未发生增值税纳税义务而需于以后期间确认为销项税额的增值税额。

“转让金融商品应交增值税”明细科目，核算采用一般计税方法的纳税人转让金融商品发生的增值税额。

“代扣代交增值税”明细科目，核算采用一般计税方法的纳税人购进在境内未设经营机构的境外单位或个人在境内的应税行为代扣代缴的增值税。

2. 销项税额业务

增值税“销项税额”的会计处理

企业正常销售应税商品等，一般应于开具发票时点按发票中的不含税价款和适用的税率确认相应的增值税销项税额。如果增值税专用发票中未注明不含税价款的金额，或者开具的系普通发票，则应对发票中的含税价款进行价税分离后，再确认相应的销项税额。其中的不含税价款的计算公式为：

$$不含税价款 = \frac{含税价款}{1 + 增值税税率}$$

企业销售商品等时，一般应按实收或应收的价款，借记“银行存款”“应收账款”“应收票据”等科目，按满足收入确认条件的不含税收入金额，贷记“主营业务收入”等科目，按产生的销项税额，贷记“应交税费——应交增值税（销项税额）”科目。同时结转销售商品等的成本。

【例 8-9】　甲公司增值税采用一般计税方法，适用的增值税税率为 13%。2022 年 10 月 12 日向乙公司销售 A 产品 800 件，不含税销售单价 280 元/件，单位生产成本 220 元/件。商品已发出，货款及增值税已经收存银行。甲公司进行会计处理时，应编制的会计分录如下：

借：银行存款　　253 120

　　贷：主营业务收入　　224 000

　　　　应交税费——应交增值税（销项税额）　　29 120

同时结转销售成本的会计分录略。

实务中，企业除了正常销售应税货物、提供应税劳务或应税服务应确认其产生的销项税额外，还可能存在视同销售应确认相应增值税销项税额的业务。其中，有的仅确认相应的销项税额，不确认收入；有的既要确认相应的销项税额，还要确认相应的收入。

【例 8－10】 甲公司增值税采用一般计税方法，适用的增值税税率为 13%。2022 年 10 月 20 日，甲公司在建工程——职工集体福利设施领用本公司自产的 A 产品 100 件，其单位生产成本为 800 元/件，正常对外出售的不含增值税的销售单价为 1 000 元/件。甲公司进行会计处理时，应编制的会计分录如下：

借：在建工程　　93 000
　　贷：库存商品　　80 000
　　　　应交税费——应交增值税（销项税额）　　13 000

实务中，既要视同销售确认销项税额，又要确认相应收入的情形则更为多见，比如以自产的应税产品用于非货币性资产交换、发放职工福利等，其会计处理实例参见有关章节的相关内容。

3. 进项税额业务

进项税额分流核算与管理的规则

增值税“进项税额”的会计处理

如前所述，采用一般计税方法的纳税人当期发生的可抵扣的进项税额业务主要包括当期购买商品等从销售方取得的增值税专用发票上注明的增值税额；当期进口商品等从海关取得的海关进口增值税专用缴款书上注明的增值税额；当期购进免税农产品按照农产品收购发票或者销售发票上注明的农产品买价和 9% 的税率计算的进项税额等。企业在确认上述业务可抵扣的进项税额时，借记“应交税费——应交增值税（进项税额）”科目，按确定的采购（或进口）货物、应税劳务或应税服务的成本借记“材料采购”①、“固定资产”“工程物资”“无形资产”等科目，按实际支付或应该支付的金额贷记“银行存款”“应付账款”“应付票据”等科目。

【例 8－11】 甲公司增值税采用一般计税方法，适用的增值税税率为 13%，该公司材料按实际成本核算。2022 年 10 月 22 日购买 A 原材料一批，取得的增值税专用发票上注明的价款140 000 元、增值税税额为 18 200 元，货款及增值税已用银行汇票付讫，A 原材料于当天如数验收入库。甲公司进行会计处理时，应编制的会计分录如下：

借：原材料　　140 000
　　应交税费——应交增值税（进项税额）　　18 200
　　贷：其他货币资金——银行汇票　　158 200

【例 8－12】 甲公司增值税采用一般计税方法，2022 年 11 月 6 日，向某农产品生产专业户收购 A 免税农产品 10 000 公斤，收购单价 10 元/公斤，适用的增值税税率为 9%，收购货款以现金支票付讫，收购的货物已入库准备直接出售。甲公司进行会计处理时，应编制的会计分录如下：

借：库存商品　　91 000
　　应交税费——应交增值税（进项税额）　　9 000
　　贷：银行存款　　100 000

需要特别指出的是：第一，增值税采用一般计税方法的纳税采购时支付的可用于销项税额抵扣的进项税额需要得到税务机构的认证，已认证的可直接记入“应交税费——应交增

① 存货按计划成本计价的借记“材料采购”科目，如果是按实际成本计价的，则应借记“在途物资”或“原材料”“库存商品”等科目。

值税（进项税额）”专栏，未认证的则先记入“应交税费——待认证进项税额”明细账户，待认证后再转入“应交税费——应交增值税（进项税额）”专栏；第二，增值税采用一般计税方法的纳税人接受股东出资、接受债务人抵债或通过非货币性资产交换获取的商品等，其增值税符合价税分流条件和认证程序的也可作借记“应交税费——应交增值税（进项税额）”处理；第三，增值税采用一般计税方法的纳税人取得商品等所支付的进项税额不符合抵扣规定条件的（比如为简易计税项目、非应税项目或免税项目取得的商品等支付的进项税额，为应税项目购进但未取得增值税专用发票或进口完税凭证，或取得的增值税专用发票或进口完税凭证不符合要求的等），不得直接计入有关商品（资产）的成本，而应通过规定的认证程序，先计入“应交税费——应交增值税（进项税额）”专栏，然后再按“进项税额转出”的流程处理计入有关商品（资产）的成本。

4. 进项税额转出业务

我国的增值税实行的是“购进扣税法”，进项税额转出业务实际上是前述“进项税额”的调减性业务，即因所取得的原准备用于应税项目的货物等因为改用于非应税项目或免税项目、或因管理不善而致其毁损或被偷盗等原因，按规定原计入“应交税费——应交增值税（进项税额）”科目的增值税税额不得作为销项税额抵扣而应予以转出的业务。企业发生进项税额转出业务时，应借记“待处理财产损溢”“在建工程”等科目，贷记“应交税费——应交增值税（进项税额转出）”科目。

【例 8-13】 甲公司增值税采用一般计税方法，适用的增值税税率为 13%。2022 年 10 月 24 日，甲公司在建职工集体福利设施工程领用原为生产 A 产品而购进的 B 原材料一批，其采购成本为 50 000 元，原计入“应交税费——应交增值税（进项税额）”科目的进项税额为6 500 元。甲公司进行会计处理时，应编制的会计分录如下：

借：在建工程	56 500	
贷：原材料		50 000
应交税费——应交增值税（进项税额转出）		6 500

【例 8-14】 甲公司增值税采用一般计税方法，适用的增值税税率为 13%。2022 年 10 月 27 日，甲公司发生仓库被盗事件，被盗 A 原材料 14 500 元，该原材料计入“应交税费——应交增值税（进项税额）”科目的进项税额为 1 885 元。甲公司进行会计处理时，应编制的会计分录如下：

借：待处理财产损溢	16 385	
贷：原材料		14 500
应交税费——应交增值税（进项税额转出）		1 885

5. 实际缴纳及月末结算业务

增值税实际缴纳的会计处理

增值税会计处理综合实例

企业缴纳（含预缴）当月增值税时，借记“应交税费——应交增值税（已交税金）”科目，贷记“银行存款”等科目；月末计算出当月应缴增值税额，减去当月已缴当月部分，然后应将其差额从“应交增值税”明细科目转入“未交增值税”明细科目。如果差额表现为当月应缴未交增值税的，则应将差额借记“应交税费——应交增值税（转出未交增值税）”科目，贷记“应交税费——未交增值税”科目；如果差额表现为当月多交当月增值税的，则应将差额借记“应交税费——未交增值税”科目，贷记“应交税费——应交增值税（转出多交增值税）”科目。企业缴纳以前月份欠缴的增值税时，借记“应交税费——未交增值税”科目，贷记“银行存款”等科目。

【例 8－15】 甲公司增值税采用一般计税方法，适用的增值税税率为 13%。2022 年 10 月 15 日，甲公司以银行存款向税务机关预缴当月增值税 30 000 元，缴纳上月欠交增值税 10 000 元。甲公司进行会计处理时，应编制的会计分录如下：

借：应交税费——应交增值税（已交税金）　　30 000
　　　　　　——未交增值税　　10 000
　贷：银行存款　　40 000

（二）采用简易计税方法的会计处理

根据现行增值税有关规定，采用简易计税方法的纳税人销售商品等，按不含税的销售额和规定的征收率（3%）计算应纳税额，不得抵扣进项税额[①]。其计算公式为：

应纳税额＝不含税销售额×征收率

不含税销售额＝含税销售额/（1＋征收率）

采用简易计税方法的纳税人应设置“应交税费——应交增值税”科目，其贷方登记其增值税纳税义务的发生额，借方登记其实际缴纳增值税的金额，贷方余额表示期末欠交的增值税税额。企业在购进商品等时，应按支付的全部价款，借记“原材料”“固定资产”“无形资产”等科目，贷记“银行存款”“应付账款”“应付票据”等科目；在销售商品等时，按应收取的全部价款，借记“应收账款”“银行存款等”科目，按实现的不含税收入金额，贷记“主营业务收入”等科目，按应缴纳的增值税额，贷记“应交税费——应交增值税”科目。

【例 8－16】 甲公司增值税采用简易计税方法，适用的征收率为 3%。2022 年 7 月 3 日以银行汇票从甲公司购进原材料一批，增值税专用发票上注明的价款为 12 000 元、增值税税额为 1 560 元，材料按实际成本核算。材料于当天收到入库。甲公司进行会计处理时，应编制的会计分录如下：

借：原材料　　13 560
　贷：其他货币资金——银行汇票　　13 560

【例 8－17】 甲公司增值税采用简易计税方法，适用的征收率为 3%。2022 年 7 月 5 日，甲公司销售 A 产品一批，开出的普通发票上注明的金额为 30 900 元，款项已收到存入银行。甲公司进行会计处理时，应编制的会计分录如下：

借：银行存款　　30 900
　贷：主营业务收入　　30 000
　　　应交税费——应交增值税　　900

需要说明的是，增值税采用一般计税方法的纳税人也会存在部分经济业务事项的增值税按规定需要采用简易计税方法进行核算与管理。那么，其该部分适用简易计税方法的经济业务事项相关的进项税额的会计处理，以及应交增值税的计算规则，与完全采用简易计税方法的纳税人的做法基本相同，不同之处在于其适用简易计税方法的应交增值税核算不是通过

① 采用简易计税方法的纳税人取得商品等所支付的进项税额一律计入取得商品等受益对象的成本，即使取得了增值税专用发票也不例外。

“应交税费——应交增值税”明细科目，而是通过设置运用“应交税费——简易计税”明细科目进行的。

三、其他应交税费的会计处理

为核算其他需经预计的税费形成的负债，企业应在“应交税费”科目下按各税费种类设置明细科目进行明细核算。

企业发生各种税费义务时，除耕地占用税、印花税等少数税费之外，一般应按规定计算确认的应纳税费额，借记有关科目，贷记“应交税费”科目；缴纳时，按实际缴纳金额借记“应交税费”科目，贷记“银行存款”等科目。

（一）计入管理费用的税费

企业在生产经营过程中发生的海域使用费等税费应计入管理费用。发生时，借记“管理费用”科目，贷记“应交税费”科目。支付时，借记“应交税费”科目，贷记“银行存款”科目。

（二）计入税金及附加的税费①

企业在生产经营过程中发生的消费税、资源税、土地增值税、城市维护建设税、房产税、土地使用税、车船税、环境保护税、印花税及教育费附加等税费一般应计入税金及附加。发生时，借记“税金及附加”科目，贷记“应交税费”科目；实际缴纳时，借记“应交税费”科目，贷记“银行存款”等科目。

1. 消费税

消费税的会计处理

根据现行消费税法规的规定，在中华人民共和国境内生产、委托加工和进口该条例规定的消费品的单位和个人，以及国务院确定的销售该条例规定的消费品的其他单位和个人，为消费税的纳税人，应当依法缴纳消费税。

企业消费税一般适用从价定率计征或者从量定额计征，但也有部分应税消费品（譬如卷烟）适用于从价定率和从量定额双重同时计征办法。采取从价定率方法征收的消费税，以不含增值税的销售额为税基，按照税法规定的税率计算。企业的销售收入如果包含增值税的，应将其换算为不含增值税的销售额，换算公式为“不含增值税的销售额 = 含增值税的销售额 ÷（1 + 增值税税率或征收率）”。采取从量定额方法征收的消费税，根据税法确定的企业应税消费品的数量和单位应税消费品应缴纳的消费税计算确定。

从价计征的消费税 =（销售额 + 视同销售额 + 价外费用）× 适用税率

从量计征的消费税 = 销售量 × 适用定额税率

式中的“销售量”，属于正常销售应税消费品的，为应税消费品的销售数量；属于自产自用应税消费品的，为应税消费品移送使用数量；属于委托加工应税消费品的，为纳税人收回的应税消费品数量；属于进口应税消费品的，为海关核定的应税消费品进口征税数量。

适用从价定率与从量定额双重计征的，其应纳消费税额为分别计算的结果之和。

复合计征的消费税 =（销售额 + 视同销售额 + 价外费用）× 适用税率 + 销售量 × 适用定额税率

---

① 此处仅介绍生产和销售有关产品应计入“税金及附加”的情形，对于同一税种中不能计入“税金及附加”的情形，在本教材的其他相关章节予以介绍。

企业应在“应交税费”科目下设置“应交消费税”明细科目核算企业该项纳税义务产生与履行情况。企业按规定计算出应纳消费税税额时，借记“税金及附加”科目，贷记“应交税费——应交消费税”科目；实际交纳时，借记“应交税费——应交消费税”科目，贷记“银行存款”等科目。

【例 8-18】 甲公司生产的 A 产品系应税消费品，适用从价定率（10%）计征办法。2022 年 6 月 A 产品的不含税销售额为 8 000 000 元。甲公司有关的消费税计算及应编制的相关会计分录如下：

（1）2022 年 6 月应交消费税的计算：

应交消费税 = 8 000 000 × 10% = 800 000（元）

（2）2022 年 6 月应交消费税的会计分录：

借：税金及附加　　800 000

　　贷：应交税费——应交消费税　　800 000

2. 资源税

根据现行资源税法规的规定，资源税是国家对在中华人民共和国领域和中华人民共和国管辖的其他海域开发应税资源的单位和个人征收的一种税。资源税的应纳税额，按照《资源税税目税率表》实行从价计征或从量计征。

企业应在“应交税费”科目下设置“应交资源税”明细科目核算企业该项纳税义务的产生与履行情况。企业按规定计算出销售产品的应纳资源税税额时，借记“税金及附加”科目，贷记“应交税费——应交资源税”科目；实际交纳时，借记“应交税费——应交资源税”科目，贷记“银行存款”等科目。

【例 8-19】 甲公司主要开采和销售 A 矿产品。2022 年 10 月销售 A 产品 24 万吨，假定适用税额为 10 元/吨。甲公司有关的资源税计算及应编制的相关会计分录如下：

（1）2022 年 10 月应交资源税的计算：

应交资源税 = 240 000 × 10 = 2 400 000（元）

（2）2022 年 10 月应交资源税的会计分录：

借：税金及附加　　2 400 000

　　贷：应交税费——应交资源税　　2 400 000

3. 土地增值税

土地增值税是国家对我国境内转让国有土地使用权、地上建筑物及其附着物取得的增值额[①]按照规定的税率计算征收的一种税。对于以销售房地产为主营或附营业务的企业，按规定预计出土地增值税，直接借记“税金及附加”科目，贷记“应交税费——应交土地增值税”科目；实际缴纳时，借记“应交税费——应交土地增值税”科目，贷记“银行存款”等科目。

【例 8-20】 2022 年 3 月 31 日，主营房地产开发的甲公司按规定计算出当月出售房地产应缴纳的土地增值税为 8 000 000 元。甲公司进行会计处理时，应编制的会计分录如下：

---

① 这里的增值额是指转让房地产所取得收入（包括货币收入、实物收入和其他收入等）减除规定扣除项目（包括取得土地使用权所支付的金额、开发土地的成本费用、新建房屋及配套设施的成本费用或旧房及建筑物的评估价格、与转让房地产有关的税金等）后的余额。

借：税金及附加　　8 000 000

　　贷：应交税费——应交土地增值税　　8 000 000

4. 城市维护建设税

城市维护建设税，简称城建税，是一种附加税。其计税基础是企业一定时期所实际缴纳的流转税（即增值税和消费税）的税额，具体计算公式为：

应交城市维护建设税 = 当期实际缴纳的增值税和消费税的税额 × 适用税率

企业应交城市维护建设税的会计处理与其所依附的流转税（也称主税）密切相关，除增值税外，其主税计入什么会计科目，其附加的城市维护建设税也计入相同的会计科目。通常，根据企业当期实际缴纳流转税税额和适用税率而计算出的应交城市维护建设税，应借记“税金及附加”等科目，贷记“应交税费——应交城市维护建设税”科目；实际缴纳时，借记“应交税费——应交城市维护建设税”科目，贷记“银行存款”等科目。

【例 8－21】 甲公司增值税采用一般计税方法，主要生产和销售甲类卷烟，同时还兼营酒店。2022 年 6 月实际向税务机关缴纳增值税 1 000 000 元，消费税 2 000 000 元，适用的城市维护建设税税率为 7%。甲公司有关城市维护建设税的计算及应编制的相关会计分录如下：

（1）2022 年 6 月 30 日，应交城市维护建设税的计算：

应交城市维护建设税 =（1 000 000 + 2 000 000）× 7% = 210 000（元）

（2）2022 年 6 月 30 日，编制应交城市维护建设税的会计分录：

借：税金及附加　　210 000

　　贷：应交税费——应交城市维护建设税　　210 000

5. 教育费附加

教育费附加是为了发展地方教育事业而向企业征收的附加费用。其计征基础与城市维护建设税基本相同，附加率为 3%，具体计算公式为：

应纳教育费附加 = 当期实际缴纳的增值税和消费税的税额 × 附加率

企业按规定预计出应交的教育费附加时，借记“税金及附加”等科目，贷记“应交税费——应交教育费附加”科目。实际交纳时，借记“应交税费——应交教育费附加”科目，贷记“银行存款”等科目。

【例 8－22】 2022 年 6 月甲公司应缴纳的增值税为 1 000 000 元，消费税为 2 000 000 元，适用的教育费附加率为 3%，则甲公司应交的教育费附加为 90 000 元。甲公司进行会计处理时，应编制的会计分录如下：

借：税金及附加　　90 000

　　贷：应交税费——应交教育费附加　　90 000

6. 其他计入税金及附加的税费

其他计入税金及附加的税费包括环境保护税、房产税、土地使用税、车船税、印花税等，发生时，一般借记“税金及附加”科目，贷记“应交税费”科目。但印花税在发生时，直接借记“税金及附加”科目，贷记“银行存款”等科目。

【例 8－23】 2022 年甲公司拥有房屋 12 栋，其中 10 栋用于生产经营，房产原值 80 000 000 元，不包括冷暖通风设备 3 000 000 元；另外 2 栋房屋出租给 H 公司作为经营用房，年租金收入 500 000 元。甲公司的适用税率为：房产按余值（按现行规定自用房产按原值一次扣除

10%～30%后的余值计税，假定本例按30%作为扣除率）的1.2%计税；租金收入按12%计税。甲公司应交房产税的计算及应编制的相关会计分录如下：

（1）计算2022年应交房产税额：

①自用房产应交房产税额＝[（80 000 000＋3 000 000）×（1－30%）]×1.2%

＝697 200（元）

②出租房产应交房产税额＝500 000×12%

＝60 000（元）

（2）确认2022年应交房产税义务时：

借：税金及附加　　757 200

　　贷：应交税费——应交房产税　　757 200

【例8－24】 2022年1月，甲公司发生如下涉及印花税的业务：签订房屋出租合同5份，共计所载金额为500 000元，适用税率1‰；启用非资金账簿8本，适用税额5元/本；领受工商执照、商标注册证、土地使用权证、房屋产权证各1份，适用税额5元/本；签订财产保险合同1份，所载金额1 000 000元，适用税率1‰。假定上述业务的印花税均直接以银行存款支付。甲公司各业务的印花税计算及应编制的相关会计分录如下：

（1）印花税的计算过程：

经济合同的印花税＝500 000×1‰＋1 000 000×1‰＝1 500（元）

营业账簿的印花税＝8×5＝40（元）

权利许可证照的印花税＝4×5＝20（元）

（2）实际缴纳印花税时的会计分录：

借：税金及附加　　1 560

　　贷：银行存款　　1 560

第四节　应付职工薪酬

职工薪酬的内容及核算目标

一、职工和职工薪酬的定义

（一）职工的定义

职工薪酬准则所称的职工，是指与企业订立劳动合同的所有人员，含全职、兼职和临时职工，也包括虽未与企业订立劳动合同但由企业正式任命的人员，如董事会成员、监事会成员等。另外，在企业的计划和控制下，虽未与企业订立劳动合同或未由其正式任命，但为其提供与职工类似服务的人员，也属于职工的范畴，包括通过企业与劳务中介公司签订合同而向企业提供服务的人员。

（二）职工薪酬的定义

职工薪酬，是指企业为获得职工提供的服务或解除劳动关系而给予的各种形式的报酬或补偿。企业提供给职工配偶、子女、受赡养人、已故员工遗属及其他受益人等的福利，也属于职工薪酬。

职工薪酬主要包括短期薪酬、离职后福利、辞退福利和其他长期职工福利①。

1. 短期薪酬

短期薪酬，是指企业在职工提供相关服务的年度报告期间结束后十二个月内需要全部予以支付的职工薪酬，因解除与职工的劳动关系给予的补偿除外。因解除与职工的劳动关系给予的补偿属于辞退福利的范畴。短期薪酬主要包括：

（1）职工工资、奖金、津贴和补贴，是指按照构成工资总额的计时工资、计件工资、支付给职工的超额劳动报酬等的劳动报酬，为了补偿职工特殊或额外的劳动消耗和因其他特殊原因支付给职工的津贴，以及为了保证职工工资水平不受物价影响支付给职工的物价补贴等。其中，企业按照短期奖金计划向职工发放的奖金属于短期薪酬，按照长期奖金计划向职工发放的奖金属于其他长期职工福利。

（2）职工福利费，是指企业向职工提供的生活困难补助、丧葬补助费、抚恤金、职工异地安家费、防暑降温费、因公外地就医费用、职工疗养费用、职工卫生保健费等职工福利支出，以及企业尚未分离的内设集体福利部门所发生的设备、设施和人员费用等。

（3）医疗保险费和工伤保险费等社会保险费，是指企业按照国家规定的基准和比例计算，向社会保险经办机构缴存的医疗保险费和工伤保险费②等。

（4）住房公积金，是指企业按照国家规定的基准和比例计算，向住房公积金管理机构缴存的住房公积金。

（5）工会经费和职工教育经费，是指企业为了维护职工合法权益、改善职工文化生活、为职工学习先进技术和提高文化水平和业务素质，用于开展工会活动和职工教育及职业技能培训等相关支出。

（6）短期带薪缺勤，是指职工虽然缺勤但企业仍向其支付报酬的安排，包括年休假、病假、婚假、产假、丧假、探亲假等。长期带薪缺勤属于其他长期职工福利。

（7）短期利润分享计划，是指因职工提供服务而与职工达成的基于利润或其他经营成果提供薪酬的协议。长期利润分享计划属于其他长期职工福利。

（8）非货币性福利，是指企业以自己的产品或外购商品发放给职工作为福利，企业提供给职工无偿使用自己拥有的资产或租赁资产供职工无偿使用。

（9）其他短期薪酬，是指除上述薪酬以外的其他为获得职工提供的服务而给予的短期薪酬。

2. 离职后福利

离职后福利，是指企业为获得职工提供的服务而在职工退休或与企业解除劳动关系后，提供的各种形式的报酬和福利，属于短期薪酬和辞退福利的除外。

离职后福利计划，是指企业与职工就离职后福利达成的协议，或者企业为向职工提供离职后福利制定的规章或办法等。离职后福利计划按照企业承担的风险和义务情况，可以分为设定提存计划和设定受益计划。其中，设定提存计划，是指向独立的基金缴存固定费用后，企业不再承担进一步支付义务的离职后福利计划；设定受益计划，是指除设定提存计划以外

---

① 对于企业年金基金，企业应当按照《企业会计准则第10号——企业年金基金》的相关规定进行会计处理；对于企业向其职工发放的以股份为基础的支付，企业应当按照《企业会计准则第11号——股份支付》的相关规定进行会计处理。

② 根据国务院办公厅印发的《关于全面推进生育保险和职工基本医疗保险合并实施的意见》，生育保险基金并入职工基本医疗保险基金。

的离职后福利计划。

3. 辞退福利

辞退福利，是指企业在职工劳动合同到期之前解除与职工的劳动关系，或者为鼓励职工自愿接受裁减而给予职工的补偿。辞退福利主要包括：

（1）在职工劳动合同尚未到期前，不论职工本人是否愿意，企业决定解除与职工的劳动关系而给予的补偿。

（2）在职工劳动合同尚未到期前，为鼓励职工自愿接受裁减而给予的补偿，职工有权利选择继续在职或接受补偿离职。

4. 其他长期职工福利

其他长期职工福利，是指除短期薪酬、离职后福利、辞退福利之外的所有的职工薪酬，包括长期带薪缺勤、长期残疾福利、长期利润分享计划等。

（三）账户设置

企业为核算应付职工薪酬的发生与结算情况，应设置“应付职工薪酬”账户。该账户贷方登记各项应付职工薪酬的发生额（分配额），借方登记各项应付职工薪酬的支付额，期末贷方余额表示已经发生但尚未支付的职工薪酬数额。“应付职工薪酬”总账账户下应设置“工资”“职工福利费”“医疗保险费”“工伤保险费”“住房公积金”“工会经费”“职工教育经费”“非货币性福利”“累积带薪缺勤”“利润分享计划”“设定提存计划”“设定受益计划义务”和“辞退福利”等明细账户进行明细核算。

二、短期薪酬的会计处理

企业应当在职工为其提供服务的会计期间，将实际发生的短期薪酬确认为负债，并计入当期损益，其他会计准则要求或允许计入资产成本的除外。

（一）一般短期薪酬的会计处理

企业发生的职工工资、津贴和补贴等短期薪酬，应当根据职工提供服务情况和工资标准等计算应计入职工薪酬的工资总额，并按照受益对象计入当期损益或相关资产成本，借记“生产成本”“制造费用”“管理费用”等科目，贷记“应付职工薪酬”科目。发放时，借记“应付职工薪酬”科目，贷记“银行存款”等科目。

短期薪酬的一般会计处理

企业为职工缴纳的医疗保险费、工伤保险费等社会保险费和住房公积金，以及按规定提取的工会经费和职工教育经费，应当在职工为其提供服务的会计期间，根据规定的计提基础和计提比例计算确定相应的职工薪酬金额，并确认相应负债，按照受益对象计入当期损益或相关资产成本，借记“生产成本”“制造费用”“管理费用”等科目，贷记“应付职工薪酬”科目。

企业发生的职工福利费，应当在实际发生时根据实际发生额计入当期损益或相关资产成本。企业向职工提供非货币性福利的，应当按照公允价值计量。如企业以自产的产品作为非货币性福利提供给职工的，应当按照该产品的公允价值和相关税费确定职工薪酬金额，并计入当期损益或相关资产成本。相关收入的确认、销售成本的结转以及相关税费的处理，与企业正常商品销售的会计处理相同。企业以外购的商品作为非货币性福利提供给职工的，应当按照该商品的公允价值

非货币性福利的会计处理

和相关税费确定职工薪酬的金额，并计入当期损益或相关资产成本。

【例 8－25】 甲公司 2022 年 10 月的工资结算汇总表如表 8－2 所示：

表 8－2 工资结算汇总表①

编制单位：甲公司 2022 年 10 月 单位：百元

部门	人员类别	应付工资						代扣款项	实发工资
		计时工资	计件工资	补贴、津贴	奖金	病、事假扣款	合计		
一车间	生产工人		4 560	1 240	234	324	5 710	478	5 232
	管理人员	2 380		880	128	248	3 140	356	2 784
二车间	生产工人		8 860	3 460	488	624	12 184	579	11 605
	管理人员	4 350		2 680	335	120	7 245	434	6 811
机修车间	生产工人		2 560	1 870	556	386	4 600	321	4 279
	管理人员	1 100		230	85	75	1 340	165	1 175
企业管理部门	企业管理人员	6 530		2 800	650	324	9 656	1 025	8 631
工程项目	在建工程人员	1 280		358	98	55	1 681	188	1 493
职工食堂	炊事人员	880		255	45	—	1 180	235	945
研发处	研发人员	4 420		220			4 640	578	4 062
合计		20 940	15 980	13 993	2 619	2 156	51 376	4 359	47 017

甲公司进行会计处理时，应编制的会计分录如下：

（1）分配应付工资时：

借：生产成本——基本生产成本 1 789 400

——辅助生产成本 460 000

制造费用 1 172 500

管理费用 1 083 600

在建工程 168 100

研发支出 464 000

贷：应付职工薪酬——工资 5 137 600

（2）根据实发工资额以银行存款发放工资时：

借：应付职工薪酬——工资 4 701 700

贷：银行存款 4 701 700

（3）代扣款项结转时：

借：应付职工薪酬——工资 435 900

贷：其他应付款 217 950

应交税费——应交个人所得税 217 950

① 在实际工作中，此表的项目更多，此处作了适当简化。另外，表中“应付工资”栏中的“合计”数额，与国家统计部门的“工资总额”的统计口径一致，此栏的数额即为该公司当月发生的工资总额。假定表中代扣款项栏中有 50% 为代扣的职工个人所得税。

【例 8－26】 沿用【例 8－25】的资料，2022 年 10 月 31 日，甲公司根据内外部有关规定、过去的经验和本年预算开支计划等，按工资总额（应付工资数）的 8%、12%、2% 和 2.5% 分别计提医疗保险费、住房公积金、工会经费和职工教育经费。甲公司进行会计处理时，应编制的会计分录[①]如下：

借：生产成本——基本生产成本　438 403
　　　　　　——辅助生产成本　112 700
　　制造费用　287 262.5
　　管理费用　265 482
　　在建工程　41 184.5
　　研发支出　113 680
　　贷：应付职工薪酬——医疗保险费　411 008
　　　　　　　　　　——住房公积金　616 512
　　　　　　　　　　——工会经费　102 752
　　　　　　　　　　——职工教育费　128 440

【例 8－27】 甲公司增值税采用一般计税方法，适用的增值税税率为 13%。2022 年 12 月 30 日，甲公司将自产的 200 件 A 产品作为元旦福利发放给职工。该公司享受此次福利的职工 200 人，其中生产工人 180 人、销售人员 10 人、管理人员 10 人。该 A 产品的生产成本为 5 000 元/件，正常对外的售价为 6 780 元/件（含增值税）。甲公司进行会计处理时，应编制的会计分录如下：

（1）按产品的公允价值和增值税总额分配非货币性福利时：

借：生产成本　1 220 400
　　销售费用　67 800
　　管理费用　67 800
　　贷：应付职工薪酬——非货币性福利　1 356 000

（2）以产品发放非货币性福利时：

借：应付职工薪酬——非货币性福利　1 356 000
　　贷：主营业务收入　1 200 000
　　　　应交税费——应交增值税（销项税额）　156 000
借：主营业务成本　1 000 000
　　贷：库存商品　1 000 000

（二）短期带薪缺勤的会计处理

带薪缺勤应当根据其性质及其职工享有的权利，分为累积带薪缺勤和非累积带薪缺勤两类。企业应当对累积带薪缺勤和非累积带薪缺勤分别进行会计处理。如果带薪缺勤属于长期带薪缺勤的，企业应当作为其他长期职工福利处理。

短期带薪缺勤的会计处理

1. 累积带薪缺勤及其会计处理

① 该会计分录中借方各会计科目的金额，基本都是按【例 8－25】“分配应付工资”的会计分录中的借方各会计科目的金额分别乘以 24.5%（即各项计提的比例之和）得来。计提的渠道也基本上是应付工资分配计入什么会计科目，其相应的计提金额也借记什么会计科目。

累积带薪缺勤，是指带薪缺勤权利可以结转下期的带薪缺勤，本期尚未用完的带薪缺勤权利可以在未来期间使用。企业应当在职工提供了服务从而增加了其未来享有的带薪缺勤权利时，确认与累积带薪缺勤相关的职工薪酬，并以累积未行使权利而增加的预期支付金额计量。

有些累积带薪缺勤在职工离开企业时，对于未行使的权利，职工有权获得现金支付。职工在离开企业时能够获得现金支付的，企业应当确认企业必须支付的、职工全部累积未使用权利的金额。企业应当根据资产负债表日因累积未使用权利而导致的预期支付的追加金额，作为累积带薪缺勤费用进行预计。

【例 8－28】 甲公司现有职工 800 名，自 2022 年 1 月 1 日起实行累积带薪缺勤制度。该制度规定：每个职工每年可享受 5 个工作日带薪病假，未使用的病假只能向后结转一个自然年度，超过一年未使用的权利作废；职工休病假是以后进先出为基础，即首先从当年可享受的权利中扣除，再从上年结转的带薪病假日数余额中扣除；职工离开公司时，公司对职工未使用的累积带薪病假不支付现金。经统计，截至 2022 年 12 月 31 日，每个职工当年平均未使用带薪病假为 2 天。根据过去的经验并预期该经验将继续适用，甲公司预计 2023 年有 750 名职工将享受不超过 5 天的带薪病假，剩余 50 名职工每人将平均享受 7 天病假，假定这 50 名职工中 40% 的为总部各部门经理，其余的为一线生产工人，假定该公司平均每名职工每个工作日工资为 200 元。

分析：甲公司在 2022 年 12 月 31 日应当预计由于职工累积未使用的带薪病假权利而导致的预期支付的追加金额，即相当于 100（50 人 ×2 天/人）天的病假工资 20 000（100 天 ×200 元/天）元。

甲公司进行会计处理时，应编制的会计分录如下：

借：生产成本　　12 000
　　管理费用　　8 000
　　贷：应付职工薪酬——累积带薪缺勤　　20 000

假定 2023 年 12 月 31 日，上述 50 名职工中只有 40 名享受了 7 天病假，并随同正常工资以银行存款支付。另有 10 名（假定全部为总部部门经理）只享受了 5 天病假，由于该公司的带薪缺勤制度规定，未使用的权利只能结转一年，超过一年未使用的权利将作废。则 2023 年甲公司进行会计处理时，应编制的会计分录如下：

借：应付职工薪酬——累积带薪缺勤　　20 000
　　贷：银行存款　　16 000
　　　　管理费用　　4 000

【例 8－29】 沿用【例 8－28】的资料，假设该公司的带薪缺勤制度规定，职工累积未使用的带薪缺勤权利可以无限期结转，且可以于职工离开企业时以现金支付。甲公司 800 名职工中，20 名为总部各部门经理，80 名为总部各部门职员，700 名为直接生产工人。

分析：甲公司在 2022 年 12 月 31 日应当预计由于职工累积未使用的带薪病假权利而导致的全部金额，即相当于 1 600（800 人 ×2 天/人）天的病假工资 320 000（1 600 天 ×200 元/天）元。

甲公司进行会计处理时，应编制的会计分录如下：

借：生产成本　　280 000
　　管理费用　　40 000

贷：应付职工薪酬——累积带薪缺勤　　320 000

2. 非累积带薪缺勤及其会计处理

非累积带薪缺勤，是指带薪缺勤权利不能结转下期的带薪缺勤，本期尚未用完的带薪缺勤权利将予以取消，并且职工离开企业时也无权获得现金支付。我国企业职工休婚假、产假、丧假、探亲假、病假期间的工资通常属于非累积带薪缺勤。由于职工提供服务本身不能增加其能够享受的福利金额，企业在职工未缺勤时不应当计提相关费用和负债。为此，企业应当在职工实际发生缺勤的会计期间确认与非累积带薪缺勤相关的职工薪酬。企业确认职工享有的与非累积带薪缺勤权利相关的薪酬，视同职工出勤确认的当期损益或相关资产成本。

通常情况下，与非累积带薪缺勤相关的职工薪酬已经包括在企业每期向职工发放的工资等薪酬中，因此，不必额外作相应的会计处理。

（三）短期利润分享计划的会计处理

企业制订有短期利润分享计划的，如当职工完成规定业绩指标，或者在企业工作了特定期限后，能够享有按照企业净利润的一定比例计算的薪酬，企业应当进行相应的会计处理。

同时满足下列两个条件时，企业应当确认短期利润分享计划所产生的应付职工薪酬，并计入当期损益或相关资产成本：（1）企业因过去事项现在具有支付职工薪酬的法定义务或推定义务；（2）因利润分享计划所产生的应付职工薪酬义务能够可靠估计。

属于以下三种情形之一的，视为义务金额能够可靠估计：第一，在财务报告批准报出之前企业已确定应支付的薪酬金额；第二，该利润分享计划的正式条款中包括确定薪酬金额的方式；第三，过去的惯例为企业确定推定义务金额提供了明显证据。

企业在计量利润分享计划产生的应付职工薪酬时，应当反映职工因离职而没有得到利润分享计划支付的可能性。

如果企业预期在职工为其提供相关服务的年度报告期间结束后十二个月内，不需要全部支付利润分享计划产生的应付职工薪酬，该利润分享计划应当按照其他长期职工福利进行会计处理。

企业根据经营业绩或职工贡献等情况提取的奖金，属于奖金计划，应当比照短期利润分享计划进行会计处理。

【例 8－30】　甲公司于 2022 年 1 月 1 日制订和实施了一项短期利润分享计划，以对公司管理层进行激励。该计划规定，公司全年的净利润指标为 5 000 万元，如果在公司管理层的努力下完成的净利润超过 5 000 万元，公司管理层将可以分享超过 5 000 万元净利润部分的 20% 作为额外报酬。假定至 2022 年 12 月 31 日，甲公司全年实际完成净利润 6 000 万元。假定不考虑离职等其他因素，则甲公司管理层按照利润分享计划可以分享利润 200 万元作为其额外的薪酬。甲公司进行会计处理时，应编制的会计分录如下：

借：管理费用　　2 000 000

　　贷：应付职工薪酬——利润分享计划　　2 000 000

三、离职后福利的会计处理

职工离职后福利的类型与比较

离职后福利包括退休福利（如养老金和一次性的退休支付）及其他离职后福利（如离职后人寿保险和离职后医疗保障）。企业向职工提供了离职后福利的，无论是否设立了单独主体接受提存金并支付福利，均应当对离职后福利进行会计处理。

职工正常退休时获得的养老金等离职后福利，是职工与企业签订的劳动合同到期或者职工达到了国家规定的退休年龄时，获得的离职后生活补偿金额。企业给予补偿的事项是职工在职时提供的服务而不是退休本身。因此，企业应当在职工提供服务的会计期间对离职后福利进行确认和计量。

企业应当按照企业承担风险和义务情况，将离职后福利计划分类为设定提存计划和设定受益计划两种类型。

（一）设定提存计划的会计处理

设定提存计划，是指企业向单独主体（如基金等）缴存固定费用后，不再承担进一步支付义务的离职后福利计划。

对于设定提存计划，企业应当根据在资产负债表日为换取职工在会计期间提供的服务而应向单独主体缴存的提存金，确认为应付职工薪酬负债，并计入当期损益或相关资产成本。

【例 8－31】 沿用【例 8－25】的资料，2022 年 10 月 31 日，甲公司根据内外部有关规定、过去的经验和本年预算开支计划等，按工资总额（应付工资数）的 20% 和 2% 分别计提养老保险费和失业保险费。甲公司进行会计处理时，应编制的会计分录[①]如下：

借：生产成本——基本生产成本	393 668	
——辅助生产成本	101 200	
制造费用	257 950	
管理费用	238 392	
在建工程	36 982	
研发支出	102 080	
贷：应付职工薪酬——设定提存计划		1 130 272

根据设定提存计划，预期不会在职工提供相关服务的年度报告期结束后十二个月内支付全部应缴存金额的，企业应当以一定的折现率，将全部应缴存金额以折现后的金额计量应付职工薪酬。

（二）设定受益计划的会计处理

设定受益计划，是指除设定提存计划以外的离职后福利计划。在设定受益计划下，企业的义务是为现在及以前的职工提供约定的福利，并且精算风险和投资风险实质上由企业来承担。

离职后福利的会计处理（上）　离职后福利的会计处理（中）　离职后福利的会计处理（下）

当企业负有下列义务时，该计划就是一项设定受益计划：（1）计划福利公式不仅仅与提存金金额相关，且要求企业在资产不足以满足该公式的福利时提供进一步的提存金；（2）通过计划间接地或直接地对提存金的特定回报作出担保。

设定受益计划可能是不注入资金的，或者可能全部或部分地由企业（有时由其职工）向独立主体以缴纳提存金形式注入资金，并由该独立主体向职工支付福利。到期时已注资福

① 该会计分录中借方各会计科目的金额，基本都是按【例 8－25】“分配应付工资”的会计分录中的借方各会计科目的金额分别乘以 22%（即各项计提的比例之和）得来。计提的渠道也基本上是应付工资分配计入什么会计科目，其相应的计提金额也借记什么会计科目。

利的支付不仅取决于独立主体的财务状况和投资业绩，而且取决于企业补偿独立主体资产不足的意愿和能力。企业实质上承担着与计划相关的精算风险和投资风险。因此，设定受益计划所确认的费用并不一定是本期应付的提存金金额。企业存在一项或多项设定受益计划的，对于每一项计划应当分别进行会计处理。

企业对设定受益计划的会计处理通常包括下列四个步骤：

（1）根据预期累计福利单位法，采用无偏且相互一致的精算假设对有关人口统计变量和财务等做出估计，计量设定受益计划所产生的义务，并确定相关义务的归属期间。企业应当按照规定的折现率将设定受益计划所产生的义务予以折现，以确定设定受益计划义务的现值和当期服务成本。折现时所采用的折现率应当根据资产负债表日与设定受益计划义务期限和币种相匹配的国债或活跃市场上的高质量公司债券的市场收益率确定。

（2）设定受益计划存在资产的，企业应当将设定受益计划义务现值减去设定受益计划资产公允价值所形成的赤字或盈余确认为一项设定受益计划净负债或净资产。设定受益计划存在盈余的，企业应当以设定受益计划的盈余和资产上限两项的孰低者计量设定受益计划净资产。其中，资产上限，是指企业可从设定受益计划退款或减少未来对设定受益计划缴存资金而获得的经济利益的现值。

（3）企业应当将服务成本和设定受益计划净负债或净资产的利息净额，计入当期损益。服务成本，包括当期服务成本、过去服务成本和结算利得或损失。其中，当期服务成本，是指职工当期提供服务所导致的设定受益计划义务现值的增加额；过去服务成本，是指设定受益计划修改所导致的与以前期间职工服务相关的设定受益计划义务现值的增加或减少。设定受益计划净负债或净资产的利息净额，包括计划资产的利息收益、设定受益计划义务的利息费用以及资产上限影响的利息。

（4）企业应当将重新计量设定受益计划净负债或净资产所产生的变动，计入其他综合收益，并且在后续会计期间不允许转回至损益，但企业可以在权益范围内转移这些在其他综合收益中确认的金额。重新计量设定受益计划净负债或净资产所产生的变动包括下列部分：①精算利得或损失，即由于精算假设和经验调整导致之前所计量的设定受益计划义务现值的增加或减少。②计划资产回报，扣除包括在设定受益计划净负债或净资产的利息净额中的金额。③资产上限影响的变动，扣除包括在设定受益计划净负债或净资产的利息净额中的金额。

【例 8－32】 甲公司在 2022 年 1 月 1 日设立了一项设定受益计划，并于当日开始实施，该设定受益计划规定：

（1）甲公司向其行政管理部门在职员工提供统筹外补充退休金，这些职工在退休后每年可以额外获得 2.4 万元退休金，直至去世。

（2）职工获得该额外退休金基于自该计划开始日起为公司提供的服务，而且应当自该设定受益计划开始日起一直为公司服务至退休。

假定符合该计划的行政管理部门在职员工为 200 人，当前平均年龄为 40 岁，退休年龄为 60 岁，还可以为公司服务 20 年。

假定在退休前无人离职，退休后平均剩余寿命为 15 年。

假定适用的折现率为 8%，并且不考虑未来通货膨胀影响等其他因素。

计算设定受益计划义务及其现值如表 8－3 所示。

表 8－3　　　　计算设定受益计划义务及其现值　　　　单位：万元

	退休后第 1 年	退休后第 2 年	退休后第 3 年	退休后第 4 年	……	退休后第 14 年	退休后第 15 年
（1）当年支付	480	480	480	480	……	480	480
（2）折现率	8%	8%	8%	8%	……	8%	8%
（3）复利现值系数	0. 9259	0. 8573	0. 7938	0. 7350	……	0. 3405	0. 3152
（4）退休时点现值 =（1）×（3）	444	412	381	353	……	163	151
（5）退休时点现值合计	4 109						

计算职工服务期间每期服务成本如表 8－4 所示。

表 8－4　　　　计算职工服务期间每期服务成本　　　　单位：万元

服务年份	服务第 1 年	服务第 2 年	……	服务第 19 年	服务第 20 年
福利归属			……		
——以前年度	0	205. 45	……	3 698. 1	3 903. 55
——当年	205. 45	205. 45	……	205. 45	205. 45
——以前年度 + 当年	205. 45	410. 9	……	3 903. 55	4 109
期初义务	0	47. 61	……	3 170. 53	3 614. 40
利息	0	3. 81	……	253. 64	289. 15
当期服务成本	47. 61 *	51. 41 **	……	190. 23 ***	205. 45
期末义务	47. 61	102. 83	……	3 614. 40	4 109 ****

* $47.61 = 205.45/(1+8\%)^{19}$

** $51.41 = 205.45/(1+8\%)^{18}$

*** $190.23 = 205.45/(1+8\%)$

**** 含尾数调整。

甲公司进行会计处理时，应编制的会计分录如下：

2022 年 12 月 31 日：

借：管理费用　　476 100

　　贷：应付职工薪酬——设定受益计划义务　　476 100

2023 年 12 月 31 日：

借：管理费用　　514 100

　　贷：应付职工薪酬——设定受益计划义务　　514 100

借：财务费用　　38 100

　　贷：应付职工薪酬——设定受益计划义务　　38 100

【例 8－33】 沿用【例 8－32】的资料，甲公司在该计划开始后职工提供服务的第 3 年年末重新计量该设定受益计划的净负债。甲公司发现，由于预期寿命等精算假设和经验调整导致该设定受益计划义务的现值增加，形成精算损失 30 万元。

借：其他综合收益　　300 000

　　贷：应付职工薪酬——设定受益计划义务　　300 000

四、辞退福利的会计处理

辞退福利的会计处理

企业向职工提供辞退福利的，应当在企业不能单方面撤回因解除劳动关系计划或裁减建议所提供的辞退福利时、企业确认涉及支付辞退福利的重组相关的成本或费用时两者孰早日，确认辞退福利产生的应付职工薪酬负债，并计入当期损益。

企业有详细、正式的重组计划并且该重组计划已对外公告时，表明已经承担了重组义务。重组计划包括重组涉及的业务、主要地点、需要补偿的职工人数及其岗位性质、预计重组支出、计划实施时间等。

企业应当按照辞退计划条款的规定，合理预计并确认辞退福利产生的应付职工薪酬负债，并具体考虑下列情况：

（1）对于职工没有选择权的辞退计划，企业应当根据辞退计划条款规定拟解除劳动关系的职工数量、每一职位的辞退补偿等确认应付职工薪酬负债。

（2）对于自愿接受裁减建议的辞退计划，由于接受裁减的职工数量不确定，企业应当预计将会接受裁减建议的职工数量，根据预计的职工数量和每一职位的辞退补偿等确认应付职工薪酬负债。

（3）对于辞退福利预期在其确认的年度报告期间期末后十二个月内完全支付的辞退福利，不需要折现。

（4）对于辞退福利预期在其确认的年度报告期间期末后十二个月内不能完全支付的辞退福利，应当选择恰当的折现率，以折现后的金额计量应计入当期损益的辞退福利金额。

【例8-34】 甲公司管理层为转产新产品，于2022年10月制定了一项辞退计划。公司计划从2023年1月1日起，以职工自愿方式辞退第四生产车间的全部或部分职工。辞退计划的详细内容已与职工沟通，并达成一致意见。12月8日董事会正式批准了该计划。该计划将于下一个年度内实施完毕。该项辞退计划的主要内容如表8-5所示。

表8-5　　第四车间可辞退人数及补偿标准一览表

所属部门	职位	辞退数量（人）	工龄（年）	每人补偿金额（万元）
第四车间	车间主任 副主任	5	1—10	10
			10—20	20
			20—30	30
	高级技工	45	1—10	8
			10—20	18
			20—30	28
	一般技工	100	1—10	5
			10—20	15
			20—30	25
合计		150		

2022年12月31日，公司确定各级别职工拟接受辞退职工数量的最佳估计数（最可能发生数）及其补偿金额如表8-6所示。

表 8－6　　第四车间拟接受辞退人数及其补偿金额一览表

所属部门	职位	辞退数量（人）	工龄（年）	接受数量（人）	每人补偿额	补偿金额（万元）
第四车间	车间主任副主任	5	1—10	1	10	10
			10—20	2	20	40
			20—30	1	30	30
	高级技工	45	1—10	20	8	160
			10—20	10	18	180
			20—30	10	28	280
	一般技工	100	1—10	40	5	200
			10—20	30	15	450
			20—30	10	25	250
合计		150		124		1 600

甲公司进行会计处理时，应编制的会计分录如下：

（1）2022 年 12 月在职工辞退前预计辞退福利时：

借：管理费用　　16 000 000

　　贷：应付职工薪酬——辞退福利　　16 000 000

（2）2023 年支付辞退补偿金时：

借：应付职工薪酬——辞退福利　　16 000 000

　　贷：银行存款　　16 000 000

如果 2023 年实际辞退人数与 2022 年预估的不一致，则应对管理费用及应付职工薪酬进行调整。

五、其他长期职工福利的会计处理

企业向职工提供的其他长期职工福利，符合设定提存计划条件的，应当按照设定提存计划的有关规定进行会计处理。

企业向职工提供的其他长期职工福利，符合设定受益计划条件的，企业应当按照设定受益计划的有关规定，确认和计量其他长期职工福利净负债或净资产。在报告期末，企业应当将其他长期职工福利产生的职工薪酬成本确认为服务成本、其他长期职工福利净负债或净资产的利息净额和重新计量其他长期职工福利净负债或净资产所产生的变动。为了简化相关会计处理，上述项目的总净额计入当期损益或相关资产成本。

思政研习

习近平论减税降费与企业纳税筹划

减税降费事关经济改革和发展的全局。确保减税降费政策措施落地生根，让企业轻装上阵。2018 年 11 月以来，习近平总书记先后在民营企业座谈会、中央经济工作会议、2019 年新年贺词、中央深改委第七次会议等多次重要讲话中，反复强调要加大减税降费力度，实施更大规模减税和更明显降费，并要求做到简明易行好操作，实质性降低企业负担。

从 2018 年 1 月 1 日个税专项附加扣除政策正式执行，到 1 月 9 日小微企业普惠性减税措施推出，再到大规模降低增值税税率，一系列减税降费新政直击当前市场主体的难点，给企业和个人带来了满满的获得感和良好的预期。有关专家认为，增值税改革的减税效应通过抵扣机制层层传导，牵一发而动全身，将会为我国经济社会发展带来持续利好。

减税降费是改革，也是为了推动改革、促进发展。因此，各级各类市场主体在切实享受红利的同时，更应该树立改革思维、创新思维、发展思维，紧抓机遇，在轻装前行中瞄准更高水平改革创新，真正将政策红利切实转变为高质量发展的内生动力。

减税降费是减轻企业负担、激发市场活力的重要举措，也是深化供给侧结构性改革、推动经济高质量发展的必然要求。让减税降费的政策更快更好落地，深圳发布“十条减税降费措施”；浙江召开税企座谈会，共商税收助力企业发展良策；湖南借鉴“精准扶贫”经验提出四个精准的工作思路，等等。实践证明，算好财政收入的细账和经济社会发展的大账，各级政府有能力、有智慧化解财政收支矛盾的压力，用政府的紧日子换取企业和地方经济发展的好日子。

2018 年全球减税风潮提示我们，不仅企业要提高产品在全球的竞争力，国家税收政策也必须增强在全球的竞争力。税收是最基本的政府职能，其涉及的是经济生活领域中最具牛鼻子意义的关系链条，税收制度已经成为国家治理体系的组成部分。因时而变，因势而动，伴随着经济体制改革不断深化推进的历史进程，国家不断对税收体制及其运行机制进行适应性变革——以税收公共化匹配经济市场化，以税收现代化匹配国家治理现代化，以公共税收体制匹配社会主义市场经济体制，以现代税收制度匹配现代国家治理体系和治理能力，这无疑是顺应时代发展大趋势的选择。

我们有理由相信，通过普惠性和结构性并行的减税降费等制度安排，进一步降低战略性新兴产业市场主体的资源配置成本，将十分有利于促进生成经济增长新动能，切实推动中国经济高质量发展。

2019 年以来，更大规模减税降费持续发力，一项项为企业减负的真招实招接连出台。前三季度，全国累计新增减税降费 17 834 亿元，为千千万万企业减下负担、增添了奋进前行的底气和信心。

作为积极财政政策的一个“重手拳”、应对经济下行压力的一个“关键招”，减税降费政策利当前更利长远，将切实增强经济发展后劲，更好助力中国经济爬坡过坎、迈向高质量发展。

习近平总书记指出，减税降费政策措施要落地生根，让企业轻装上阵；让减税降费红利，转化为高质量发展动力；一系列减税降费新政直击当前市场主体的难点，给企业和个人带来了满满的获得感和良好的预期。

研讨主题：根据上述资料，讨论应当如何运用习近平总书记的减税降费思想来指导我国企业加强纳税筹划，降低税负，让减税降费红利，转化为企业高质量发展动力。

思考题

1. 流动负债如何界定，其具体内容有哪些？
2. 流动负债按未来应付金额计价有何优点？

3. 逾期未能支付的应付票据在会计上应如何处理？

4. 短期借款的利息应如何核算？

5. 其他应付款与应付账款的核算内容有何区别？

6. 企业“应交税费”科目核算内容包括哪些？

7. 企业应计入“税金及附加”科目的税费有哪些？

8. 应交增值税是如何计算的？一般计税方法下的“进项税额”包括哪些内容？

9. 企业一般计税方法下的增值税进项税额转出的情形有哪些？

10. 哪些人员属于企业的职工？

11. 什么是职工薪酬？职工薪酬有哪些类别？

12. 什么是短期薪酬？具体包括哪些内容？

13. 短期薪酬中的非货币性福利如何计量？

14. 什么是离职后福利？如何区分设定提存计划和设定受益计划？

15. 设定受益计划产生的职工薪酬成本包括哪些组成部分？对这些组成部分如何进行会计处理？

16. 什么是辞退福利？如何进行会计处理？

17. 什么是其他长期职工福利？如何进行会计处理？

第九章

非流动负债

课件

流动负债以外的负债为非流动负债。非流动负债通常包括长期借款、应付债券和长期应付款等。根据《企业会计准则第22号——金融工具确认和计量》的规定，非流动负债应当按照公允价值进行初始计量，采用摊余成本进行后续计量。实际利率与合同利率差别较小的，也可按合同利率计算利息费用。

第一节　非流动负债概述

一、非流动负债的定义及特征

非流动负债是指偿还期在一年或者超过一年的一个正常营业周期以上的债务，它是因企业向债权人筹集可供长期使用的资金而形成的。它包括长期借款、应付债券和长期应付款等。与流动负债相比，非流动负债具有债务金额大、偿还期限长、可以分期偿还等特征。

二、非流动负债的分类

（一）非流动负债按筹资方式分类

非流动负债按其筹资方式，可分为长期借款、应付债券和长期应付款等三类：长期借款，是指企业向银行和其他金融机构借入的期限在一年以上（不含一年）的各项借款；应付债券，是指企业为筹集资金而依照法定程序发行的、超过一年期的有价证券，包括企业发行的一般公司债券、可转换公司债券，以及归类为金融负债的优先股、永续债等。长期应付款，是指企业除长期借款和应付债券以外的其他各种长期应付款项，如具有融资性质的延期付款购买资产发生的应付款项等。

（二）非流动负债按偿还方式分类

非流动负债按偿还方式可分为定期偿还的非流动负债和分期偿还的非流动负债两类：定期偿还的非流动负债，是指在规定的债务到期日一次偿还的负债；分期偿还的非流动负债，是指在举债期间内，按照合同约定分若干次偿还的负债。

三、非流动负债的确认与计量

（一）非流动负债的确认

非流动负债与流动负债一般都指企业已经存在并且将在未来偿还的经济义务，所以非流动负债与流动负债的确认基本相同，应在实际发生该项经济业务时予以确认。

（二）非流动负债的计量

《企业会计准则第 22 号——金融工具确认和计量》规定，长期借款、应付债券和长期应付款应当按其公允价值和相关交易费用之和作为初始确认金额，同时采用实际利率法，按摊余成本进行后续计量。

四、借款费用的确认与计量

（一）借款费用的定义及构成

借款费用的内容

借款费用，是指企业因借款而发生的利息及其相关成本。借款费用主要包括以下四个组成部分。

（1）因借款而发生的利息。因借款而发生的利息，包括企业向银行或其他金融机构等借入资金发生的利息、发行债券发生的利息以及为购建或生产符合资本化条件的资产而发生的带息债务应当承担的利息等。

（2）因借款而发生的折价或溢价的摊销。因借款而发生的折价或者溢价主要是指发行公司债券所发生的折价或者溢价。企业在每期摊销折价或者溢价时，实质上是对债券票面利息的调整，因此，因借款而发生的折价或者溢价的摊销属于借款费用的范围。

（3）因借款而发生的辅助费用。因借款而发生的辅助费用，是指企业在借款过程中发生的手续费、佣金、印刷费、承诺费等费用，由于这些费用是因安排借款而发生的，属于借入资金所付出的代价，因而也构成借款费用的组成部分。

（4）因外币借款而发生的汇兑差额。因外币借款而发生的汇兑差额，是指由于汇率变动导致市场汇率与账面汇率出现差异，从而对外币借款本金及其利息的记账本位币金额所产生的影响金额。由于汇率的变动往往和利率的变化相联动，它是企业外币借款所需承担的风险，因此，因外币借款而发生的汇兑差额属于借款费用。

（二）借款费用的确认

借款费用资本化的条件

《企业会计准则第 17 号——借款费用》规定：企业发生的借款费用，可直接归属于符合资本化条件的资产的购建或者生产的，应当予以资本化，计入相关资产成本；其他借款费用，应当在发生时根据其发生额确认为费用，计入当期损益。

符合资本化条件的资产，是指需要经过相当长时间的购建或者生产活动才能达到预定可使用或者可销售状态的固定资产、投资性房地产和存货等资产。建造合同成本、确认为无形资产的开发支出等在符合条件的情况下，也可以认定为符合资本化条件的资产。

借款费用的确认主要解决的是将每期发生的借款费用资本化、计入相关资产的成本，还是将有关借款费用费用化、计入当期损益的问题。企业只有发生在资本化期间内的有关借款费用，才允许资本化，因此资本化期间的确定是借款费用确认的重要前提。

资本化期间，是指从借款费用开始资本化时点到停止资本化时点的期间，借款费用暂停资本化的期间不包括在内。

1. 借款费用开始资本化的时点

借款费用开始资本化的条件是：（1）资产支出已经发生；（2）借款费用已经发生；（3）为使资产达到预定可使用或可销售状态所必要的购建活动已经开始。企业只有在上述三个条件同时满足的情况下，因专门借款发生的利息、折价或溢价的摊销或汇兑差额才可开始资本化。资产支出已经发生是指企业为购建或者生产符合资本化条件的资产已经发生了支付现金、转移非现金资产或者承担带息债务形式发生的支出。借款费用已经发生是指企业已经发生了因购建或者生产符合资本化条件的资产而专门借入的款项的借款费用或者所占用一般借款的借款费用。为使资产达到预定可使用状态所必要的购建活动已经开始是指符合资本化条件的资产的实体建造工作已经开始，例如主体设备的安装、厂房的实际开工建造等。它不包括仅仅持有资产、但没有发生为改变资产形态而进行实质上的建造或者生产活动。例如企业购置了建筑用地，但是尚未开工兴建房屋或者发生有关房屋实体建造活动。

2. 借款费用暂停资本化的期间

符合资本化条件的资产在购建或者生产过程中，如果购建活动发生非正常（由于某些不可预见或管理决策改变等方面的原因发生的中断，包括由于劳动纠纷、发生安全事故、改变设计图纸、资金周转困难等，不包括为使所购置或建造的固定资产达到预定可使用状态所必要的程序而发生的中断，或由于可预见不可抗力因素导致的中断）中断，且中断时间连续超过三个月的，应当暂停借款费用的资本化。中断的原因必须是非正常中断，属于正常中断的相关借款费用仍可资本化。

3. 借款费用停止资本化的时点

购建或者生产的符合资本化条件的资产达到预定可使用或者可销售状态时，借款费用应当停止资本化。在符合资本化条件的资产达到预定可使用或可销售状态之后所发生的借款费用，应当在发生时根据其发生额确认为费用，计入当期损益。

购建或者生产的符合资本化条件的资产达到预定可使用或者可销售状态，可从以下三个方面进行判断。

（1）符合资本化条件的资产的实体建造（包括安装）或者生产工作已经全部完成或者实质上已经完成。

（2）所购建或者生产的符合资本化条件的资产与设计要求、合同规定或者生产要求相符或者基本相符，即使有极个别与设计、合同或者生产要求不相符的地方，也不影响其正常使用或销售。

（3）继续发生在所购建或生产的符合资本化条件的资产上支出的金额很少或者几乎不再发生。

所购建或者生产的资产如果分别建造、分别完工的，企业应当区别情况界定借款费用停止资本化的时点。

购建或者生产的符合资本化条件的各部分分别完工，且每部分在其他部分继续建造过程中可供使用或者可对外销售、且为使该部分资产达到预定可使用或可销售状态所必要的购建或者生产活动实质上已经完成的，应当停止与该部分资产相关的借款费用的资本化，因为该部分资产已经达到了预定可使用或者可销售状态。

（三）借款费用的计量

《企业会计准则第 22 号——金融工具确认和计量》规定，长期借款、应付债券和长期应付款应当按其公允价值和相关交易费用之和作为初始确认金额，同时采用实际利率法，按摊余成本进行后续计量。

借款利息资本化金额的计算（上）

借款利息资本化金额的计算（下）

1. 借款利息资本化金额的确定

在借款费用资本化期间内，每一会计期间的利息资本化金额，应当按照下列规定确定：

（1）为购建或者生产符合资本化条件的资产而借入专门借款的，应当以专门借款当期实际发生的利息费用，减去将尚未动用的借款资金存入银行取得的利息收入或进行暂时性投资取得的投资收益后的金额确定。

（2）为购建或者生产符合资本化条件的资产而占用了一般借款的，企业应当根据累计资产支出超过专门借款部分的资产支出加权平均数乘以所占用一般借款的资本化率，计算确定一般借款应予资本化的利息金额。资本化率应当根据一般借款加权平均利率计算确定。

（3）每一会计期间的利息资本化金额，不应当超过当期相关借款实际发生的利息金额。

企业在确定每期利息资本化金额时，应当首先判断符合资本化条件的资产在购建或者生产过程所占用的资金来源。

如果所占用的资金都是专门借款资金，则应当在资本化期间内，根据每期实际发生的专门借款利息费用，确定应予资本化的金额。在企业将闲置的专门借款资金存入银行取得利息收入或者进行暂时性投资获取投资收益的情况下，企业还应当将这些相关的利息收入或者投资收益从资本化金额中扣除，以如实反映符合资本化条件的资产的实际成本。

如果所占用资金除专门借款资金外，还占用了一般借款资金的，则企业应当根据为购建或者生产符合资本化条件的资产而发生的累计资产支出超过专门借款部分的资产支出加权平均数乘以所占用一般借款的资本化率，计算确定一般借款应予资本化的利息金额；如果所占用的资金都是一般借款资金（没有借入专门借款），则应以累计资产支出加权平均数为基础计算所占用的一般借款利息资本化金额。即企业占用一般借款资金购建或者生产符合资本化条件的资产时，一般借款的借款费用的资本化金额的确定应当与资产支出相挂钩。资本化率应当根据一般借款加权平均利率计算确定。

【例9-1】 甲公司于2022年1月1日正式动工兴建一幢办公楼，工期预计为1年6个月，工程采用出包方式，分别于2022年1月1日、2022年7月1日和2023年1月1日支付工程进度款。

（1）公司为建造办公楼于2022年1月1日发生专门借款2 000万元，借款期限3年，年利率为6%。闲置借款资金均用于固定收益债券短期投资，该短期投资月收益率为0.5%。

（2）在办公楼建造过程中占用一般借款两笔，这两笔一般借款除了用于办公楼建设外，没有用于其他符合资本化条件的资产的购建或者生产活动（假定全年按360天计算）。具体如下：

①向A银行借入长期借款2 000万元，期限为2021年12月1日至2024年12月1日，年利率为6%，按年支付利息。

②发行公司债券1亿元，于2021年1月1日发行，期限为5年，年利率为8%，按年支付利息。

办公楼于2023年6月30日完工，达到预定可使用状态。

甲公司为建造该办公楼的支出金额如表9-1所示。

在本例中，甲公司应当首先计算专门借款利息的资本化金额，然后计算所占用一般借款利息的资本化金额。具体如下：

（1）计算专门借款利息资本化金额：

2022年专门借款利息资本化金额 $=2\ 000\times 6\%-500\times 0.5\%\times 6=105$（万元）

表 9－1　　单位：万元

日　期	每期资产支出金额	累计资产支出金额	闲置借款用于短期投资金额
2022 年 1 月 1 日	1 500	1 500	500
2022 年 7 月 1 日	2 500	4 000	—
2023 年 1 月 1 日	1 500	5 500	—
总　计	5 500	—	500

2023 年专门借款利息资本化金额 $= 2\ 000 \times 6\% \times 180/360 = 60$（万元）

（2）计算一般借款利息资本化金额：

在建造办公楼过程中，自 2022 年 7 月 1 日起已经有 2 000 万元占用了一般借款，另外 2023 年 1 月 1 日支出的 1 500 万元也占用了一般借款。

计算这两笔资产支出的加权平均数如下：

2022 年占用一般借款的资产支出加权平均数 $= 2\ 000 \times 180/360 = 1\ 000$（万元）

2023 年占用一般借款的资产支出加权平均数 $= (2\ 000 + 1\ 500) \times 180/360 = 1\ 750$（万元）

一般借款资本化率（年）$= (2\ 000 \times 6\% + 10\ 000 \times 8\%)/(2\ 000 + 10\ 000) = 7.67\%$

2022 年应予资本化的一般借款利息金额 $= 1\ 000 \times 7.67\% = 76.70$（万元）

2023 年应予资本化的一般借款利息金额 $= 1\ 750 \times 7.67\% = 134.23$（万元）

（3）根据上述计算结果，公司建造办公楼应予资本化的利息金额如下：

2022 年利息资本化金额 $= 105 + 76.70 = 181.70$（万元）

2023 年利息资本化金额 $= 60 + 134.23 = 194.23$（万元）

2. 外币专门借款汇兑差额资本化金额的确定

当企业为购建或者生产符合资本化条件的资产所借入的专门借款为外币借款时，由于企业取得外币借款日、使用外币借款日和会计结算日往往并不一致，而外汇汇率又在随时发生变化，因此，外币借款会产生汇兑差额。相应地，在借款费用资本化期间内，为购建固定资产而专门借入的外币借款所产生的汇兑差额，是购建固定资产的一项代价，应当予以资本化，计入固定资产成本。出于简化核算的考虑，在资本化期间内，外币专门借款本金及其利息的汇兑差额，应当予以资本化，计入符合资本化条件的资产的成本。而除外币专门借款之外的其他外币借款本金及其利息所产生的汇兑差额应当作为财务费用，计入当期损益。

第二节　长期借款

一、长期借款的种类

企业的长期借款可以按不同的标准进行分类。

长期借款按有无担保为标准划分，可分为担保借款和信用借款。担保借款，是指企业以提供担保为基础取得的借款；信用借款是指以企业的信誉为基础取得的借款。

长期借款按借款的偿还方式划分，可分为到期一次偿还的长期借款和分期偿还的长期借款。到期一次偿还的长期借款是指在规定的借款到期日一次还清全部借款金额的长期借款；分期偿还的长期借款是指在借款合同规定的期限内，分若干次偿还借款金额，直到到期日全部清偿的长期借款。

二、长期借款的会计处理

为核算企业长期借款的借入及偿还情况，应设置“长期借款”账户，该账户可按贷款单位和贷款种类，分别“本金”“利息调整”“应计利息”等明细账户进行明细核算。“长期借款”账户期末贷方余额，反映企业尚未偿还的长期借款。

对于到期一次还本付息的长期借款，按期计提的利息应通过“长期借款——应计利息”明细账户核算；对于分期付息、到期偿还本金的长期借款，按期计提的利息可单独设置“应付利息”账户核算。

企业借入长期借款，应按实际收到的金额，借记“银行存款”科目，贷记“长期借款——本金”科目；按借贷双方之间的差额，借记“长期借款——利息调整”科目。

在资产负债表日，应按摊余成本和实际利率计算确定长期借款的利息费用，其中应予资本化的利息费用借记“在建工程”“制造费用”等科目，应予费用化的利息费用借记“财务费用”等科目；按借款本金和合同利率计算确定的应付未付利息，贷记“应付利息”科目（对于一次还本付息的长期借款，贷记“长期借款——应计利息”科目）；按其差额，贷记“长期借款——利息调整”科目。

归还长期借款时，按归还的长期借款本金，借记“长期借款——本金”科目，按转销的利息调整金额，贷记“长期借款——利息调整”科目，按实际归还的款项，贷记“银行存款”科目，按借贷双方之间的差额，借记“在建工程”“制造费用”“财务费用”等科目。

【例 9－2】 2022 年 1 月 1 日，甲公司为建造厂房向银行借入两年期专门借款 600 万元，年利率为 8%，每年年底归还借款利息，两年期满后一次还清本金。甲公司的厂房建造采用承包方式由乙建筑公司承建，自 2022 年 1 月 1 日开始，该专门借款的利息满足资本化条件。该厂房于 2022 年 12 月 31 日完工，达到预定可使用状态并交付使用。假定甲公司每年年末计提一次利息，不考虑闲置专门借款资金存款的利息收入或投资收益。甲公司进行会计处理时，应编制的会计分录如下：

（1）2022 年 1 月 1 日，借入专门借款时：

借：银行存款　　6 000 000

　　贷：长期借款——本金　　6 000 000

（2）2022 年 12 月 31 日，计提 2022 年专门借款利息时：

借：在建工程　　480 000

　　贷：应付利息　　480 000

（3）2022 年 12 月 31 日，偿还专门借款利息时：

借：应付利息　　480 000

　　贷：银行存款　　480 000

（4）2023 年 12 月 31 日，计提 2023 年专门借款利息时：

借：财务费用　　480 000

　　贷：应付利息　　480 000

（5）2023 年 12 月 31 日，偿还专门借款利息时：

借：应付利息　　480 000

　　贷：银行存款　　480 000

（6）2023 年 12 月 31 日，偿还专门借款本金时：

借：长期借款——本金　　6 000 000

　　贷：银行存款　　6 000 000

第三节　应付债券

债券发行的价格及会计处理

一、公司债券的发行

企业根据国家相关法律法规的规定，在符合条件的前提下，经批准可以发行公司债券、可转换债券等。公司债券是指企业为筹集资金而依照法定程序发行的、约定在一定期限还本付息的有价证券。企业发行的期限超过一年以上的公司债券，构成企业的一项非流动负债。

按照公司债券的发行价格与债券面值的关系分类，可以将公司债券的发行分为面值发行、溢价发行和折价发行。不考虑其他因素，当债券的票面利率与市场利率一致时，债券可按其面值发行，这种发行方式称为平价发行，又称为按面值发行。当债券票面利率高于市场利率时，债券可按超过债券面值的价格发行，这种发行方式称为溢价发行，实际发行价格超过债券面值的差额，称为债券溢价。债券溢价，对发行债券的企业来说，是为以后各期多付利息而预先得到的补偿。当债券票面利率低于市场利率时，债券可按低于债券面值的价格发行，这种发行方式称为折价发行，实际发行价格低于债券面值的差额，称为债券折价。债券折价，对发行债券的企业来说，是为以后各期少付利息而预先付出的代价。

债券的发行价格主要受债券未来现金流量的现值影响，为简化起见，本章将债券未来现金流量的现值视为债券的发行价格，用公式表示如下：

债券的发行价格 = 债券面值的现值 + 各期利息的现值

【例 9－3】 2022 年 1 月 1 日，甲公司发行 5 年期、票面利率 5% 的长期债券，该债券总面值为 200 000 元，每年付息一次、到期一次还本。假定债券发行时市场利率为 4%，试计算债券的发行价格（即债券的现值）。

债券的发行价格 = 200 000 × 复利现值系数 + 200 000 × 5% × 年金现值系数

= 200 000 × (P/F,4%,5) + 200 000 × 5% × (P/A,4%,5)

= 200 000 × 0.822 + 200 000 × 5% × 4.452

= 164 400 + 44 520 = 208 920（元）

【例 9－4】 沿用【例 9－3】的资料，假定发行债券时市场利率为 6%，其他条件不变，试计算债券的发行价格。

债券的发行价格 = 200 000 × 复利现值系数 + 200 000 × 5% × 年金现值系数

= 200 000 × (P/F,6%,5) + 200 000 × 5% × (P/A,6%,5)

= 200 000 × 0.747 + 200 000 × 5% × 4.212

= 149 400 + 42 120 = 191 520（元）

二、一般公司债券的会计处理

企业应设置“应付债券”账户，核算企业为筹集长期资金而实际发行的一般公司债券及应付的利息。“应付债券”账户可按“面值”“利息调整”“应计利息”等明细账户进行明细核算。

对于到期一次还本付息的债券，按期计提的利息应通过“应付债券——应计利息”明细账户核算；对于分期付息、到期偿还本金的债券，按期计提的利息单独设置“应付利息”账户核算。

“应付债券”账户期末贷方余额，反映企业尚未偿还的债券本息。

（一）发行债券的会计处理

企业发行债券时，按实际收到的款项，借记“银行存款”等科目，按债券面值，贷记“应付债券——面值”科目，按实际收到的款项与面值之间的差额，贷记或借记“应付债券——利息调整”科目[①]。

【例 9－5】 2022 年 1 月 1 日，甲公司按面值发行 5 年期、票面利率 5% 的长期债券，该债券总面值为 200 000 元，每年付息一次、到期一次还本。甲公司收到款项全部存入银行。甲公司进行会计处理时，应编制的会计分录如下：

借：银行存款	200 000	
贷：应付债券——面值		200 000

【例 9－6】 2022 年 1 月 1 日，甲公司溢价发行 5 年期、票面利率 5% 的长期债券，该债券总面值为 200 000 元，每年付息一次、到期一次还本。假定企业发行债券时，市场利率为 4%，企业按 208 920 元的价格溢价发行债券，收到款项全部存入银行。甲公司进行会计处理时，应编制的会计分录如下：

借：银行存款	208 920	
贷：应付债券——面值		200 000
——利息调整		8 920

【例 9－7】 甲公司于 2022 年 1 月 1 日折价发行 5 年期、票面利率为 5% 的长期债券，该债券总面值为 200 000 元，每年付息一次，到期一次还本。假定企业发行债券时，市场利率为 6%，企业按 191 520 元的价格折价发行股票，收到款项全部存入银行。甲公司进行会计处理时，应编制的会计分录如下：

借：银行存款	191 520	
应付债券——利息调整	8 480	
贷：应付债券——面值		200 000

（二）计提债券利息与利息调整摊销的会计处理

公司债券发行后，发行企业应按期根据债券面值和票面利率计算当期应计提的应付未付利息；利息调整金额应在债券存续期间内采用实际利率法进行摊销。

债券利息计算及会计处理　　债券摊余成本的计算方法

① 发行债券时所支付的发行费用应计入发行债券的初始成本，反映在“应付债券——利息调整”明细科目中。

实际利率法是指按照应付债券的实际利率计算其摊余成本及各期利息费用的方法，其中，实际利率是指将应付债券在债券存续期间的未来现金流量，折现为该债券当前账面价值所使用的利率。采用实际利率法时，各期的利息费用是以实际利率乘以应付债券的摊余成本而得，由于债券的摊余成本逐期不同，因而计算出来的利息费用也就逐期不同。在债券溢价发行的情况下，债券摊余成本逐期减少，利息费用也就随之逐期减少；反之，在债券折价发行的情况下，债券摊余成本逐期增加，利息费用也因而逐期增加。当期计算确定的债券利息费用与按票面利率计提的应付未付利息之间的差额，即为该期利息调整金额的摊销。

资产负债表日，对于发行的债券，企业应按应付债券的摊余成本和实际利率计算确定的债券利息费用，借记“在建工程”“制造费用”“财务费用”等科目；按票面利率计算确定的应计未付利息，贷记“应付债券——应计利息”或“应付利息”科目；按其差额，借记或贷记“应付债券——利息调整”科目。

【例9-8】 沿用【例9-6】的资料，2022年1月1日，甲公司溢价发行5年期、票面利率5%的长期债券，该债券总面值为200 000元，每年付息一次、到期一次还本。假定企业发行债券时，市场利率为4%，企业按208 920元的价格溢价发行债券，收到款项全部存入银行。假定该债券的利息费用不满足资本化条件，全部费用化直接计入当期损益。甲公司在资产负债表日，对该应付债券应编制的会计分录如下：

（1）计提应付利息及利息调整金额摊销如表9-2所示（四舍五入，保留整数）：

表9-2　　计提利息及利息调整表（分期付息到期还本）（实际利率法）

单位：元

计息日期	应付利息 ①=面值×票面利率（5%）	利息费用 ②=期初⑤×实际利率（4%）	利息调整额 ③=|①-②|	利息调整余额 ④=期初④-③	摊余成本 ⑤=期初⑤-③
2022.1.1				8 920	208 920
2022.12.31	10 000	8 357	1 643	7 277	207 277
2023.12.31	10 000	8 291	1 709	5 568	205 568
2024.12.31	10 000	8 223	1 777	3 791	203 791
2025.12.31	10 000	8 152	1 848	1 943	201 943
2026.12.31	10 000	8 057*	1 943	0	200 000
合　计	50 000	41 080	8 920		

*尾数调整。

（2）2022年12月31日，甲公司计提利息及利息调整金额摊销时：

借：财务费用　　8 357

　　应付债券——利息调整　　1 643

　　贷：应付利息　　10 000

2022年12月31日，甲公司支付利息时：

借：应付利息　　10 000

　　贷：银行存款　　10 000

（3）2023年12月31日，甲公司计提利息及利息调整金额摊销时：

借：财务费用　　8 291

应付债券——利息调整 1 709

贷：应付利息 10 000

2023 年 12 月 31 日，甲公司支付利息时：

借：应付利息 10 000

贷：银行存款 10 000

（4）2024 年 12 月 31 日，甲公司计提利息及利息调整金额摊销时：

借：财务费用 8 223

应付债券——利息调整 1 777

贷：应付利息 10 000

2024 年 12 月 31 日，甲公司支付利息时：

借：应付利息 10 000

贷：银行存款 10 000

（5）2025 年 12 月 31 日，甲公司计提利息及利息调整金额摊销时：

借：财务费用 8 152

应付债券——利息调整 1 848

贷：应付利息 10 000

2025 年 12 月 31 日，甲公司支付利息时：

借：应付利息 10 000

贷：银行存款 10 000

（6）2026 年 12 月 31 日，甲公司计提利息及利息调整金额摊销时：

借：财务费用 8 057

应付债券——利息调整 1 943

贷：应付利息 10 000

2026 年 12 月 31 日，甲公司支付利息时：

借：应付利息 10 000

贷：银行存款 10 000

【例 9－9】 沿用【例 9－7】的资料，2022 年 1 月 1 日，甲公司折价发行 5 年期、票面利率为 5% 的长期债券，该债券总面值为 200 000 元，每年付息一次、到期一次还本。假定企业发行债券时，市场利率为 6%，企业按 191 520 元的价格折价发行债券，收到款项全部存入银行。假定该债券的利息费用不满足资本化条件，全部费用化直接计入当期损益。甲公司在资产负债表日，对该应付债券应编制的会计分录如下：

（1）计提应付利息及利息调整金额摊销如表 9－3 所示（四舍五入，保留整数）：

（2）2022 年 12 月 31 日，甲公司计提利息及利息调整金额摊销时：

借：财务费用 11 491

贷：应付利息 10 000

应付债券——利息调整 1 491

2022 年 12 月 31 日，甲公司支付利息时：

借：应付利息 10 000

贷：银行存款 10 000

表 9－3　　**计提利息及利息调整表（分期付息到期还本）**

（实际利率法）

单位：元

计息日期	应付利息 ①＝面值×票面利率（5%）	利息费用 ②＝期初⑤×实际利率（6%）	利息调整额 ③＝|①－②|	利息调整余额 ④＝期初④－③	摊余成本 ⑤＝期初⑤＋③
2022. 1. 1				8 480	191 520
2022. 12. 31	10 000	11 491	1 491	6 989	193 011
2023. 12. 31	10 000	11 581	1 581	5 408	194 592
2024. 12. 31	10 000	11 676	1 676	3 732	196 268
2025. 12. 31	10 000	11 776	1 776	1 956	198 044
2026. 12. 31	10 000	11 956*	1 956	0	200 000
合　计	50 000	58 480	8 480		

* 尾数调整。

（3）2023 年 12 月 31 日，甲公司计提利息及利息调整金额摊销时：

借：财务费用　　11 581

　　贷：应付利息　　10 000

　　　　应付债券——利息调整　　1 581

2023 年 12 月 31 日，甲公司支付利息时：

借：应付利息　　10 000

　　贷：银行存款　　10 000

（4）2024 年 12 月 31 日，甲公司计提利息及利息调整金额摊销时：

借：财务费用　　11 676

　　贷：应付利息　　10 000

　　　　应付债券——利息调整　　1 676

2024 年 12 月 31 日，甲公司支付利息时：

借：应付利息　　10 000

　　贷：银行存款　　10 000

（5）2025 年 12 月 31 日，甲公司计提利息及利息调整金额摊销时：

借：财务费用　　11 776

　　贷：应付利息　　10 000

　　　　应付债券——利息调整　　1 776

2025 年 12 月 31 日，甲公司支付利息时：

借：应付利息　　10 000

　　贷：银行存款　　10 000

（6）2026 年 12 月 31 日，甲公司计提利息及利息调整金额摊销时：

借：财务费用　　11 956

　　贷：应付利息　　10 000

　　　　应付债券——利息调整　　1 956

2026 年 12 月 31 日，甲公司支付利息时：

借：应付利息　　10 000

　　贷：银行存款　　10 000

（三）债券偿还的会计处理

债券到期时，发行企业应偿还债券持有者的本金。对于分期付息到期还本的债券，发行企业在债券到期偿还本金和最后一期利息时，应按债券票面价值借记“应付债券——面值”科目，按最后一期应付的利息借记“应付利息”科目，按还本付息金额贷记“银行存款”等科目。对于到期一次还本付息的债券，发行企业在债券到期时除偿还本金外还需偿付全部利息。由于每期应付利息已计入“应付债券——应计利息”账户的贷方，故支付债券本息时，借记“应付债券——面值”“应付债券——应计利息”等科目，贷记“银行存款”等科目。

【例 9－10】 沿用【例 9－8】【例 9－9】的资料，2026 年 12 月 31 日，债券到期时，甲公司以银行存款支付债券本金 200 000 元。甲公司进行会计处理时，应编制的会计分录如下：

借：应付债券——面值　　200 000

　　贷：银行存款　　200 000

三、可转换公司债券的会计处理

（一）可转换公司债券的性质

可转换公司债券是指发行人依照法定程序发行，在一定期间内依据约定的条件可以转换成股票的公司债券。可转换公司债券既具有债券的性质，又具有股票的性质，是一种混合型有价证券。债券持有人若在转换期内行使转换权利，将债券转换为股票，即成为发行企业的股东，享受股东的权利；若在转换期内不行使转换权，未将债券转换为股票的，则继续作为发行企业的债权人，要求发行企业支付债券本息。债券持有人是否将债券转换成股票，可由其自主决定。

（二）可转换公司债券的发行价格与转股价格

1. 可转换公司债券的发行价格

可转换公司债券的发行价格由两部分组成：一是债券本金与利息按市场利率折算的现值；二是转换权的价值。转换权之所以有价值，是因为当股价上涨时，债权人可以按原定比率换成股票，从而获得股票增值的利益。从理论上讲，转换权价值等于可转换债券的公允价值减去不含转换权的该债券的公允价值。

2. 可转换公司债券的转股价格

根据《上市公司证券发行管理办法》的规定，可转换公司债券的转股价格，是指募集说明书事先约定的可转换公司债券转换为每股股份所支付的价格[①]。

（三）可转换公司债券发行时的会计处理

企业发行的可转换公司债券，应当在初始确认时将其包含的负债成分和权

可转换债券的会计处理（上）

① 转股价格可按照募集说明书约定的调整原则及方式进行修正。

益成分进行分拆，将负债成分确认为应付债券，将权益成分确认为其他权益工具。在进行分拆时，应当先对负债成分的未来现金流量进行折现确定负债成分的初始确认金额，再按发行价格总额扣除负债成分初始确认金额后的金额确定权益成分的初始确认金额。发行可转换公司债券发生的交易费用，应当在负债成分和权益成分之间按照各自的相对公允价值进行分摊。

企业发行的可转换公司债券在“应付债券”科目下设置“可转换公司债券”明细科目核算。

发行可转换公司债券时，企业应按实际收到的款项，借记“银行存款”等科目，按可转换公司债券包含的负债成分面值，贷记“应付债券——可转换公司债券（面值）”科目，按权益成分的公允价值，贷记“其他权益工具”科目，按借贷双方之间的差额，借记或贷记“应付债券——可转换公司债券（利息调整）”科目。

（四）可转换公司债券转换为股票前的会计处理

可转换公司债券的负债成分，在转换为股份前，其会计处理与一般公司债券相同，即按照实际利率和摊余成本确认利息费用，按面值和票面利率确认应付未付利息，差额为利息调整金额的摊销。

企业发行附有赎回选择权的可转换公司债券，其在赎回日可能支付的利息补偿金，即债券约定赎回期届满日应支付的利息减去应付债券票面利息的差额，应当在债券发行日至债券约定赎回届满日期间计提利息，计提的应付利息，分别计入相关资产成本或财务费用。

（五）可转换公司债券转换为股票时的会计处理

当可转换公司债券持有人行使转换权利，将其持有的债券转换为股票时，企业应按可转换公司债券的余额，借记“应付债券——可转换公司债券（面值）”“应付债券——可转换公司债券（应计利息）”“应付利息”等科目，借记或贷记“应付债券——可转换公司债券（利息调整）”科目；按其权益成分的金额，借记“其他权益工具”科目；按股票面值和转换的股数计算的股票面值总额，贷记“股本”科目，按其差额，贷记“资本公积——股本溢价”科目。如用现金支付不可转换股票的部分，还应贷记“库存现金”“银行存款”等科目。

可转换债券的会计处理（下）

【例9－11】 2022年1月1日，甲公司按面值发行3年期、票面利率6%的可转换公司债券，该债券总面值为200 000 000元，每年付息一次、到期一次还本，用于建造一条生产线。甲公司在可转换公司债券募集说明书中规定：从2023年起每年1月10日支付上一年度的债券利息；债券持有人自2023年3月31日起可申请将所持债券转换为公司普通股，转股价格为按可转换公司债券面值每100元转换为10股，每股面值1元；没有约定赎回和回售条款。甲公司发行该债券时，二级市场上与之类似但没有转股权的债券的市场利率为9%。2023年4月1日有面值100 000 000元的可转换公司债券转股，共计转换1 000万股，并于当日办妥相关手续。假定不考虑其他相关因素，每年以年初数作为各期期初数。甲公司可转换公司债券发行成功后，市场情况发生变化，生产线的建造工作至2023年4月1日尚未开工。

甲公司进行会计处理时，2022年1月1日—2023年4月1日应编制的会计分录如下（四舍五入，保留整数）：

（1）计算2022年1月1日发行可转换公司债券时，可转换公司债券负债成分和权益成分的初始确认金额（公允价值）。

可转换公司债券负债成分的初始确认金额为：

200 000 000×(P/F,9%,3)+200 000 000×6%×(P/A,9%,3)=200 000 000×0.7722+12 000 000×2.5313=184 815 600（元）

可转换公司债券权益成分的初始确认金额=200 000 000－184 815 600=15 184 400（元）

（2）2022 年 1 月 1 日，发行可转换公司债券时：

借：银行存款	200 000 000	
应付债券——可转换公司债券（利息调整）	15 184 400	
贷：应付债券——可转换公司债券（面值）		200 000 000
其他权益工具		15 184 400

（3）2022 年 12 月 31 日，计提债券利息时：

借：财务费用	16 633 404	
贷：应付利息		12 000 000
应付债券——可转换公司债券（利息调整）		4 633 404

（4）2023 年 1 月 10 日，支付利息时：

借：应付利息	12 000 000	
贷：银行存款		12 000 000

（5）2023 年 4 月 1 日，计提 1—3 月（转换为股票前）债券利息时：

借：财务费用	4 262 603	
贷：应付利息		3 000 000
应付债券——可转换公司债券（利息调整）		1 262 603

（6）2023 年 4 月 1 日，部分可转换公司债券转换为普通股时：

借：应付债券——可转换公司债券（面值）	100 000 000	
应付利息	1 500 000	
其他权益工具	7 592 200	
贷：股本		10 000 000
应付债券——可转换公司债券（利息调整）		4 644 197
资本公积——股本溢价		94 448 003

四、分类为金融负债的优先股、永续债的会计处理

企业发行的优先股、永续债，按照金融负债和权益工具的区分原则分类为金融负债的，无论其名称中是否包含“股”，其利息支出或股利分配原则上按照借款费用进行处理；其回购或赎回产生的利得或损失等计入当期损益；发行该金融工具时发生的手续费、佣金等交易费用，应当计入所发行工具的初始计量金额。

发行方对于分类为金融负债的优先股、永续债在“应付债券”科目核算。“应付债券”科目应当按照发行的金融工具种类进行明细核算，并在各类工具中按“面值”“利息调整”“应计利息”设置明细账，进行明细核算。

发行方发行的优先股、永续债，分类为金融负债并以摊余成本计量的，应按实际收到的金额，借记“银行存款”等科目，按优先股、永续债的面值，贷记“应付债券——优先股、永续债（面值）”科目，按其差额，贷记或借记“应付债券——优先股、永续债（利息调整）”科目。

在该优先股、永续债存续期间，计提利息并对账面的利息调整进行摊销等的会计处理，按照金融工具确认和计量准则中有关金融负债按摊余成本后续计量的规定进行会计处理。

发行方按合同条款约定赎回该优先股、永续债时，按该工具赎回日的账面价值，借记“应付债券”等科目，按赎回价格，贷记“银行存款”等科目，按其差额，借记或贷记“财务费用”科目。

第四节　长期应付款

一、长期应付款的核算内容

长期应付款，是指企业除长期借款和应付债券以外的其他各种长期应付款项，如具有融资性质的延期付款购买资产发生的应付款项等。

二、长期应付款的会计处理

长期应付款的会计处理

企业应设置“长期应付款”账户核算企业发生的各种长期应付款。该账户贷方登记发生的各种长期应付款，借方登记已偿还的各种长期应付款，期末贷方余额，反映企业尚未偿还的各种长期应付款。该账户应按长期应付款的种类设置明细账进行明细核算。

对于具有融资性质的延期付款购买固定资产、无形资产等发生的应付款项，如果超过正常信用条件延期支付价款，实质上具有了融资性质，所购资产的成本应当以延期支付购买价款的现值为基础确定。实际支付的价款与购买价款的现值之间的差额，应当在信用期间内采用实际利率法进行摊销，计入相关资产成本和当期损益。

具体来说，企业购入资产超过正常信用条件延期付款实质上具有融资性质时，应按购买价款的现值，借记“固定资产”“在建工程”“无形资产”等科目，按应支付的价款总额，贷记“长期应付款”科目，按其差额，借记“未确认融资费用”科目；支付购买价款时，借记“长期应付款”科目，贷记“银行存款”科目，同时按照摊余成本和实际利率法计提的利息费用，借记“在建工程”“财务费用”等科目，贷记“未确认融资费用”科目。

【例 9－12】 甲公司增值税采用一般计税方法，2022 年 1 月 1 日，甲公司与乙公司签订一项购货合同，合同约定：甲公司从乙公司购入一台需要安装的生产用大型设备，甲公司在 2022 年 1 月 1 日支付首笔设备款 150 000 元和增值税税款 19 500 元，其余款项在 2022 年至 2026 年每年的 12 月 31 日支付设备款 150 000 元和增值税税款 19 500 元。甲公司于 2022 年 1 月 1 日以银行存款支付 169 500 元，并收到相应的增值税专用发票。

2022 年 1 月 1 日，甲公司收到该设备并立即投入安装，2022 年 12 月 31 日，该设备安装完毕达到预定可使用状态，共计发生安装费 20 000 元，以银行存款支付。假定甲公司综合各方面因素后决定采用 10% 作为折现率，不考虑其他因素的影响。

甲公司进行会计处理时，应编制的会计分录如下：

（1）2022 年 1 月 1 日，购入生产用大型设备时：

购买价款的现值 $=150\ 000+150\ 000\times$（P/A，10%，5）$=150\ 000+150\ 000\times3.7908=$

718 620（元）

借：在建工程 718 620

应交税费——应交增值税（进项税额） 19 500

未确认融资费用 181 380

贷：长期应付款 750 000

银行存款 169 500

（2）2022 年支付安装费时：

借：在建工程 20 000

贷：银行存款 20 000

（3）2022—2026 年内未确认融资费用的分摊额，如表 9－4 所示（四舍五入，保留整数）。

表 9－4　　未确认融资费用分摊表　　单位：元

日　期	分期付款额	确认的融资费用	应付本金减少额	应付本金余额
	①	②＝期初④×10%	③＝①－②	期末④＝期初④－③
2022.1.1				568 620
2022.12.31	150 000	56 862	93 138	475 482
2023.12.31	150 000	47 548	102 452	373 030
2024.12.31	150 000	37 303	112 697	260 333
2025.12.31	150 000	26 033	123 967	136 366
2026.12.31	150 000	13 634 *	136 366	0
合　计	750 000	181 380	568 620	

* 尾数调整。

（4）2022 年 12 月 31 日，支付款项、分摊未确认融资费用、结转工程成本时：

借：长期应付款 150 000

应交税费——应交增值税（进项税额） 19 500

贷：银行存款 169 500

借：在建工程 56 862

贷：未确认融资费用 56 862

借：固定资产 795 482

贷：在建工程 795 482

（5）2023 年 12 月 31 日，支付款项、分摊未确认融资费用时：

借：长期应付款 150 000

应交税费——应交增值税（进项税额） 19 500

贷：银行存款 169 500

借：财务费用 47 548

贷：未确认融资费用 47 548

（6）2024 年 12 月 31 日，支付款项、分摊未确认融资费用时：

借：长期应付款 150 000

应交税费——应交增值税（进项税额）　19 500
贷：银行存款　169 500
借：财务费用　37 303
贷：未确认融资费用　37 303
（7）2025 年 12 月 31 日，支付款项、分摊未确认融资费用时：
借：长期应付款　150 000
应交税费——应交增值税（进项税额）　19 500
贷：银行存款　169 500
借：财务费用　26 033
贷：未确认融资费用　26 033
（8）2026 年 12 月 31 日，支付款项、分摊未确认融资费用时：
借：长期应付款　150 000
应交税费——应交增值税（进项税额）　19 500
贷：银行存款　169 500
借：财务费用　13 634
贷：未确认融资费用　13 634

思政研习

习近平论企业债券改革创新与企业债券融资

企业债券是我国历史最悠久、法律地位最明确的信用债券品种。自 1987 年国务院颁布《企业债券管理暂行条例》以来，企业债券伴随着改革开放的历史大潮不断创新求变。从 1987 年企业债券发行量不足 100 亿元，主要为少数大型中央企业提供融资服务，逐步发展到 2020 年全年发行量超过 14.2 万亿元，融资主体涵盖中央、省、市、县各级国有和民营企业。企业债券为提高全社会直接融资比重，促进国民经济平稳健康发展，发挥了重要作用。

党的十八大以来，以习近平同志为核心的党中央高度重视债券市场发展，作出了一系列改革发展的战略部署，为在新的历史起点上推进债券市场健康稳定发展指明了方向。国家发展改革委坚决贯彻落实党中央、国务院决策部署和习近平总书记系列重要讲话精神，紧紧围绕“稳增长、促改革、调结构、惠民生、防风险”，着力引导企业债券资金支持国家重点项目落地、扶持新兴产业和培育新的经济增长点，引导产业结构转型升级，更好地服务于经济社会发展、民生事业改善和生态环保建设。

始终将服务实体经济发展作为企业债券的第一要务，保障国家重点领域重点项目建设。实体经济是金融的基础，为实体经济服务是金融行业的立业之本。企业债券诞生之初，就是国家推进实施重大战略、重大规划，保障重点项目建设的重要抓手。通过有效利用社会资金，企业债券支持了三峡水利枢纽工程、全国电网建设改造、钢铁化工能源产业发展、保障性安居工程等一大批关乎国计民生的重点项目和重大工程落地，为国民经济快速发展打下了坚实的基础。

进入新时期，我国经济逐渐步入新旧动能转换、经济转型升级的关键阶段，国家发展改革委始终坚持企业债券与实体经济结合，发挥长期限、低成本的资金优势，有效满足了一大批重点领域重点项目的融资需求。党的十八大以来，国家发展改革委全面贯彻落实党中央、国务院“放管服”改革要求，不断把企业债券发行管理体制改革向纵深推进。将原有计划指标审批模式转变为面对市场的核准方式，支持资产质量好、经营能力强、信用水平高、投资项目优的企业发行企业债券，推动提升社会直接融资规模。2015 年，国家发展改革委设立政务服务大厅，实现企业债券零距离服务、阳光化审批；不断简化申报流程，推进申报材料向标准化、格式化、电子化转变；将企业债券审核评估等技术环节委托给中央国债登记结算有限责任公司等第三方市场机构，充分发挥专业优势，极大提升发行审核效率，得到了市场和社会的好评。

只有改革才能促发展。沿着市场化方向持续推进企业债券改革，发挥市场配置债券资金的基础性作用，有效激发了市场活力，推动企业债券市场快速发展，促进了全社会直接融资比重不断提升。

始终将创新投融资机制作为企业债券的重要抓手，引导社会资金投向，助力产业结构转型升级。企业债券不仅是市场化的融资手段，也是贯彻落实中央战略部署、释放政策信号、引导产业发展的重要政策工具。党的十八大以来，国家发展改革委紧紧围绕供给侧结构性改革、投融资体制改革，主动创新企业债券融资品种，推动“三去一降一补”，引领和撬动更多社会资金，助力经济转型升级。

始终将防范金融风险作为企业债券的发展底线，不断强化事中事后监管。“防止发生系统性金融风险是金融工作的永恒主题”。国家发展改革委始终高度重视企业债券风险防控工作，坚持稳中求进的总基调，不断加强企业债券事中事后监管，守住不发生系统性风险的底线不动摇。一是坚守企业债券服务实体经济的本分，防止债券资金脱实向虚，从源头上遏制金融风险。与其他信用债品种相比，企业债券始终坚持与实体投资项目挂钩，债券资金以 7－10 年的长期限为主，坚决防止短期化风险，助力实体经济获得长期增长动力。二是科学把握宏观经济周期性风险趋势，加强统筹协调，强化风险防范主体责任，形成企业债券违约风险识别、预警、排查、处置的全程监管防控体系，维护市场秩序。三是加强企业债券市场信用体系建设。建立企业债券信用档案，开展企业债券中介服务机构第三方信用评价，建立守信激励、失信惩戒的信用约束机制。与其他信用债券品种相比，企业债券市场整体风险最小，信誉最好，风险可控。

研讨主题：根据上述资料，讨论应当如何运用习近平总书记的企业债券改革创新思想来指导我国企业优化融资结构，改革债券融资模式，降低企业融资成本和融资风险。

思考题

1. 什么是非流动负债？非流动负债包括哪些内容？
2. 什么是借款费用？借款费用包括哪些内容？我国会计实务中对借款费用如何处理？
3. 如何计算利息资本化金额？
4. 什么是长期借款？对发生的长期借款利息应如何核算？
5. 应付债券应设置哪些明细账户进行核算？
6. 应付债券利息调整金额是怎样产生的？应如何进行摊销？
7. 什么是可转换公司债券？可转换公司债券应如何核算？
8. 什么是长期应付款？长期应付款包括哪些内容？

第十章

所有者权益

课件

所有者权益是指企业资产扣除负债后由所有者享有的剩余权益。所有者权益包括实收资本（或股本）、其他权益工具、资本公积、库存股、其他综合收益、盈余公积和未分配利润。

第一节　所有者权益概述

所有者权益的性质和构成

一、所有者权益的定义及性质

所有者权益是指所有者在企业资产中享有的经济利益，其金额为资产减去负债后的余额，即一个会计主体在一定时期所拥有或可控制的具有未来经济利益资源的净额。会计方程式“资产－负债＝所有者权益”清楚地说明了所有者权益实质上是一种剩余权益，是企业全部资产减去全部负债后的差额，体现企业的产权关系。与负债相比，所有者权益具有以下四个方面的主要特征。

（一）所有者权益不具有优先性

在通常情况下，债权人要求支付利息和偿还本金的权利在所有者权益之前，所有者权益对企业资源的要求权次于负债。

（二）所有者权益不具有固定性

负债到期日应支付的本金金额一般是固定的，其所支付的利息通常是按照一定的利率计算，相比之下，对所有者所支付的股利往往要随期间收益、留存收益和可供分配现金的数额的变化而变化，并且必须经董事会正式宣告后才能发放。

（三）所有者权益所产生的义务不具有法定偿还性

债权人要求权的到期日通常是依法或依约事先确定的，会计主体的负债一旦产生，就形成了法定义务，到期必须依法或依约还本付息；而所有者权益并不代表企业的法定义务，应付股利也仅仅是在宣告之后才能视为企业的负债。

（四）所有者权益不具有时间性

对负债的偿还，一般都有明确的法律规定及偿还时间，其使用期限是有时间约束的，而所有者权益是一种永久性资本，投资者不得中途以任何形式抽回。

二、所有者权益的内容

所有者权益来源于所有者投入的资本、直接计入所有者权益的利得和损失、留存收益等。直接计入所有者权益的利得和损失，是指不应计入当期损益、会导致所有者权益发生增减变动的、与所有者投入资本或者向所有者分配利润无关的利得或者损失。所有者权益可分为实收资本（或股本）、其他权益工具、资本公积、其他综合收益、盈余公积和未分配利润等部分。其中，盈余公积和未分配利润统称为留存收益。

（一）实收资本（或股本）

实收资本（或股本），是企业在创办时及以后的生产经营过程中，所有者按照公司的章程或合同、协议的约定，实际投入企业的资本。实收资本（或股本）按其投资主体分为国家投入资本、法人投入资本、个人投入资本和外商投入资本。

1. 国家投入资本

国家投入资本是指有权代表国家投资的政府部门或机构以国有资产投入企业的资本数额。

2. 法人投入资本

法人投入资本是指企业法人和其他社会法人以其可依法支配的财产向企业投入的资本数额。

3. 个人投入资本

个人投入资本是指社会个人（自然人）或者本企业的职工以其合法财产向企业投入的资本数额。

4. 外商投入资本

外商投入资本是指国外的投资者以及我国香港、澳门和台湾地区投资者向企业投入的资本数额。

（二）其他权益工具

其他权益工具核算企业发行的除普通股以外的归类为权益工具的各种金融工具。

（三）资本公积

资本公积核算企业收到投资者出资额超出其在注册资本或股本中所占份额的部分（资本公积——资本溢价或股本溢价）、以权益结算的股份支付（资本公积——其他资本公积）、按照权益法核算的在被投资单位除净损益、其他综合收益以及利润分配以外所有者权益的其他变动中所享有的份额（资本公积——其他资本公积）等。

（四）其他综合收益

其他综合收益，是指企业根据其他会计准则规定未在当期损益中确认的各项利得和损失。其他综合收益应当根据其他相关会计准则的规定分为下列两类列报：

1. 以后会计期间不能重分类进损益的其他综合收益项目

以后会计期间不能重分类进损益的其他综合收益项目，主要包括重新计量设定受益计划净负债或净资产导致的变动、其他权益工具投资的公允价值变动、按照权益法核算的在被投资单位以后会计期间不能重分类进损益的其他综合收益中所享有的份额等。

2. 以后会计期间在满足规定条件时将重分类进损益的其他综合收益项目

以后会计期间在满足规定条件时将重分类进损益的其他综合收益项目，主要包括按照权益法核算的在被投资单位以后会计期间在满足规定条件时将重分类进损益的其他综合收益中所享有的份额、其他债权投资公允价值变动形成的利得或损失、债权投资重分类为其他债权投资形成的利得或损失、现金流量套期（境外经营净投资套期）套期工具产生的利得或损失中属于有效套期的部分、外币财务报表折算差额、自用房地产或作为存货的房地产转换为以公允价值模式计量的投资性房地产在转换日公允价值大于账面价值的部分。

（五）留存收益

留存收益是指企业在经营过程中已实现但由于企业经营发展的需要，或由于法定的原因等而没有分配给所有者所累计的盈利。它由盈余公积和未分配利润两部分构成。

1. 盈余公积

盈余公积是指企业按照规定从净利润中提取的各种积累资金。公司制企业的盈余公积包括如下两个方面的内容。

（1）法定盈余公积。法定盈余公积是指公司制企业按照《公司法》的规定按净利润10%计提的公司法定公积金。公司法定公积金累计额为公司注册资本的50%以上的，可以不再提取。

（2）任意盈余公积。任意盈余公积是指公司制企业经股东大会或类似机构批准，按照规定比例从净利润中提取的公积金。

企业的盈余公积可用于弥补亏损、转增资本（或股本），也可以用于扩大企业生产经营，用于企业的生产经营活动。

2. 未分配利润

未分配利润是企业留待以后年度进行分配的结存利润，包括两层含义：一是留待以后年度处理的利润；二是未指定特定用途的利润。从数量关系上表示为：期初未分配利润＋本年净利润－已分配利润＝期末未分配利润。

第二节　实收资本（或股本）

一、实收资本（或股本）的定义及性质

我国有关法律规定，投资者设立企业首先必须投入资本。《企业法人登记管理条例》规定，企业申请开业，必须具备国家规定的与其生产经营和服务规模相适应的资金。为了反映和监督投资者投入资本的增减变动情况，企业必须按照企业会计准则的规定进行实收资本的核算，真实地反映所有者投入企业资本的状况，维护所有者各方在企业的权益。所有者向企业投入的资本，在一般情况下无需偿还，可以长期周转使用。除股份有限公司以外，其他各类企业应通过“实收资本”科目核算，股份有限公司应通过“股本”科目核算。

二、公司设立时的会计处理

实收资本（或股本）的会计处理

我国《公司法》规定，股东可以用货币出资，也可以用实物、知识产权、土地使用权等非货币财产作价出资；但是，法律、行政法规规定不得作为出资的财产除外。对作为出资的非货币财产应当评估作价，核实财产，不得高估或

者低估作价。法律、行政法规对评估作价有规定的，从其规定。不论以何种方式出资，投资者如在投资过程中违反投资合约，不按规定如期缴足出资额，企业可以依法追究投资者的违约责任。企业接受非现金资产投资时，应按投资合同或协议约定价值确定非现金资产价值（但投资合同或协议约定价值不公允的除外）和在注册资本中应享有的份额。企业收到所有者投入企业的资本后，应根据有关原始凭证（如投资清单、银行通知单等），分别对不同的出资方式进行会计处理。收到投资人投入的货币资金，应在实际收到或者存入企业开户银行时，按实际收到的金额，借记“库存现金”“银行存款”等科目，贷记“实收资本（或股本）”科目；以非现金资产投资的，应在办理实物产权转移手续时，借记有关资产科目，贷记“实收资本（或股本）”科目。如果所有者的实际出资额大于应缴出资额的差额，作为资本公积处理。

（一）股份有限公司设立时的核算

股份有限公司是指全部资本由等额股份构成并通过发行股票筹集资本，股东以其所持股份对公司承担有限责任，公司以其全部资产对公司债务承担责任的企业法人。股份有限公司设立有两种方式，即发起式设立和募集式设立。发起式设立的特点是公司的股份全部由发起人认购，不向发起人之外的任何人募集股份；募集式设立的特点是公司股份除发起人认购外，还可以采用向其他法人或自然人发行股票的方式进行募集。设立股份有限公司，应当由 2 人以上 200 人以下为发起人，其中须有半数以上的发起人在中国境内有住所。

1. 账户设置

与有限责任公司相比，股份有限公司最显著的特点就是将企业的全部资本划分为等额股份，并通过发行股票的方式来筹集资本。股东以其所认购股份对公司承担有限责任。股份是很重要的指标。股票的面值与股份总数的乘积为股本，股本应等于企业的注册资本，所以，股本也是很重要的指标。为了直观地反映这一指标，在会计核算上股份公司应设置“股本”账户。

“股本”账户核算股东投入企业的股本，企业应将核定的股本总额、股份总数、每股面值，在股本账户中作备查记录。为提供企业股份的构成情况，企业应在“股本”账户下，按普通股和优先股及股东单位或姓名设置明细账。企业的股本应在核定的股本总额范围内，发行股票取得。但值得注意的是，企业发行股票取得的收入与股本总额往往不一致，公司发行股票取得的收入大于股本总额的，称为溢价发行；小于股本总额的，称为折价发行；等于股本总额的，为面值发行。我国不允许企业折价发行股票。在采用溢价发行股票的情况下，企业应将相当于股票面值的部分记入“股本”账户，其余部分在扣除发行手续费、佣金等发行费用后记入“资本公积——股本溢价”账户。

2. 会计处理

股份有限公司在发行股票时，如果是溢价发行股票，其支付给证券商的费用应当从股票溢价收入中扣除；股票发行成功，应按实际收到的金额，借记“银行存款”科目，按照股票的面值，贷记“股本”科目，实收的款额超过股票面值的差额记入“资本公积——股本溢价”科目。如果是按面值发行股票，或者溢价不足时，发行费用或发行费用超过溢价的部分，应冲减盈余公积和未分配利润。

【例 10－1】 2022 年 1 月 20 日，甲股份有限公司采用募集设立方式设立，总股本 5 000 万股，每股面值 1 元，发行价 1.5 元/股，根据与乙证券公司签订的股票发行协议，其手续费率 2.5%，其股票发行手续费已从股票溢价收入中扣除，余款由乙证券公司转入甲股份有限公司的账户。甲公司进行会计处理时，应编制的会计分录如下：

借：银行存款　　73 125 000

　　贷：股本　　50 000 000

　　　　资本公积——股本溢价　　23 125 000

（二）有限责任公司设立时的核算

有限责任公司，是指由 50 人以下的股东出资组成，每个股东以其认缴的出资额为限对公司债务承担有限责任，公司以其全部资产对其债务承担责任的企业法人[①]。有限责任公司与股份有限公司的主要区别有：有限责任公司的全部资本不分为等额股份；公司向股东签发出资证明而不发行股票；公司股东转让出资，需经股东会讨论通过。

1. 账户设置

有限责任公司设立时，各投资者按照合同、协议或公司章程投入企业的资本，应全部记入“实收资本”账户，企业的实收资本应等于企业的注册资本。在企业增资扩股时，如有新投资者介入，新介入的投资者缴纳的出资额大于其按约定比例计算的其在注册资本中所占的份额部分，不记入“实收资本”账户，而作为资本公积，记入“资本公积——资本溢价”账户。

2. 会计处理

在有限责任公司设立时，各投资者按照出资合同、协议或公司章程投入企业的资金，应全部记入“实收资本”账户，企业的实收资本应等于注册资本。在企业增资扩股时，如果有新的投资者加入，新加入的投资者缴纳的出资额大于按其约定的比例计算的其在注册资本中所占的份额部分，不计入实收资本，而作为资本公积处理。其会计处理为：借记“银行存款”等科目；贷记“实收资本”“资本公积——资本溢价”等科目。

【例 10－2】 2022 年 7 月 10 日，甲公司经批准成立，注册资本为 500 万元，增值税采用一般计税方法。该公司由 5 位股东出资组建。其中 A 股东以银行存款 100 万元出资、B 股东以仓库作价 202.2 万元（其中公允价值 185.5 万元，增值税 16.7 万元，开具了增值税专用发票）出资，C 股东以原材料作价 56.5 万元（其中公允价值 50 万元，增值税 6.5 万元，开具了增值税专用发票）出资，D 股东以一项商标权作价 84.8 万元（其中公允价值 80 万元，增值税 4.8 万元，开具了增值税专用发票）出资，E 股东以商品作价 56.5 万元（其中公允价值 50 万元，增值税 6.5 万元，开具了增值税专用发票）出资。相关资产的法律手续已办妥。甲公司进行会计处理时，应编制的会计分录如下：

借：银行存款　　1 000 000

　　原材料　　500 000

　　库存商品　　500 000

　　固定资产　　1 855 000

　　无形资产　　800 000

　　应交税费——应交增值税（进项税额）　　345 000

　　贷：实收资本——A　　1 000 000

　　　　　　　　——B　　2 022 000

① 我国《公司法》还规定了国家授权机构或者国家授权的部门可以设立国有独资有限责任公司和一人有限责任公司。

——C 565 000

——D 848 000

——E 565 000

三、实收资本或股本增加的会计处理

（一）企业增加实收资本或股本的基本途径

企业增加实收资本或股本的基本途径主要有三方面：一是将资本公积转为实收资本或者股本，会计处理时，借记“资本公积——资本溢价”或“资本公积——股本溢价”科目，贷记“实收资本”或“股本”科目；二是将盈余公积转为实收资本，会计处理时，借记“盈余公积”科目，贷记“实收资本”或“股本”科目；三是所有者（包括原企业所有者和新投资者）投入，会计处理时，借记“银行存款”“固定资产”“无形资产”等科目，贷记“实收资本”或“股本”等科目。

【例 10－3】 甲有限责任公司由 A、B 二人共同投资设立，原注册资本为 20 000 000 元，A、B 出资分别为 15 000 000 元和 5 000 000 元，为了扩大经营规模，经批准，甲有限责任公司按照原出资比例将资本公积 5 000 000 元转增资本。甲公司进行会计处理时，应编制的会计分录如下：

借：资本公积——资本溢价 5 000 000

　　贷：实收资本——A 3 750 000

　　　　　　　　——B 1 250 000

（二）股份有限公司发放股票股利

股份有限公司发放股票股利实现增资的，在发放股票股利时，按照股东原来持有的股数分配，如股东所持股份按比例分配的股利不足一股时，应采用恰当的方法处理。例如，股东决议按股票面额的 10% 发放股票股利时（假定新股发行价格及面额与原股相同），对于所持股票不足 10 股的股东，将会发生不能领取一股的情况。在这种情况下，有两种方法可供选择：一是将不足一股的股票股利改为现金股利，用现金支付；二是由股东相互转让，凑为整股。股东大会批准的利润分配方案中分配的股票股利，应在办理增资手续后，借记“利润分配——转作股本的股利”科目，贷记“股本”科目。

【例 10－4】 经股东大会决议，甲股份有限公司 2022 年利润分配方案为：以 2022 年年末总股本 1 000 万股为基数，每 10 股发放股票股利 2 股，每股股票面值 1 元。2023 年 2 月 10 日，增资手续办理完毕。甲公司进行会计处理时，应编制的会计分录如下：

借：利润分配——转作股本的股利 2 000 000

　　贷：股本 2 000 000

（三）可转换公司债券持有人行使转换权利

可转换公司债券持有人行使转换权利，将其持有的债券转换为股票，按对应的可转换公司债券的金额，借记“应付债券——可转换公司债券（面值）”“应付债券——可转换公司债券（利息调整）”[①]“应付债券——可转换公司债券（应计利息）”“应付利息”等科目，

① 也可能在贷方。

按其权益成分的金额，借记“其他权益工具”科目，按股票面值和转换的股数计算的股票面值总额，贷记“股本”科目，按其差额，贷记“资本公积——股本溢价”科目。

四、实收资本或股本减少的会计处理

有限责任公司减少实收资本的会计处理比较简单，按法定程序报经批准减少注册资本的，借记“实收资本”科目，贷记“库存现金”“银行存款”等科目。

股份有限公司由于采用的是发行股票的方式筹集股本，其减少股本时，则要回购发行在外的股票。股份有限公司因减少注册资本而回购本公司股票的，应按实际支付的金额，借记“库存股”科目，贷记“银行存款”等科目。注销库存股时，应按股票面值和注销股数计算的股票面值总额，借记“股本”科目，按注销库存股的账面余额，贷记“库存股”科目，按其差额，冲减股票发行时原记入资本公积的溢价部分，借记“资本公积——股本溢价”科目，回购价格超过上述冲减“股本”及“资本公积——股本溢价”科目的部分，应依次借记“盈余公积”“利润分配——未分配利润”等科目；如回购价格低于回购股份所对应的股本，所注销库存股的账面余额与所冲减股本的差额作为增加股本溢价处理，按回购股份所对应的股本面值，借记“股本”科目，按注销库存股的账面余额，贷记“库存股”科目，按其差额，贷记“资本公积——股本溢价”科目。

【例 10－5】 甲股份有限公司截至 2022 年 12 月 31 日共发行股票 30 000 000 股，每股股票面值为 1 元，资本公积（股本溢价）6 000 000 元，盈余公积 4 000 000 元。经股东大会批准，甲公司以银行存款回购本公司股票 3 000 000 股并注销。2023 年 1 月 10 日，甲公司按照每股 4 元回购股票。2023 年 1 月 15 日甲公司完成股票注销。不考虑其他因素，甲公司进行会计处理时，应编制的会计分录如下：

（1）2023 年 1 月 10 日，回购本公司股票时：

借：库存股 12 000 000
　贷：银行存款 12 000 000

（2）2023 年 1 月 15 日，注销回购的股票时：

借：股本 3 000 000
　资本公积——股本溢价 6 000 000
　盈余公积 3 000 000
　贷：库存股 12 000 000

【例 10－6】 沿用【例 10－5】的资料，假定甲公司以每股 0.9 元回购股票，其他条件不变。甲公司进行会计处理时，应编制的会计分录如下：

（1）2023 年 1 月 10 日，回购本公司股票时：

借：库存股 2 700 000
　贷：银行存款 2 700 000

（2）2023 年 1 月 15 日，注销回购的股票时：

借：股本 3 000 000
　贷：库存股 2 700 000
　　资本公积——股本溢价 300 000

第三节 其他权益工具

一、其他权益工具概述

企业发行的除普通股（作为实收资本或股本）以外，按照金融负债和权益工具区分原则分类为权益工具的其他权益工具，按照以下原则进行会计处理：企业发行的归类为权益工具的非普通股金融工具，无论其名称中是否包含“债”，其利息支出或股利分配都应当作为发行企业的利润分配，其回购、注销等作为权益的变动处理；企业（发行方）发行归类为权益工具的非普通股金融工具，其发生的手续费、佣金等交易费用，应当从权益（其他权益工具）中扣除。

对归类为权益工具的非普通股金融工具的核算，应在所有者权益类科目中设置“其他权益工具”科目，同时还应当按发行金融工具的种类等进行明细核算。

二、其他权益工具的会计处理

（一）发行其他权益工具的会计处理

发行方发行的非普通股金融工具归类为权益工具的，应按实际收到的金额，借记“银行存款”等科目，贷记“其他权益工具——优先股、永续债”等科目。

分类为权益工具的非普通股金融工具，在存续期间分派股利（或利息）的，作为利润分配处理。发行方应根据经批准的股利分配方案（或支付的利息），按应分配（或应支付）给金融工具持有者的股利（或利息）金额，借记“利润分配——应付优先股股利、应付永续债利息”等科目，贷记“应付股利——优先股股利、永续债利息”等科目。

（二）发行复合金融工具的会计处理

复合金融工具是指企业所发行的非衍生金融工具同时包含金融负债成分和权益工具成分。发行方发行的非普通股金融工具为复合金融工具的，应按实际收到的金额，借记“银行存款”等科目，按金融工具的面值，贷记“应付债券——优先股、永续债（面值）”等科目，按负债成分的公允价值与金融工具面值之间的差额，借记或贷记“应付债券——优先股、永续债（利息调整）”等科目，按实际收到的金额扣除负债成分的公允价值后的金额，贷记“其他权益工具——优先股、永续债”等科目。

发行复合金融工具发生的交易费用，应当在负债成分和权益成分之间按照各自占总发行价款的比例进行分摊。

（三）其他权益工具重分类为金融负债的会计处理

由于发行的金融工具原合同条款约定的条件或事项随着时间的推移或经济环境的改变而发生变化，导致原归类为权益工具的非普通股金融工具重分类为金融负债的，应当于重分类日，按该工具的账面价值，借记“其他权益工具——优先股、永续债”等科目，按该工具的面值，贷记“应付债券——优先股、永续债（面值）”等科目，按该工具的公允价值与面值之间的差额，借记或贷记“应付债券——优先股、永续债（利息调整）”等科目，按该工具的公允价值与账面价值的差额，贷记或借记“资本公积——资本溢价（或股本溢价）”科目，如资本公积不够冲减的，依次冲减盈余公积和未分配利润。发行方以重分类日计算的实际利率作为应付债券后续计量利息调整等的基础。

（四）金融负债重分类为其他权益工具的会计处理

因发行的金融工具原合同条款约定的条件或事项随着时间的推移或经济环境的改变而发生变化，导致原归类为金融负债的金融工具重分类为权益工具的，应于重分类日，按金融负债的面值，借记“应付债券——优先股、永续债（面值）”等科目，按利息调整余额，借记或贷记“应付债券——优先股、永续债（利息调整）”等科目，按金融负债的账面价值，贷记“其他权益工具——优先股、永续债”等科目。

（五）其他权益工具赎回的会计处理

发行方按合同条款约定赎回所发行的除普通股以外的分类为权益工具的金融工具，按赎回价格，借记“库存股——其他权益工具”科目，贷记“银行存款”等科目；注销所购回的金融工具，按该工具对应的其他权益工具的账面价值，借记“其他权益工具”科目，按该工具的赎回价格，贷记“库存股——其他权益工具”科目，按其差额，借记或贷记“资本公积——资本溢价（或股本溢价）”科目，如资本公积不够冲减的，依次冲减盈余公积和未分配利润。

（六）其他权益工具转为普通股的会计处理

发行方按合同条款约定将发行的除普通股以外的金融工具转换为普通股的，按该工具对应的其他权益工具的账面价值，借记“其他权益工具”科目，按普通股的面值，贷记“股本”科目，按其差额，贷记“资本公积——股本溢价”科目（如转股时金融工具的账面价值不足转换为1股普通股而以现金或其他金融资产支付的，还需按支付的现金或其他金融资产的金额，贷记“银行存款”等科目）。

第四节 资本公积

一、资本公积概述

资本公积核算企业收到投资者出资额超出其在注册资本或股本中所占份额的部分、以权益结算的股份支付、按照权益法核算的在被投资单位除净损益、其他综合收益以及利润分配以外所有者权益的其他变动中所享有的份额等。

对资本公积的核算，企业应当设置“资本溢价（或股本溢价）”“其他资本公积”明细账户核算。

二、资本公积的会计处理

资本公积的会计处理

（一）资本溢价或股本溢价的会计处理

1. 资本溢价

投资者经营的企业（不含股份有限公司），投资者依其出资份额对企业经营决策享有表决权，依其所认缴的出资额对企业承担有限责任。明确记录投资者认缴的出资额，真实地反映各投资者对企业享有的权利与承担的义务，是会计处理应注意的问题。为此，会计上应设置“实收资本”账户，核算企业投资者按照公司章程所规定的出资比例实际缴付的出资额。在企业创立时，出资者认缴的出资额全部记入“实收资本”账户。

在企业重组并有新的投资者加入时，为了维护原有投资者的权益，新加入的投资者的出资额，并不一定全部作为实收资本处理。这是因为在企业正常经营过程中投入的资金虽然与企业创立时投入的资金在数量上一致，但其获利能力却不一致。企业创立时，要经过筹建、试生产经营、为产品寻找市场、开辟市场等过程，从投入资金到取得投资回报，中间需要许多时间，并且这种投资具有风险性，在这个过程中资本利润率很低。而企业进行正常生产经营后，在正常情况下，资本利润率要高于企业初创阶段。而这高于初创阶段的资本利润率是初创时必要的垫支资本带来的，企业创办者为此付出了代价。因此，相同数量的投资，由于出资时间不同，其对企业的影响程度不同，由此而带给投资者的权利也不同，往往早期出资带给投资者的权利要大于后期出资带给投资者的权利。所以，新加入的投资者要付出大于原有投资者的出资额，才能取得与原有投资者相同的投资比例。另外，原投资者的原有投资不仅从质量上发生了变化，其数量也可能发生变化，这是因为企业经营过程中实现利润的一部分留在企业，形成留存收益，而留存收益也属于投资者权益，但其未转入实收资本。新加入的投资者如与原投资者共享这部分留存收益，也要求其付出大于原有投资者的出资额，才能取得与原有投资者相同的投资比例。投资者投入的资本中按其投资比例计算的出资额部分，应记入“实收资本”账户，大于部分应记入“资本公积——资本溢价”账户。

例如，甲有限责任公司由 A、B、C 三位股东各自出资 100 万元设立。设立时的实收资本为 300 万元。经过三年的经营，该企业留存收益为 150 万元。这时又有 D 投资者加入该企业，出资 180 万元，将公司注册资本增加 100 万元，而仅占该企业股份的 25%。在会计处理时，将 D 股东投入资金中的 100 万元记入“实收资本”账户，其余 80 万元记入“资本公积——资本溢价”账户。

2. 股本溢价

股份有限公司是以发行股票的方式筹集股本的，股票是企业签发的证明股东按其所持股份享有权利和承担义务的书面证明。由于股东按其所持企业股份享有权利和承担义务，为了反映和便于计算各股东所持股份占企业全部股本的比例，企业的股本总额应按股票的面值与股份总数的乘积计算。国家规定，实收股本总额应与注册资本相等。因此，为提供企业股本总额及其构成及注册资本等信息，在采用与股票面值相同的价格发行股票的情况下，企业发行股票取得的收入，应全部记入“股本”账户；在采用溢价发行股票的情况下，企业发行股票取得的收入，相当于股票面值的部分记入“股本”账户，超出股票面值的溢价收入记入“资本公积——股本溢价”账户。委托证券商代理发行股票而支付的手续费、佣金等，应从溢价发行收入中扣除，企业应按扣除手续费、佣金后的数额记入“资本公积——股本溢价”账户。

【例 10－7】 甲股份有限公司委托乙证券公司代理发行普通股 2 000 000 股，每股面值 1 元，按每股 1.2 元的价格发行。甲股份有限公司与乙证券公司约定，按发行收入的 3% 收取手续费，从发行收入中扣除。假如甲股份有限公司已将收到的发行款项存入银行。甲公司进行会计处理时，应编制的会计分录如下：

借：银行存款	2 328 000	
贷：股本		2 000 000

资本公积——股本溢价　　328 000

（二）其他资本公积的会计处理

其他资本公积，是指除资本溢价（或股本溢价）项目以外所形成的资本公积，其中主要包括以权益结算的股份支付、按照权益法核算的在被投资单位除净损益、其他综合收益以及利润分配以外所有者权益的其他变动中所享有的份额①等。

1. 以权益结算的股份支付

以权益结算的股份支付，是指企业为获取服务以股份或其他权益工具作为对价进行结算的交易。

以权益结算的股份支付换取职工提供服务的，应当以授予职工权益工具的公允价值计量。授予后立即可行权的换取职工服务的以权益结算的股份支付，应当在授予日按照权益工具的公允价值计入相关成本或费用，相应增加资本公积（其他资本公积）。完成等待期内的服务或达到规定业绩条件才可行权的换取职工服务的以权益结算的股份支付，在等待期内的每个资产负债表日，应当以对可行权权益工具数量的最佳估计为基础，按照权益工具授予日的公允价值，将当期取得的服务计入相关成本或费用和资本公积（其他资本公积）。在资产负债表日，后续信息表明可行权权益工具的数量与以前估计不同的，应当进行调整，并在可行权日调整至实际可行权的权益工具数量。

【例 10-8】 甲公司为上市公司。2022 年 1 月 1 日，甲公司向其 200 名管理人员每人授予 100 股股票期权，这些职员从 2022 年 1 月 1 日起在该公司连续服务 3 年，即可以每股 4 元的价格购买 100 股甲公司股票，从而获益。甲公司估计该期权在授予日的公允价值为 15 元。第一年有 20 名职员离开甲公司，甲公司估计三年中离开的职员的比例将达到 20%；第二年又有 10 名职员离开公司，甲公司将估计的职员离开比例修正为 15%；第三年又有 15 名职员离开。2025 年 12 月 31 日，全部 155 名职员都进行了行权，甲公司股票面值为 1 元。甲公司进行会计处理时，应编制的会计分录如下：

（1）2022 年 1 月 1 日，甲公司在授予日不需要进行会计处理。

（2）2022 年 12 月 31 日：

借：管理费用　　80 000

　　贷：资本公积——其他资本公积　　80 000

（3）2023 年 12 月 31 日：

借：管理费用　　90 000

　　贷：资本公积——其他资本公积　　90 000

（4）2024 年 12 月 31 日：

借：管理费用　　62 500

　　贷：资本公积——其他资本公积　　62 500

（5）2025 年 12 月 31 日：

借：银行存款　　62 000

　　资本公积——其他资本公积　　232 500

① 按照权益法核算的在被投资单位除净损益、其他综合收益以及利润分配以外所有者权益的其他变动中所享有的份额参见本教材第五章的相关内容。

贷：股本　　15 500

　　资本公积——股本溢价　　279 000

2. 采用权益法核算的长期股权投资

长期股权投资采用权益法核算的，被投资单位除净损益、其他综合收益和利润分配以外的所有者权益的其他变动，投资企业按持股比例计算应享有的份额，应当增加或减少长期股权投资的账面价值，同时增加或减少资本公积（其他资本公积）。当处置采用权益法核算的长期股权投资时，应当将原计入资本公积（其他资本公积）的相关金额转入投资收益（除不能转入损益的项目外）。

（三）资本公积转增资本的会计处理

经股东大会或类似机构决议，用资本公积转增资本时，应冲减资本公积，同时按照转增前的实收资本（或股本）的结构或比例，将转增的金额记入“实收资本”（或“股本”）账户下各所有者的明细分类账。

第五节　其他综合收益

一、其他综合收益概述

其他综合收益，是指企业根据其他会计准则规定未在当期损益中确认的各项利得和损失。其他综合收益应当根据其他相关会计准则的规定分为下列两类列报：

1. 以后会计期间不能重分类进损益的其他综合收益项目

以后会计期间不能重分类进损益的其他综合收益项目，主要包括重新计量设定受益计划净负债或净资产导致的变动、其他权益工具投资的公允价值变动、按照权益法核算的在被投资单位以后会计期间不能重分类进损益的其他综合收益中所享有的份额等。

2. 以后会计期间在满足规定条件时将重分类进损益的其他综合收益项目

以后会计期间在满足规定条件时将重分类进损益的其他综合收益项目，主要包括按照权益法核算的在被投资单位以后会计期间在满足规定条件时将重分类进损益的其他综合收益中所享有的份额、其他债权投资公允价值变动形成的利得或损失、债权投资重分类为其他债权投资形成的利得或损失、现金流量套期（境外经营净投资套期）套期工具产生的利得或损失中属于有效套期的部分、外币财务报表折算差额、自用房地产或作为存货的房地产转换为以公允价值模式计量的投资性房地产在转换日公允价值大于账面价值的部分。

二、其他综合收益的会计处理①

其他综合收益的会计处理

1. 重新计量设定受益计划净负债或净资产导致的变动

企业应当将重新计量设定受益计划净负债或净资产所产生的变动计入其他综合收益，并且在后续会计期间不允许转回至损益，但可以在权益范围内转移

① 综合考虑本教材的前后衔接，此处仅介绍重新计量设定受益计划净负债或净资产导致的变动、其他权益工具投资公允价值的变动和权益法下的被投资单位其他综合收益的变动引致的其他综合收益。

这些其他综合收益中确认的金额。

【例 10 -9】 甲公司有一项设定受益计划，在该计划开始后职工提供服务的第 5 年年末重新计量该设定受益计划的净负债。甲公司发现，由于预期寿命等精算假设和经验调整导致该设定受益计划义务的现值增加，形成精算损失 50 万元。甲公司进行会计处理时，应编制的会计分录如下：

借：其他综合收益　　500 000

　贷：应付职工薪酬——设定受益计划义务　　500 000

2. 其他权益工具投资公允价值的变动

其他权益工具投资公允价值变动形成的利得，借记“其他权益工具投资——公允价值变动”科目，贷记“其他综合收益”科目；其他权益工具投资公允价值变动形成的损失，作相反的会计分录。

【例 10 -10】 2022 年 12 月 1 日，甲公司从证券交易市场取得乙公司股票 30 000 股，每股价格为 5 元，甲公司将此项投资划分为以公允价值计量且其变动计入其他综合收益的金融资产。2022 年 12 月 31 日，乙公司股票公允价值为每股 6 元（不考虑所得税影响）。甲公司进行会计处理时，应编制的会计分录如下：

借：其他权益工具投资——公允价值变动　　30 000

　贷：其他综合收益　　30 000

3. 权益法下的被投资单位其他综合收益的变动

长期股权投资采用权益法核算的，在持股比例不变的情况下，被投资单位其他综合收益变动，企业按持股比例计算应享有的份额，如果是利得，应当增加长期股权投资的账面价值，同时增加其他综合收益；如果是损失，应当作相反的会计分录。

【例 10 -11】 2022 年 1 月 1 日，甲公司以银行存款 300 万元取得乙公司 30% 的股权，对其财务和经营政策具有重大影响，采用权益法进行核算。甲公司取得对乙公司投资当日，乙公司可辨认净资产的公允价值为 1 000 万元（乙公司各项资产、负债的账面价值与公允价值均相等）。2022 年，乙公司持有一项其他债权投资，其持有期间的利得为 20 万元（不考虑企业所得税的影响）。甲公司进行会计处理时，应编制的会计分录如下：

借：长期股权投资——其他综合收益　　60 000

　贷：其他综合收益　　60 000

第六节　留存收益

一、盈余公积

（一）盈余公积提取的有关规定

根据《公司法》等有关法规的规定，企业当年实现的净利润，一般应当按照如下顺序进行分配。

1. 提取法定公积金

公司制企业的法定公积金按照净利润的 10% 提取，在计算提取法定公积金的基数时，不应包括企业年初未分配利润。公司法定公积金累计额为公司注册资本的50%以上时，可以不再提取法定公积金。

公司的法定公积金不足以弥补以前年度亏损的，在提取法定公积金之前，应当先用当年利润弥补亏损。

2. 提取任意公积金

公司从净利润中提取法定公积金后，经股东会或者股东大会决议，还可以从净利润中提取任意公积金。非公司制企业经类似权力机构批准，也可提取任意盈余公积。

（二）盈余公积使用的有关规定

企业提取的盈余公积可以主要用于以下三个方面。

1. 弥补亏损

企业发生亏损时，应由企业自行弥补。弥补亏损的渠道主要有三条：一是用以后年度税前利润弥补。按照现行相关制度的规定，企业发生亏损时，可以用以后五年内实现的税前利润弥补，即税前利润弥补亏损的期间为五年；二是用以后年度税后利润弥补，企业发生的亏损经过五年期间未弥补足额的，尚未弥补的亏损应用所得税后的利润弥补；三是以盈余公积弥补亏损，企业以提取的盈余公积弥补亏损时，应当由公司董事会提议，并经股东大会批准。

2. 转增资本

企业将盈余公积转增资本时，必须经股东大会决议批准。在实际将盈余公积转增资本时，要按股东原有持股比例结转。按照《公司法》的规定，盈余公积转为资本时，所留存的该项公积金不得少于转增前公司注册资本的25%。

企业提取的盈余公积，无论是用于弥补亏损，还是用于转增资本，只不过是在企业所有者权益内部作结构上的调整，比如企业以盈余公积弥补亏损时，实际是减少盈余公积留存的数额，以此抵补未弥补亏损的数额，并不引起企业所有者权益总额的变动；企业以盈余公积转增资本时，也只是减少盈余公积结存的数额，但同时增加企业实收资本或股本的数额，也并不引起所有者权益总额的变动。

3. 扩大企业生产经营

盈余公积的用途，并不是指其实际占用形态，提取盈余公积也并不是单独将这部分资金从企业资金周转过程中抽出。企业盈余公积的结存数，实际只表现为企业所有者权益的组成部分，表明企业生产经营资金的一个来源而已。其形成的资金可能表现为一定的货币资金，也可能表现为一定的实物资产，如存货和固定资产等，随同企业的其他来源所形成的资金进行循环周转，用于企业的生产经营。

（三）盈余公积的会计处理

为了反映盈余公积的形成及使用情况，公司制企业应设置“盈余公积”账户，分别“法定盈余公积”“任意盈余公积”进行明细核算。

留存收益的会计处理

企业提取盈余公积时，借记“利润分配——提取法定盈余公积”“利润分配——提取任意盈余公积”科目，贷记“盈余公积——法定盈余公积”“盈余公积——任意盈余公积”科目。

【例10－12】 2022年度甲股份有限公司实现净利润为5 000 000元，年初未分配利润为

0。经股东大会批准，甲股份有限公司按当年净利润的 10% 和 5% 分别提取法定盈余公积和任意盈余公积。假定不考虑其他因素的影响，甲公司进行会计处理时，应编制的会计分录如下：

借：利润分配——提取法定盈余公积　500 000
　　　　　　——提取任意盈余公积　250 000
　贷：盈余公积——法定盈余公积　500 000
　　　　　　　——任意盈余公积　250 000

企业用盈余公积弥补亏损或转增资本时，借记“盈余公积”，贷记“利润分配——盈余公积补亏”“实收资本”或“股本”账户。经股东大会决议，用盈余公积派送新股，按派送新股计算的金额，借记“盈余公积”科目，按股票面值和派送新股总数计算的股票面值总额，贷记“股本”科目。

【例 10－13】 2022 年 4 月 20 日，经股东大会批准，甲股份有限公司用以前年度提取的法定盈余公积弥补当年亏损，当年弥补亏损的数额为 600 000 元。假定不考虑其他因素，甲公司进行会计处理时，应编制的会计分录如下：

借：盈余公积——法定盈余公积　600 000
　贷：利润分配——盈余公积补亏　600 000

二、未分配利润

未分配利润是企业留待以后年度进行分配的结存利润，也是企业所有者权益的组成部分。相对于所有者权益的其他部分来讲，企业对于未分配利润的使用分配有较大的自主权。从数量上来讲，未分配利润是期初未分配利润，加上本期实现的净利润，减去提取的各种盈余公积和分出利润后的余额。

在会计处理上，未分配利润是通过“利润分配”账户进行核算的，“利润分配”账户应当分别设置“提取法定盈余公积”“提取任意盈余公积”“应付现金股利或利润”“转作股本的股利”“盈余公积补亏”和“未分配利润”等明细账户进行核算。

（一）分派股利或利润的会计处理

经股东大会或类似机构决议，分派给股东或投资者的现金股利或利润，借记“利润分配——应付现金股利或利润”科目，贷记“应付股利”科目。经股东大会或类似机构决议，分派给股东的股票股利，应在办理增资手续后，借记“利润分配——转作股本的股利”科目，贷记“股本”科目。

（二）期末结转的会计处理

企业期末结转利润时，应将各损益类账户的余额转入“本年利润”账户，结平各损益类账户。结转后“本年利润”的贷方余额为当期实现的净利润，借方余额为当期发生的净亏损。年度终了，应将本年收入和支出相抵后结出的本年实现的净利润或净亏损，转入“利润分配——未分配利润”账户。同时，将“利润分配”账户所属的其他明细账户的余额，转入“未分配利润”明细账户。结转后，“未分配利润”明细账户的贷方余额，就是未分配利润的金额；如出现借方余额，则表示未弥补亏损的金额。“利润分配”账户所属的其他明细账户应无余额。

（三）弥补亏损的会计处理

企业在生产经营过程中既有可能发生盈利，也有可能出现亏损。企业在当年发生亏损的情况下，与实现利润的情况相同，应当将本年发生的亏损自“本年利润”账户，转入“利润分配——未分配利润”账户，借记“利润分配——未分配利润”科目，贷记“本年利润”科目，结转后“利润分配”账户的借方余额，即为未弥补亏损的数额。然后通过“利润分配”账户核算有关亏损的弥补情况。

由于未弥补亏损形成时间不同等原因，以前年度未弥补亏损有的可以用当年实现的税前利润弥补，有的需要使用税后利润弥补。以当年实现的利润弥补以前年度结转的未弥补亏损，不需要进行专门的账务处理。企业应将当年实现的利润自“本年利润”账户，转入“利润分配——未分配利润”账户的贷方，其贷方发生额与“利润分配——未分配利润”的借方余额自然抵补。无论是以税前利润还是以税后利润弥补亏损，其会计处理方法均相同。但是，两者在计算交纳所得税时的处理是不同的。在以税前利润弥补亏损的情况下，其弥补的数额可以抵减当期企业应纳税所得额，而以税后利润弥补的数额，则不能作为纳税所得扣除处理。

【例 10－14】 甲股份有限公司的股本为 100 000 000 元，每股面值 1 元。2022 年年初未分配利润为贷方 76 000 000 元，2022 年实现净利润 60 000 000 元。甲公司经批准的 2022 年度利润分配方案为：按照 2022 年实现净利润的 10% 提取法定盈余公积，5% 提取任意盈余公积。同时向股东按每股 0.1 元派发现金股利，按每 10 股送 2 股的比例派发股票股利。2023 年 1 月 15 日，甲公司以银行存款支付了全部现金股利，新增股本也已经办理完股权登记和相关增资手续。甲公司进行会计处理时，应编制的会计分录如下：

（1）结转本年实现的净利润时：

借：本年利润	60 000 000	
贷：利润分配——未分配利润		60 000 000

（2）提取法定盈余公积和任意盈余公积时：

借：利润分配——提取法定盈余公积	6 000 000	
——提取任意盈余公积	3 000 000	
贷：盈余公积——法定盈余公积		6 000 000
——任意盈余公积		3 000 000

（3）批准发放现金股利时：

借：利润分配——应付现金股利	10 000 000	
贷：应付股利		10 000 000

（4）结转“利润分配”的明细账户时：

借：利润分配——未分配利润	19 000 000	
贷：利润分配——提取法定盈余公积		6 000 000
——提取任意盈余公积		3 000 000
——应付现金股利		10 000 000

（5）实际发放现金股利时：

借：应付股利	10 000 000	
贷：银行存款		10 000 000

（6）发放股票股利时：

借：利润分配——转作股本的股利　　20 000 000

　　贷：股本　　20 000 000

（7）结转“利润分配”的明细账户时：

借：利润分配——未分配利润　　20 000 000

　　贷：利润分配——转作股本的股利　　20 000 000

思政研习

习近平论资本市场改革创新与中小企业创新发展

2021 年 9 月 2 日，习近平主席在 2021 年中国国际服务贸易交易会全球服务贸易峰会致辞中宣布，继续支持中小企业创新发展，深化新三板改革，设立北京证券交易所，打造服务创新型中小企业主阵地。

这不仅为深化新三板改革指明了方向，标志着聚焦服务中小企业创新发展的新三板站上改革的新起点，更是对资本市场更好服务构建新发展格局、推动高质量发展的新的重大战略部署。

弥补短板 回应经济高质量发展需求

当下，新发展阶段、新发展理念、新发展格局已经成为中国发展的关键词。要实现高水平的自立自强，创新是引领发展的第一动力。作为资源配置的重要平台，资本市场需要更加包容创新。

探索一直在路上。从科创板创业板试点注册制、提高上市公司质量、退市制度改革、相关板块改革到新三板设立精选层……近年来一系列制度改革正在有力提升着资本市场对创新的适应性、包容性。

不能忽视的是，作为中国经济的重要组成部分，中小企业充满活力、敢于创新，是我国经济韧性最重要的保障。然而，金融体系对中小企业的支持还远远不够，融资难、融资贵成为制约其发展的“老大难”。

如何通过更有效的制度安排引导科技与资本融合、支持中小企业科技创新成为中国资本市场必须推动解决的课题，也是深化金融供给侧结构性改革亟需解决的重点问题。

“深化新三板改革，设立北京证券交易所”，就是要突破体制机制上的瓶颈，加快建设一个为创新型中小企业量身打造的证券交易所，深入探索资本市场支持中小企业科技创新的普惠金融之路。

随着新三板改革站上新的历史起点，在改革中强筋壮骨的资本市场也将更好地承担起服务实体经济、促进投融资良性循环的使命。

服务升级 打造效率更高的专业化平台

理解北京证券交易所的设立，必须放在新三板改革的大逻辑下看待，必须放在多层次资本市场建设的历史方位中看待。

自 2013 年诞生之初，新三板就被定位为资本市场服务中小企业和民营经济的重要平台。从无到有，逐渐探索，新三板形成了很多契合中小企业特点的制度设计，累计服务 1.3 万家企业。但在快速发展的过程中，新三板曾遭遇流动性不足、部分挂牌企业“先天不足”等成长的“烦恼”。

面对新情况新问题，新三板改革跑出“加速度”。2020 年 7 月，以设立精选层、引入公开发行、建立转板制度为核心的改革措施落地，全面激发了新三板的市场活力。

仅仅过去一年多，新三板改革再次迎来政策“大礼包”。不难发现，资本市场对中小企业的服务是一个持续深化的过程，既是对前期经验的总结和吸收，也是根据新形势的大胆创新。

这次“设立北京证券交易所”正是新三板改革的深化延续。

“以现有的新三板精选层为基础组建北京证券交易所”，证监会的这一思路明确了北京证券交易所将是新三板的组成部分，将和创新层、基础层共同构成新三板的市场层次。

同时，改革必将为新三板市场发展带来新的提升。

一方面是法律地位的提升。“从交易场所的一个市场层次变成交易所，提升了法律地位，体现了资本市场对中小企业服务的升级。”证监会相关部门负责人表示。

另一方面是服务中小企业能力的提升。可以预期，以精选层为基础组建北京证券交易所，将产生一个服务中小企业更加高效、更加专业化的平台。这将有利于打造“创投基金和股权投资基金—区域股权市场—新三板—交易所市场”的全链条支持体系，为中小企业科技创新畅通直接融资路径。同时，这也有利于破除部分机构投资新三板精选层的政策障碍，改善市场流动性。

研讨主题：根据上述资料，讨论应当如何运用习近平总书记的资本市场改革创新思想来指导我国中小企业优化融资方式，降低融资成本和融资风险，推动资本市场对中小企业服务的升级。

思考题

1. 什么是所有者权益？其构成内容包括哪些？
2. 股份有限公司和有限责任公司股东投入资本应如何进行核算？
3. 资本公积由哪些内容构成？各自有何特点？
4. 其他综合收益是如何形成的？有哪些主要类别？
5. 法定盈余公积的提取依据是什么？其有哪些用途？
6. 企业利润是如何形成的？会计上是如何核算的？
7. 实收资本减少应如何进行会计处理？
8. 企业弥补前期亏损的途径有哪些？
9. 未分配利润是如何形成的？

第十一章

收入与费用

课件

在市场经济条件下，企业经营的主要目标之一是追求利润最大化。收入和费用作为影响利润指标的重要因素，越来越受到企业和投资者等众多会计信息使用者的重视。本章着重讲解收入与费用的确认条件和计量问题。

第一节　收入的定义与分类

收入概述

一、收入的定义与特征

广义的收入分为营业收入和营业外收入两类。营业收入是指企业在某一会计期间的主要生产经营活动中，通过销售商品、提供劳务或从事与企业的日常活动有关的其他行为而获得的收入。营业外收入则是指与企业的生产经营活动没有直接关系的非经常性收入。本章所讲的收入是狭义的概念，主要指营业收入，即收入是指企业在日常活动中形成的、会导致所有者权益增加的、与所有者投入资本无关的经济利益的总流入。根据此定义，收入具有以下四个方面的主要特征。

（一）收入是企业在日常活动中形成的

“日常活动”，是指企业为完成其经营目标所从事的经常性活动以及与之相关的活动。工业企业制造并销售产品、商业企业销售商品、保险公司签发保单、咨询公司提供咨询服务、软件企业为客户开发软件、安装公司提供安装服务、商业银行对外贷款、租赁公司出租资产等，均属于企业的日常活动。

（二）收入最终导致所有者权益的增加

收入必然会导致资产增加、负债减少或二者兼而有之，最终将导致所有者权益增加。收入的实现过程，一般表现为等价交换的过程。企业在销售商品、提供劳务的同时，一般会得到相应的等价补偿物，表现为资产的增加，如增加银行存款、应收账款等；也可能表现为负债的减少，比如，以商品或劳务抵偿债务；或者二者兼而有之，比如，商品销售的货款中，一部分抵偿债务，另一部分收取现金。根据“资产 = 负债 + 所有者权益”这一会计的基本等式可知，资产增加、负债减少均导致所有者权益增加。

（三）收入是与所有者投入资本无关的经济利益的总流入

收入会导致经济利益的流入，从而导致资产的增加、负债减少或二者兼而有之。但在实务中，经济利益的流入有时是所有者投入资本的增加所形成的，那么，这种由于所有者投入资本的增加所导致的经济利益的流入则不能确认为收入，而应当直接确认为所有者权益。

（四）收入只包括本企业经济利益的流入

收入只包括本企业经济利益的流入，不包括为第三方或客户代收的款项，如增值税销项税额、代收的利息等。因为企业为第三方或客户代收的款项，一方面增加企业的资产，另一方面增加企业的负债，两者相抵，而不会增加企业的所有者权益，也不属于本企业的经济利益，所以不能作为企业的收入。

二、收入的分类

收入可以按不同标准进行分类，常见的分类标准为收入的性质和经营业务的主次等。

（一）按照收入的性质分类

收入按其性质不同可分为销售商品收入、提供劳务收入、让渡资产使用权收入、建造合同收入等。

销售商品收入是工商企业取得收入的主要形式，其主要特征是销售商品收入的取得，伴随有实物的转移。

提供劳务收入是指企业为客户提供劳务而实现的收入，劳务收入的形式较多，主要有交通运输、邮电通讯、旅游服务、饮食服务、照相、广告、理发、代理、咨询、培训、产品安装等各项收入。其主要特征是提供劳务不涉及实物的转移，主要是根据企业的技术、设施等为客户提供某些服务。

让渡资产使用权收入是指企业保留资产的所有权而将其使用权出让而实现的收入，主要包括利息收入、无形资产使用费收入、出租固定资产收入、出租包装物收入等。其中，利息收入是金融企业对外贷款形成的利息收入和同业之间发生往来所形成的利息收入。无形资产使用费收入是指企业向客户提供无形资产等资产的使用权而取得的收入，此处所指的无形资产主要包括专利权、商标权、版权和计算机软件等。

建造合同收入是指企业承担建造合同所形成的收入。

（二）按照经营业务的主次分类

按照经营业务的主次可将企业的收入分为主营业务收入和其他业务收入两类。

主营业务收入是指企业为完成其经营目标而从事的日常经营活动中主要项目实现的收入，如工商企业销售商品、银行的贷款和结算等业务中实现的收入。其他业务收入是指企业主营业务以外的其他日常活动中实现的收入，如工业企业销售材料、提供非工业性劳务等业务实现的收入。

在实际工作中，主营业务收入和其他业务收入通常按企业营业执照上注明的主营业务和兼营业务来划分，即营业执照上注明的主营业务所实现的收入即为主营业务收入，兼营业务实现的收入即为其他业务收入。不同行业的主营业务收入所包括的内容不尽相同，比如工业企业的主营业务收入主要包括：销售商品、自制半成品实现的收入，销售代制品、代修品实现的收入，提供工业性作业实现的收入等；商品流通企业的主营业务主要包括销售商品实现的收入；旅游服务企业的主营业务收入包括客房收入、餐饮收入等。主营业务收入通常在企业全部收入中所占的比重较大。其他业务收入主要包括出租固定资产、无形资产，出租包装物和商品，以及销售材料等所实现的收入。其他业务收入一般在全部收入中所占的比重较小。但是，如果企业的兼营业务量较大，而且是经常性的业务，也可将此类业务划分为主营业务。

第二节　收入的确认和计量

根据我国财政部2017年7月5日发布的修订后的《企业会计准则第14号——收入》的规定，收入确认和计量大致分为五步：第一步，识别与客户订立的合同；第二步，识别合同中的单项履约义务；第三步，确定交易价格；第四步，将交易价格分摊至各单项履约义务；第五步，履行各单项履约义务时确认收入。其中，第一步、第二步和第五步主要与收入的确认有关，第三步和第四步主要与收入的计量有关。

一、识别与客户订立的合同

收入确认和计量的五步法：识别与客户订立的合同

《企业会计准则第14号——收入》规定，收入的确认和计量应当以合同为基础。这里的合同，是指双方或多方之间订立有法律约束力的权利义务的协议，包括书面形式、口头形式以及其他可验证的形式。

（一）收入确认的原则

企业应当在履行了合同中的履约义务，即在客户取得相关商品控制权时确认收入。取得相关商品控制权，是指能够主导该商品的使用并从中获得几乎全部的经济利益，也包括有能力阻止其他方主导该商品的使用并从中获得经济利益。取得商品控制权包括以下三个要素。

第一，能力，即客户必须拥有现时权利，能够主导该商品的使用并从中获得几乎全部经济利益。如果客户只能在未来的某一期间主导该商品的使用并从中获益，则表明其尚未取得该商品的控制权。

第二，主导该商品的使用。客户有能力主导该商品的使用，是指客户有权使用该商品，或者能够允许或阻止其他方使用该商品。

第三，能够获得几乎全部的经济利益。商品的经济利益，是指该商品的潜在现金流量，既包括现金流入的增加，也包括现金流出的减少。客户可以通过很多方式直接或间接地获得商品的经济利益，例如使用、消耗、出售或持有该商品，使用该商品提升其他资产的价值，以及将该商品用于清偿债务、支付费用或抵押等。

（二）收入确认的前提条件

企业与客户之间的合同同时满足下列条件的，企业应当在客户取得相关商品控制权时确认收入：一是合同各方已批准该合同并承诺将履行各自义务；二是该合同明确了合同各方与所转让的商品（或提供的服务，以下简称转让的商品）相关的权利和义务；三是该合同有明确的与所转让的商品相关的支付条款；四是该合同具有商业实质，即履行该合同将改变企业未来现金流量的风险、时间分布或金额；五是企业因向客户转让商品而有权取得的对价很可能收回。在进行上述判断时，需要特别注意以下三点。

第一，合同约定的权利和义务是否具有法律约束力，需要根据企业所处的法律环境和实务操作进行判断，包括合同订立的方式和流程、具有法律约束力的权利和义务的时间等。对于合同各方均有权单方面终止完全未执行的合同，且无需对合同其他方作出补偿的，企业应当视为该合同不存在。其中，完全未执行的合同，是指企业尚未向客户转让任何合同中承诺的商品，也尚未收取且尚未有权收取已承诺商品的任何对价的合同。

第二，合同具有商业实质，是指履行该合同将改变企业未来现金流量的风险、时间分布或金额。关于商业实质，应按照《企业会计准则第7号——非货币性资产交换》中有关商业实质说明进行判断。

第三，企业在评估其因向客户转让商品而有权取得的对价是否很可能收回时，仅应考虑客户到期时支付对价的能力和意图（即客户的信用风险）。企业在进行判断时，应当考虑是否存在价格折让。存在价格折让的，应当在估计交易价格时进行考虑。企业预期很可能无法收回全部合同对价时，应当判断其原因是客户的信用风险还是企业向客户提供了价格折让所致。

实务中，企业可能存在一组类似的合同，企业在对该组合同中的每一份合同进行评估时，均认为其合同对价很可能收回，但是根据历史经验，企业预计可能无法收回该组合同的全部对价。在这种情况下，企业应当认为这些合同满足“因向客户转让商品而有权取得的对价很可能收回”这一条件，并以此为基础估计交易价格。与此同时，企业应当考虑这些合同下确认的合同资产或应收款项是否存在减值。

【例11-1】 甲公司与乙公司签订合同，向其销售一栋建筑物，合同价款为5 000万元。该建筑物的成本为4 000万元，乙公司在合同开始日即取得了该建筑物的控制权。根据合同约定，乙公司在合同开始日支付了10%的保证金500万元，并就剩余90%的价款与甲公司签订了不附追索权的长期融资协议，如果乙公司违约，甲公司可重新拥有该建筑物，即使收回的建筑物不能涵盖所欠款项的总额，甲公司也不能向乙公司索取进一步的赔偿。乙公司计划在该建筑物内开设一家超市。在该建筑物所在的地区，超市行业面临激烈的竞争，但乙公司缺乏超市行业的经营经验。

本例中，乙公司计划以该超市产生的收益偿还甲公司的欠款，除此之外并无其他经济来源，乙公司也未对该笔欠款设定任何担保。如果乙公司违约，甲公司虽然可重新拥有该建筑物，但即使收回的建筑物不能涵盖所欠款项的总额，甲公司也不能向乙公司索取进一步的赔偿。因此，甲公司对乙公司还款的能力和意图存在疑虑，认为该合同不满足合同价款很可能收回的条件。甲公司应当将收到的500万元确认为一项负债。

对于不能同时满足上述收入确认的五个条件的合同，企业只有在不再负有向客户转让商品的剩余义务（例如，合同已完成或取消），且向客户收取的对价（包括全部或部分对价）无需退回时，才能将已收取的对价确认为收入；否则，应当将已收取的对价作为负债进行会计处理。其中，企业向客户收取无需退回的对价的，应当在已经将该部分对价所对应的商品的控制权转移给客户，并且已不再向客户转让额外的商品且不再负有此类义务时，将该部分对价确认为收入；或者，在相关合同已经终止时，将该部分对价确认为收入。

对于在合同开始日即满足上述收入确认条件的合同，企业在后续期间无需对其进行重新评估，除非有迹象表明相关事实和情况发生重大变化。对于不满足上述收入确认条件的合同，企业应当在后续期间对其进行持续评估，以判断其能否满足这些条件。企业如果在合同满足相关条件之前已经向客户转移了部分商品，当该合同在后续期间满足相关条件时，企业应当将在此之前已经转移的商品所分摊的交易价格确认为收入。通常情况下，合同开始日，是指合同开始赋予合同各方具有法律约束力的权利和义务的日期，即合同生效日。

需要说明的是，没有商业实质的非货币性资产交换，无论何时，均不应确认收入。从事相同业务经营的企业之间，为便于向客户或潜在客户销售而进行的非货币性资产交换（例如，两家石油公司之间相互交换石油，以便及时满足各自不同地点客户的需求），不应确认收入。

【例11－2】 甲公司与乙公司签订合同，将一项商标授权给乙公司使用，并按其使用情况收取特许权使用费。甲公司评估认为，该合同在合同开始日满足合同确认收入的五个条件。该商标在合同开始日即授权给乙公司使用。在合同开始日后的第一年内，乙公司每季度向甲公司提供该商标的使用情况报告，并在约定的期间内支付特许权使用费。在合同开始日后的第二年内，乙公司继续使用该商标，但是乙公司的财务状况下滑，融资能力下降，可用现金不足，因此，乙公司仅按合同支付了当年第一季度的特许权使用费，而后三个季度未能按照合同付款。在合同开始日后的第三年内，乙公司继续使用甲公司的商标，但是，甲公司得知，乙公司已经完全丧失了融资能力，且流失了大部分客户，因此，乙公司的付款能力进一步恶化，信用风险显著升高。

本例中，该合同在合同开始日满足收入确认的前提条件，因此，甲公司在乙公司使用该商标的行为发生时，按照约定的特许权使用费确认收入。合同开始日后的第二年，由于乙公司的信用风险升高，甲公司在确认收入的同时，按照金融资产减值的要求对乙公司的应收款项进行减值测试。合同开始日后的第三年，由于乙公司的财务状况恶化，信用风险显著升高，甲公司对该合同进行了重新评估，认为“企业因向客户转让商品而有权取得的对价很可能收回”这一条件不再满足，因此，甲公司不再确认特许权使用费收入，同时对现有应收款项是否发生减值继续进行评估。

本节有关企业与客户之间合同的会计处理是以单个合同为基础，为了便于实务操作，企业可以将本节要求应用于具有类似特征的合同组合，前提是企业能够合理预计，在该组合层面或者在该组合中的每一个合同层面应用本节进行会计处理，将不会对企业的财务报表产生显著不同的影响。对于具有类似特征的合同组合，企业也可以在确定退货率、坏账率、合同存续期间等方面运用组合法进行估计。

企业与同一客户（或该客户的关联方）同时订立或在相近时间内先后订立的两份或多份合同，在满足下列条件之一时，应当合并为一份合同进行会计处理：一是该两份或多份合同基于同一商业目的而订立并构成一揽子交易，如一份合同在不考虑另一份合同的对价的情况下将会发生亏损；二是该两份或多份合同中的一份合同的对价金额取决于其他合同的定价或履行情况，如一份合同如果发生违约，将会影响另一份合同的对价金额；三是该两份或多份合同中所承诺的商品（或每份合同中所承诺的部分商品）构成本节后文所述的单项履约义务。两份或多份合同合并为一份合同进行会计处理的，仍然需要区分该一份合同中包含的各单项履约义务。

（三）合同变更

收入确认和计量中的合同变更，是指经合同各方同意对原合同范围或价格（或两者）作出的变更。企业应当区分下列三种情形对合同变更分别进行会计处理。

（1）合同变更部分作为单独合同进行会计处理的情形。合同变更增加了可明确区分的商品及合同价款，且新增合同价款反映了新增商品单独售价的，应当将该合同变更作为一份单独的合同进行会计处理。判断新增合同价款是否反映了新增商品的单独售价时，应当考虑为反映该特定合同的具体情况而对新增商品价格所做的适当调整。例如，在合同变更时，企业由于无需发生为发展新客户等所须发生的相关销售费用，可能会向客户提供一定的折扣，从而在新增商品单独售价的基础上予以适当调整。

（2）合同变更作为原合同终止及新合同订立进行会计处理的情形。合同变更不属于上述第（1）种情形，且在合同变更日已转让商品与未转让商品之间可明确区分的，应当视为原合同终止，同时，将原合同未履约部分与合同变更部分合并为新合同进行会计处理。新合同的交易价格应当为下列两项金额之和：一是原合同交易价格中尚未确认为收入的部分（包括已从客户收取的金额）；二是合同变更中客户已承诺的对价金额。

【例 11－3】 甲公司与客户签订合同，每周为客户的办公楼提供物业服务，合同期限为三年，客户每年向甲公司支付服务费 50 万元（假定该价格反映了合同开始日该项服务的单独售价）。在第二年年末，合同双方对合同进行了变更，将第三年的服务费调整为 46 万元（假定该价格反映了合同变更日该项服务的单独售价），同时以 90 万元的价格将合同期限延长三年（假定该价格不反映合同变更日该三年服务的单独售价），即每年的服务费为 30 万元，于每年年初支付。上述价格均不包含增值税。

本例中，在合同开始日，甲公司认为其每周为客户提供的物业服务是可明确区分的，但由于甲公司向客户转让的是一系列实质相同且转让模式相同的、可明确区分的服务，因此将其作为单项履约义务。在合同开始的前两年，即合同变更之前，甲公司每年确认收入 50 万元。在合同变更日，由于新增的三年物业服务的价格不能反映该项服务在合同变更时的单独售价，因此，该合同变更不能作为单独的合同进行会计处理，由于在剩余合同期间需提供的服务与已提供的服务是可明确区分的，甲公司应当将该合同变更作为原合同终止，同时，将原合同中未履约的部分与合同变更合并为一份新合同进行会计处理。该新合同的合同期限为四年，对价为 136 万元，即原合同下尚未确认收入的对价 46 万元与新增的三年服务相应的对价 90 万元之和，新合同中甲公司每年确认的收入为 34（136÷4）万元。

（3）合同变更部分作为原合同的组成部分进行会计处理的情形。合同变更不属于上述第（1）种情形，且在合同变更日已转让商品与未转让商品之间不可明确区分的，应当将该合同变更部分作为原合同的组成部分，在合同变更日重新计算履约进度，并调整当期收入和相应成本等。

【例 11－4】 2023 年 1 月 5 日，甲建筑公司和客户签订一项总金额为 5 000 万元的固定造价合同，在客户自有土地上建造一幢办公楼，预计合同总成本为 3 500 万元。假定该建造服务属于在某一时段内履行的履约义务，并根据累计发生的合同成本占合同预计总成本的比例确定履约进度。

截至 2023 年年末，甲公司累计已发生成本 2 100 万元，履约进度为 60%（2 100万元÷3 500 万元）。因此，甲公司在 2023 年确认收入 3 000（5 000×60%）万元。

2024 年年初，合同双方同意更改该办公楼屋顶的设计，合同价格和预计总成本因此而分别增加 1 000 万元和 600 万元。

在本例中，由于合同变更后拟提供的剩余服务与在合同变更日或之前已提供的服务不可明确区分（即该合同仍为单项履约义务），因此，甲公司应当将合同变更作为原合同的组成部分进行会计处理。合同变更后的交易价格为 6 000（5 000＋1 000）万元，甲公司重新估计的履约进度为 51.2%［2 100 万元÷（3 500 万元＋600 万元）］，甲公司在合同变更日应额外确认收入 72（51.2%×6 000－3 000）万元。

如果在合同变更日未转让商品为上述第（2）和第（3）种情形的组合，企业应当按照上述第（2）或第（3）种情形中更为恰当的一种方式对合同变更后尚未转让（或部分未转让）商品进行会计处理。

二、识别合同中的单项履约义务

收入确认和计量的五步法：识别合同中的单项履约义务

合同开始日，企业应当对合同进行评估，识别该合同所包含的各单项履约义务，并确定各单项履约义务是在某一时段内履行，还是在某一时点履行，然后，在履行了各单项履约义务时分别确认收入。履约义务，是指合同中企业向客户转让可明确区分商品的承诺。企业应当将下列向客户转让商品的承诺作为单项履约义务。

（一）企业向客户转让可明确区分商品（或者商品或服务的组合）的承诺

企业向客户承诺的商品同时满足下列条件的，应当作为可明确区分商品：一是客户能够从该商品本身或者从该商品与其他易于获得的资源一起使用中受益，即该商品能够明确区分；二是企业向客户转让该商品的承诺与合同中其他承诺可单独区分，即转让该商品的承诺在合同中是可明确区分的。表明客户能够从某项商品本身或者将其与其他易于获得的资源一起使用获益的因素有很多，例如，企业通常会单独销售该商品等。需要特别指出的是，在评估某项商品是否能够明确区分时，应当基于该商品自身的特征，而与客户可能使用该商品的方式无关。因此，企业无需考虑合同中可能存在的阻止客户从其他来源取得相关资源的限制性条款。

企业确定了商品本身能够明确区分后，还应当在合同层面继续评估转让该商品（或提供该服务，以下简称转让该商品）的承诺是否与合同中其他承诺彼此之间可明确区分。下列情形通常表明企业向客户转让该商品的承诺与合同中的其他承诺不可明确区分。

一是企业需提供重大的服务以将该商品与合同中承诺的其他商品进行整合，形成合同约定的某个或某些组合产出转让给客户。例如，企业为客户建造写字楼的合同中，企业向客户提供的混凝土、水泥、人工等都能够使客户获益，但是，在该合同下，企业对客户承诺的是为其建造一栋写字楼，而并非提供这些混凝土、水泥和人工等，企业需提供重大的服务将这些商品或服务进行整合，以形成合同约定的一项组合产出（即写字楼）转让给客户。因此，在该合同中，混凝土、水泥和人工等商品或服务彼此之间不能单独区分。

二是该商品将对合同中承诺的其他商品予以重大修改或定制。例如，企业承诺向客户提供其开发的一款现有软件并提供安装服务，虽然该软件无需更新或技术支持也可直接使用，但是企业在安装过程中需要在该软件现有基础上对其进行定制化的重大修改，以使其能够与客户现有的信息系统相兼容。此时，转让软件的承诺与提供定制化重大修改的承诺在合同层面是不可明确区分的。

三是该商品与合同中承诺的其他商品具有高度关联性。也就是说，合同中承诺的每一单项商品均受到合同中其他商品的重大影响。例如，企业承诺为客户设计一种新产品并负责生产 6 个样品，企业在生产和测试样品的过程中需要对产品的设计进行不断修正，导致已生产的样品均可能需要进行不同程度的返工。此时，企业提供的设计服务和生产样品的服务是不断交替反复进行的，二者高度关联，因此，在合同层面是不可明确区分的。

需要说明的是，企业向客户销售商品时，往往约定企业需要将商品运送至客户指定的地点。通常情况下，商品控制权转移给客户之前发生的运输活动不构成单项履约义务；相反，商品控制权转移给客户之后发生的运输活动可能表明企业向客户提供了一项运输服务，企业应当考虑该项服务是否构成单项履约义务。

（二）企业向客户转让一系列实质相同且转让模式相同的、可明确区分商品的承诺

企业应当将实质相同且转让模式相同的一系列商品作为单项履约义务，即使这些商品可明确区分。其中，转让模式相同，是指每一项可明确区分商品均满足本节在某一时段内履行履约义务的条件，且采用相同方法确定其履约进度。例如，每天为客户提供物业服务的长期劳务合同等。企业在判断所转让的一系列商品是否实质相同时，应当考虑合同中承诺的性质，如果企业承诺的是提供确定数量的商品，那么需要考虑这些商品本身是否实质相同；如果企业承诺的是在某一期间内随时向客户提供某项服务，则需要考虑企业在该期间内的各个时间段（如每天或每小时）的承诺是否相同，而并非具体的服务行为本身，例如，企业向客户提供5年的酒店管理服务，具体包括保洁、维修、安保等，但没有具体的服务次数或时间的要求，尽管企业每天提供的具体服务不一定相同，但是企业每天对于客户的承诺都是相同的，因此，该服务符合“实质相同”的条件。

企业为履行合同而应开展的初始活动，通常不构成履约义务，除非该活动向客户转让了承诺的商品。例如，某俱乐部为注册会员建立档案，该活动并未向会员转让承诺的商品，因此不构成单项履约义务。

三、确定交易价格

收入确认和计量的五步法：确定交易价格

交易价格，是指企业因向客户转让商品而预期有权收取的对价金额。企业代第三方收取的款项（如增值税）以及企业预期将退还给客户的款项，应当作为负债进行会计处理，不计入交易价格。合同标价并不一定代表交易价格，企业应当根据合同条款，并结合以往的习惯做法等确定交易价格。企业在确定交易价格时，应当假定将按照现有合同的约定向客户转让商品，且该合同不会被取消、续约或变更。

（一）可变对价

企业与客户的合同中约定的对价金额可能会因折扣、价格折让、返利、退款、奖励积分、激励措施、业绩奖金、索赔等因素而变化。此外，根据一项或多项或有事项的发生而收取不同对价金额的合同，也属于可变对价的情形。企业在判断合同中是否存在可变对价时，不仅应当考虑合同条款的约定，还应当考虑下列情况：一是根据企业已公开宣布的政策、特定声明或者以往的习惯做法等，客户能够合理预期企业将会接受低于合同约定的对价金额，即企业会以折扣、返利等形式提供价格折让；二是其他相关事实和情况表明企业在与客户签订合同时即意图向客户提供价格折让。合同中存在可变对价的，企业应当对计入交易价格的可变对价进行估计。

1. 可变对价最佳估计数的确定

企业应当按照期望值或最可能发生金额确定可变对价的最佳估计数。企业所选择的方法应当能够更好地预测其有权收取的对价金额，并且对于类似的合同，应当采用相同的方法进行估计。对于某一事项的不确定性对可变对价金额的影响，企业应当在整个合同期间一致地采用同一种方法进行估计。但是，当存在多个不确定性事项均会影响可变对价金额时，企业可以采用不同的方法对其进行估计。期望值是按照各种可能发生的对价金额及相关概率计算

确定的金额。如果企业拥有大量具有类似特征的合同，并估计可能产生多个结果时，通常按照期望值估计可变对价金额。最可能发生金额是一系列可能发生的对价金额中最可能发生的单一金额，即合同最可能产生的单一结果。当合同仅有两个可能结果时，通常按照最可能发生金额估计可变对价金额。

2. 计入交易价格的可变对价金额的限制

企业按照期望值或最可能发生金额确定可变对价金额之后，计入交易价格的可变对价金额还应该满足限制条件，即包含可变对价的交易价格，应当不超过在相关不确定性消除时，累计已确认的收入极可能不会发生重大转回的金额。企业在评估是否极可能不会发生重大转回时，应当同时考虑收入转回的可能性及其比重。其中，“极可能”发生的概率应远高于“很可能（即可能性超过50%）”，但不要求达到“基本确定（即可能性超过95%）”，其目的是为了避免因为一些不确定性因素的发生导致之前已经确认的收入发生转回；在评估收入转回金额的比重时，应同时考虑合同中包含的固定对价和可变对价，即可能发生的收入转回金额相对于合同总对价（包括固定对价和可变对价）的比重。企业应当将满足上述限制条件的可变对价的金额计入交易价格。需要说明的是，将可变对价计入交易价格的限制条件不适用于企业向客户授予知识产权许可并约定按客户实际销售或使用情况收取特许权使用费的情况。

每一资产负债表日，企业应当重新估计应计入交易价格的可变对价金额，包括重新评估将估计的可变对价计入交易价格是否受到限制，以如实反映报告期末存在的情况以及报告期内发生的情况变化。

【例 11－5】 2023 年 11 月 1 日，甲公司与客户签订合同，为一只股票型基金提供资产管理服务，合同期限为 3 年。甲公司所能获得的报酬包括两部分：一是每季度按照季度末该基金净值的 1% 收取管理费，该管理费不会因基金净值的后续变化而调整或被要求退回；二是该基金在三年内的累计回报如果超过 20%，则甲公司可以获得超额回报部分的 5% 作为业绩奖励。在 2023 年 12 月 31 日，该基金的净值为 10 亿元。假定不考虑相关税费影响。

本例中，甲公司在该项合同中收取的管理费和业绩奖励均为可变对价，其金额极易受到股票价格波动的影响，这是在甲公司影响范围之外的，虽然甲公司过往有类似合同的经验，但是该经验在确定未来市场表现方面并不具有预测价值。因此，在合同开始日，甲公司无法对其能够收取的管理费和业绩奖励进行估计，不满足累计已确认的收入金额极可能不会发生重大转回的条件。

2023 年 12 月 31 日，甲公司重新估计该合同的交易价格时，影响该季度管理费收入金额的不确定性已经消除，甲公司确认管理费收入 1 000（10 亿元 ×1%）万元。甲公司未确认业绩奖励收入，这是因为该业绩奖励仍然会受到基金未来累计回报的影响，有关将可变对价计入交易价格的限制条件仍然没有得到满足。甲公司应当在后续的每一资产负债表日，估计业绩奖励是否满足上述条件，以确定其收入金额。

（二）合同中存在的重大融资成分

当合同各方以在合同中（或者以隐含的方式）约定的付款时间为客户或企业就该交易提供了重大融资利益时，合同中即包含了重大融资成分。例如，企业以赊销的方式销售商品等。合同中存在重大融资成分的，企业应当按照假定客户在取得商品控制权时即以现金支付的应付金额（即现销价格）确定交易价格。在评估合同中是否存在融资成分以及该融资成分对于该合同而言是否重大时，企业应当考虑所有相关的事实和情况，包括：(1) 已承诺的对价金额与已承诺商品的现销价格之间的差额；(2) 下列两项的共同影响：一是企业将承诺的商品转让给客户与客户支付相关款项之间的预计时间间隔，二是相关市场的现行利率。

表明企业与客户之间的合同未包含重大融资成分的情形有：一是客户就商品支付了预付款，且可以自行决定这些商品的转让时间（例如，企业向客户出售其发行的储值卡，客户可随时到该企业持卡购物；企业向客户授予奖励积分，客户可随时到该企业兑换这些积分等）；二是客户承诺支付的对价中有相当大的部分是可变的，该对价金额或付款时间取决于某一未来事项是否发生，且该事项实质上不受客户或企业控制（例如，按照实际销量收取的特许权使用费）；三是合同承诺的对价金额与现销价格之间的差额是由于向客户或企业提供融资利益以外的其他原因所导致的，且这一差额与产生该差额的原因是相称的（例如，合同约定的支付条款目的是向企业或客户提供保护，以防止另一方未能依照合同充分履行其部分或全部义务）。

需要说明的是，企业应当在单个合同层面考虑融资成分是否重大，而不应在合同组合层面考虑。合同中存在重大融资成分的，企业在确定该重大融资成分的金额时，应使用将合同对价的名义金额折现为商品的现销价格的折现率。该折现率一经确定，不得因后续市场利率或客户信用风险等情况的变化而变更。企业确定的交易价格与合同承诺的对价金额之间的差额，应当在合同期间内采用实际利率法摊销。

为简化实务操作，如果在合同开始日，企业预计客户取得商品控制权与客户支付价款间隔不超过一年的，可以不考虑合同中存在的重大融资成分。企业应当对类似情形下的类似合同一致地应用这一简化处理方法。

（三）非现金对价

非现金对价包括实物资产、无形资产、股权、客户提供的广告服务等。客户支付非现金对价的，通常情况下，企业应当按照非现金对价在合同开始日的公允价值确定交易价格。非现金对价公允价值不能合理估计的，企业应当参照其承诺向客户转让商品的单独售价间接确定交易价格。

非现金对价的公允价值可能会因对价的形式而发生变动（例如，企业有权向客户收取的对价是股票，股票本身的价格会发生变动），也可能会因为其形式以外的原因而发生变动。合同开始日后，非现金对价的公允价值因对价形式以外的原因而发生变动的，应当作为可变对价，按照与计入交易价格的可变对价金额的限制条件相关的规定进行处理；合同开始日后，非现金对价的公允价值因对价形式而发生变动的，该变动金额不应计入交易价格。

（四）应付客户对价

企业存在应付客户对价的，应当将该应付对价冲减交易价格，但应付客户对价是为了自客户取得其他可明确区分商品的除外。企业应付客户对价是为了向客户取得其他可明确区分商品的，应当采用与企业其他采购相一致的方式确认所购买的商品。企业应付客户对价超过向客户取得可明确区分商品公允价值的，超过金额应当冲减交易价格。向客户取得的可明确区分商品公允价值不能合理估计的，企业应当将应付客户对价全额冲减交易价格。在将应付客户对价冲减交易价格处理时，企业应当在确认相关收入与支付（或承诺支付）客户对价二者孰晚的时点冲减当期收入。

四、将交易价格分摊至各单项履约义务

收入确认和计量的五步法：将交易价格分摊至各单项履约义务

当合同中包含两项或多项履约义务时，为了使企业分摊至每一单项履约义务的交易价格能够反映其因向客户转让已承诺的相关商品（或提供已承诺的相关服务）而预期有权收取的对价金额，企业应当在合同开始日，按照各单项履约义务所承诺商品的单独售价的相对比例，将交易价格分摊至各单项履约义务。

单独售价，是指企业向客户单独销售商品的价格。单独售价无法直接观察的，企业应当综合考虑其能够合理取得的全部相关信息，采用市场调整法、成本加成法、余值法等方法合理估计单独售价。市场调整法，是指企业根据某商品或类似商品的市场售价，考虑本企业的成本和毛利等进行适当调整后，确定其单独售价的方法。成本加成法，是指企业根据某商品的预计成本加上其合理毛利后的价格，确定其单独售价的方法。余值法，是指企业根据合同交易价格减去合同中其他商品可观察的单独售价后的余值，确定某商品单独售价的方法。企业应当最大限度地采用可观察的输入值，并对类似的情况采用一致的估计方法。

企业在商品近期售价波动幅度巨大，或者因未定价且未曾单独销售而使售价无法可靠确定时，可采用余值法估计其单独售价。

【例 11－6】 2022 年 9 月 1 日，甲公司与客户签订合同，向其销售 A、B 两项商品，A 商品的单独售价为 30 000 元，B 商品的单独售价为 120 000 元，合同价款为 125 000 元。合同约定，A 商品于合同开始日交付，B 商品在两个月之后交付，只有当两项商品全部交付之后，甲公司才有权收取 125 000 元的合同对价。假定 A 商品和 B 商品分别构成单项履约义务，其控制权在交付时转移给客户。上述价格均不包含增值税，且假定不考虑相关税费影响。

本例中，分摊至 A 商品的合同价款为 25 000[(30 000 ÷ (30 000 + 120 000)) × 125 000]元，分摊至 B 商品的合同价款为 100 000[(120 000 ÷ (30 000 + 120 000)) × 125 000]元。甲公司进行会计处理时，应编制的会计分录如下：

（1）交付 A 商品时：

借：合同资产　　25 000
　　贷：主营业务收入　　25 000

（2）交付 B 商品时：

借：应收账款　　125 000
　　贷：合同资产　　25 000
　　　　主营业务收入　　100 000

合同资产，是指企业已向客户转让商品而有权收取对价的权利，且该权利取决于时间流逝之外的其他因素。应收款项是企业无条件收取合同对价的权利，该权利应当作为应收款项单独列示。二者的区别在于，应收款项代表的是无条件收取合同对价的权利，即企业仅仅随着时间的流逝即可收款；而合同资产并不是一项无条件收款权，该权利除了时间流逝之外，还取决于其他条件（例如，履行合同中的其他履约义务）才能收取相应的合同对价。因此，与合同资产和应收款项相关的风险是不同的，应收款项仅承担信用风险，而合同资产除信用风险之外，还可能承担其他风险，如履约风险等。合同资产减值的计量、列报和披露应当按照《企业会计准则第 22 号——金融工具确认和计量》的要求进行会计处理。

（一）分摊合同折扣

合同折扣，是指合同中各单项履约义务所承诺商品的单独售价之和高于合同交易价格的金额。对于合同折扣，企业应当在各单项履约义务之间按比例分摊。有确凿证据表明合同折扣仅与合同中一项或多项（而非全部）履约义务相关的，企业应当将该合同折扣分摊至相关一项或多项履约义务。

同时满足下列条件时，企业应当将合同折扣全部分摊至合同中的一项或多项（而非全部）履约义务：（1）企业经常将该合同中的各项可明确区分的商品单独销售或者以组合的方式单独销售；（2）企业也经常将其中部分可明确区分的商品以组合的方式按折扣价格单独销售；（3）上述第（2）项中的折扣与该合同中的折扣基本相同，且针对每一组合中的商品的分析为将该合同的全部折扣归属于某一项或多项履约义务提供了可观察的证据。有确凿证据表明合同折扣仅与合同中的一项或多项（而非全部）履约义务相关，且企业采用余值法估计单独售价的，企业应当首先在该一项或多项（而非全部）履约义务之间分摊合同折扣，然后再采用余值法估计单独售价。

【例 11－7】 甲公司与客户签订合同，向其销售 A、B、C 三种产品，合同总价款为 600 万元，这三种产品构成 3 个单项履约义务。企业经常单独出售 A 产品，其可直接观察的单独售价为 250 万元；B 产品和 C 产品的单独售价不可直接观察，企业采用市场调整法估计 B 产品的单独售价为 125 万元，采用成本加成法估计 C 产品的单独售价为 375 万元。甲公司经常以 250 万元的价格单独销售 A 产品，并且经常将 B 产品和 C 产品组合在一起以 350 万元的价格销售。假定上述价格均不包含增值税。

本例中，这三种产品的单独售价合计为 750 万元，而该合同的价格为 600 万元，因此该合同的折扣为 150 万元。由于甲公司经常将 B 产品和 C 产品组合在一起以 350 万元的价格销售，该价格与其单独售价的差额为 150 万元，与该合同的折扣一致，证明该合同的折扣仅应归属于 B 产品和 C 产品。因此，在该合同下，分摊至 A 产品的交易价格为 250 万元，分摊至 B 产品和 C 产品的交易价格合计为 350 万元，甲公司应当进一步按照 B 产品和 C 产品的单独售价的相对比例将该价格在二者之间进行分摊。因此，各产品分摊的交易价格分别为：A 产品为 250 万元，B 产品为 87.5（125 ÷ 500 × 350）万元，C 产品为 262.5（375 ÷ 500 × 350）万元。

（二）分摊可变对价

合同中包含可变对价的，该可变对价可能与整个合同相关，也可能仅与合同中的某一特定组成部分有关，后者包括两种情形：一是可变对价可能与合同中的一项或多项（而非全部）履约义务有关；二是可变对价可能与企业向客户转让的构成单项履约义务的一系列可明确区分商品中的一项或多项（而非全部）商品有关。

同时满足下列条件的，企业应当将可变对价及可变对价的后续变动额全部分摊至与之相关的某项履约义务，或者构成单项履约义务的一系列可明确区分商品中的某项商品：（1）可变对价的条款专门针对企业为履行该项履约义务或转让该项可明确区分商品所作的努力（或者是履行该项履约义务或转让该项可明确区分商品所导致的特定结果）；（2）企业在考虑了合同中的全部履约义务及支付条款后，将合同对价中的可变金额全部分摊至该项履约义务或该项可明确区分商品符合分摊交易价格的目标。对于不满足上述条件的可变对价及可变对价的后续变动额，以及可变对价及其后续变动额中未满足上述条件的剩余部分，企业应当按照分摊交易价格的一般原则，将其分摊至合同中的各单项履约义务。对于已履行的履约义务，其分摊的可变对价后续变动额应当调整变动当期的收入。

【例 11-8】 甲公司与乙公司签订合同，将其拥有的两项专利技术 A 和 B 授权给乙公司使用。假定两项授权均构成单项履约义务，且都属于在某一时点履行的履约义务。合同约定，授权使用 A 的价格为 400 万元，授权使用 B 的价格为乙公司使用该专利技术所生产的产品销售额的 10%。A 和 B 的单独售价分别为 400 万元和 500 万元。甲公司估计其就授权使用 B 而有权收取的特许权使用费为 500 万元。假定上述价格均不包含增值税。

本例中，该合同中包含固定对价和可变对价，其中，授权使用 A 的价格为固定对价，且与其单独售价一致，授权使用 B 的价格为乙公司使用该专利技术所生产的产品销售额的 10%，属于可变对价，该可变对价全部与授权使用 B 能够收取的对价有关，且甲公司估计基于实际售价收取的特许权使用费的金额接近 B 的单独售价。因此，甲公司将可变对价部分的特许权使用费金额全部由 B 承担符合交易价格的分摊目标。

（三）交易价格的后续变动

交易价格发生后续变动的，企业应当按照在合同开始日所采用的基础将该后续变动金额分摊至合同中的履约义务。企业不得因合同开始日之后单独售价的变动而重新分摊交易价格。对于合同变更导致的交易价格后续变动，应当按照本节有关合同变更的要求进行会计处理。合同变更之后发生可变对价后续变动的，企业应当区分下列三种情形分别进行会计处理：

（1）合同变更属于本节合同变更第（1）规定情形的，企业应当判断可变对价后续变动与哪一项合同相关，并按照分摊可变对价的相关规定进行会计处理。

（2）合同变更属于本节合同变更第（2）规定情形，且可变对价后续变动与合同变更前已承诺可变对价相关的，企业应当首先将该可变对价后续变动额以原合同开始日确定的基础进行分摊，然后再将分摊至合同变更日尚未履行履约义务的该可变对价后续变动额以新合同开始日确定的基础进行二次分摊。

（3）合同变更之后发生除上述第（1）和（2）种情形以外的可变对价后续变动的，企业应当将该可变对价后续变动额分摊至合同变更日尚未履行的履约义务。

【例 11-9】 2022 年 9 月 1 日，甲公司与乙公司签订合同，向其销售 A 产品和 B 产品。A 产品和 B 产品均为明确可区分商品，其单独售价相同，且均属于在某一时点履行的履约义务。合同约定，A 产品和 B 产品分别于 2022 年 12 月 1 日和 2023 年 5 月 31 日交付给乙公司。合同约定的对价包括 5 000 元的固定对价和估计金额为 1 000 元的可变对价。假定甲公司将 1 000 元的可变对价计入交易价格，满足本节有关将可变对价金额计入交易价格的限制条件。因此，该合同的交易价格为 6 000 元。假定上述价格均不包含增值税。

2022 年 12 月 25 日，双方对合同范围进行了变更，乙公司向甲公司额外采购 C 产品，合同价格增加 1 500 元，C 产品与 A、B 两种产品可明确区分，但该增加的价格不反映 C 产品的单独售价。C 产品的单独售价与 A 产品和 B 产品相同。C 产品将于 2023 年 8 月 30 日交付给乙公司。

2022 年 12 月 31 日，企业预计有权收取的可变价格的估计金额由 1 000 元变更为 1 200 元，该金额符合计入交易价格的条件。因此，合同的交易价格增加了 200 元，且甲公司认为该增加额与合同变更前已承诺的可变对价相关。

假定上述三种产品的控制权均随产品交付而转移给乙公司。

本例中，在合同开始日，该合同包含两个单项履行义务，甲公司应该将估计的交易价格分摊至这两项履约义务。由于两项产品的单独售价相同，且可变对价不符合分摊至其中一项履约义务的条件，因此，甲公司将交易价格6 000元平均分摊至A产品和B产品，即A产品和B产品各自分摊的交易价格均为3 000元。

2022年12月1日，当A产品交付给客户时，甲公司相应确认收入3 000元。

2022年12月25日，双方进行了合同变更。该合同变更属于本节合同变更的第（2）种情形，因此该合同变更应当作为原合同终止，并将原合同的未履约部分与合同变更部分合并为新合同进行会计处理。在该新合同下，合同的交易价格为4 500（3 000 + 1 500）元，由于B产品和C产品的单独售价相同，分摊至B产品和C产品的交易价格的金额均为2 250元。

2022年12月31日，甲公司重新估计可变对价，增加了交易价格200元。由于该增加额与合同变更前已承诺的可变对价相关，因此应首先将该增加额分摊给A产品和B产品，之后再将分摊给B产品的部分在B产品和C产品形成的新合同中进行二次分摊。在本例中，由于A、B和C产品的单独售价相同，在将200元的可变对价后续变动分摊至A产品和B产品时，各自分摊的金额为100元。由于甲公司已经转让了A产品，在交易价格发生变动的当期即应将分摊至A产品的100元确认为收入。之后，甲公司将分摊至B产品的100元平均分摊至B产品和C产品，即各自分摊的金额为50元，经过上述分摊后，B产品和C产品的交易价格金额均为2 300（2 250 + 50）元。因此，甲公司分别在B产品和C产品控制权转移时确认收入2 300元。

五、履行各单项履约义务时确认收入

收入确认和计量的五步法：履行每一单项履约义务时确认收入

企业应当在履行了合同中的履约义务，即客户取得相关商品控制权时确认收入。企业应当根据实际情况，首先判断履约义务是否满足在某一时段内履行的条件，如不满足，则该履约义务属于在某一时点履行的履约义务。对于在某一时段内履行的履约义务，企业应当选取恰当的方法来确定履约进度；对于在某一时点履行的履约义务，企业应当综合分析控制权转移的迹象，判断其转移时点。

（一）在某一时段内履行的履约义务的收入确认条件

满足下列条件之一的，属于在某一时段内履行的履约义务，相关收入应当在该履约义务履行的期间内确认。

1. 客户在企业履约的同时即取得并消耗企业履约所带来的经济利益

企业在履约过程中是持续地向客户转移该服务的控制权的，该履约义务属于在某一时段内履行的履约义务，企业应当在提供该服务的期间内确认收入。企业在进行判断时，可以假定在企业履约的过程中更换为其他企业继续履行剩余履约义务，如果该继续履行合同的企业实质上无需重新执行企业累计至今已经完成的工作，则表明客户在企业履约的同时即取得并消耗了企业履约所带来的经济利益。例如，企业承诺将客户的一批货物从A市运送到B市，假定该批货物在途经C市时，由另外一家运输公司接替企业继续提供该运输服务，由于A市到C市之间的运输服务是无需重新执行的，表明客户在企业履约的同时即取得并消耗了

企业履约所带来的经济利益，因此，企业提供的运输服务属于在某一时段内履行的履约义务。企业在判断其他企业是否实质上无需重新执行企业累计至今已经完成的工作时，应当基于以下两个前提：一是不考虑可能会使企业无法将剩余履约义务转移给其他企业的潜在限制，包括合同限制或实际可行性限制；二是假设继续履行剩余履约义务的其他企业将不会享有企业目前已控制的任何资产的利益，也不会享有剩余履约义务转移后企业仍然控制的任何资产的利益。

2. 客户能够控制企业履约过程中在建的商品

企业在履约过程中创建的商品包括在产品、在建工程、尚未完成的研发项目、正在进行的服务等，如果客户在企业创建该商品的过程中就能够控制这些商品，应当认为企业提供该商品的履约义务属于在某一时段内履行的履约义务。

【例 11－10】 甲公司与客户签订合同，在客户拥有的土地上按照客户的设计要求为其建造办公楼。在建造过程中客户有权修改办公楼设计，并与甲公司重新协商设计变更后的合同价款。客户每月末按当月工程进度向甲公司支付工程款。如果客户终止合同，已完成建造部分的办公楼归客户所有。

本例中，甲公司为客户建造办公楼，该办公楼位于客户的土地上，客户终止合同时，已建造的办公楼归客户所有。这些均表明客户在该办公楼建造的过程中就能够控制该在建的办公楼。因此，甲公司提供的该建造服务属于在某一时段内履行的履约义务，甲公司应当在提供该服务的期间内确认收入。

3. 企业履约过程中所产出的商品具有不可替代用途，且该企业在整个合同期间内有权就累计至今已完成的履约部分收取款项

（1）商品具有不可替代用途。在判断商品是否具有不可替代用途时，企业既应当考虑合同限制，也应当考虑实际可行性限制，但无需考虑合同被终止的可能性。企业在判断商品是否具有不可替代用途时，需要注意以下四点。

第一，企业应当在合同开始日判断所承诺的商品是否具有不可替代用途。在此之后，除非发生合同变更，且该变更显著改变了原合同约定的履约义务，否则，企业无需重新进行评估。

第二，合同中是否存在实质性限制条款，导致企业不能将合同约定的商品用于其他用途。保护性条款也不应被视为实质性限制条款。

第三，是否存在实际可行性限制，例如，虽然合同中没有限制，但是企业将合同中约定的商品用作其他用途，将遭受重大的经济损失或发生重大的返工成本。

第四，企业应当根据最终转移给客户的商品的特征判断其是否具有不可替代用途。例如，某商品在生产的前期可以满足多种用途需要的，从某一时点或某一流程开始，才进入定制化阶段，此时，企业应当根据该商品在最终转移给客户时的特征来判断其是否满足“具有不可替代用途”的条件。

（2）企业在整个合同期间内有权就累计至今已完成的履约部分收取款项。有权就累计至今已完成的履约部分收取款项，是指在由于客户或其他方原因终止合同的情况下，企业有权就累计至今已完成的履约部分收取能够补偿其已发生成本和合理利润的款项，并且该权利具有法律约束力。需要强调的是，合同终止必须是由于客户或其他方（即由于企业未按照合同承诺履约之外的其他原因）而非企业自身的原因所致，在整个合同期间内的任一时点，

企业均应当拥有此项权利。企业在进行判断时，需要注意以下五点。

第一，企业有权就累计至今已完成的履约部分收取的款项应当大致相当于累计至今已经转移给客户的商品的售价，即该金额应当能够补偿企业已经发生的成本和合理利润。其中，合理的利润补偿并不一定是该合同的整体毛利水平，以下两种情形都属于合理的利润补偿：一是根据合同终止前的履约进度对该合同的毛利水平进行调整后确定的金额作为利润补偿金额；二是如果该合同的毛利水平高于企业同类合同的毛利水平，以企业从同类合同中能够获取的合理资本回报或者经营毛利作为利润补偿金额。

第二，企业有权就累计至今已完成的履约部分收取款项，并不意味着企业拥有随时可行使的无条件收款权。当合同约定客户在约定的某一时点、重要事项完成的时点或者整个合同完成之后才支付合同价款时，企业并没有取得收款的权利。在判断其是否满足本要求时，应当考虑，在整个合同期间内的任一时点，假设由于客户或其他方原因导致合同提前终止时，企业是否有权主张该收款权利，即有权要求客户补偿其截至目前已完成的履约部分应收取的款项。

第三，当客户只有在某些特定时点才能要求终止合同，或者根本无权终止合同时终止了合同（包括客户没有按照合同约定履行其义务）时，如果合同条款或法律法规赋予了企业继续执行合同（即企业继续向客户转移合同中承诺的商品并要求客户支付对价）的权利，则表明企业有权就累计至今已完成的履约部分收取款项。

第四，企业在进行相关判断时，不仅要考虑合同条款的约定，还应当充分考虑所处的法律环境（包括适用的法律法规、以往的司法实践以及类似案例的结果等）是否对合同条款形成了补充，或者会凌驾于合同条款之上。例如，在合同没有明确约定的情况下，相关的法律法规等是否支持企业主张相关的收款权利；以往的司法实践是否表明合同中的某些条款没有法律约束力；在以往的类似合同中，企业虽然拥有此类权利，却在考虑了各种因素之后没有行使该权利，这是否会导致企业主张该权利的要求在当前的法律环境下不被支持等。

第五，企业和客户在合同中约定的具体付款时间表并不一定意味着企业有权就累计至今已完成的履约部分收取款项。企业需要进一步评估合同中约定的付款时间表，是否使企业在整个合同期间内的任一时点，在由于除企业自身未按照合同承诺履约之外的其他原因导致合同终止的情况下，均有权就累计至今已完成的履约部分收取能够补偿其成本和合理利润的款项。

【例 11－11】 甲公司是一家造船企业，与乙公司签订了一份船舶建造合同，按照乙公司的具体要求设计和建造船舶。甲公司在自己的厂区内完成该船舶的建造，乙公司无法控制在建过程中的船舶。甲公司如果想把该船舶出售给其他客户，需要发生重大的改造成本。双方约定，如果乙公司单方面解约，乙公司需向甲公司支付相当于合同总价 10% 的违约金，且建造中的船舶归甲公司所有。假定该合同仅包含一项履约义务，即设计和建造船舶。

本例中，船舶是按照乙公司的具体要求进行设计和建造的，甲公司需要发生重大的改造成本将该船舶改造之后才能将其出售给其他客户，因此，该船舶具有不可替代用途。然而，如果乙公司单方面解约，仅需向甲公司支付相当于合同总价 10% 的违约金，表明甲公司无法在整个合同期间内都有权就累计至今已完成的履约部分收取能够补偿其已发生成本和合理利润的款项。因此，甲公司为乙公司设计和建造船舶不属于在某一时段内履行的履约义务。

（二）在某一时段内履行的履约义务的收入确认方法

对于在某一时段内履行的履约义务，企业应当在该段时间内按照履约进度确认收入，履约进度不能合理确定的除外。企业应当采用恰当的方法确定履约进度，以使其如实反映企业向客户转让商品的履约情况。企业应当考虑商品的性质，采用产出法或投入法确定恰当的履约进度，并且在确定履约进度时应当扣除那些控制权尚未转移给客户的商品和服务。

1. 产出法

产出法主要是根据已转移给客户的商品对于客户的价值确定履约进度，主要包括按照实际测量的完工进度、评估已实现的结果、已达到的里程碑、时间进度、已完工或交付的产品等确定履约进度的方法。企业在评估是否采用产出法确定履约进度时，应当考虑所选择的产出指标是否能够如实地反映向客户转移商品的进度。

【例 11 -12】 甲公司与客户签订合同，为该客户拥有的一条长 1 000 米的水泥道路铺装沥青路面，面积共计 20 000 平方米，合同价格为 60 万元（不含税价）。截至 2022 年 12 月 31 日，甲公司共铺装沥青路面 15 000 平方米，剩余部分预计在 2023 年 1 月 31 日之前完成。该合同仅包含一项履约义务，且该履约义务满足在某一时段内履行的条件。假定不考虑其他情况。

本例中，甲公司提供的铺装沥青路面的服务属于在某一时段内履行的履约义务，甲公司按照已完成的工作量确定履约进度。因此，截至 2022 年 12 月 31 日，该合同的履约进度为 75%（15 000 ÷2 0000），甲公司应确认的收入为 45（60 ×75%）万元。

产出法是直接计量已完成的产出，一般能够客观地反映履约进度。当产出法所需要的信息可能无法直接通过观察获得，或者为获得这些信息需要花费很高的成本时，可采用投入法。

2. 投入法

投入法主要是根据企业履行履约义务的投入确定履约进度，主要包括以投入的材料数量、花费的人工工时或机器工时、发生的成本和时间进度等投入指标确定履约进度。当企业从事的工作或发生的投入是在整个履约期间内平均发生时，按照直线法确认收入是合适的。由于企业的投入与向客户转移商品的控制权之间未必存在直接的对应关系，因此，企业在采用投入法时，应当扣除那些虽然已经发生、但是未导致向客户转移商品的投入。实务中，企业通常按照累计实际发生的成本占预计总成本的比例（即成本法）确定履约进度，累计实际发生的成本包括企业向客户转移商品过程中所发生的直接成本和间接成本，如直接人工、直接材料、分包成本以及其他与合同相关的成本。企业在采用成本法确定履约进度时，可能需要对已发生的成本进行适当调整的情形有：

（1）已发生的成本并未反映企业履行其履约义务的进度，如因企业生产效率低下等原因而导致的非正常消耗，包括非正常消耗的直接材料、直接人工及制造费用等，除非企业和客户在订立合同时已经预见会发生这些成本并将其包括在合同价款中。

（2）已发生的成本与企业履行其履约义务的进度不成比例。如果企业已发生的成本与履约进度不成比例，企业在采用成本法时需要进行适当调整。当企业在合同开始日就能够预期将满足下列所有条件时企业在采用成本法时不应包括该商品的成本，而是应当按照其成本金额确认收入：一是该商品不构成单项履约义务；二是客户先取得该商品的控制权，之后才接受与之相关的服务；三是该商品的成本占预计总成本的比重较大；四是企业自第三方采购该商品，且未深入参与其设计和制造，对于包含该商品的履约义务而言，企业是主要责任人。

【例 11－13】 2022 年 11 月，甲公司与客户签订合同，为客户装修一栋办公楼并安装一部电梯，合同总金额为 500 万元。甲公司预计的合同总成本为 400 万元，其中包括电梯的采购成本 150 万元。

2022 年 12 月，甲公司将电梯运达施工现场并经过客户验收、客户已取得对电梯的控制权，但是根据装修进度，预计到 2023 年 5 月才会安装该电梯。截至 2022 年 12 月，甲公司累计发生成本 200 万元，其中包括支付给电梯供应商的采购成本 150 万元以及因采购电梯发生的运输和人工等相关成本 25 万元。

假定该装修服务（包括安装电梯）构成单项履约义务，并属于在某一时段内履行的履约义务，甲公司是主要责任人，但不参与电梯的设计和制造；甲公司采用成本法确定履约进度。上述金额均不含增值税。

本例中，截至 2022 年 12 月，甲公司发生成本 200 万元（包括电梯采购成本 150 万元以及因采购电梯发生的运输和人工等相关成本 25 万元），甲公司认为其已发生的成本和履约进度不成比例，因此需要对履约进度的计算作出调整，将电梯的采购成本排除在已发生成本和预计总成本之外。在该合同中，该电梯不构成单项履约义务，其成本相对于预计总成本而言是重大的，甲公司是主要责任人，但是未参与该电梯的设计和制造，客户先取得了电梯的控制权，随后才接受与之相关的安装服务，因此，甲公司在客户取得该电梯控制权时，按照该电梯采购成本的金额确认转让电梯产生的收入。

因此，2022 年 12 月，该合同的履约进度为 20%［（200－150）÷（400－150）］，应确认的收入和成本金额分别为 220［（500－150）×20%＋150］万元和 200［（400－150）×20%＋150］万元。

对于每一项履约义务，企业只能采用一种方法来确定其履约进度，并加以一贯运用。对于类似情况下的类似履约义务，企业应当采用相同的方法确定履约进度。

资产负债表日，企业应当在按照合同的交易价格总额乘以履约进度扣除以前会计期间累计已确认的收入后的金额，确认为当期收入。当履约进度不能合理确定时，企业已经发生的成本预计能够得到补偿的，应当按照已经发生的成本金额确认收入，直到履约进度能够合理确定为止。每一资产负债表日，企业应当对履约进度进行重新估计。当客观环境发生变化时，企业也需要重新评估履约进度是否发生变化，以确保履约进度能够反映履约情况的变化，该变化应当作为会计估计变更进行会计处理。

（三）在某一时点履行的履约义务

当一项履约义务不属于在某一时段内履行的履约义务时，应当属于在某一时点履行的履约义务。对于在某一时点履行的履约义务，企业应当在客户取得相关商品控制权时点确认收入。在判断客户是否已取得商品控制权时，企业应当考虑下列迹象。

一是企业就该商品享有现时收款权利，即客户就该商品负有现时付款义务。如果企业就该商品享有现时的收款权利，则可能表明客户已经有能力主导该商品的使用并从中获得几乎全部的经济利益。

二是企业已将该商品的法定所有权转移给客户，即客户已拥有该商品的法定所有权。客户如果取得了商品的法定所有权，则可能表明其已经有能力主导该商品的使用并从中获得几乎全部的经济利益，或者能够阻止其他企业获得这些经济利益。如果企业仅仅是为了确保到期收回货款而保留商品的法定所有权，那么企业所保留的这项权利通常不会对客户取得对该商品的控制权构成障碍。

三是企业已将该商品实物转移给客户，即客户已实物占有该商品。客户如果已经实物占有商品，则可能表明其有能力主导该商品的使用并从中获得其几乎全部的经济利益，或者使其他企业无法获得这些利益。需要说明的是，客户占有了某项商品的实物并不意味着其就一定取得了该商品的控制权，反之亦然。例如，在采用支付手续费方式的委托代销安排下，虽然企业作为委托方已将商品发送给受托方，但是受托方并未取得该商品的控制权，因此，企业不应在向受托方发货时确认销售商品的收入，而仍然应当根据控制权是否转移来判断何时确认收入，通常应当在受托方售出商品时确认销售商品收入；受托方应当在商品销售后，按合同或协议约定的方法计算确定的手续费确认收入。

表明一项安排是委托代销安排的迹象如：①在特定事件发生之前（例如，向最终客户出售产品或指定期间到期之前），企业拥有对商品的控制权；②企业能够要求将委托代销的商品退回或者将其销售给其他方（如其他经销商）；③尽管经销商可能被要求向企业支付一定金额的押金，但是其并没有承担对这些商品无条件付款的义务。

实务中，企业有时根据合同已经就销售的商品向客户收款或取得了收款权利，但是，由于客户缺乏足够的仓储空间或生产进度延迟等原因，直到在未来某一时点将该商品交付给客户之前，企业仍然继续持有该商品实物，这种情况通常称为“售后代管商品”安排。此时，企业除了考虑客户是否取得商品控制权的迹象之外，还应当同时满足下列条件，才表明客户取得了该商品的控制权：①该安排必须具有商业实质，例如，该安排是应客户的要求而订立的；②属于客户的商品必须能够单独识别，例如，将属于客户的商品单独存放在指定地点；③该商品可以随时交付给客户；④企业不能自行使用该商品或将该商品提供给其他客户。企业根据上述条件对尚未发货的商品确认了收入的，还应当考虑是否还承担了其他履约义务，例如，向客户提供保管服务等，从而应当将部分交易价格分摊至该其他履约义务。越是通用的、可以和其他商品互相替换的商品，可能越难满足上述条件。

【例 11－14】 2022 年 7 月 1 日，甲公司与乙公司签订合同，向其销售一台设备和专用零部件。该设备和零部件的制造期为 2 年。甲公司在完成设备和零部件的生产之后，能够证明其符合合同约定的规格。假定企业向客户转让设备和零部件为两个单项履约义务且都属于在某一时点履行的履约义务。

2024 年 6 月 30 日，乙公司支付了该设备和零部件的合同价款，并对其进行了验收。乙公司运走了设备，但是，考虑到其自身的仓储能力有限，且其工厂紧邻甲公司的仓库，因此要求将零部件存放于甲公司的仓库中，并且要求甲公司按照其指令随时安排发货。乙公司已拥有零部件的法定所有权，且这些零部件可明确识别为属于乙公司的物品。甲公司在其仓库内的单独区域内存放这些零部件，并且应乙公司的要求可随时发货，甲公司不能使用这些零部件，也不能将其提供给其他客户使用。

本例中，2024 年 6 月 30 日，该设备的控制权移交给乙公司；对于零部件而言，甲公司已经收取合同价款，但是应乙公司的要求尚未发货，乙公司已拥有零部件的法定所有权并且对其进行了验收，虽然这些零部件实物尚由甲公司持有，但是其满足在“售后代管商品”的安排下客户取得商品控制权的条件，这些零部件的控制权也已经转移给了乙公司。因此，甲公司应当确认销售设备和零部件的相关收入。除销售设备和零部件之外，甲公司还为乙公司提供了仓储保管服务，该服务与设备和零部件可明确区分，构成单项履约义务，甲公司需要将部分交易价格分摊至该项服务，并在提供该项服务的期间确认收入。

【例 11－15】 甲公司生产并销售笔记本电脑。2022 年，甲公司与零售商乙公司签订销售合同，向其销售 2 万台电脑。由于乙公司的仓储能力有限，无法在 2022 年年底之前接收该批电脑，双方约定甲公司在 2023 年按照乙公司的指令按时发货，并将电脑运送至乙公司指定的地点。2022 年 12 月 31 日，甲公司共有上述电脑库存 3 万台，其中包括 2 万台将要销售给乙公司的电脑。然而，这 2 万台电脑和其余 1 万台电脑一起存放并统一管理，并且彼此之间可以互相替换。

本例中，尽管是由于乙公司没有足够的仓储空间才要求甲公司暂不发货，并按照其指定的时间发货，但是，由于这 2 万台电脑与甲公司的其他产品可以互相替换，且未单独存放保管，甲公司在向乙公司交付这些电脑之前，能够将其提供给其他客户或者自行使用。因此，这 2 万台电脑在 2022 年 12 月 31 日不满足“售后代管商品”安排下确认收入的条件。

四是企业已将该商品所有权上的主要风险和报酬转移给客户，即客户已取得该商品所有权上的主要风险和报酬。企业在判断时，不应当考虑保留了除转让商品之外产生其他履约义务风险的情形。例如，企业将产品销售给客户，并承诺提供后续维护服务，销售产品和维护服务均构成单项履约义务，企业保留的因维护服务而产生的风险并不影响企业有关主要风险和报酬转移的判断。

五是客户已接受该商品。企业在判断是否已经将商品的控制权转移给客户时，应当考虑客户是否已接受该商品，特别是客户的验收是否仅仅是一个形式。如果企业能够客观地确定其已经按照合同约定的标准和条件将商品的控制权转移给客户，那么客户验收可能只是一个形式，并不会影响企业判断客户取得该商品控制权的时点。实务中，企业应当考虑在过去执行类似合同的过程中已经积累的经验以及客户验收的结果，以证明其所提供的商品是否能够满足合同约定的具体条件。如果在取得客户验收之前已经确认了收入，企业应当考虑是否还存在剩余的履约义务，例如设备安装、运输等，并且评估是否应当对其单独进行核算。相反，如果企业无法客观地确定其向客户转让商品是否符合合同规定的条件，那么在客户验收之前，企业不能认为已经将该商品的控制权转移给了客户。例如，客户主要基于主观判断进行验收时，在验收完成之前，企业无法确定其商品是否能够满足客户的主观标准，因此，企业应当在客户完成验收接受该商品时才能确认收入。实务中，定制化程度越高的商品，可能越难证明客户验收仅仅是一个形式。此外，如果企业将商品发送给客户供其试用或者测评，且客户并未承诺在试用期结束前支付任何对价，则在客户接受该商品或者在试用期结束之前，该商品的控制权并未转移给客户。

六是其他表明客户已取得商品控制权的迹象。需要强调的是，在上述迹象中，并没有哪一个或哪几个迹象是决定性的，企业应当根据合同条款和交易实质进行分析，综合判断其是否以及何时将商品的控制权转移给客户，从而确定收入确认的时点。此外，企业应当从客户的角度进行评估，而不应当仅考虑企业自身的看法。

第三节　合同成本

合同成本的内容及其会计处理

一、合同履约成本

企业为履行合同可能会发生各种成本，企业在确认收入的同时应当对这些成本进行分析，属于存货、固定资产、无形资产等规范范围的，应当按照相关章节进行会计处理；不属于其他章节规范范围且同时满足下列条件的，应当作为合同履约成本确认为一项资产。

一是该成本与一份当前或预期取得的合同直接相关。预期取得的合同应当是企业能够明确识别的合同，例如，现有合同续约后的合同、尚未获得批准的特定合同等。与合同直接相关的成本包括直接人工（如支付给直接为客户提供所承诺服务的人员的工资、奖金等）、直接材料（如为履行合同耗用的原材料、辅助材料、构配件、零件、半成品的成本和周转材料的摊销及租赁费用等）、制造费用或类似费用（如与组织和管理生产、施工、服务等活动发生的费用，包括管理人员的职工薪酬、劳动保护费、固定资产折旧费及修理费、物料消耗、取暖费、水电费、办公费、差旅费、财产保险费、工程保修费、临时设施摊销费等）、明确由客户承担的成本以及仅因该合同而发生的其他成本（如支付给分包商的成本、机械使用费、设计和技术援助费用、施工现场二次搬运费、生产工具和用具使用费、检验试验费、工程定位复测费、工程点交费用、场地清理费等）。

二是该成本增加了企业未来用于履行（或持续履行）履约义务的资源。

三是该成本预期能够收回。

企业应当在下列支出发生时，将其计入当期损益：一是管理费用，除非这些费用明确由客户承担；二是非正常消耗的直接材料、直接人工和制造费用（或类似费用），这些支出为履行合同发生，但未反映在合同价格中；三是与履约义务中已履行（包括已全部履行或部分履行）部分相关的支出，即该支出与企业过去的履约活动相关；四是无法在尚未履行的与已履行（或已部分履行）的履约义务之间区分的相关支出。

【例 11－16】 甲公司与乙公司签订合同，为其信息中心提供管理服务，合同期限为 10 年。在向乙公司提供服务之前，甲公司设计并搭建了一个信息技术平台供其内部使用，该信息技术平台由相关的硬件和软件组成。甲公司需要提供设计方案，将该信息技术平台与乙公司现有的信息系统对接，并进行相关测试。该平台并不会转让给乙公司，但是将用于向乙公司提供服务。甲公司为该平台的设计、购买硬件和软件以及信息中心的测试发生了成本。除此之外，甲公司专门指派两名员工，负责向乙公司提供服务。

本例中，甲公司为履行合同发生的上述成本中，购买硬件和软件的成本应当分别按照固定资产和无形资产进行会计处理；设计服务成本和信息中心的测试成本不属于其他章节的规范范围，但是这些成本与履行该合同直接相关，并且增加了甲公司未来用于履行履约义务（即提供管理服务）的资源，如果甲公司预期该成本可通过未来提供服务收取的对价收回，则甲公司应当将这些成本确认为一项资产。甲公司向两名负责该项目的员工支付的工资费用，虽然与向乙公司提供服务有关，但是由于其并未增加企业未来用于履行履约义务的资源，因此，应当于发生时计入当期损益。

二、合同取得成本

企业为取得合同发生的增量成本预期能够收回的，应当作为合同取得成本确认为一项资产。增量成本，是指企业不取得合同就不会发生的成本，如销售佣金等。为简化实务操作，该资产摊销期限不超过一年的，可以在发生时计入当期损益。企业采用该简化处理方法的，应当对所有类似合同一致采用。企业为取得合同发生的、除预期能够收回的增量成本之外的其他支出，例如，无论是否取得合同均会发生的差旅费、投标费、为准备投标资料发生的相关费用等，应当在发生时计入当期损益，除非这些支出明确由客户承担。

【例 11－17】 甲公司是一家咨询公司，其通过竞标赢得一个新客户，为取得和该客户的合同，甲公司发生下列支出：（1）聘请外部律师进行尽职调查的支出为 20 000 元；（2）因投标发生的差旅费为 15 000 元；（3）销售人员佣金为 10 000 元，甲公司预期这些支出未来能够收回。此外，甲公司根据其年度销售目标、整体盈利情况及个人业绩等，向销售部门经理支付年度奖金 20 000 元。

本例中，甲公司向销售人员支付的佣金属于为取得合同发生的增量成本，应当将其作为合同取得成本确认为一项资产。甲公司聘请外部律师进行尽职调查发生的支出、为投标发生的差旅费，无论是否取得合同都会发生，不属于增量成本，因此，应当于发生时直接计入当期损益。甲公司向销售部门经理支付的年度奖金也不是为取得合同发生的增量成本，这是因为该奖金发放与否以及发放金额还取决于其他因素（包括公司的盈利情况和个人业绩），其并不能直接归属于可识别的合同。

实务中，涉及合同取得成本的安排可能会比较复杂，例如，合同续约或合同变更时需要支付额外的佣金、企业支付的佣金金额取决于客户未来的履约情况或者取决于累计取得的合同数量或金额等，企业需要运用判断，对发生的合同取得成本进行恰当的会计处理。企业因现有合同续约或发生合同变更需要支付的额外佣金，也属于为取得合同发生的增量成本。

【例 11－18】 甲公司相关政策规定，销售部门的员工每取得一份新的合同，可以获得提成 2 000 元，现有合同每续约一次，员工可以获得提成 1 000 元。甲公司预期上述提成均能够收回。

本例中，甲公司为取得新合同支付给员工的提成 2 000 元，属于为取得合同发生的增量成本，且预期能够收回，因此，应当确认为一项资产。同样地，甲公司为现有合同续约支付给员工的提成 1 000 元，也属于为取得合同发生的增量成本，这是因为如果不发生合同续约，就不会支付相应的提成，由于该提成预期能够收回，甲公司应当在每次续约时将应支付的相关提成确认为一项资产。

除上述规定外，甲公司相关政策规定，当合同变更时，如果客户在原合同的基础上，向甲公司支付额外的对价以购买额外的商品，甲公司需根据该新增的合同金额向销售人员支付一定的提成，此时，无论相关合同变更属于第二节合同变更的哪一种情形，甲公司均应当将应支付的提成视同为取得合同（变更后的合同）发生的增量成本进行会计处理。

三、与合同履约成本和合同取得成本有关的资产的摊销和减值

（一）摊销

对于确认为资产的合同履约成本和合同取得成本，企业应当采用与该资产相关的商品收

入确认相同的基础（即在履约义务履行的时点或按照履约义务的履约进度）进行摊销，计入当期损益。

在确定与合同履约成本和合同取得成本有关的资产的摊销期限和方式时，如果该资产与一份预期将要取得的合同（如续约后的合同）相关，则在确定相关摊销期限和方式时，应当考虑该预期将要取得的合同的影响。但是，对于合同取得成本而言，如果合同续约时，企业仍需要支付与取得原合同相当的佣金，这表明取得原合同时支付的佣金与预期将要取得的合同无关，该佣金只能在原合同的期限内进行摊销。企业为合同续约仍需支付的佣金是否与原合同相当，需要根据具体情况进行判断。例如，如果两份合同的佣金按照各自合同金额的相同比例计算，通常表明这两份合同的佣金水平是相当的。

企业应当根据预期向客户转让与上述资产相关的商品的时间，对资产的摊销情况进行复核并更新，以反映该预期时间的重大变化。此类变化应当作为会计估计变更进行会计处理。

（二）减值

合同履约成本和合同取得成本的账面价值高于下列两项的差额的，超出部分应当计提减值准备，并确认为资产减值损失：（1）企业因转让与该资产相关的商品预期能够取得的剩余对价；（2）为转让该相关商品估计将要发生的成本。估计将要发生的成本主要包括直接人工、直接材料、制造费用（或类似费用）、明确由客户承担的成本以及仅因该合同而发生的其他成本（例如，支付给分包商的成本）等。以前期间减值的因素之后发生变化，使得前款（1）减（2）的差额高于该资产账面价值的，应当转回原已计提的资产减值准备，并计入当期损益，但转回后的资产账面价值不应超过假定不计提减值准备情况下该资产在转回日的账面价值。

在确定合同履约成本和合同取得成本的减值损失时，企业应当首先确定其他资产减值损失；然后，按照本节的要求确定合同履约成本和合同取得成本的减值损失。企业按照金融资产减值测试相关资产组的减值情况时，应当将按照上述规定确定上述资产减值后的新账面价值计入相关资产组的账面价值。

第四节　特定交易的会计处理

附有销售退回条款的销售

一、附有销售退回条款的销售

对于附有销售退回条款的销售，企业应当在客户取得相关商品控制权时，按照因向客户转让商品而预期有权收取的对价金额（即不包含预期因销售退回将退还的金额）确认收入，按照预期因销售退回将退还的金额确认负债；同时，按照预期将退回商品转让时的账面价值，扣除收回该商品预计发生的成本（包括退回商品的价值减损）后的余额，确认为一项资产，按照所转让商品转让时的账面价值，扣除上述资产成本的净额结转成本。

每一资产负债表日，企业应当重新估计未来销售退回情况，如有变化，应当作为会计估计变更进行会计处理。

【例 11－19】 甲公司是一家健身器材销售公司，增值税采用一般计税方法，适用的增值税税率为13%。2022 年 12 月 1 日，甲公司向乙公司销售 5 000 件健身器材，单位销售价格为500元，单位成本为400元，开出的增值税专用发票上注明的销售价格为250万元，增值税税额为32.5万元。健身器材已经发出，但款项尚未收到。根据协议约定，乙公司应于2022年12月31日之前支付货款，在2023年4月30日之前有权退还健身器材。甲公司根据过去的经验，在2022年12月1日，估计该批健身器材的退货率约为20%。在2022年12月31日，甲公司对退货率进行了重新评估，认为只有10%的健身器材会被退回。甲公司健身器材发出时纳税义务已经发生，实际发生退回时取得税务机关开具的红字增值税专用发票。假定健身器材发出时控制权已转移给乙公司。甲公司进行会计处理时，应编制的会计分录如下：

（1）2022年12月1日，发出健身器材时：

借：应收账款	2 825 000	
贷：主营业务收入		2 000 000
预计负债——应付退货款		500 000
应交税费——应交增值税（销项税额）		325 000
借：主营业务成本	1 600 000	
应收退货成本	400 000	
贷：库存商品		2 000 000

（2）2022年12月31日，收到货款时：

借：银行存款	2 825 000	
贷：应收账款		2 825 000

（3）2022年12月31日，甲公司对退货率进行重新评估：

借：预计负债——应付退货款	250 000	
贷：主营业务收入		250 000
借：主营业务成本	200 000	
贷：应收退货成本		200 000

（4）2023年4月30日，发生销售退回，实际退货量为400件，退货款项已经支付：

借：库存商品	160 000	
应交税费——应交增值税（销项税额）	26 000	
预计负债——应付退货款	250 000	
贷：应收退货成本		160 000
主营业务收入		50 000
银行存款		226 000
借：主营业务成本	40 000	
贷：应收退货成本		40 000

二、附有质量保证条款的销售

附有质量保证条款的销售

对于附有质量保证条款的销售，企业应当评估该质量保证是否在向客户保证所销售商品符合既定标准之外提供了一项单独的服务。企业提供额外服务的，应当作为单项履约义务，按照本节进行会计处理；否则，质量保证责任应当按照或有事项的要求进行会计处理。在评估质量保证是否在向客户保证所销售商品符合既定标准之外提供了一项单独的服务时，企业应当考虑该质量保证是否为法定要求、质量保证期限以及企业承诺履行任务的性质等因素。客户能够选择单独购买质量保证的，该质量保证构成单项履约义务。法定要求通常是为了保护客户避免其购买瑕疵或缺陷商品的风险，而并非为客户提供一项单独的质量保证服务。质量保证期限越长，越有可能是单项履约义务。如果企业必需履行某些特定的任务以保证所转让的商品符合既定标准（例如，企业负责运输被客户退回的瑕疵商品），则这些特定的任务可能不构成单项履约义务。企业提供的质量保证同时包含上述两类的，应当分别对其进行会计处理，无法合理区分的，应当将这两类质量保证一起作为单项履约义务进行会计处理。

【例 11－20】 甲公司与客户签订合同，销售一部手机。该手机自售出起一年内如果发生质量问题，甲公司负责提供质量保证服务。此外，在此期间内，由于客户使用不当（例如，手机进水）等原因造成的产品故障，甲公司也免费提供维修服务。该维修服务不能单独购买。

本例中，甲公司的承诺包括：销售手机、提供质量保证服务以及维修服务。甲公司针对产品的质量问题提供的质量保证服务是为了向客户保证所销售商品符合既定标准，因此不构成单项履约义务；甲公司对由于客户使用不当而导致的产品故障提供的免费维修服务，属于在向客户保证所销售商品符合既定标准之外提供的单独服务，尽管其没有单独销售，该服务与手机可明确区分，应该作为单独履约义务。因此，在该合同下，甲公司的履约义务有两项：销售手机和提供维修服务，甲公司应当按照其各自单独售价的相对比例，将交易价格分摊至这两项履约义务，并在各项履约义务履行时分别确认收入。

【例 11－21】 2022 年，甲公司销售笔记本电脑实现销售收入 1 000 万元。另外，甲公司因其客户购买笔记本电脑延保服务收取了 20 万元，该延保服务条款规定：产品售出后超过法定一年保修期后的一年内，如发生正常质量问题，甲公司将免费负责修理。假定款项已经全部收存银行。根据以往的经验，如果出现较小的质量问题，则须发生的修理费为产品销售收入的 5%；而如果出现较大的质量问题，则须发生的修理费为产品销售收入的 10%。据预测，本年度已售产品中，超过法定一年保修期后的一年内有 40% 不会发生质量问题，有 20% 将发生较小质量问题，有 40% 将发生较大质量问题。2024 年，甲公司按照合同约定对其 2022 年销售的笔记本电脑提供延保服务，发生成本 18 万元，假定全部以银行存款支付。不考虑增值税等相关税费及其他因素的影响。甲公司进行会计处理时，应编制的会计分录如下：

（1）2022 年甲公司销售笔记本电脑和收取延保服务价款时：

借：银行存款	10 200 000	
贷：主营业务收入		10 000 000
合同负债		200 000

（2）2024 年甲公司为其 2022 年销售的笔记本电脑提供延保服务时：

借：合同负债	200 000	
贷：主营业务收入		200 000
借：主营业务成本	180 000	
贷：银行存款		180 000

【例 11－22】 2022 年，甲公司销售产品的收入为 1 000 万元全部收存银行。甲公司的产品质量保证条款规定：产品售出后一年内，如发生正常质量问题，甲公司将免费负责修

理。根据以往的经验，如果出现较小的质量问题，则须发生的修理费为产品销售收入的10%；而如果出现较大的质量问题，则须发生的修理费为产品销售收入的20%。据预测，本年度已售产品中，有80%不会发生质量问题，有15%将发生较小质量问题，有5%将发生较大质量问题。2023年，甲公司按照合同约定对其2022年销售的产品提供免费修理服务，发生成本20万元，假定全部以银行存款支付。不考虑增值税等相关税费及其他因素的影响。甲公司进行会计处理时，应编制的会计分录如下：

（1）2022年甲公司销售产品时：

借：银行存款	10 000 000	
贷：主营业务收入		10 000 000
借：销售费用	250 000	
贷：预计负债		250 000

250 000 = 10 000 000 ×（10% ×15% +20% ×5%）

（2）2023年甲公司为其2022年销售的产品提供免费修理时：

借：预计负债	200 000	
贷：银行存款		200 000

（3）2023年年末甲公司将2022年计提的预计负债余额冲销时：

借：预计负债	50 000	
贷：销售费用		50 000

三、主要责任人和代理人的销售

主要责任人和代理人的销售

企业应当根据其在向客户转让商品前是否拥有对该商品的控制权，来判断其从事交易时的身份是主要责任人还是代理人。企业在向客户转让商品前能够控制该商品的，该企业是主要责任人，应当按照已收或应收对价总额确认收入；否则，该企业为代理人，应当按照预期有权收取的佣金或手续费的金额确认收入，该金额应当按照已收或应收对价总额扣除应支付给其他相关方的价款后的净额，或者按照既定的佣金金额或比例等确定。企业与客户订立的包含多项可明确区分商品的合同中，企业需要分别判断其在这不同履约义务中的身份是主要责任人还是代理人。

当存在第三方参与企业向客户提供商品时，企业向客户转让特定商品之前能够控制该商品，从而应当作为主要责任人的情形包括：一是企业自该第三方取得商品或其他资产控制权后，再转让给客户，此时，企业应当考虑该权利是仅在转让给客户时才产生，还是在转让给客户之前就已经存在，且企业一直能够主导其使用，如果该权利在转让给客户之前并不存在，表明企业实质上并不能在该权利转让给客户之前控制该权利。二是企业能够主导该第三方代表本企业向客户提供服务，说明企业在相关服务提供给客户之前能够控制该相关服务。三是企业自该第三方取得商品控制权后，通过提供重大的服务将该商品与其他商品整合成合同约定的某组合产出转让给客户，此时，企业承诺提供的特定商品就是合同约定的组合产出，企业应首先获得为生产该组合产出所需要的投入的控制权，然后才能够将这些投入加工整合为合同约定的组合产出。

如果企业仅仅是在特定商品的法定所有权转移给客户之前，暂时性地获得该特定商品的法定所有权，这并不意味着企业一定控制了该商品。实务中，企业在判断其在向客户转让特定商品之前是否已经拥有对该商品的控制权时，不应仅局限于合同的法律形式，而应当综合考虑所有相关事实和情况进行判断，这些事实和情况包括：

第一，企业承担向客户转让商品的主要责任。企业在判断其是否承担向客户转让商品的主要责任时，应当从客户的角度进行评估，即客户认为哪一方承担了主要责任，例如，客户认为谁对商品的质量或性能负责、谁负责提供售后服务、谁负责解决客户投诉等。

第二，企业在转让商品之前或之后承担了该商品的存货风险。其中，存货风险主要是指存货可能发生减值、毁损或灭失等形成的损失。例如，如果企业在与客户订立合同之前已经购买或者承诺将自行购买特定商品，这可能表明企业在将该特定商品转让给客户之前，承担了该特定商品的存货风险，企业有能力主导特定商品的使用并从中取得几乎全部的经济利益；又如，在附有销售退回条款的销售中，企业将商品销售给客户之后，客户有权要求向该企业退货，这可能表明企业在转让商品之后仍然承担了该商品的存货风险。

第三，企业有权自主决定所交易商品的价格。企业有权决定客户为取得特定商品所需支付的价格，可能表明企业有能力主导有关商品的使用并从中获得几乎全部的经济利益。然而，在某些情况下，代理人可能在一定程度上也拥有定价权（例如，在主要责任人规定的某一价格范围内决定价格），以便其在代表主要责任人向客户提供商品时，能够吸引更多的客户，从而赚取更多的收入。此时，即使代理人有一定的定价能力，也并不表明在与最终客户的交易中其身份是主要负责人，代理人只是放弃了一部分自己应当赚取的佣金或手续费而已。

第四，其他相关事实和情况。

需要强调的是，企业在判断其是主要责任人还是代理人时，应当以该企业在特定商品转让给客户之前是否能够控制这些商品为原则。上述有关事项和情况不能凌驾于控制权的判断之上，也不构成一项单独或额外的评估，而只是帮助企业在难以评估特定商品转让给客户之前是否能够控制这些商品的情况下进行相关判断。此外，这些事实和情况并无权重之分，也不能被孤立地用于支持某一结论。企业应当根据相关商品的性质、合同条款的约定以及其他具体情况综合进行判断。

【例 11－23】 2022 年 8 月 1 日，甲旅行社从乙航空公司购买了一定数量的折扣机票并对外销售。甲旅行社向旅客销售机票时，可自行决定机票的价格等，未售出的机票不能退还给乙航空公司。

本例中，甲旅行社向客户提供的特定商品为机票，并在确定特定客户之前已经预先从航空公司购买了机票，因此，该权利在转让给客户之前已经存在。甲旅行社从乙航空公司购入机票后，可以自行决定该机票的价格、向哪些客户销售等，甲旅行社有能力主导该机票的使用并且能够获得其几乎全部的经济利益。因此，甲旅行社在将机票销售给客户之前，能够控制该机票，甲旅行社的身份是主要责任人。

【例 11－24】 甲公司经营购物网站，在该网站购物的消费者可以明确获知在该网站上销售的商品均为其他零售商直接销售的商品，这些零售商负责发货以及售后服务等。甲公司与零售商签订的合同约定，该网站所售商品的采购、定价、发货以及售后服务等均由零售商自行负责，甲公司仅负责协助零售商和消费者结算货款，并按照每笔交易的实际销售额收取 8% 的佣金。

本例中，甲公司经营的购物网站是一个购物平台，零售商在该平台发布所销售商品信息，消费者可以从该平台购买零售商销售的商品。消费者在该站购物时，向其提供的特定商品为零售商在网站上销售的商品，除此之外，甲公司并未提供任何其他商品或服务。这些特定商品在转移给消费者之前，甲公司从未有能力主导这些商品的使用，例如，甲公司不能将这些商品提供给购买该商品的消费者之外的其他方，也不能阻止零售商向该消费者转移这些商品，甲公司不能控制零售商用于完成该网站订单的相关存货。因此，消费者在该网站购物时，在相关商品转移给消费者之前，甲公司并未控制这些商品，甲公司的履约义务是安排零售商向消费者提供相关商品，而并未自行提供这些商品，甲公司在该交易中的身份是代理人。

【例 11－25】 甲公司和乙公司增值税均采用一般计税方法，适用的增值税税率均为13%。2022 年 10 月 10 日，甲公司与乙公司签订一项代销合同，合同约定，甲公司将价值10 万元的 A 产品委托给乙公司代销，手续费按商品价款的5%结算。该批产品的成本为7 万元。2022 年 10 月 28 日，乙公司交来代销清单，甲公司开出增值税专用发票，价款10 万元，增值税税额1.3 万元。2022 年 10 月 30 日，甲公司收到乙公司汇来的款项。不考虑手续费的增值税等其他因素的影响。甲公司进行会计处理时，应编制的会计分录如下：

（1）2022 年 10 月 10 日，甲公司发出商品时：

借：发出商品[①]	70 000	
贷：库存商品		70 000

（2）2022 年 10 月 28 日，甲公司收到代销清单结转销售收入时：

借：应收账款	113 000	
贷：主营业务收入		100 000
应交税费——应交增值税（销项税额）		13 000

（3）2022 年 10 月 28 日，甲公司结转销售成本并计算手续费时：

借：主营业务成本	70 000	
贷：发出商品		70 000
借：销售费用	5 000	
贷：应收账款		5 000

（4）2022 年 10 月 30 日，甲公司结算货款及手续费后收回余款时：

借：银行存款	108 000	
贷：应收账款		108 000

乙公司进行会计处理时，应编制的会计分录如下：

（1）2022 年 10 月 10 日，收到甲公司发来的商品时：

借：受托代销商品	100 000	
贷：受托代销商品款		100 000

（2）乙公司销售代销的商品时：

借：银行存款	113 000	
贷：应付账款		100 000

① 如果企业委托代销商品业务较多，可以将“发出商品”改为“委托代销商品”进行会计处理。

　　应交税费——应交增值税（销项税额）　　13 000

（3）2022 年 10 月 28 日，收到甲公司开具的增值税专用发票时：

借：应交税费——应交增值税（进项税额）　　13 000
　贷：应付账款　　13 000

借：受托代销商品款　　100 000
　贷：受托代销商品　　100 000

（4）2022 年 10 月 30 日，向甲公司支付价款并确认手续费收入时：

借：应付账款　　113 000
　贷：银行存款　　108 000
　　其他业务收入　　5 000

四、附有客户额外购买选择权的销售

附有客户额外购买选择权的销售

对于附有客户额外购买选择权的销售，企业应当评估该选择权是否向客户提供了一项重大权利。企业提供重大权利的，应当作为单项履约义务，按照第二节有关交易价格分摊的要求将交易价格分摊至该履约义务，在客户未来行使购买选择权取得相关商品控制权时，或者该选择权失效时，确认相应的收入。客户额外购买选择权的单独售价无法直接观察的，企业应当综合考虑客户行使和不行使该选择权所能获得的折扣的差异、客户行使选择权的可能性等全部相关信息后，予以合理估计。

额外购买选择权的情况包括销售激励、客户奖励积分、未来购买商品的折扣券以及合同续约选择权等。对于附有客户额外选择购买权的销售，企业应当评估该选择权是否向客户提供了一项重大权利。如果客户只有在订立了一项合同的前提下才取得了额外购买选择权，并且客户行使该选择权购买额外商品时，能够享受到超过该地区或该市场中其他同类客户所能够享受的折扣，则通常认为该选择权向客户提供了一项重大权利。该选择权向客户提供了重大权利的，应当作为单项履约义务。在考虑授予客户该项权利是否重大时，应根据其金额和性质综合进行判断。

客户虽然有额外购买商品选择权，但客户行使该选择权购买商品时的价格反映了这些商品单独售价的，不应被视为企业向该客户提供了一项重大权利。为简化实务操作，当客户行使该权利购买的额外商品与原合同下购买的商品类似，且企业将按照原合同条款提供该额外的商品时，例如，企业向客户提供续约选择权，企业可以无需估计该选择权的单独售价，而是直接把其预计将提供的额外商品的数量以及预计将收取的相应对价金额纳入原合同，并进行相应的会计处理。

【例 11－26】 2023 年 1 月 1 日，甲公司开始推行一项奖励积分计划。根据该计划，客户在甲公司每消费 100 元可获得 10 个积分，每个积分从次月开始在购物时可以抵减 1 元。截至 2023 年 1 月 31 日，客户共消费 500 000 元，可获得 50 000 个积分，根据历史经验，甲公司估计该积分的兑换率为 95%。假定上述金额均不包含增值税等的影响。

本例中，甲公司认为其授予客户的积分为客户提供了一项重大权利，应当作为一项单独的履约义务。客户购买商品的单独售价合计为 500 000 元，考虑积分的兑换率，甲公司估计积分的单独售价为 47 500（1 元 ×50 000 个积分 ×95%）元。甲公司按照商品和积分单独售价的相对比例对交易价格进行分摊，具体如下：

分摊至商品的交易价格 =［500 000 ÷（500 000 +47 500）］×500 000 =456 621（元）

分摊至积分的交易价格 =［47 500 ÷（500 000 +47 500）］×500 000 =43 379（元）

因此，甲公司应当在商品的控制权转移时确认收入 456 621 元，同时确认合同负债 43 379 元。

借：银行存款　　500 000

　　贷：主营业务收入　　456 621

　　　　合同负债　　43 379

截至 2023 年 12 月 31 日，客户共兑换了 22 500 个积分，甲公司对该积分的兑换率进行了重新估计，仍然预计客户总共将会兑换 47 500 个积分。因此，甲公司以客户兑换的积分数占预期将兑换的积分总数的比例为基础确认收入。

积分应当确认的收入 =22 500 ÷47 500 ×43 379 =20 548（元）

剩余未兑换的积分 =43 379 －20 548 =22 831（元），仍作为合同负债。

借：合同负债　　20 548

　　贷：主营业务收入　　20 548

截至 2024 年 12 月 31 日，客户累计兑换了 42 500 个积分。甲公司对该积分的兑换率进行了重新估计，预计客户总共将会兑换 48 500 个积分。

积分应当确认的收入 =42 500 ÷48 500 ×43 379 －20 548 =17 465（元）

剩余未兑换的积分 =43 379 －20 548 －17 465 =5 366（元），仍然作为合同负债。

企业在向客户转让商品之前，如果客户已经支付了合同对价或企业已经取得了无条件收取合同对价的权利，则企业应当在客户实际支付款项与到期应支付款项孰早时点，将该已收或应收的款项列示为合同负债。合同负债，是指企业已收或应收客户对价而应向客户转让商品的义务。合同资产和合同负债应当在资产负债表中单独列示，并按流动性分别列示为“合同资产”或“其他非流动资产”以及“合同负债”或“其他非流动负债”。同一合同下的合同资产和合同负债应当以净额列示，不同合同下的合同资产和合同负债不能相互抵销。

五、授予客户知识产权许可的销售

向客户授予知识产权许可的销售

企业向客户授予的知识产权，常见的包括软件和技术、影视和音乐等的版权、特许经营权以及专利权、商标权和其他版权等。企业向客户授予知识产权许可的，应当按照第二节要求评估该知识产权许可是否构成单项履约义务。对于不构成单项履约义务的，企业应当将该知识产权许可和其他商品一起作为一项履约义务进行会计处理。授予知识产权许可不构成单项履约义务的情形包括：一是该知识产权许可构成有形商品的组成部分并且对于该商品的正常使用不可或缺，例如，企业向客户销售设备和相关软件，该软件内嵌于设备之中，该设备必须安装了该软件之后才能正常使用；二是客户只有将该知识产权许可和相关服务一起使用才能够从中获益，例如，客户取得授权许可，但是只有通过企业提供的在线服务才能访问相关内容。对于构成单项履约义务的，应当进一步确定其是在某一时段内履行还是在某一时点履行，同时满足下列条件时，应当作为在某一时段内履行的履约义务确认相关收入；否则，应当作为在某一时点履行的履约义务确认相关收入：

第一，合同要求或客户能够合理预期企业将从事对该项知识产权有重大影响的活动。企业从事的下列活动均会对该项知识产权有重大影响：一是这些活动预期将显著改变该项知识产权的形式或者功能（如知识产权的设计、内容、功能等）；二是客户从该项知识产权中获益的能力在很大程度上来源于或者取决于这些活动，即这些活动会改变该项知识产权的价值，例如，企业向客户授权使用其品牌，客户从该品牌获益的能力取决于该品牌价值，而企业所从事的活动为维护或提升其品牌价值提供了支持。如果该项知识产权具有重大的独立功能，且该项知识产权绝大部分的经济利益来源于该项功能，客户从该项知识产权中获益的能力则可能不会受到企业从事的相关活动的重大影响，除非这些活动显著改变了该项知识产权的形式或者功能。具有重大独立功能的知识产权主要包括软件、生物合成物或药物配方以及已完成的媒体内容（如电影、电视节目以及音乐录音）版权等。

第二，该活动对客户将产生有利或不利影响。当企业从事的后续活动并不影响授予客户的知识产权许可时，企业的后续活动只是在改变其自己拥有的资产。

第三，该活动不会导致向客户转让商品。当企业从事的后续活动本身构成单项履约义务时，企业在评估授予知识产权许可是否属于在某一时段履行的履约义务应当不予考虑。

企业向客户授予知识产权许可不能同时满足上述条件的，则属于在某一时点履行的履约义务，并在该时点确认收入。在客户能够使用某项知识产权许可并开始从中获益之前，企业不能对此类知识产权许可确认收入。例如，企业授权客户在一定期间内使用软件，但是在企业向客户提供软件的密钥之前，客户都无法使用该软件，不应确认收入。值得注意的是，在判断某项知识产权许可是属于在某一时段内履行的履约义务还是在某一时点履行的履约义务时，企业不应考虑下列因素：一是该许可在时间、地域或使用方面的限制；二是企业就其拥有的知识产权许可的有效性以及防止未经授权使用该知识产权许可所提供的保证。

【例 11－27】 甲公司是一家设计制作连环漫画的公司。甲公司授权乙公司可在 5 年内使用其 5 部连环漫画中的角色形象和名称。甲公司的每部连环漫画都有相应的主要角色。但是，甲公司会定期创造新的角色，且角色的形象也会随时演变。乙公司是一家大型游轮的运营商，乙公司可以以不同的方式（例如，展览或演出）使用这些漫画中的角色。合同要求乙公司必须使用最新的角色形象。在授权期内，甲公司每年向乙公司收取 2 000 万元。

本例中，甲公司除了授予知识产权许可外不存在其他履约义务。也就是说，与知识产权许可相关的额外活动并未向客户提供其他商品或服务，因为这些活动是企业授予知识产权许可承诺的一部分，且实际上改变了客户享有知识产权许可的内容。

甲公司要评估该知识产权许可相关的收入应当在某一时段内确认还是在某一时点确认。甲公司考虑了下列因素；一是乙公司合理预期（根据甲公司以往的习惯做法），甲公司将实施对该知识产权许可产生重大影响的活动，包括创作角色及出版包含这些角色的连环漫画等；二是这些活动直接对乙公司产生的有利或不利影响，这是因为合同要求乙公司必须使用甲公司创作的最新角色，这些角色塑造得成功与否，会直接对乙公司产生影响；三是尽管乙公司可以通过该知识产权许可从这些活动中获益，但在这些活动发生时并没有导致向乙公司转让任何商品或服务。因此，甲公司授予该知识产权许可的相关收入应当在某一时段内确认。

由于合同规定乙公司在一段固定期间可无限制地使用其取得授权许可的角色，因此，甲公司按照时间进度确定履约进度可能是最恰当的方法。

企业向客户授予知识产权许可，并约定按客户实际销售或使用情况收取特许权使用费的，应当在下列两项孰晚的时点确认收入：一是客户后续销售或使用行为实际发生；二是企业履行相关履约义务。这是估计可变对价的例外规定，该例外规定只有在下列两种情形下才能使用：一是特许权使用费仅与知识产权许可相关；二是特许权使用费可能与合同中的知识产权许可和其他商品都相关，但是与知识产权许可相关的部分占有主导地位。企业使用该例外规定时，应当对特许权使用费整体采用该规定，而不应当将特许权使用费进行分拆。如果与授予知识产权许可相关的对价同时包含固定金额和按客户实际销售或使用情况收取的变动金额两部分，则只有后者能采用该例外规定，而前者应当在相关履约义务履行的时点或期间内确认收入。对于不适用该例外规定的特许权使用费，应当按照估计可变对价的一般原则进行处理。

【例 11－28】 甲公司是一家著名的足球俱乐部。甲公司授权乙公司在其设计生产的衣服、帽子、水杯以及毛巾等产品上使用甲公司球队的名称和图标，授权期间为 4 年。合同约定，甲公司收取的合同对价由两部分组成：一是 500 万元固定金额的使用费；二是按照乙公司销售上述商品所取得销售额 10% 计算的提成。乙公司预期甲公司会继续参加当地顶级联赛并取得优异的成绩。

本例中，该合同仅包括一项履约义务，即授予使用权许可，甲公司继续参加比赛并取得优异成绩等活动是该许可的组成部分，而并未向客户转让任何可明确区分的商品或服务。由于乙公司能够合理预期甲公司将继续参加比赛，甲公司的成绩将会对其品牌（包括名称和图标等）的价值产生重大影响，而该品牌价值可能会进一步影响乙公司产品的销量，甲公司从事的上述活动并未向乙公司转让任何可明确区分的商品，因此，甲公司授予的该使用权许可，属于在某一时段内履行的履约义务。甲公司收取的 500 万元固定金额的使用费应当在 4 年内平均确认收入，按照乙公司销售相关商品所取得销售额的 10% 计算的提成应当在乙公司的销售实际完成时确认收入。

六、售后回购

售后回购，是指企业销售商品的同时承诺或有权选择日后再将该商品（包括相同或几乎相同的商品，或以该商品作为组成部分的商品）购回的销售方式。对于不同类型的售后回购交易，企业应当区分下列两种情形分别进行会计处理：

售后回购方式的销售

第一，企业因存在与客户的远期安排而负有回购义务或企业享有回购权利的，表明客户在销售时点并未取得相关商品控制权，企业应当作为租赁交易或融资交易进行相应的会计处理。其中，回购价格低于原售价的，应当视为租赁交易进行会计处理。回购价格不低于原售价的，应当视为融资交易，在收到客户款项时确认金融负债，并将该款项和回购价格的差额在回购期间内确认为利息费用等。企业到期未行使回购权利的应当在该回购权利到期时终止确认金融负债，同时确认收入。

【例 11－29】 甲公司向乙公司销售一台设备，销售价格为 600 万元，同时双方约定三年之后，甲公司将以 420 万元的价格回购该设备。假定不考虑货币时间价值等其他因素影响。

本例中，根据合同有关甲公司在三年后回购该设备的规定，乙公司并未取得该设备的控制权。不考虑货币时间价值等影响，该交易的实质是乙公司支付了 180（600－420）万元的对价取得了该设备三年的使用权。因此，甲公司应当将该交易作为租赁交易进行会计处理。

【例 11-30】　甲公司和乙公司增值税均采用一般计税方法，适用的增值税税率均为13%。2022 年 7 月 1 日，甲公司向乙公司销售 A 产品 100 件，每件产品的售价为 10 万元，成本为 7.5 万元，货款及增值税已经收存银行。按照双方协议，甲公司在发货两个月后加价10%回购原商品，乙公司不得随意处置 A 产品。2022 年 9 月 1 日，甲公司按照合同规定予以回购，货款及增值税已通过银行付讫。甲公司进行会计处理时，应编制的会计分录如下：

（1）2022 年 7 月 1 日，甲公司销售商品时：

借：银行存款	11 300 000	
贷：其他应付款		10 000 000
应交税费——应交增值税（销项税额）		1 300 000
借：发出商品	7 500 000	
贷：库存商品		7 500 000

（2）2022 年 7 月 31 日，甲公司摊销回购价高于原售价的差额时[①]：

借：财务费用	500 000	
贷：其他应付款		500 000

（3）2022 年 8 月 31 日，甲公司摊销回购价高于原售价的差额时：

借：财务费用	500 000	
贷：其他应付款		500 000

（4）2022 年 9 月 1 日，甲公司回购 A 产品时：

借：其他应付款	11 000 000	
应交税费——应交增值税（进项税额）	1 430 000	
贷：银行存款		12 430 000
借：库存商品	7 500 000	
贷：发出商品		7 500 000

第二，企业负有应客户要求回购商品义务的，应当在合同开始日评估客户是否具有行使该要求权的重大经济动因。客户具有行使该要求权重大经济动因的，企业应当将售后回购作为租赁交易或融资交易，按照上述第一种情形进行会计处理；否则，企业应当将其作为附有销售退回条款的销售交易进行会计处理。在判断客户是否具有行权的重大经济动因时，企业应当综合考虑各种相关因素，包括回购价格与预计回购时市场价格之间的比较以及权利的到期日等。例如，如果回购价格明显高于该资产回购时的市场价值，则表明客户有行权的重大经济动因。

【例 11-31】　甲公司向乙公司销售其生产的一台设备，销售价格为 3 000 万元，双方约定，乙公司在三年后有权要求甲公司以 2 500 万元的价格回购该设备。甲公司预计该设备在回购时的市场价值将远低于 2 500 万元。

本例中，假定不考虑货币时间价值的影响，甲公司的回购价格低于原售价，但远高于该设备在回购时的市场价值，甲公司判断乙公司有重大的经济动因行使其权利要求甲公司回购该设备。因此，甲公司应当将该交易作为租赁交易进行会计处理。

---

① 本例采用直线法摊销差额，如果货币时间价值重要，应按照实际利率法摊销。

七、预收款方式的销售

预收款方式下的销售

企业向客户预收销售商品款项的，应当首先将该款项确认为负债，待履行了相关履约义务时再转为收入。当企业预收款无需退回，且客户可能会放弃其全部或部分合同权利时，例如，放弃储值卡的使用等，企业预期将有权获得与客户所放弃的合同权利相关的金额的，应当按照客户行使合同权利的模式按比例将上述金额确认为收入；否则，企业只有在客户要求其履行剩余履约义务的可能性极低时，才能将上述负债的相关余额转为收入。企业在确定其是否预期将有权获得与客户所放弃的合同权利相关的金额时，应当考虑将估计的可变对价计入交易价格的限制要求。

如果有相关法律规定，企业所收取的与客户未行使权利相关的款项须转交给其他方的（例如，法律规定无人认领的财产需上交政府），企业不应将其确认为收入。

【例 11－32】 甲公司增值税采用一般计税方法，适用的增值税税率为13%。2022年5月5日，甲公司与乙公司签订协议，采用预收款方式向乙公司销售一批商品。该批商品实际成本为300 000元。协议约定，该批商品销售价格为400 000元，增值税税额为52 000元；乙公司应在协议签订后10日内预付全部货款（不含增值税税款），增值税税款在甲公司发货并提供增值税专用发票后支付；甲公司在收到全部款项后一个月内发货。2022年5月15日，甲公司收到乙公司预付的货款400 000元；2022年6月10日，甲公司发货并向乙公司开具了增值税专用发票，乙公司当日向甲公司支付了增值税税款52 000元。甲公司进行会计处理时，应编制的会计分录如下：

（1）2022年5月15日，甲公司收到乙公司预付的货款时：

借：银行存款	400 000	
贷：合同负债		400 000

（2）2022年6月10日，甲公司发货并收到增值税税款时：

借：合同负债	400 000	
银行存款	52 000	
贷：主营业务收入		400 000
应交税费——应交增值税（销项税额）		52 000
借：主营业务成本	300 000	
贷：库存商品		300 000

八、初始费无须退回的销售

向客户收取不予退回的初始费的销售

企业在合同开始（或接近合同开始）日向客户收取的无须退回的初始费（如俱乐部的入会费等）应当计入交易价格。企业应当评估该初始费是否与向客户转让已承诺的商品相关。该初始费与向客户转让已承诺的商品相关，并且该商品构成单项履约义务的，企业应当在转让该商品时，按照分摊至该商品的交易价格确认收入；该初始费与向客户转让已承诺的商品相关，但该商品不构成单项履约义务的，企业应当在包含该商品的单项履约义务履行时，按照分摊至该单项履约义务的交易价格确认收入；该初始费与向客户转让已承诺的商品不相关的，该初始费应当作为未来将转让商品的预收款，在未来转让该商品时确认为收入。

企业收取了无须退回的初始费且为履行合同开展了初始活动，但这些活动本身并没有向客户转让已承诺的商品的，例如，企业履行会员健身合同开展了一些行政管理性质的准备工作，该初始费与未来将转让的已承诺商品相关；企业为该初始活动发生的支出应当按照第三节合同成本部分的要求确认为一项资产或计入当期损益。

【例 11－33】 甲公司经营一家会员制健身俱乐部。甲公司与客户签订了为期 3 年的合同，客户入会后可以随时在该俱乐部健身。除俱乐部的年费 3 000 元之外，甲公司还向客户收取了 150 元的入会费，用于补偿俱乐部为客户进行注册登记、准备会籍资料以及制作会员卡等初始活动花费的成本。甲公司收取的入会费和年费均无须返还。

本例中，甲公司承诺的服务是向客户提供健身服务，而甲公司为会员入会所进行的初始活动并未向客户提供其所承诺的服务，而只是一些内部行政管理性质的工作。因此，甲公司虽然为补偿这些初始活动向客户收取了 150 元入会费，但是该入会费实质上是客户为健身服务所支付的对价的一部分，故应当作为健身服务的预收款，与收取的年费一起在 3 年内分摊确认为收入。

【例 11－34】 甲公司系一马术俱乐部，2022 年 12 月，甲公司发展马术俱乐部会员 100 人，向每位会员收取 2023 年度的入会费 30 000 元，款项已收存银行。根据该马术俱乐部的规定，本俱乐部会员的入会费不予退回，会员缴纳了每年的入会费后，在俱乐部每年 100 次以内的马术训练每次享受优惠价格 200 元；非会员或会员马术训练超过 100 次时，每次马术训练收费 800 元。2023 年 1 月，甲公司 100 名会员在俱乐部人均进行马术训练 10 次（假定每人均未超过 100 次），甲公司共计收取马术训练费 200 000 元，款项已收存银行。不考虑增值税等其他因素的影响。甲公司进行会计处理时，应编制的会计分录如下：

（1）2022 年 12 月，甲公司收到会员入会费时：

借：银行存款　　3 000 000

　　贷：合同负债　　3 000 000

（2）2023 年 1 月，甲公司收到会员马术训练费时：

借：合同负债　　300 000

　　银行存款　　200 000

　　贷：主营业务收入　　500 000

第五节　费　　用

费用的内涵与类别

一、费用的定义及特征

费用是与收入相对应的概念[①]，它是指企业在日常活动中发生的、会导致所有者权益减少的、与向所有者分配利润无关的经济利益的总流出。费用具有如下三个方面的主要特征。

① 费用有广义和狭义之分。广义的费用泛指企业各种日常活动所发生的耗费，狭义的费用则仅指与本期营业收入相配比的耗费。本章所讲的费用是狭义的概念。

（一）费用是企业在日常活动中形成的

企业日常活动所产生的费用一般包括销售成本、职工薪酬、折旧费用、无形资产摊销费用等。企业非日常活动下形成的经济利益的流出不得确认为费用，而应当确认为损失。

（二）费用最终会导致所有者权益的减少

一般而言，企业的所有者权益会随着收入的增长而增加，而费用的发生会减少企业的所有者权益。费用与收入相反，其发生具体表现为企业实际发生的现金或非现金流出。比如支付工资、发生费用、消耗材料和机器设备等，最终都会导致企业的资源耗费。但在企业的生产经营过程中，不会导致所有者权益减少的经济利益的流出则不能作为费用，如偿还债务所发生的资源流出，该项支出的发生仅仅是一项资产和一项负债的等额减少。

（三）费用是与所有者分配利润无关的经济利益的总流出

企业向所有者分配利润也会导致经济利益的流出，但该项经济利益的流出本质上属于利润分配，是所有者权益的抵减项目，所以不能确认为费用。

二、费用的确认

税金及附加和期间费用的会计处理

费用应按权责发生制和配比原则确认，凡应属本期负担的费用，不论其款项是否支付，均确认为当期费用；反之，不属于本期负担的费用，即使其款项已经支付，也不能确认为本期费用。

在确认费用时，第一，应当划分生产费用与非生产费用的界限。生产费用是指与企业日常生产经营活动有关的费用，如生产产品所发生的原材料费用、人工费用等；非生产费用是指不属于生产费用的费用，如用于购建固定资产所发生的费用，不属于生产费用。第二，应当分清生产费用与产品成本的界限。生产费用与一定的期间相联系，而与生产的产品无关；产品成本与一定品种和数量的产品相联系，而不论发生在哪一期。第三，应当分清生产费用与期间费用的界限。生产费用应当计入产品成本；而期间费用直接计入当期损益。

在确认费用时，对于确认为期间费用的费用，必须进一步划分为管理费用、销售费用和财务费用。对于确认为生产费用的费用，必须根据该费用发生的实际情况分别不同的费用性质将其确认为不同产品所负担的费用；对于几种产品共同发生的费用，必须按受益原则，采用一定方法和程序将其分配计入相关产品的生产成本。本节主要讲授期间费用。

三、期间费用

期间费用是企业当期发生的费用中的重要组成部分，是指本期发生的、不能直接或间接归入某种产品成本的、直接计入损益的各项费用，包括销售费用、管理费用和财务费用。

（一）销售费用

销售费用是指企业销售商品和材料、提供劳务的过程中发生的各种费用，包括企业在销售商品过程中发生的保险费、包装费、展览费和广告费、商品维修费、预计产品质量保证损失、运输费、装卸费等以及为销售本企业商品而专设的销售机构（含销售网点、售后服务网点等）的职工薪酬、业务费、折旧费、固定资产修理费用等费用。企业发生的销售费用，借记“销售费用”科目，贷记“银行存款”等科目，期末，将“销售费用”科目的余额结转至“本年利润”科目，结转后，“销售费用”账户应无余额。

【例 11－35】 2022 年 9 月 10 日，甲公司销售一批产品，销售过程中发生运输费 2 000

元、装卸费 1 000 元，均用银行存款支付。不考虑增值税等其他因素的影响。甲公司进行会计处理时，应编制的会计分录如下：

借：销售费用　　3 000

　　贷：银行存款　　3 000

（二）管理费用

管理费用是指企业为组织和管理企业生产经营所发生的管理费用，包括企业在筹建期间内发生的开办费、董事会和行政管理部门在企业的经营管理中发生的或者应由企业统一负担的公司经费（包括行政管理部门职工工资及福利费、物料消耗、低值易耗品摊销、办公费和差旅费等）、工会经费、董事会费（包括董事会成员津贴、会议费和差旅费等）、聘请中介机构费、咨询费（含顾问费）、诉讼费、业务招待费、技术转让费、研究费用以及企业生产车间（部门）和行政管理部门等发生的固定资产修理费用。企业发生的管理费用，借记“管理费用”科目，贷记“银行存款”等科目，期末，将“管理费用”科目的余额结转至“本年利润”科目后，“管理费用”账户应无余额。

【例 11－36】 2022 年 10 月，甲公司行政部门共发生费用 448 000 元，其中：行政人员薪酬 300 000 元，行政部专用办公设备折旧费 90 000 元，用库存现金报销行政人员差旅费 42 000 元（假定报销人未预借差旅费），其他办公、水电费 16 000 元（均以银行存款支付）。甲公司进行会计处理时，应编制的会计分录如下：

借：管理费用　　448 000

　　贷：应付职工薪酬　　300 000

　　　　累计折旧　　90 000

　　　　库存现金　　42 000

　　　　银行存款　　16 000

（三）财务费用

财务费用是指企业为筹集生产经营所需资金等而发生的筹资费用，包括利息支出（减利息收入）、汇兑损益以及相关的手续费。企业发生的财务费用，借记“财务费用”科目，贷记“银行存款”等科目，期末，将“财务费用”科目的余额结转至“本年利润”科目后，“财务费用”账户应无余额。

【例 11－37】 2022 年 1 月 1 日，甲公司按面值发行 3 年期公司债券，面值为 100 000 000 元，年利率为 6%，每年 12 月 31 日付息一次，到期一次还本。假定利息费用不满足资本化条件。甲公司每年年末进行有关利息费用的会计处理时，应编制的会计分录如下：

借：财务费用　　6 000 000

　　贷：银行存款　　6 000 000

思政研习

习近平论全面从严治党与企业费用管控

习近平总书记强调，党的十八大以来，我们以前所未有的勇气和定力推进全面从严治党，推动新时代全面从严治党取得了历史性、开创性成就，产生了全方位、深层次影响。我们坚持以伟大自我革命引领伟大社会革命，健全党的领导制度体系，深化党的建设制度改革，完善全面从严治党制度，坚决扭转一些领域党的领导弱化、党的建设缺失、管党治党不力状况，使党始终成为中国特色社会主义事业的坚强领导核心。我们坚持以科学理论引领全党理想信念，建立不忘初心、牢记使命的制度，持之以恒用新时代中国特色社会主义思想武装全党、教育人民、指导工作，推进学习教育制度化、常态化，不断坚定同心共筑中国梦的理想信念。我们坚持以“两个维护”引领全党团结统一，完善坚定维护党中央权威和集中统一领导的各项制度，健全党中央对重大工作的领导体制，以统一的意志和行动维护党的团结统一，不断增强党的政治领导力、思想引领力、群众组织力、社会号召力。我们坚持以正风、肃纪、反腐凝聚党心、军心、民心，坚决惩治腐败、纠治不正之风，坚决清除影响党的先进性和纯洁性的消极因素，健全为人民执政、靠人民执政的各项制度，让人民始终成为中国共产党执政和中国特色社会主义事业发展的磅礴力量。

习近平指出，党的十八大以来，我们探索出一条长期执政条件下解决自身问题、跳出历史周期率的成功道路，构建起一套行之有效的权力监督制度和执纪执法体系，这条道路、这套制度必须长期坚持并不断巩固发展。党的十九届四中全会对坚持和完善中国特色社会主义制度、推进国家治理体系和治理能力现代化作出战略部署。纪检监察战线要抓好相关工作落实。

习近平强调，要强化政治监督保障制度执行，增强“两个维护”的政治自觉。要加强对党的十九届四中全会精神贯彻落实情况的监督检查，坚定不移坚持和巩固支撑中国特色社会主义制度的根本制度、基本制度、重要制度。要推动党中央重大决策部署落实见效，今年尤其要聚焦决胜全面建成小康社会、决战脱贫攻坚的任务加强监督，推动各级党组织尽锐出战、善作善成。要督促落实全面从严治党责任，切实解决基层党的领导和监督虚化、弱化问题，把负责、守责、尽责体现在每个党组织、每个岗位上。要保证权力在正确轨道上运行，坚持民主集中制，形成决策科学、执行坚决、监督有力的权力运行机制，督促公正用权、依法用权、廉洁用权。

习近平指出，要坚持以人民为中心的工作导向，以优良作风决胜全面建成小康社会、决战脱贫攻坚。要通过清晰的制度导向，把干部干事创业的手脚从形式主义、官僚主义的桎梏、“套路”中解脱出来，形成求真务实、清正廉洁的新风正气。要在重大工作、重大斗争第一线培养干部、锤炼干部，让好干部茁壮成长、脱颖而出。要集中解决好贫困地区群众反映强烈、损害群众利益的突出问题，精准施治脱贫攻坚中的形式主义、官僚主义等问题，加强对脱贫工作绩效特别是贫困县摘帽情况的监督。要深入整治民生领域的“微腐败”、放纵包庇黑恶势力的“保护伞”、妨碍惠民政策落实的“绊脚石”，促进基层党组织全面过硬。

习近平强调，要继续坚持“老虎”“苍蝇”一起打，重点查处不收敛不收手的违纪违法问题。我们要清醒认识腐蚀和反腐蚀斗争的严峻性、复杂性，认识反腐败斗争的长期性、艰巨性，切实增强防范风险意识，提高治理腐败效能。对党的十八大以来不收敛不收手，严重阻碍党的理论和路线方针政策贯彻执行、严重损害党的执政根基的腐败问题，必须严肃查处、严加惩治。要坚决查处各种风险背后的腐败问题，深化金融领域反腐败工作，加大国有企业反腐力度，加强国家资源、国有资产管理，查处地方债务风险中隐藏的腐败问题。要坚决查处医疗机构内外勾结欺诈骗保行为，建立和强化长效监管机制。要完善境外国有资产监管制度。要坚决贯彻中央八项规定精神，保持定力、寸步不让，防止老问题复燃、新问题萌发、小问题坐大。要加强对各级“一把手”的监督检查，完善任职回避、定期轮岗、离任审计等制度，用好批评和自我批评武器。

习近平指出，要深刻把握党风廉政建设规律，一体推进不敢腐、不能腐、不想腐。一体推进不敢腐、不能腐、不想腐，不仅是反腐败斗争的基本方针，也是新时代全面从严治党的重要方略。不敢腐、不能腐、不想腐是相互依存、相互促进的有机整体，必须统筹联动，增强总体效果。要以严格的执纪执法增强制度刚性，推动形成不断完备的制度体系、严格有效的监督体系，加强理想信念教育，提高党性觉悟，夯实不忘初心、牢记使命的思想根基。既要把“严”的主基调长期坚持下去，又要善于做到“三个区分开来”；既要合乎民心民意，又要激励干部担当作为，充分运用“四种形态”提供的政策策略，通过有效处置化解存量、强化监督遏制增量，实现政治效果、纪法效果、社会效果有机统一。

习近平强调，要完善党和国家监督体系，统筹推进纪检监察体制改革。要继续健全制度、完善体系，使监督体系契合党的领导体制，融入国家治理体系，推动制度优势更好转化为治理效能。要把党委（党组）全面监督、纪委监委专责监督、党的工作部门职能监督、党的基层组织日常监督、党员民主监督等结合起来、融为一体。要以党内监督为主导，推动人大监督、民主监督、行政监督、司法监督、审计监督、财会监督、统计监督、群众监督、舆论监督有机贯通、相互协调。纪委监委要发挥好在党和国家监督体系中的作用，一体推动、落实纪检监察体制改革各项任务。

习近平指出，要用严明的纪律维护制度，增强纪律约束力和制度执行力。要完善全覆盖的制度执行监督机制，强化日常督察和专项检查。要把制度执行情况纳入考核内容，推动干部严格按照制度履职尽责、善于运用制度谋事干事。要以有效问责强化制度执行，既追究乱用滥用权力的渎职行为也追究不用弃用权力的失职行为，既追究直接责任也追究相关领导责任。

习近平强调，维护制度权威、保障制度执行，是纪检监察机关的重要职责。纪检监察机关要带头加强党的政治建设，继承对党绝对忠诚的光荣传统，做忠诚干净担当、敢于善于斗争的战士。党中央制定监督执纪工作规则、批准监督执法工作规定，就是给纪检监察机关定制度、立规矩，必须不折不扣执行到位。各级党委要加强对纪委监委的领导和监督，确保执纪执法权受监督、有约束。纪检监察机关要在强化自我监督、自我约束上作表率，牢固树立法治意识、程序意识、证据意识，严格按照权限、规则、程序开展工作，下更大气力把队伍建强、让干部过硬。

研讨主题：根据上述资料，讨论应当如何运用习近平总书记的全面从严治党思想来指导我国企业费用管控，财务会计应当如何发挥应有的作用。

思考题

1. 收入有哪些类型？
2. 收入确认和计量的步骤有哪些？
3. 收入确认的前提条件有哪些？
4. 什么是合同变更？合同变更应如何进行会计处理？
5. 简述在某一段时间内履行的履约义务的收入确认方法。
6. 简述在某一时点履行的履约义务的收入确认方法。

7. 在判断客户是否已取得商品控制权时，企业应当考虑哪些迹象？
8. 哪些成本可以作为合同履约成本确认为一项资产？
9. 简述附有销售退回条款销售的会计处理。
10. 简述附有质量保证条款销售的会计处理。
11. 什么是主要责任人？什么是代理人？
12. 简述附有客户额外购买选择权销售的会计处理。
13. 简述授予知识产权许可销售的会计处理。
14. 简述售后回购的会计处理。
15. 期间费用有哪几种？各自由哪些项目构成？

第十二章

利润及其分配

课件

在市场经济条件下，企业作为独立的经济实体，应当以自己的经营收入抵补其成本费用，并且实现盈利。企业盈利的大小在很大程度上反映企业生产经营的经济效益，表明企业在每一会计期间的最终经营成果。本章着重讲解利润的形成及其分配。

第一节　利润的形成

利润的形成

一、利润的定义与性质

利润是指企业在一定会计期间的经营成果。在会计实务中，一般都将利润定义为收入和费用之间的差额。但在界定利润的具体组成内容时，则存在着两种不同的观点：一是本期营业观；二是损益满计观。

本期营业观认为，企业的利润只能来自企业当期的经营活动，即利润应是当期营业收入与当期营业成本相抵减的结果。由于经营活动具有可重复性，因此按这种观点确定的利润，能较真实地反映企业管理当局的经营业绩，并且便于对不同会计主体之间以及同一会计主体的不同时期之间进行比较，从而对会计信息使用者的决策更为有用。

损益满计观认为，利润是企业在报告期内除与股东往来外的一切净权益的变动，它应当由期初与期末净资产的对比来确定。因此，利润不仅包括了营业收入与营业成本相抵后的差额，也包括了非营业利润。我国现行企业会计准则采用的是损益满计观，即利润包括收入减去费用后的净额、直接计入当期利润的利得和损失。

二、利润的构成

根据我国现行企业会计准则的有关规定，企业利润相关计算公式如下：

营业利润 = 营业收入 − 营业成本 − 税金及附加 − 销售费用 − 管理费用[①] − 研发费用 − 财务费用 + 其他收益 + 投资收益（ − 投资损失） + 净敞口套期收益（ − 净敞口套期损失） + 公允价值变动收益（ − 公允价值变动损失） − 信用减值损失 − 资产减值损失 + 资产处置收益（ − 资产处置损失）

其中，营业收入是指企业经营业务所实现的收入总额，包括主营业务收入和其他业务收

---

①　不包括企业费用化的研发支出。

入。营业成本是指企业经营业务所发生的实际成本总额，包括主营业务成本和其他业务成本。税金及附加是指企业经营活动发生的消费税、城市维护建设税、土地增值税、环境保护税、资源税、房产税、车船税、土地使用税、印花税和教育费附加等相关税费。研发费用是指企业进行研究与开发过程中发生的费用化支出（来自“管理费用”科目下的“研发费用”明细科目）。其他收益是指与企业日常活动相关的应当计入当期损益的政府补助、债务重组收益等。投资收益（或损失）是指企业以各种方式对外投资所取得的收益（或发生的损失）。净敞口套期收益（或损失）是指按照《企业会计准则第 24 号——套期会计》反映净敞口套期下被套期项目累计公允价值变动转入当期损益的金额或现金流量套期储备转入当期损益的金额。公允价值变动收益（或损失）是指企业以公允价值计量且其变动计入当期损益的金融资产、按公允价值模式进行后续计量的投资性房地产等公允价值变动形成的应计入当期损益的利得（或损失）。信用减值损失是指按照《企业会计准则第 22 号——金融工具确认和计量》的要求计提的各项金融工具减值准备所形成的预期信用损失。资产减值损失是指企业计提除金融资产以外的各项资产减值准备所形成的损失。资产处置收益（或损失）是指企业出售划分为持有待售的非流动资产（金融工具、长期股权投资和投资性房地产除外）或处置组时确认的处置利得或损失，以及处置未划分为持有待售的固定资产、在建工程、生产性生物资产及无形资产而产生的处置利得或损失。

利润总额 = 营业利润 + 营业外收入 - 营业外支出

净利润 = 利润总额 - 所得税费用

三、营业外收支的会计处理

营业外收支，是指企业发生的与日常活动无直接关系的各项应计入当期损益的利得或损失。营业外收支虽然与企业生产经营活动没有直接关系，但其金额的大小也直接影响到企业最终经营成果的大小。因此，加强对营业外收支项目的管理，也是企业利润管理的重要内容。从其收支两方面考察，该项目包括营业外收入和营业外支出两项。

（一）营业外收入

营业外收入是指企业发生的营业利润以外的收益。营业外收入并不是由企业经营资金耗费所产生的，不需要企业付出代价，实际上是一种纯收入，不可能也不需要与有关费用进行配比。营业外收入主要包括：与企业日常活动无关的政府补助，盘盈利得，捐赠利得，非流动资产毁损或报废利得等。

1. 与企业日常活动无关的政府补助

政府补助，是指企业从政府无偿取得货币性资产或非货币性资产。与企业日常活动无关的应当计入当期损益的政府补助应当计入营业外收入。

2. 盘盈利得

盘盈利得，是指企业对于现金等资产清查盘点中盘盈的资产，报经批准后计入营业外收入的金额。

3. 捐赠利得

捐赠利得，是指企业接受捐赠产生的利得。

4. 非流动资产毁损或报废利得

非流动资产毁损或报废利得，是指因自然灾害等发生的毁损、已丧失使用功能而报废的非流动资产所产生的清理收益。

企业应当通过“营业外收入”科目，核算营业外收入的取得和结转情况。期末，应将该科目余额转入“本年利润”科目，结转后该科目无余额。

（二）营业外支出

营业外支出是指企业发生的营业利润以外的支出。营业外支出主要包括：公益性捐赠支出，非常损失，盘亏损失，非流动资产毁损或报废损失等。

1. 公益性捐赠支出

公益性捐赠支出，是指企业对外进行公益性捐赠发生的支出。

2. 非常损失

非常损失，是指企业对于因客观因素（如自然灾害等）造成的损失在扣除保险公司赔偿后计入营业外支出的净损失。

3. 盘亏损失

盘亏损失，是指企业对于固定资产等资产清查盘点中盘亏的资产，报经批准后计入营业外支出的金额。

4. 非流动资产毁损或报废损失

非流动资产毁损或报废损失，是指因自然灾害等发生的毁损、已丧失使用功能而报废的非流动资产所产生的清理损失。

企业应当通过“营业外支出”科目，核算营业外支出的发生和结转情况。期末，应将该科目余额转入“本年利润”科目，结转后该科目无余额。

需要注意的是，营业外收入和营业外支出应当分别核算。在具体核算时，不得以营业外支出直接冲减营业外收入，也不得以营业外收入冲减营业外支出，即企业在会计核算时，应当区别营业外收入和营业外支出进行核算。

四、本年利润的会计处理

利润总额是企业从事生产经营活动以及非生产经营活动所取得的经营成果。利润总额扣除所得税费用后的差额，即为企业的净利润，净利润的大小最终体现企业的盈利能力。在会计处理上，企业净利润的结转，主要是通过“本年利润”科目实现，该科目贷方反映当期实现的全部收入和直接计入当期利润的利得，借方反映当期发生的全部费用和直接计入当期利润的损失，其贷方余额表示当期实现的净利润，其借方余额反映当期发生的净亏损。

企业当期发生的收入、费用、直接计入当期利润的利得和直接计入当期利润的损失，日常通过有关科目予以归集后，在期末将其全部转入“本年利润”账户。其会计处理可分为两个环节进行：

（1）将全部收入、直接计入当期利润的利得类科目的贷方余额转入“本年利润”科目的贷方；

（2）将全部费用、直接计入当期利润的损失类科目的借方余额转入“本年利润”科目的借方。

【例 12－1】　甲公司 2022 年度有关会计科目当年的发生额如下：

主营业务收入	15 000 万元（贷方）
其他业务收入	200 万元（贷方）
公允价值变动损益	50 万元（贷方）
投资收益	800 万元（贷方）
营业外收入	60 万元（贷方）
主营业务成本	7 000 万元（借方）
其他业务成本	160 万元（借方）
税金及附加	100 万元（借方）
销售费用	1 500 万元（借方）
管理费用	1 420 万元（借方）
财务费用	1 600 万元（借方）
信用减值损失	30 万元（借方）
资产减值损失	20 万元（借方）
资产处置损益	50 万元（借方）
营业外支出	30 万元（借方）
所得税费用	660 万元（借方）

甲公司进行会计处理时，应编制的会计分录如下：

（1）结转收入类科目：

借：主营业务收入　150 000 000
　　其他业务收入　2 000 000
　　投资收益　8 000 000
　　公允价值变动损益　500 000
　　营业外收入　600 000
　　贷：本年利润　161 100 000

（2）结转支出类科目：

借：本年利润　125 700 000
　　贷：主营业务成本　70 000 000
　　　　其他业务成本　1 600 000
　　　　税金及附加　1 000 000
　　　　销售费用　15 000 000
　　　　管理费用　14 200 000
　　　　财务费用　16 000 000
　　　　信用减值损失　300 000
　　　　资产减值损失　200 000
　　　　资产处置损益　500 000
　　　　营业外支出　300 000
　　　　所得税费用　6 600 000

通过上述结转后，“本年利润”科目的贷方金额比借方金额多出 3 540 万元，表明该公司本年实现的净利润为 3 540 万元。

第二节　所得税

一、所得税会计概述

《企业会计准则第 18 号——所得税》要求所得税会计采用资产负债表债务法。资产负债表债务法要求企业从资产负债表出发，通过比较资产负债表上列示的资产、负债，按照企业会计准则规定确定的账面价值与按照税法规定确定的计税基础，对于两者之间的差额分别应纳税暂时性差异与可抵扣暂时性差异，确认相关的递延所得税负债与递延所得税资产，并在此基础上确定每一期间利润表中的所得税费用。

二、所得税会计的一般程序

资产负债表债务法下企业所得税会计处理的一般程序

采用资产负债表债务法核算所得税的情况下，企业一般应于每一资产负债表日进行所得税的核算。企业合并等特殊交易或事项发生时，在确认因交易或事项取得的资产、负债时即应确认相关的所得税影响。企业进行所得税核算一般应遵循以下程序：

第一，确定相关资产、负债项目的账面价值。按照企业会计准则规定，确定资产负债表中除递延所得税资产和递延所得税负债以外的其他资产和负债项目的账面价值。

第二，确定相关资产、负债项目的计税基础。按照企业会计准则中关于资产和负债计税基础的确定方法，以适用的税收法规为基础，确定资产负债表中有关资产、负债项目的计税基础。

第三，确定相关资产、负债项目的递延所得税。比较资产、负债的账面价值与其计税基础，对于两者之间存在的差异，分析其性质，除企业会计准则中规定的特殊情况外，分别应纳税暂时性差异与可抵扣暂时性差异，确定资产负债表日递延所得税负债和递延所得税资产应有金额，并与期初递延所得税资产和递延所得税负债的余额相比，确定当期应予进一步确认的递延所得税资产和递延所得税负债金额或应予转销的金额，作为递延所得税。

第四，确定当期应交所得税。就企业当期发生的交易或事项，按照适用的税法规定计算确定当期应纳税所得额，将应纳税所得额与适用的所得税税率计算的结果确认为当期应交所得税，作为当期所得税。

第五，确定利润表中所得税费用。利润表中的所得税费用包括当期所得税（当期应交所得税）和递延所得税两个组成部分，企业在计算确定了当期所得税和递延所得税后，两者之和（或之差），是利润表中的所得税费用。

三、资产、负债的计税基础

资产的计税基础

（一）资产的计税基础

资产的计税基础，是指企业收回资产账面价值过程中，计算应纳税所得额时按照税法规定可以自应税经济利益中抵扣的金额，即某一项资产在未来期间计税时按照税法规定可以税前扣除的金额。

资产在初始确认时，其计税基础一般为取得成本，即企业为取得某项资产支付的成本在未来期间准予税前扣除。在资产持续持有的过程中，其计税基础是指资产的取得成本减去以前期间按照税法规定已经税前扣除的金额后的余额。如固定资产、无形资产等长期资产在某一资产负债表日的计税基础是指其成本扣除按照税法规定已在以前期间税前扣除的累计折旧额或累计摊销额后的余额。

现举例说明部分资产项目计税基础的确定。

1. 固定资产

以各种方式取得的固定资产，初始确认时按照企业会计准则规定确定的入账价值基本上是被税法认可的，即取得时其账面价值一般等于计税基础。

固定资产在持有期间进行后续计量时，由于会计与税法规定就折旧方法、折旧年限以及固定资产减值准备的提取等处理不同，可能造成固定资产的账面价值与计税基础的差异。

（1）折旧方法、折旧年限的差异。企业会计准则规定，企业应当根据与固定资产有关的经济利益的预期实现方式合理选择折旧方法，如可以按年限平均法计提折旧，也可以按照双倍余额递减法、年数总和法等计提折旧。税法中除某些按照规定可以加速折旧的情况外，基本上可以税前扣除的是按照年限平均法计提的折旧。另外，税法还就每一类固定资产的最低折旧年限作出了规定，而企业会计准则规定折旧年限是由企业根据固定资产的性质和使用情况合理确定的。如企业进行会计处理时确定的折旧年限与税法规定不同，也会产生固定资产持有期间账面价值与计税基础的差异。

【例 12 -2】 2022 年 12 月 20 日，甲公司取得的某项环保用固定资产，原价为 300 万元，使用年限为 10 年，会计上采用直线法计提折旧，净残值为 0。假定税法规定类似环保用固定资产采用加速折旧法计提的折旧可予税前扣除，该企业在计税时采用双倍余额递减法计列折旧，净残值为 0。

分析：2024 年 12 月 31 日，该固定资产的账面价值 $=300-30\times2=240$（万元）；

2024 年 12 月 31 日，该固定资产的计税基础 $=300-300\times20\%-240\times20\%=192$（万元）。

（2）因计提固定资产减值准备产生的差异。持有固定资产的期间内，在对固定资产计提了减值准备以后，因税法规定企业计提的资产减值准备在发生实质性损失前不允许税前扣除，也会造成固定资产的账面价值与计税基础的差异。

【例 12 -3】 2022 年 12 月 31 日，甲公司以 100 万元购入一项生产用固定资产，估计使用寿命为 10 年，预计净残值为 0。该公司按照直线法计提折旧。假定税法规定的折旧年限、折旧方法及净残值与会计相同。由于市场情况变化，2023 年 12 月 31 日，该固定资产的可收回金额为 80 万元。

分析：2023 年 12 月 31 日，该固定资产的账面价值 $=100-10\times1-10=80$（万元）；

2023 年 12 月 31 日，该固定资产的计税基础 $=100-10\times1=90$（万元）。

2. 无形资产

除内部研究开发形成的无形资产以外，其他方式取得的无形资产，初始确认时按照企业会计准则规定确定的入账价值与按照税法规定确定的计税成本之间一般不存在差异。无形资产的差异主要产生于内部研究开发形成的无形资产以及使用寿命不确定的无形资产。

（1）内部研究开发形成的无形资产，其成本为开发阶段符合资本化条件以后至达到预定用途前发生的支出，除此之外，研究开发过程中发生的其他支出应予费用化计入损益；税法规定，企业自行开发的无形资产，以开发过程中该资产符合资本化条件后至达到预定用途前发生的支出为计税基础。另外，自2008年1月1日起施行的《中华人民共和国企业所得税法实施条例》第九十五条规定，企业为开发新技术、新产品、新工艺发生的研究开发费用，未形成无形资产计入当期损益的，在按照规定据实扣除的基础上，再按照研究开发费用的50%加计扣除；形成无形资产的，按照无形资产成本的150%摊销。根据《财政部、税务总局、科技部关于提高研究开发费用税前加计扣除比例的通知》（财税〔2018〕99号）和《财政部、税务总局关于延长部分税收优惠政策执行期限的公告》（2021年第6号）的规定，除制造业以外的企业，且不属于烟草制造业、住宿和餐饮业、批发和零售业、房地产业、租赁和商务服务业、娱乐业的企业，在开展研发活动中实际发生的研发费用，未形成无形资产计入当期损益的，在2023年12月31日前，在按规定据实扣除的基础上，再按照实际发生额的75%在税前加计扣除；形成无形资产的，在上述期间按照无形资产成本的175%在税前摊销。根据《财政部、税务总局关于进一步完善研发费用税前加计扣除政策的公告》（2021年第13号）的规定，制造业企业开展研发活动中实际发生的研发费用，未形成无形资产计入当期损益的，在按规定据实扣除的基础上，自2021年1月1日起，再按照实际发生额的100%在税前加计扣除；形成无形资产的，自2021年1月1日起，按照无形资产成本的200%在税前摊销。

【例12－4】 2022年，制造业企业甲公司当期发生开发新技术、新产品、新工艺的研究开发支出计1 000万元，其中研究阶段支出200万元，开发阶段符合资本化条件前发生的支出为200万元，符合资本化条件后发生的支出为600万元。该企业开发形成的无形资产在当期期末已达到预定用途，但尚未进行摊销。

分析：甲公司当期发生的研究开发支出中，按照企业会计准则规定应予费用化的金额为400万元，形成无形资产的成本为600万元，即期末所形成无形资产的账面价值为600万元。

甲公司于当期发生的1 000万元研究开发支出，可在税前扣除的金额为800万元。对于按照企业会计准则规定形成无形资产的部分，税法规定按照无形资产成本的200%作为计算未来期间摊销金额的基础，即该项无形资产在初始确认时的计税基础为1 200万元。

（2）无形资产在后续计量时，会计与税收的差异主要产生于对无形资产是否需要摊销及无形资产减值准备的提取。

企业会计准则规定，对于无形资产，应根据其使用寿命情况，区分为使用寿命确定的无形资产与使用寿命不确定的无形资产。对于使用寿命不确定的无形资产，不要求摊销，在会计期末进行减值测试，如果发生减值，则计提无形资产减值准备，确认资产减值损失。税法规定，企业取得的无形资产成本应在一定期限内摊销，合同、法律未明确规定摊销期限的，应按不少于10年的期限摊销。对于使用寿命不确定的无形资产在持有期间，因摊销规定的不同，会造成其账面价值与计税基础的差异。

在对无形资产计提减值准备的情况下，因所计提的减值准备不允许税前扣除，也会造成其账面价值与计税基础的差异。

【例12－5】 2023年1月1日，甲公司取得的某项无形资产当日投入使用，取得成本为600万元，企业根据各方面情况判断，无法合理预计其为企业带来未来经济利益的期限，将其视为使用寿命不确定的无形资产。2023年12月31日，对该项无形资产进行减值测试表明未发生减值。甲公司在计税时，对该项无形资产按照 10 年的期间摊销，有关金额允许税前扣除。

分析：会计上，将该项无形资产作为使用寿命不确定的无形资产。在未发生减值的情况下，2023 年 12 月 31 日，该项无形资产的账面价值为 600 万元。

2023 年 12 月 31 日，该项无形资产在的计税基础 = 600 - 60 = 540（万元）。

3. 以公允价值计量且其变动计入当期损益的金融资产

按照《企业会计准则第 22 号——金融工具确认和计量》的规定，对于以公允价值计量且其变动计入当期损益的金融资产，某一会计期末的账面价值为公允价值。税法规定，按照企业会计准则确认的公允价值变动损益在计税时暂不予考虑，即以公允价值计量且其变动计入当期损益的金融资产在某一会计期末的计税基础为其取得成本，会造成该类金融资产账面价值与其计税基础之间的差异。

【例 12-6】 2022 年 11 月 15 日，甲公司自公开市场取得一项权益性投资，投资成本为 10 万元，分类为以公允价值计量且其变动计入当期损益的金融资产核算。2022 年 12 月 31 日，该投资的公允价值为 12 万元。

分析：该项以公允价值计量且其变动计入当期损益的金融资产在 2022 年 12 月 31 日的账面价值为 12 万元。

该项以公允价值计量且其变动计入当期损益的金融资产在 2022 年 12 月 31 日的计税基础为 10 万元。

企业持有的以公允价值计量且其变动计入其他综合收益的金融资产计税基础的确定，比照以公允价值计量且其变动计入当期损益的金融资产确定。

4. 其他计提了资产减值准备的各项资产

有关资产计提了减值准备以后，其账面价值会随之下降，而按照税法规定，资产的减值在转化为实质性损失之前，不允许税前扣除，即其计税基础不会因减值准备的提取而发生变化，从而造成资产的账面价值与其计税基础之间的差异。

【例 12-7】 2022 年，甲公司购入原材料成本为 2 000 万元，因部分生产线停工，当年未领用任何原材料，2022 年 12 月 31 日，考虑到该原材料的市价及用其生产产成品的市价情况，估计该原材料的可变现净值为 1 600 万元，计提了 400 万元的存货跌价准备。假定企业该原材料期初余额为零。

分析：2022 年 12 月 31 日，该项原材料的账面价值 = 2 000 - 400 = 1 600（万元）；

2022 年 12 月 31 日，该项原材料的计税基础为 2 000 万元。

（二）负债的计税基础

负债的计税基础，是指负债的账面价值减去未来期间计算应纳税所得额时按照税法规定可予抵扣的金额。

负债的计税基础

一般情况下，负债的确认与偿还不会影响企业的损益，也不会影响其应纳税所得额，未来期间计算应纳税所得额时按照税法规定可予抵扣的金额为零，计税基础即为账面价值。如企业的短期借款、应付账款等。但是，某些情况下，负债的确认可能会影响企业的损益，进而影响不同期间的应纳税所得额，使得其计税基础与账面价值之间产生差额，如按照会计规定确认的某些预计负债。

1. 企业因销售商品提供售后服务等原因确认的预计负债

按照《企业会计准则第13号——或有事项》的规定，企业应将预计提供售后服务发生的支出在销售当期确认为费用，同时确认预计负债。税法规定，有关的支出应于发生时税前扣除，由于该类事项产生的预计负债在期末的计税基础为其账面价值与未来期间可税前扣除的金额之间的差额，有关的支出实际发生时可全部税前扣除，其计税基础为零。

因其他事项确认的预计负债，应按照税法规定的计税原则确定其计税基础。某些情况下，因有些事项确认的预计负债，如果税法规定其支出无论是否实际发生均不允许税前扣除，即未来期间按照税法规定可予抵扣的金额为零，其账面价值与计税基础相同。

【例12－8】 2022年，甲公司因销售产品承诺提供3年保修服务，在当期确认了100万元预计负债，并以100万元的销售费用计入当期损益。假定按照税法规定，与产品售后服务相关的费用在实际发生时允许在税前扣除。

分析：2022年12月31日，该预计负债的账面价值为100万元。

2022年12月31日，该项负债的计税基础等于账面价值100万元减去未来期间计算应纳税所得额时按照税法规定可予抵扣的金额100万元，即0。

2. 应付职工薪酬

现行企业会计准则规定，企业为获得职工提供的服务或解除劳动关系而给予的各种形式的报酬或补偿均应作为企业的成本费用，在未支付之前确认为负债。税法中对于合理的职工薪酬基本允许税前扣除，但税法中如果规定了税前扣除标准的，按照企业会计准则规定计入成本费用支出的金额超过规定标准部分，应进行纳税调整。因超过部分在发生当期不允许税前扣除，在以后期间也不允许税前扣除，即该部分差额对未来期间计税不产生影响，所产生应付职工薪酬负债的账面价值等于计税基础。

【例12－9】 2022年12月，甲公司计入成本费用的职工工资总额为500万元，至2022年12月31日尚未支付，即形成应付职工薪酬负债500万元（账面价值）。假定按照税法规定，按照计税工资标准，准予在税前扣除的工资金额为450万元，公司实际发生的工资支出500万元与按照税法规定允许税前扣除的金额450万元之间的差额应在当期计算应纳税所得额时进行调整，在以后期间不能再在税前扣除。

分析：2022年12月31日，该应付职工薪酬的账面价值为500万元。

2022年12月31日，该应付职工薪酬的计税基础等于账面价值500万元减去未来期间计算应纳税所得额时按照税法规定可予抵扣的金额0，即500万元。

3. 其他负债

其他负债，如企业应交的罚款和滞纳金等，在尚未支付之前按照会计规定确认为费用，同时作为负债反映。税法规定，罚款和滞纳金不能税前扣除，其计税基础为账面价值减去未来期间计税时可予税前扣除的金额零之间的差额，即计税基础等于账面价值，不产生暂时性差异。

【例12－10】 2022年12月，甲公司因违反当地有关环保法规的规定，接到环保部门的处罚通知，要求其支付罚款200万元。税法规定，企业因违反国家有关法律法规支付的罚款和滞纳金，计算应纳税所得额时不允许税前扣除。至2022年12月31日，该项罚款尚未支付。

分析：2022年12月31日，甲公司该项其他应付款的账面价值为200万元。

2022年12月31日，甲公司该项其他应付款的计税基础＝账面价值200万元－未来期间计算应纳税所得额时按照税法规定可予抵扣的金额0＝200万元。

四、暂时性差异

暂时性差异

暂时性差异，是指资产或负债的账面价值与其计税基础之间的差额；未作为资产和负债确认的项目，按照税法规定可以确定其计税基础的，该计税基础与其账面价值之间的差额也属于暂时性差异。按照暂时性差异对未来期间应税金额的影响，分为应纳税暂时性差异和可抵扣暂时性差异。

（一）应纳税暂时性差异

应纳税暂时性差异，是指在确定未来收回资产或清偿负债期间的应纳税所得额时，将导致产生应税金额的暂时性差异，即该差异会增加未来期间的应纳税所得额，因此增加未来期间的应交所得税金额。按照我国《企业会计准则第 18 号——所得税》的规定，在产生应纳税暂时性差异的期间，应当确认相关的递延所得税负债。

应纳税暂时性差异通常产生于以下两种情况：

（1）资产的账面价值大于其计税基础。一项资产的账面价值代表的是企业在持续使用或者最终出售该资产时将取得的经济利益的总额，而计税基础代表的是一项资产在未来期间可以在税前扣除的金额。资产的账面价值大于其计税基础，意味着该项资产未来期间产生的经济利益不能全部在税前扣除，两者之间的差额需要交税，未来期间的应纳税所得额以及应交所得税将增加，因此确认为递延所得税负债。

（2）负债的账面价值小于其计税基础。一项负债的账面价值为企业预计在未来期间清偿该负债时的经济利益流出，而其计税基础代表的是账面价值在扣除税法规定未来期间允许税前扣除的金额之后的差额。负债的账面价值小于其计税基础，意味着就该负债在未来期间清偿时，可以税前抵扣的金额是负数，即增加未来应纳税所得额和应交所得税，因此确认为递延所得税负债。

（二）可抵扣暂时性差异

可抵扣暂时性差异，是指在确定未来收回资产或清偿负债期间的应纳税所得额时，将导致产生可抵扣金额的暂时性差异。该差异会增加未来期间可在税前扣除的金额，从而减少应纳税所得额和应交所得税。按照我国《企业会计准则第 18 号——所得税》的规定，在产生可抵扣暂时性差异的期间，企业应当以很可能取得用来抵扣可抵扣暂时性差异的应纳税所得额为限，确认由可抵扣暂时性差异产生的递延所得税资产。

可抵扣暂时性差异通常产生于以下两种情况：

（1）资产的账面价值小于其计税基础。资产的账面价值小于其计税基础，意味着该项资产未来期间产生的经济利益少，准予税前扣除的金额多，两者之间的差额可以减少未来期间的应纳税所得额以及应交所得税，因此符合条件时应确认为递延所得税资产。

（2）负债的账面价值大于其计税基础。负债的账面价值大于其计税基础，负债产生的暂时性差异实质上是税法规定就该项负债可以在未来期间税前扣除的金额。即：

负债产生的暂时性差异＝账面价值－计税基础

＝账面价值－（账面价值－未来期间计税时按照税法规定可予税前扣除的金额）

＝未来期间计税时按照税法规定可予税前扣除的金额

负债的账面价值大于其计税基础，意味着未来期间按照税法规定与负债相关的全部或部分支出可以自未来应税经济利益中扣除，减少未来期间的应纳税所得额和应交所得税。符合有关确认条件时，应确认相关的递延所得税资产。

（三）特殊项目产生的暂时性差异

1. 未作为资产、负债确认的项目产生的暂时性差异

某些交易或事项发生以后，因不符合资产、负债的确认条件而未作为资产或负债列入资产负债表，但按照税法规定能够确定其计税基础的，其账面价值（为零）与计税基础之间的差异也构成暂时性差异。如企业在开始正常的生产经营活动以前发生的筹建费用，企业会计准则规定应于发生时计入当期损益，不作为资产。按照税法规定企业的筹建费用可以在开始正常生产经营活动后不少于三年内分期摊销，在税前扣除。

【例 12－11】 2022 年 1 月，甲公司在开始正常的生产经营活动以前发生了 300 万元的筹建费用，发生时已经计入当期损益，按照税法规定，可以在开始正常生产经营活动之后的不少于三年内分期在税前扣除。税务机关同意甲公司按照三年在税前扣除。

分析：该项费用支出未作为资产确认，因而账面价值为 0。2022 年年末，未来期间可以在税前扣除的金额为 200（300－300/3）万元，即其计税基础为 200 万元。计税基础与账面价值之间的差额 200 万元属于可抵扣暂时性差异。

2. 可抵扣亏损及税款抵减产生的暂时性差异

对于按照税法规定可以结转以后年度的未弥补亏损及税款抵减，虽然不是因为资产、负债的账面价值与计税基础不同产生的，但与由资产、负债产生的可抵扣暂时性差异相同，均减少未来期间的应纳税所得额和应交所得税，因此，也视同可抵扣暂时性差异进行会计处理，在符合条件的情况下确认递延所得税资产。

【例 12－12】 2022 年，甲公司发生经营亏损 200 万元（按照税法规定计算），按照税法规定，该亏损可用于抵减以后连续五年的应纳税所得额。该公司预计在未来五年内能够产生足够的应纳税所得额。

分析：该公司的可抵扣亏损 200 万元属于可抵扣暂时性差异。

五、递延所得税资产的确认和计量

递延所得税资产和递延所得税负债的确认与计量

（一）确认递延所得税资产的一般原则

资产、负债的账面价值与其计税基础不同而产生可抵扣暂时性差异的，在估计未来期间能够取得足够的应纳税所得额用来抵扣该可抵扣暂时性差异时，应当以很可能取得用来抵扣可抵扣暂时性差异的应纳税所得额为限，确认相关的递延所得税资产。

第一，递延所得税资产的确认应以未来期间可能取得的应纳税所得额为限。在可抵扣暂时性差异转回的未来期间内，企业无法产生足够的应纳税所得额用以抵减可抵扣暂时性差异的影响，使得与递延所得税资产相关的经济利益无法实现的，该部分递延所得税资产不应确认；企业有明确的证据表明其于可抵扣暂时性差异转回的未来期间能够产生足够的应纳税所得额，进而利用可抵扣暂时性差异的，则应以可能取得的应纳税所得额为限，确认相关的递延所得税资产。

考虑到可抵扣暂时性差异转回的期间内可能取得应纳税所得额的限制，因无法取得足够

的应纳税所得额而未确认相关的递延所得税资产的，应在财务报表附注中进行披露。

第二，按照税法规定可以结转以后年度的未弥补亏损和税款抵减，应视同可抵扣暂时性差异处理。在预计可利用可弥补亏损或税款抵减的未来期间内能够取得足够的应纳税所得额时，应当以很可能取得的应纳税所得额为限，确认相应的递延所得税资产，同时减少确认当期的所得税费用。

与可抵扣亏损和税款抵减相关的递延所得税资产，其确认条件与可抵扣暂时性差异产生的递延所得税资产相同。

第三，与直接计入所有者权益的交易或事项相关的可抵扣暂时性差异，相应的递延所得税资产应计入所有者权益。如因以公允价值计量且其变动计入其他综合收益的金融资产公允价值下降而应确认的递延所得税资产。

（二）递延所得税资产的计量

第一，适用税率的确定。确认递延所得税资产时，应估计相关可抵扣暂时性差异的转回时间，采用转回期间适用的所得税税率为基础计算确定。无论相关的可抵扣暂时性差异转回期间如何，递延所得税资产均不予折现。

第二，递延所得税资产账面价值的复核。资产负债表日，企业应当对递延所得税资产的账面价值进行复核。如果未来期间很可能无法取得足够的应纳税所得额用以利用递延所得税资产的利益，应当减记递延所得税资产的账面价值。递延所得税资产的账面价值减记以后，以后期间根据新的环境和情况判断能够产生足够的应纳税所得额利用可抵扣暂时性差异，使得递延所得税资产包含的经济利益能够实现的，应相应恢复递延所得税资产的账面价值。

六、递延所得税负债的确认和计量

（一）确认递延所得税负债的一般原则

应纳税暂时性差异在转回期间将增加未来期间企业的应纳税所得额和应交所得税，导致企业经济利益的流出，从其发生当期看，构成企业应支付税金的义务，应作为递延所得税负债确认。

企业在确认因应纳税暂时性差异产生的递延所得税负债时，应遵循以下原则：

除企业会计准则中明确规定可不确认递延所得税负债的情况以外，企业对于所有的应纳税暂时性差异均应确认相关的递延所得税负债。除直接计入所有者权益的交易或事项以及企业合并外，在确认递延所得税负债的同时，应增加利润表中的所得税费用。

确认应纳税暂时性差异产生的递延所得税负债时，交易或事项发生时影响到会计利润或应纳税所得额的，相关的所得税影响应作为利润表中所得税费用的组成部分，即递延所得税负债的确认应导致利润表中所得税费用的增加；与直接计入所有者权益的交易或事项相关的，其所得税影响应增加或减少所有者权益。

（二）递延所得税负债的计量

递延所得税负债应以相关应纳税暂时性差异转回期间适用的所得税税率计量。在我国，除享受优惠政策的情况以外，企业适用的所得税税率在不同年度之间一般不会发生变化，企业在确认递延所得税负债时，可以现行适用税率为基础计算确定，递延所得税负债的确认不要求折现。

七、所得税费用的会计处理

企业所得税的会计处理

（一）当期所得税

当期所得税是指企业按照税法规定计算确定的针对当期发生的交易和事项，应交纳给税务部门的所得税金额，即当期应交所得税。当期所得税以企业适用的税收法规为基础计算确定。

企业在确定当期所得税时，应在利润总额的基础上，按照税收法规的规定，调整会计处理与税务处理不同的交易和事项，计算出当期的应纳税所得额，再根据企业适用的所得税税率计算当期应交所得税。计算公式如下：

应纳税所得额 = 利润总额 + 按照会计准则规定计入利润表但计税时不允许税前扣除的费用 - 税法规定的不征税收入 ± 计入利润表的费用与按照税法规定可予税前扣除的金额之间的差额 ± 计入利润表的收入与按照税法规定应计入应纳税所得额的收入之间的差额 ± 其他需要调整的因素

【例 12 - 13】 甲公司为居民纳税人，2022 年 12 月 31 日，甲公司的利润总额为 280 万元，适用的企业所得税税率为 25%，本期除了以下事项外，无其他纳税调整事项：

（1）2021 年 12 月购入的一条生产线，会计与税法采用相同的折旧方法、折旧年限和净残值率。2022 年年末，该资产发生减值，可收回金额为 80 万元，计提减值准备前账面价值为 110 万元，因此确认资产减值损失 30 万元；

（2）利润总额中包含国债利息收入 10 万元；

（3）本年核定的计税工资总额为 100 万元，实际发生的职工薪酬总额为 120 万元，超过部分永远不能税前扣除；

（4）对 2021 年年初以 100 万元购入的专利权按 10 年摊销，每年计提摊销费用 10 万元，而税法规定按 5 年摊销，每年摊销 20 万元；

（5）从被投资企业分回利润 20 万元，被投资企业也为居民纳税人，该分回的利润符合免税收入条件；

（6）上年亏损 50 万元可在 2022 年税前全额扣除。

分析：

（1）生产线的资产减值损失已经计入当期损益，但按照税法规定，各种财产损失在实际发生时才允许在税前抵扣。因此，应在利润总额的基础上加回 30 万元；

（2）国债利息收入属于免税收入，应从利润总额中扣减 10 万元；

（3）企业发生的职工薪酬按照税法规定只能在核定的计税工资范围内扣除，超过部分不予抵扣，因此应加回差额 20(120 - 100)万元；

（4）专利权的摊销费用差额应从利润总额中扣减，即扣减 10 万元；

（5）从被投资企业分回的利润，投资方与被投资方均为居民纳税人，不需要重复征税，因此从利润总额中扣减 20 万元；

（6）亏损可以在税前扣除，在计算应纳税所得额时应从利润总额中扣减，即扣减 50 万元。

应纳税所得额 = 280 + 30 - 10 + （120 - 100） - （20 - 10） - 20 - 50 = 240（万元）

当期所得税费用 = 应交所得税 = 240 × 25% = 60（万元）

（二）递延所得税

递延所得税是指按照所得税准则规定应当在本期确认的递延所得税资产和递延所得税负债在期末应有的金额相对于原已确认金额之间的差额。但不包括计入所有者权益的交易或事项的所得税影响。

【例 12－14】 沿用【例 12－13】的资料，假设甲公司在进行所得税会计处理前，“递延所得税资产”账户期初借方余额为 12.5 万元，“递延所得税负债”账户期初贷方余额为 2.5 万元。递延所得税的分析计算过程如下：

（1）生产线的账面价值为 80 万元，计税基础为 110 万元，暂时性差异为 30 万元，属于可抵扣暂时性差异，本年末没有可以在未来期间抵扣的亏损。因此，年末应确认的递延所得税资产为 7.5（30 × 25%）万元。原账户借方余额为 12.5 万元，因此递延所得税资产应减计 5（12.5 － 7.5）万元。

（2）专利权的账面价值为 80（100 － 100/10 × 2）万元，计税基础为 60 万元，应纳税暂时性差异为 20 万元，因此，年末应确认的递延所得税负债为 5（20 × 25%）万元。原账户余额为 2.5 万元，因此，递延所得税负债应增计 2.5 万元。

上述两项合计，产生递延所得税 7.5 万元。

应予说明的是，某项交易或事项按照企业会计准则规定应计入所有者权益的，由该项交易或事项产生的递延所得税资产或递延所得税负债及其变化亦应计入所有者权益，不构成利润表中的递延所得税费用（或收益）。

【例 12－15】 2022 年 12 月 31 日，甲公司持有的某项权益工具投资分类为以公允价值计量且其变动计入其他综合收益的金融资产，成本为 100 万元，公允价值为 120 万元，该公司适用的企业所得税税率为 25%。除该事项外，该公司不存在其他会计与税收法规之间的差异，且递延所得税资产和递延所得税负债不存在期初余额。甲公司进行会计处理时，应编制的会计分录如下：

（1）2022 年 12 月 31 日，确认分类为以公允价值计量且其变动计入其他综合收益的金融资产的公允价值变动：

借：其他权益工具投资——公允价值变动	200 000	
贷：其他综合收益		200 000

（2）2022 年 12 月 31 日，确认应纳税暂时性差异的所得税影响：

借：其他综合收益	50 000	
贷：递延所得税负债		50 000

（三）所得税费用

所得税费用为当期所得税费用与递延所得税费用之和。

【例 12－16】 沿用【例 12－13】和【例 12－14】的资料，甲公司所得税费用为：

所得税费用 = 当期所得税费用 + 递延所得税费用 = 60 + 7.5 = 67.5（万元）

甲公司进行会计处理时，应编制的会计分录如下：

借：所得税费用——当期所得税费用	600 000	
——递延所得税费用	75 000	
贷：应交税费——应交所得税		600 000

　　递延所得税资产　　50 000
　　递延所得税负债　　25 000

（四）税率变动的影响

如果因为颁布新法令等原因导致企业适用的所得税税率发生变化，暂时性差异产生的未来应税或可抵扣金额导致的递延所得税资产和递延所得税负债将随之发生变动，企业应对已确认的递延所得税资产和递延所得税负债按照新的税率进行计量。

第三节　利润的分配

一、利润分配的内容及程序

企业实现的利润必须按照规定予以分配，依据《中华人民共和国公司法》以及有关法规、制度的规定，企业当年实现的净利润，按照下列顺序分配：其一，提取盈余公积；其二，向投资者分派股利；其三，留待以后年度分配，即未分配利润。

二、利润分配的会计处理

利润分配的会计处理

（一）提取法定盈余公积

企业当年实现的净利润首先应转入“利润分配——未分配利润”账户，借记“本年利润”科目；贷记“利润分配——未分配利润”科目。

根据现行《公司法》的规定，公司制企业应按照净利润的10%计提法定盈余公积，借记“利润分配——提取法定盈余公积”科目；贷记“盈余公积——法定盈余公积”科目。

（二）提取任意盈余公积

公司制企业按照股东大会的决议，以净利润为依据计提任意盈余公积，借记“利润分配——提取任意盈余公积”科目；贷记“盈余公积——任意盈余公积”科目。

（三）向投资者分派现金股利或利润

公司制企业按照股东大会的决议向投资者分派现金股利或利润时，应借记“利润分配——应付现金股利（利润）”科目；贷记“应付股利（利润）”科目。

（四）向投资者分派股票股利

经股东大会或类似机构决议，分派给股东的股票股利，应在办理增资手续后，借记“利润分配——转作股本的股利”科目，贷记“股本”科目。

企业将利润分配完毕后，必须将已分配的利润转入“利润分配——未分配利润”科目，结转后，“利润分配”科目只有“未分配利润”明细科目存在余额，其余明细科目全部没有余额。其会计处理为：借记“利润分配——未分配利润”科目；贷记“利润分配——提取法定盈余公积”“利润分配——提取任意盈余公积”“利润分配——应付现金股利（利润）”“利润分配——转作股本的股利”等明细科目。

【例12-17】 2022年度，甲公司实现净利润3 540万元，公司股东大会决议确定，按净利润的10%计提法定盈余公积，按净利润的15%计提任意盈余公积，按净利润的20%分派现金股利。有关会计处理如下：

（1）将本年净利润转入“利润分配——未分配利润”账户：

借：本年利润　　35 400 000

　　贷：利润分配——未分配利润　　35 400 000

（2）按净利润的10%计提法定盈余公积：

借：利润分配——提取法定盈余公积　　3 540 000

　　贷：盈余公积——法定盈余公积　　3 540 000

（3）按净利润的15%提取任意盈余公积：

借：利润分配——提取任意盈余公积　　5 310 000

　　贷：盈余公积——任意盈余公积　　5 310 000

（4）按净利润的20%向投资者分派现金股利：

借：利润分配——应付现金股利　　7 080 000

　　贷：应付股利　　7 080 000

（5）将已分配的利润转入“利润分配——未分配利润”账户：

借：利润分配——未分配利润　　15 930 000

　　贷：利润分配——提取法定盈余公积　　3 540 000

　　　　　　　　——提取任意盈余公积　　5 310 000

　　　　　　　　——应付现金股利　　7 080 000

思政研习

习近平论国有企业深化改革创新与企业利润创造

“复兴号”完美首发、“蓝鲸一号”成功试采可燃冰、“北斗三号”一箭双星——中央企业在2017年取得的一次次重大突破，让许多人由衷地赞叹：“厉害了，中央企业！”

运行稳、结构优、创新强，中央企业质量和效益不断提升，全面迈向高质量发展。

稳中提质，央企实力更强、结构更优

2017年进入《财富》世界500强的企业，中央企业达到48家，占全部中央企业的近一半，并在前五名里占据3席。中央企业以骄人的业绩成为国际市场上举足轻重的力量。

实力更强——到2017年年底，98家中央企业资产总额54.5万亿元，净资产总额18.4万亿元，几乎个个都是行业里举足轻重的“巨无霸”。其中，资产总额超过千亿元的企业达到65家。

增长更稳——2017年，央企营业收入、实现利润双双创出新高。全年营业收入26.4万亿元，同比增长13.3%，各季度均保持两位数增长，增长基础更坚实了。全年实现利润14 230.8亿元，首次突破1.4万亿元，同比增长15.2%，经济效益的增量和增速均为5年来最好水平。

质量更佳——细心的人已发现，2017年，央企利润增速“跑赢”了营收增速，领先1.9个百分点。这表明央企增长正从规模速度型向质量效益型转变。资产负债率也稳步下降：到年末平均资产负债率同比下降0.4个百分点，预计到2020年前平均资产负债率将力争再下降2个百分点。

判断发展态势，看速度更看结构。

这是央企运营最大亮点——新的利润增长点加速形成，结构更优、动力更足。

利润来源从单一迈向多元，实业显现出更强的竞争力。98 家中央企业，49 家企业效益增幅超过 10%，26 家企业效益增幅超过 20%，利润总额过百亿的中央企业达到 41 家。利润不再集中于石油、煤炭、电力等少数几个传统行业企业，制造业成为主要来源。2017 年，中央工业企业表现突出，营业收入同比增长 15.7%，实现利润同比增长 18.7%，增利额占中央企业利润增量的 61.7%。

先进制造业异军突起，实现了从潜在优势到新增长点的质变。央企全力做大战略性新兴产业和高技术产业增量，在天眼、悟空、墨子等重大科技专项中承担重要任务，高端制造、现代服务业等领域发展势头喜人，收入增速超过央企平均水平，对中央企业整体效益贡献超过 40%。

“2017 年，中央企业交出一份稳中提质、稳中趋优的成绩单。这是中央企业深化改革的结果，也是中央企业迈向高质量发展的关键一步。”国务院国资委总会计师沈莹说。

砥柱中流，央企彰显“国家脊梁”担当

不断“做强做优做大”，中央企业在经济社会发展中的中流砥柱作用日益突出。

发力供给侧，中央企业勇于向自己开刀。

去产能、处置“僵尸企业”，央企主动作为。到 2017 年年底，累计处置“僵尸企业”和治理特困企业 1 200 户。2017 年，央企去产能提前超额完成全年目标任务，共化解钢铁过剩产能 595 万吨、化解煤炭过剩产能 2 703 万吨，主动淘汰、停建、缓建煤电项目 51 个，煤炭资产管理平台公司整合煤炭产能 1 亿吨。

瞄准中高端，中央企业全力谋转型。

自主创新的旗帜在中央企业高扬。中央工业企业全部建立起国家级的研发机构。2017 年，53 家中央企业共获得国家科技奖励 83 项，占奖励总数的约 1/3。培育发展战略性新兴产业，央企主动出击，核电、风电、电动汽车等设备制造以及产品研发，达到或接近全球领先水平。目前，中央企业研发经费约占全国研发经费支出总额的 1/4。

积极走出去，中央企业成为全球化背景下代表中国参与国际竞争的重要力量。

“一带一路”建设加快推进，中央企业在基础设施建设、能源资源开发、国际产能合作等领域承担了一大批具有示范性和带动性的重大项目和标志性工程，有力提升了我国在国际舞台上的话语权。欧洲第一高楼俄罗斯联邦大厦、被肯尼亚人亲切地称为“世纪铁路”的蒙内铁路……许多标志性工程上，镌刻着中央企业的名字。目前，中央企业投资设立境外单位 9 112 户，分布在 185 个国家和地区，境外业务逐步由能源、矿产资源开发拓展到高铁、核电、特高压建设运营等领域，境外资产总额近年来年均增长 15%。

中央企业正以自己的行动，展示“国家脊梁”的新风采——无论是代表国家实力的天宫探梦、蛟龙潜海，还是捍卫国家安全的歼—20、运—20；无论是已成为“国家名片”的中国高铁、特高压输变电、新一代移动通信，还是彰显中国力量的瓜达尔港、中缅油气管线；无论是代表“中国制造”新突破的 C919 客机飞上蓝天，还是唱响“中国建造”好声音的港珠澳大桥主体工程全线贯通；无论是落实国家宏观调控政策、保障能源资源安全，还是推进脱贫攻坚、参与民生工程，处处跃动着中央企业的身影，彰显着中央企业的责任担当。

深化改革，央企争做国际一流

党的十九大报告提出，培育具有全球竞争力的世界一流企业。这为中央企业今后的发展指明了方向。

“培育具有全球竞争力的世界一流企业，意味着产品和服务、技术和标准、管理和团队、品牌和文化等企业综合实力和竞争力全方位提升，形成一批在国际资源配置中占主导地位的领军企业，一批引领全球行业技术发展的领军企业，一批在全球产业发展中具有话语权和影响力的领军企业。实现这一目标，说到底要靠改革。”国务院国资委主任肖亚庆说。

以改革优配置。2018 年 1 月 31 日，中核与中核建两家央企实施重组，中央企业数量由 2013 年的 117 家缩减至 97 家。数据显示，央企重组整合后，原本同质化发展的企业运营成本降低、重复投入减少，在全球市场的竞争实力显著增加。资源向优势企业集中，有利于盘活存量、提升资源配置效率。今后国资委将继续加快推进中央企业横向联合、纵向整合和专业化重组。

以改革增活力。机制不活、决策缓慢、市场化程度有待提高……这些老问题成为央企深化改革盯准的目标。在转换经营机制上下功夫，中央企业加快建立有效制衡的公司法人治理结构，推进规范董事会建设，推进经理层任期制和契约化管理，深化企业内部三项制度改革，发展混合所有制经济。目前，中央企业集团层面基本完成公司制改革。今年，国资委将选择具备条件的中央企业推进集团层面股权多元化。

以改革促创新。打造世界一流企业，需要从中国制造向中国创造转变、中国速度向中国质量转变、中国产品向中国品牌转变。中央企业把着力点放在创新引领上，以市场为导向持续加大研发投入，积极融入全球创新网络，力争突破和掌握一批关键技术。相关部门鼓励中央企业实施股权、期股、分红等激励措施，以调动各类人才的积极性创造性，为创新营造良好氛围。

“需要特别强调的是，坚持党的全面领导、加强国有企业党的建设，是国有企业打造具有全球竞争力的世界一流企业的根本保证和最大优势。今后中央企业将把加强党的领导和完善公司治理统一起来，建设中国特色现代国有企业制度。”肖亚庆强调。

撸起袖子加油干，中央企业正一步一个脚印，奋力开创新局面。

研讨主题：根据上述资料，讨论应当如何运用习近平总书记的国有企业深化改革创新思想来指导我国国有企业的利润创造。

思考题

1. 企业的利润总额由哪几部分构成，各部分之间的数量关系如何？
2. 企业的营业利润如何计算？
3. 企业的净利润是如何形成的？
4. 什么是暂时性差异？由哪些内容构成？
5. 如何理解应纳税暂时性差异和可抵扣暂时性差异？
6. 利润总额与应纳税所得额是什么关系？如何计算应纳税所得额？
7. 如何确认递延所得税资产和递延所得税负债？
8. 根据现行《公司法》的规定，公司制企业的净利润应如何分配？

第十三章

财务报表

课件

财务会计作为一个经济信息系统，是由确认、计量、记录和报告四个基本环节所构成的。前述各章分会计要素阐述了会计的确认、计量、记录的基本程序和方法，通过确认与计量，在会计账簿中记录了大量的会计核算资料。但是，这些会计核算资料比较分散、零星，不能综合反映企业的财务状况、经营成果和现金流量等信息，因而还不能直接满足会计信息使用者在管理和决策方面的需要。因此，还需要通过一套完整的结构化的报表体系，科学地进行财务会计信息的列报，将综合反映企业财务状况、经营成果和现金流量的信息传递给会计信息使用者。

第一节 财务报表概述

一、财务报表的定义和构成

财务报表是对企业财务状况、经营成果和现金流量的结构性表述。财务报表至少应当包括资产负债表、利润表、现金流量表、所有者权益（或股东权益，下同）变动表和附注。

财务报表可以按照不同的标准进行分类：（1）按财务报表编报期间的不同，可以分为中期财务报表和年度财务报表。中期财务报表是以短于一个完整的会计年度的报告期间为基础编制的财务报表，包括月报、季报和半年报等。（2）按财务报表编报主体的不同，可以分为个别财务报表和合并财务报表。个别财务报表是由企业在自身会计核算基础上对账簿记录进行加工而编制的财务报表，它主要用以反映企业自身的财务状况、经营成果和现金流量情况。合并财务报表是以母公司和子公司组成的企业集团为会计主体，根据母公司和所属子公司的财务报表，由母公司编制的综合反映企业集团财务状况、经营成果及现金流量情况的财务报表。

二、财务报表列报的基本要求

财务报表列报的基本要求

（一）依据各项会计准则确认和计量的结果编制财务报表

企业应当根据实际发生的交易和事项，按照《企业会计准则——基本准则》和各项具体会计准则的规定进行确认和计量，并在此基础上编制财务报表。企业应当在附注中对这一情况作出声明，只有遵循了企业会计准则的所有规定时，财务报表才应当被称为“遵循了企业会计准则”。同时，企业不应以在附注中披露代替对交易和事项的确认和计量。也就是说，企业采用的不恰当的会计政策，不得通过在附注中披露等其他形式予以更正，企业应当对交易和事项进行正确的确认和计量。

此外，如果按照各项会计准则规定披露的信息不足以让报表使用者了解特定交易或事项对企业财务状况和经营成果的影响时，企业还应当披露其他的必要信息。

（二）列报基础

企业应当以持续经营为基础编制财务报表。持续经营是会计的基本前提，也是会计确认、计量及编制财务报表的基础。在编制财务报表的过程中，企业管理层应当全面评估企业的持续经营能力。企业管理层在对企业持续经营能力进行评估时，应当利用其可获得的所有信息，评估涵盖的期间应包括自资产负债表日起至少 12 个月，评估需要考虑的因素包括宏观政策风险、市场经营风险、企业目前或长期的盈利能力、偿债能力、财务弹性以及企业管理层改变经营政策的意向等。评价结果导致对持续经营能力产生重大怀疑的，企业应当在附注中披露导致对持续经营能力产生重大怀疑的因素以及企业拟采取的改善措施。

企业在评估持续经营能力时应当结合企业的具体情况。通常情况下，如果企业过去每年都有可观的净利润，并且易于获取所需的财务资源，则对持续经营能力易于评估，这表明企业以持续经营为基础编制财务报表是合理的，无需进行详细的分析。反之，如果企业过去多年有亏损的记录等情况，则需要考虑通过更加广泛的相关因素来作出评价，比如目前和预期未来的获利能力、债务清偿计划、替代融资的潜在来源等。

企业如果存在以下情况之一的，通常表明企业处于非持续经营状态：（1）企业已在当期进行清算或停止营业；（2）企业已经正式决定在下一个会计期间进行清算或停止营业；（3）企业已确定在当期或下一个会计期间如果没有其他可供选择的方案将被迫进行清算或停止营业。企业处于非持续经营状态时，应当采用清算价值等其他基础编制财务报表，比如，企业处于破产状态时，其资产应当采用可变现净值计量、负债应当按照其预计的结算金额计量等。在非持续经营情况下，企业应当在附注中声明财务报表未以持续经营为基础列报，披露未以持续经营为基础列报的原因以及财务报表的编制基础。

（三）权责发生制

除现金流量表按照收付实现制编制外，企业应当按照权责发生制编制其他财务报表。在采用权责发生制的情况下，当项目符合基本准则中财务报表要素的定义和确认标准时，企业就应当确认相应的资产、负债、所有者权益、收入和费用，并在财务报表中加以反映。

（四）列报的一致性

可比性是会计信息质量的一项重要质量要求，目的是使同一企业不同期间和同一期间不同企业的财务报表相互可比。为此，财务报表项目的列报应当在各个会计期间保持一致，不得随意变更，这一要求不仅针对财务报表中的项目名称，还包括财务报表项目的分类、排列顺序等方面。

在下列情况下，企业可以变更财务报表项目的列报：（1）会计准则要求改变财务报表项目的列报；（2）企业经营业务的性质发生重大变化或对企业经营有较大影响的交易或事项发生后，变更财务报表项目的列报能够提供更可靠、更相关的会计信息。企业变更财务报表项目列报的，应当根据相关规定提供列报的比较信息。

（五）依据重要性原则单独或汇总列报项目

关于项目在财务报表中是单独列报还是汇总列报，应当依据重要性原则来判断。重要性是判断项目是否单独列报的重要标准。总的原则是，如果某项目单个看不具有重要性，则可将其与其他项目汇总列报；如具有重要性，则应当单独列报。企业应当遵循如下规定：

第一，性质或功能不同的项目，一般应当在财务报表中单独列报，但是不具有重要性的项目可以汇总列报。比如，存货和固定资产在性质上和功能上都有本质差别，必须在资产负债表上单独列报。

第二，性质或功能类似的项目，一般可以汇总列报，但是具有重要性的类别应该单独列报。比如，原材料、低值易耗品等项目在性质上类似，均通过生产过程形成企业的产品存货，因此可以汇总列报，汇总之后的类别统称为“存货”，在资产负债表上单独列报。

第三，项目单独列报的原则不仅适用于报表，还适用于附注。某些项目的重要性程度不足以在资产负债表、利润表、现金流量表或所有者权益变动表中单独列报，但对附注却具有重要性，在这种情况下应当在附注中单独披露。比如，对某制造业企业而言，原材料、在产品、库存商品等项目的重要性程度不足以在资产负债表上单独列示，因此在资产负债表上汇总列报，但是鉴于其对该制造业企业的重要性，应当在附注中单独披露。

第四，无论是财务报表列报准则规定的单独列报的项目，还是其他具体会计准则规定单独列报的项目，企业都应当予以单独列报。

重要性是判断财务报表项目是否单独列报的重要标准。重要性是指在合理预期下，如果财务报表某项目的省略或错报会影响使用者据此作出经济决策，则该项目就具有重要性。企业在进行重要性判断时，应当根据所处环境，从项目的性质和金额大小两方面予以判断：一方面，应当考虑该项目的性质是否属于企业日常活动、是否显著影响企业的财务状况、经营成果和现金流量等因素；另一方面，判断项目金额大小的重要性，应当通过单项金额占资产总额、负债总额、所有者权益总额、营业收入总额、营业成本总额、净利润、综合收益总额等直接相关或所属报表单列项目金额的比重加以确定。企业对于各个项目的重要性判断标准一经确定，不得随意变更。

（六）财务报表项目金额间的相互抵销

财务报表项目应当以总额列报，资产和负债、收入和费用、直接计入当期利润的利得和损失项目的金额不能相互抵销，即不得以净额列报，但企业会计准则另有规定的除外。比如，企业欠客户的应付款不得与其他客户欠本企业的应收款相抵销，如果相互抵销就掩盖了交易的实质。再如，收入和费用反映了企业投入和产出之间的关系，是企业经营成果的两个方面，为了更好地反映经济交易的实质、考核企业经营管理水平以及预测企业未来现金流量，收入和费用不得相互抵销。

下列三种情况不属于抵销：（1）一组类似交易形成的利得和损失以净额列示的，不属于抵销。例如，汇兑损益应当以净额列报，为交易目的而持有的金融工具形成的利得和损失应当以净额列报。但是，如果相关利得和损失具有重要性，则应当单独列报。（2）资产或负债项目按扣除备抵后的净额列示，不属于抵销。例如，资产计提的减值准备，实质上意味着资产的价值确实已经发生减损，资产项目应当按扣除减值准备后的净额列示，这样才反映了资产当时的真实价值。（3）非日常活动产生的利得和损失，以同一交易形成的收益扣减相关费用后的净额列示更能反映交易实质的，不属于抵销。非日常活动并非企业主要的业务，非日常活动产生的损益以收入扣减费用后的净额列示，更有利于报表使用者的理解。例如，非流动资产处置形成的利得或损失，应当按处置收入扣除该资产的账面价值和相关处置费用后的净额列报。

（七）比较信息的列报

企业在列报当期财务报表时，至少应当提供所有列报项目上一个可比会计期间的比较数据，以及与理解当期财务报表相关的说明，目的是向报表使用者提供对比数据，提高信息在会计期间的可比性。列报比较信息的这一要求适用于财务报表的所有组成部分，即既适用于四张财务报表，也适用于附注。

通常情况下，企业列报所有项目上一个可比会计期间的比较数据，至少包括两期各报表及相关附注。当企业追溯应用会计政策或追溯重述或者重新分类财务报表项目时，按照《企业会计准则第28号——会计政策、会计估计和差错更正》等的规定，企业应当在一套完整的财务报表中列报最早可比期间期初的财务报表，即应当至少列报三期资产负债表、两期其他各报表（利润表、现金流量表和所有者权益变动表）及相关附注。其中，列报的三期资产负债表分别指当期期末的资产负债表、上期期末（即当期期初）的资产负债表以及上期期初的资产负债表。

在财务报表项目的列报确需发生变更的情况下，企业应当至少对可比期间的数据按照当期的列报要求进行调整，并在附注中披露调整的原因和性质以及调整的各项目金额。但是，在某些情况下，对可比期间比较数据进行调整不切实可行的，比如，企业在以前期间可能没有按照可以进行重新分类的方式收集数据，并且重新生成这些信息是不切实可行的，则企业应当在附注中披露不能调整的原因以及假设金额重新分类可能进行的调整的性质。

企业变更会计政策或更正差错时对比较信息的调整，按照《企业会计准则第28号——会计政策、会计估计和差错更正》进行处理。

（八）财务报表表首的列报要求

财务报表一般分为表首、正表两部分，其中，在表首部分企业应当至少披露下列基本信息：（1）编报企业的名称，如企业名称在所属当期发生了变更的，还应明确标明；（2）对资产负债表而言，须披露资产负债表日，而对利润表、现金流量表、所有者权益变动表而言，须披露报表涵盖的会计期间；（3）货币名称和单位，按照我国企业会计准则的规定，企业应当以人民币作为记账本位币列报，并标明金额单位，如人民币元、人民币万元等；（4）财务报表是合并财务报表的，应当予以标明。

（九）报告期间

企业至少应当按年编制财务报表。根据《中华人民共和国会计法》的规定，会计年度自公历1月1日起至12月31日止。因此，企业在编制年度财务报表时，可能存在年度财务报表涵盖的期间短于一年的情况，比如，企业在年度中间（如4月1日）开始设立等，在这种情况下，企业应当披露年度财务报表的实际涵盖期间及其短于一年的原因，并说明由此引起财务报表项目与比较数据不具可比性这一事实。

三、编制财务报表的准备工作

编制财务报表是在总结日常会计核算的基础上所进行的一种总结核算，从会计凭证到账簿记录再到财务报表，是一个会计核算资料逐步系统化和逐步深化的过程，也是会计核算数据转换为会计信息的过程。财务报表中各项指标主要来源于账簿记录，为了保证财务报表数字的真实可靠和会计信息的质量标准，就必须保证账簿记录真实、准确、完整。因此，在编制财务报表前，应当完成下列四个方面的工作。

（一）清产核债

企业在编制财务报表前，应当全面清查资产、核实债务。其清查核实的内容主要有：（1）各项结算款项（包括应收款项、应付款项、应交税费、银行借款等）是否存在，与债权、债务单位的往来金额是否一致；（2）各项存货的实存数量与账面数量是否一致；是否有报废损失和积压物资；（3）各项对外投资是否存在，投资收益是否按照企业会计准则的规定进行确认和计量；（4）各项固定资产的实存数量与账面数量是否一致；（5）在建工程的实际发生额与账面记录是否一致等。

企业清查、核实资产和债务后，应当将清查、核实的结果及其处理办法向企业的董事会或者相应机构报告，并根据企业会计准则的规定进行相应的会计处理。

（二）按期结账

企业应在将本期各项交易、事项全部登记入账的基础上，按规定的结账日进行结账，结出有关账户的期末余额和本期发生额，不得提前或者延迟。年度结账日为公历年度每年的12月31日；半年度、季度、月度结账日分别为公历年每半年、每季、每月的最后一天。

（三）核对账证

对于各种账簿记录要进行全面核对，包括：（1）核对各会计账簿记录与会计凭证的内容、金额等是否一致，记账方向是否相符；（2）核对各会计账簿之间的余额，包括核对所有总账账户的借方余额之和与贷方余额之和是否相等、有关总账账户的余额与其所属明细账户的余额之和是否相等、各种日记账的余额与有关总账账户余额是否相等。通过上述核对，对于发现的问题，应按企业会计准则的规定进行相应的处理，使得账证相符和账账相符。

（四）检查核算方法

检查相关的会计核算是否按照企业会计准则的规定进行；检查是否存在因会计政策、会计估计变更或差错等原因导致需要调整前期或者本期相关项目等。通过上述检查，对于发现的问题，应按企业会计准则的规定进行相应的处理，以保证会计核算方法和会计账簿记录符合企业会计准则的规定。

第二节 资产负债表

资产负债表的性质和作用

一、资产负债表的性质和作用

资产负债表，也称财务状况表，是反映企业在某一特定日期财务状况的报表。所谓财务状况，是指企业在某一特定日期资产、负债和所有者权益的构成及其相互关系。资产负债表是根据“资产 = 负债 + 所有者权益”这一基本的会计恒等式，按照一定的分类标准和次序，把企业特定日期的资产、负债和所有者权益三项要素的所属项目予以适当排列编制而成的。资产及其构成表明投入企业经济资源的运用，负债与所有者权益及其构成表明投入企业经济资源的来源，它们反映的均是某一时点的经济资源存量。因此，资产负债表是为提供企业在某一特定日期的资产、负债、所有者权益及其相互关系，藉以反映企业财务状况的一种资源存量的报表，它表明企业在某一特定日期所拥有或控制的经济资源、所承担的现有债务和所有者对净资产的要求权。从反映企业经营资金运动的角度看，它是一种反映企业经营资金运动静态表现的报表，所以也称为静态财务报表。

资产负债表是企业重要的财务报表之一，在财务报表体系中具有举足轻重的地位，它所提供的会计信息，对各种不同的使用者都具有十分重要的作用，这些作用主要表现在以下三个方面。

（一）了解企业所拥有或控制的经济资源及其分布、企业资金的来源及其构成

财务状况是指资产、负债和所有者权益的构成及其相互关系；资本结构是指在企业的权益总额中负债和所有者权益的相对比例。资产负债表列示了企业在某一特定日期的资产、负债和所有者权益，通过上述三项会计要素的构成及其相互关系的分析，就可以分析和评价企业的财务状况是否良好，资本结构是否合理。

（二）了解企业资产和负债的数量关系及其流动性

通过资产负债表可以分析和评价企业的偿债能力和财务弹性。偿债能力可分为短期偿债能力和长期偿债能力。短期偿债能力是指企业以能及时变现的资产清偿短期债务的能力，短期偿债能力主要取决于资产和负债的流动性，资产的流动性则反映资产转换为现金的能力，负债的流动性则反映债务迫近到期日的程度；长期偿债能力是指企业的全部资产清偿全部负债的能力，长期偿债能力主要取决于企业的资本结构和资产负债的比例关系。财务弹性是指企业在面临突发性现金需要时，能够在资金调度上采取有效行动作出迅速反应的能力。由于资产负债表中资产按其流动性排列，负债按其到期日长短排列，这种排列方式清楚地反映了不同类别资产的变现能力和不同负债的偿还先后，这样就为报表使用者分析和评价企业的短期偿债能力、长期偿债能力和财务弹性提供了重要的依据。

（三）了解企业不同时点的财务状况，预测企业未来财务状况的发展趋势

通过将企业当期资产负债表与前期资产负债表进行比较，可以了解企业不同时点资产、负债和所有者权益的变化情况，从中分析变化的规律，并预测企业未来财务状况的发展趋势。

二、资产负债表的内容和结构

资产负债表的内容和结构

资产负债表反映企业在某一特定日期所拥有或控制的经济资源、所承担的现有债务和所有者对净资产的要求权。在资产负债表上，企业拥有或控制的经济资源表现为资产，资产包括流动资产和非流动资产；企业所承担的现有债务表现为负债，负债包括流动负债和非流动负债；企业所有者对净资产的要求权表现为所有者权益，所有者权益包括实收资本（或股本）、其他权益工具、资本公积、其他综合收益、盈余公积和未分配利润等。

资产负债表是根据资产、负债和所有者权益之间的相互关系，按一定的分类标准和一定的顺序，把企业某一特定日期的资产、负债和所有者权益各项目进行适当排列，并对日常会计核算中形成的大量数据进行分类整理后编制而成的。

在我国，资产负债表采用账户式的报表结构，报表分为左右两方，左方列示资产各项目，反映全部资产的分布及存在形态；右方列示负债和所有者权益各项目，反映全部负债和所有者权益的内容及构成情况。资产和负债应当分为流动资产和非流动资产、流动负债和非流动负债列示。资产满足下列条件之一的，应当归类为流动资产：（1）预计在一个正常营业周期中变现、出售或耗用；（2）主要为交易目的而持有；（3）预计在资产负债表日起一年内

（含一年，下同）变现；（4）从资产负债表日起一年内，交换其他资产或清偿负债的能力不受限制的现金或现金等价物。流动资产各项目按其流动性由强到弱顺序排列，流动性强的排列在前，流动性弱的排列在后。流动资产以外的资产应当归类为非流动资产，并应按其性质分类列示。负债满足下列条件之一的，应当归类为流动负债：（1）预计在一个正常营业周期中清偿；（2）主要为交易目的而持有；（3）从资产负债表日起一年内到期应予以清偿；（4）企业无权自主地将清偿推迟至资产负债表日后一年以上。流动负债各项目按其到期日的远近顺序排列，到期日近的排列在前，到期日远的排列在后。流动负债以外的负债应当归类为非流动负债，并应按其性质分类列示。所有者权益各项目按其永久性顺序排列，永久性大的排列在前，永久性小的排列在后。资产负债表左右双方平衡相等，即资产总计等于负债和所有者权益总计。资产负债表的基本格式见表 13－3[①]。

三、资产负债表的编制方法

资产项目的填列

负债与所有者权益项目的填列

资产负债表的编制是一个以日常会计核算记录的数据为基础进行再确认的过程，即对日常会计核算记录的数据进行归类、整理和汇总，加工成报表项目的过程。资产负债表主体部分的各项目都列有“上年年末余额”和“期末余额”两个栏目。资产负债表设置“上年年末余额”栏的目的，主要是用于各项目期末数与上年年末数进行比较，以分析企业财务状况的变动情况及其发展趋势。从这一点看，我国的资产负债表实际上是一种比较资产负债表。现分别说明各栏目的填列方法。

（一）各项目“上年年末余额”的填列方法

表中“上年年末余额”栏内各项目数字，应根据上年年末资产负债表“期末余额”栏内所列数字填列。如果本年度资产负债表规定的各个项目的名称和内容同上年度不一致，应对上年年末资产负债表各项目的名称和数字按照本年度的规定进行调整，按调整后的数字填入本表“上年年末余额”栏内。

（二）各项目“期末余额”的填列方法

表中“期末余额”是指某一会计期末的数字，即月末、季末、半年末或年末的数字。

由于资产负债表是总括反映企业某一特定日期全部资产、负债和所有者权益余额的报表，而各个会计科目的期末余额则是分类反映企业某一特定日期的资产、负债和所有者权益余额的，亦即资产负债表各项目的“期末余额”与各会计科目的“期末余额”在反映内容上存在着共性。因此，资产负债表各项目“期末余额”应根据各有关会计科目的期末余额填列。然而，资产负债表各项目反映的内容与各个会计科目反映的内容又不完全相同，有的项目反映的内容更概括、更集中，所以，资产负债表各项目“期末余额”的数据，可以通过以下五种方式进行填列。

第一，根据总账科目余额填列。“其他权益工具投资”“递延所得税资产”“长期待摊费用”“短期借款”“应付票据”“交易性金融负债”“持有待售负债”“递延收益”“递延所得税负债”“实收资本（或股本”）、“其他权益工具”“资本公积”“库存股”“其他综合收

---

① 我国将财务报表格式和附注分别按照一般企业、商业银行、保险公司、证券公司等企业类型予以规定，本章涉及的均是一般企业的财务报表和附注。

益”“盈余公积”等项目，应根据有关总账科目的余额填列。

有些项目则应根据几个总账科目的期末余额计算填列：“货币资金”项目，应根据“库存现金”“银行存款”“其他货币资金”三个总账科目的期末余额的合计数填列；“其他应付款”项目，应根据“应付利息”“应付股利”和“其他应付款”三个总账科目的期末余额合计数填列。

第二，根据明细科目余额计算填列。“衍生金融资产”项目，应根据“衍生工具”科目的明细科目的借方期末余额填列；“开发支出”项目，应根据“研发支出”科目中所属的“资本化支出”明细科目期末余额填列；“预收款项”项目，应根据“预收账款”和“应收账款”两个科目所属的相关明细科目的期末贷方余额合计数填列；“应交税费”项目，应根据“应交税费”科目的明细科目期末余额计算填列，其中的借方余额，应当根据其流动性在“其他流动资产”或“其他非流动资产”项目中填列；“一年内到期的非流动资产”“一年内到期的非流动负债”项目，应根据有关非流动资产或负债项目的明细科目余额计算填列；“衍生金融负债”项目，应根据“衍生工具”科目的明细科目的贷方期末余额填列；“应付职工薪酬”项目，应根据“应付职工薪酬”科目的明细科目期末余额计算填列；“预计负债”项目，应根据“预计负债”科目的明细科目期末余额计算填列；“未分配利润”项目，应根据“利润分配”科目中所属的“未分配利润”明细科目期末余额填列。

第三，根据总账科目和明细科目的余额分析计算填列。“交易性金融资产”项目，应根据“交易性金融资产”科目的明细科目期末余额分析填列，自资产负债表日起超过一年到期且预期持有超过一年的以公允价值计量且其变动计入当期损益的非流动金融资产的期末账面价值，在“其他非流动金融资产”项目反映；“其他债权投资”项目，应根据“其他债权投资”科目的明细科目期末余额分析填列，自资产负债表日起一年内到期的长期债权投资的期末账面价值，在“一年内到期的非流动资产”项目反映，企业购入的以公允价值计量且其变动计入其他综合收益的一年内到期的债权投资的期末账面价值，在“其他流动资产”项目反映；“其他流动资产”“其他流动负债”项目，应根据有关总账科目的明细科目期末余额分析填列，如根据“应收退货成本”科目的明细科目期末余额分析，将在一年或一个正常营业周期内出售的，在“其他流动资产”项目中填列；“应付账款”项目，应根据“应付账款”和“预付账款”科目所属的相关明细科目的期末贷方余额合计数填列；“长期借款”“应付债券”项目，应分别根据“长期借款”“应付债券”总账科目余额扣除“长期借款”“应付债券”科目所属的明细科目中将在资产负债表日起一年内（含一年）到期、且企业不能自主地将清偿义务展期的长期借款、应付债券后的金额计算填列；“租赁负债”项目，应根据“租赁负债”科目的期末余额，减去自资产负债表日起一年内到期应予以清偿的租赁负债后的金额填列；“其他非流动负债”项目，应根据有关科目的期末余额减去将于一年内（含一年）到期偿还数后的金额填列。

第四，根据有关科目余额减去其备抵科目余额后的净额填列。“持有待售资产”“长期股权投资”“商誉”项目，应根据相关科目的期末余额填列，已计提减值准备的，还应扣减相应的减值准备；“固定资产”项目，应根据“固定资产”科目的期末余额，减去“累计折旧”和“固定资产减值准备”科目的期末余额后的金额，以及“固定资产清理”科目的期末余额填列；“在建工程”项目，应根据“在建工程”科目的期末余额，减去“在建工程减值准备”科目的期末余额后的金额，以及“工程物资”科目的期末余额，减去“工程物资减值准备”科目的期末余额后的金额填列；“无形资产”“投资性房地产”“生产性生物资产”“油气资产”项目，应根据相关科目的期末余额扣减相关的累计折旧（或摊销、折耗）填列，已计提减值准备的，还应扣减相应的减值准备，采用公允价值计量的上述资产，应根据相关科目的期末余额填列；“长期应收款”项目，应根据“长期应收款”科目的期末余额，减去相应的“未实现融资收益”科目和“坏账准备”科目所属相关明细科目期末余额后的金额填列；“使用权资产”项目，应根据“使用权资产”科目的期末余额，减去“使用权资产累计折旧”和“使用权资产减值准备”科目的期末余额后的金额填列；“长期应付款”项目，应根据“长期应付款”科目的期末余额，减去相应的“未确认融资费用”科目期末余额后的金额填列。

第五，综合运用上述填列方法分析填列。“应收票据”项目，应根据“应收票据”科目的期末余额，减去“坏账准备”科目中相关坏账准备期末余额之后的金额分析填列；“应收账款”应根据“应收账款”和“预收账款”科目所属各明细科目的期末借方余额合计数，减去“坏账准备”科目中相关坏账准备期末余额后的金额填列；“其他应收款”项目，应根据“应收利息”“应收股利”和“其他应收款”科目的期末余额合计数，减去“坏账准备”科目中相关坏账准备期末余额后的金额填列；“预付款项”项目，应根据“预付账款”和“应付账款”科目所属各明细科目的期末借方余额合计数，减去“坏账准备”科目中有关预付款项计提的坏账准备期末余额后的金额填列；“合同资产”和“合同负债”项目，应分别根据“合同资产”和“合同负债”科目的明细科目期末余额分析填列，同一合同下的合同资产和合同负债应当以净额列示，其中净额为借方余额的，应当根据其流动性在“合同资产”或“其他非流动资产”项目中填列，已计提减值准备的，还应减去“合同资产减值准备”科目中相应的期末余额后的金额填列，其中净额为贷方余额的，应当根据其流动性在“合同负债”或“其他非流动负债”项目中填列；“存货”项目，应根据“在途物资”“材料采购”“原材料”“发出商品”“库存商品”“周转材料”“委托加工物资”“委托代销商品”“受托代销商品”“生产成本”等科目的期末余额及“合同履约成本”科目的明细科目中初始确认时摊销期限不超过一年或一个正常营业周期的期末余额合计，减去“受托代销商品款”“存货跌价准备”科目期末余额及“合同履约成本减值准备”科目中相应的期末余额后的金额填列，材料采用计划成本核算，以及库存商品采用计划成本或售价核算的企业，还应按加或减材料成本差异、商品进销差价后的金额填列；“合同取得成本”科目的明细科目中初始确认时摊销期限不超过一年或一个正常营业周期以内的期末余额，在“其他流动资产”项目中填列，已计提减值准备的，还应减去“合同取得成本减值准备”科目中相关的期末余额后的金额填列；“债权投资”项目，应根据“债权投资”科目的相关明细科目期末余额，减去“债权投资减值准备”科目中相关减值准备的期末余额后的金额分析填列，自资产负债表日起一年内到期的长期债权投资的期末账面价值，在“一年内到期的非流动资产”项目反映，企业购入的以摊余成本计量的一年内到期的债权投资的期末账面价值，在“其他流动资产”项目反映；“其他非流动资产”项目，应根据有关科目的期末余额减去将于一年内（含一年）收回数后的金额（如根据“应收退货成本”总账科目及相关明细科目期末余额分析，将在超过一年或一个正常营业周期以上出售的），及“合同取得成本”科目和“合同履约成本”科目的明细科目中初始确认时摊销期限在一年或一个正常营业周期以上的期末余额，减去“合同取得成本减值准备”科目和“合同履约成本减值准备”科目中相应的期末余额填列。

【例 13－1】 甲公司编制 2022 年 12 月 31 日资产负债表的有关资料如下（上年年末余额略）：

（1）2022 年 12 月 31 日有关总账科目余额如表 13－1 所示。

表 13－1 总账科目余额表 单位：元

科目名称	年末余额		科目名称	年末余额	
	借方	贷方		借方	贷方
库存现金	3 000		累计折旧		1 160 000
银行存款	750 000		工程物资	80 000	
其他货币资金	350 000		在建工程	360 000	
交易性金融资产	64 000		无形资产	300 000	
应收票据	85 000		累计摊销		50 000
应收账款	875 000		长期待摊费用	75 000	
坏账准备		3 500	递延所得税资产	25 875	
预付账款	100 000		短期借款		200 000
其他应收款	5 000		应付票据		120 000
材料采购	450 000		应付账款		350 000
原材料	500 000		合同负债		235 000
周转材料	250 000		应付职工薪酬		18 000
库存商品	280 000		应交税费		102 000
发出商品	20 000		应付股利		43 000
委托代销商品	50 000		应付利息		1 800
材料成本差异		15 000	长期借款		1 400 000
生产成本	40 000		应付债券		500 000
存货跌价准备		75 000	长期应付款		600 000
应收股利	30 000		递延所得税负债		4 500
应收利息	8 000		股本		5 000 000
债权投资	160 000		资本公积		201 200
债权投资减值准备		10 000	其他综合收益		10 000
长期股权投资	340 000		盈余公积		500 000
长期股权投资减值准备		90 000	利润分配		311 875
固定资产	5 800 000				

（2）该公司 2022 年 12 月 31 日有关总账科目所属明细科目的余额如表 13－2 所示。

表 13－2 有关明细科目余额表 单位：元

总账科目	明细科目	年末余额	
		借方	贷方
应收账款	应收乙公司账款	875 000	
应付账款	应付丙公司账款		400 000
	应付丁公司账款	50 000	
预付账款	预付戊公司账款	120 000	
	预付己公司账款		20 000

（3）其他资料。“坏账准备”科目贷方余额3 500元，均为应收账款计提的坏账准备金余额；“债权投资”科目年末借方余额160 000元中有一年内到期的债券投资50 000元；“长期借款”科目年末贷方余额1 400 000元中有一年内到期的借款400 000元；“应付债券”科目年末贷方余额500 000元中有一年内到期的应付债券200 000元。

根据上述资料，编制甲公司2022年12月31日的资产负债表，如表13－3所示。

表13－3 **资产负债表**

会企01表

编制单位：甲公司 2022年12月31日 单位：元

资　　产	期末余额	上年年末余额（略）	负债和所有者权益（或股东权益）	期末余额	上年年末余额（略）
流动资产：			流动负债：		
货币资金	1 103 000		短期借款	200 000	
交易性金融资产	64 000		交易性金融负债	0	
衍生金融资产	0		衍生金融负债	0	
应收票据	85 000		应付票据	120 000	
应收账款	871 500		应付账款	420 000	
预付款项	170 000		预收款项	0	
其他应收款	43 000		合同负债	235 000	
存货	1 500 000		应付职工薪酬	18 000	
合同资产	0		应交税费	102 000	
持有待售资产	0		其他应付款	44 800	
一年内到期的非流动资产	50 000		持有待售负债	0	
其他流动资产	0		一年内到期的非流动负债	600 000	
流动资产合计	3 886 500		其他流动负债	0	
非流动资产：			流动负债合计	1 739 800	
债权投资	100 000		非流动负债：		
其他债权投资	0		长期借款	1 000 000	
长期应收款	0		应付债券	300 000	
长期股权投资	250 000		其中：优先股	0	
其他权益工具投资	0		永续债	0	
其他非流动金融资产	0		租赁负债	0	
投资性房地产	0		长期应付款	600 000	
固定资产	4 640 000		预计负债	0	
在建工程	440 000		递延收益	0	
生产性生物资产	0		递延所得税负债	4 500	
油气资产	0		其他非流动负债	0	
使用权资产	0		非流动负债合计	1 904 500	
无形资产	250 000		负债合计	3 644 300	

续表

资　产	期末余额	上年年末余额（略）	负债和所有者权益（或股东权益）	期末余额	上年年末余额（略）
开发支出	0		所有者权益：		
商誉	0		实收资本（或股本）	5 000 000	
长期待摊费用	75 000		其他权益工具	0	
递延所得税资产	25 875		其中：优先股	0	
其他非流动资产	0		永续债	0	
非流动资产合计	5 780 875		资本公积	201 200	
			减：库存股	0	
			其他综合收益	10 000	
			盈余公积	500 000	
			未分配利润	311 875	
			所有者权益（或股东权益）合计	6 023 075	
资产总计	9 667 375		负债和所有者权益（或股东权益）总计	9 667 375	

第三节　利　润　表

利润表的性质和作用

一、利润表的性质和作用

利润表是反映企业在一定会计期间的经营成果的财务报表。利润表是根据“收入－费用＝利润”这一会计恒等式，按照各项收入、费用以及构成利润的各个项目分类分项编制而成的。收入是企业在日常活动中形成的、会导致所有者权益增加但与所有者投入资本无关的经济利益的总流入；费用是企业在日常活动中发生的、会导致所有者权益减少但与向所有者分配利润无关的经济利益的总流出。企业在一定期间经济利益的总流入与总流出的差额，就是企业在一定会计期间实现的利润（或发生的亏损），它们是反映企业一定期间经济利益的流入、流出及其最终结果的财务指标。从反映企业经营资金运动的角度看，它是一种反映企业经营资金运动动态表现的报表，所以也称为动态财务报表。

在市场经济条件下，利润的多少，既是企业投资者与其他利害关系人关注的焦点，更是企业生存与发展的关键。利润表所提供的会计信息，对财务报表的使用者来说，具有以下五个方面的重要作用。

（一）为企业经营成果的分配提供重要依据

现代企业是不同利益集团的结合体，不同的利益集团之所以向企业提供经济资源或参与企业的活动，目的就在于分享企业的经营成果。利润表直接反映了企业经营成果的形成及经营成果各组成部分的具体数额，在一定的经济政策、法律法规和企业分配制度下，利润额的多少决定了各相关利益集团的分享额，如国家的税收收入、股东的股利、经营者的年薪、员工和管理人员的奖金等，企业在进行利润分配时，无论是提取盈余公积，还是制定股利分配政策，都必须以利润表提供的数据作为重要依据。

（二）据以评价和考核企业的经营业绩

按照企业所有权与经营权分离的要求，所有者将有关经济资源交付给管理者进行管理，管理者则应履行受托经济责任，运用受托管理的经济资源获取尽可能多的经济利益。利润表中的各项数据，体现了企业在生产经营、投资、融资等活动中的管理效率及实现的经济利益，是对企业经营业绩的综合反映。通过比较前后期利润表上各种收入、费用和利润的增减变动情况，比较各项收入、费用和利润的当期实际与当期预算的符合程度，并分析发生差异的原因，可以据以评价和考核各职能部门和管理人员的业绩。

（三）据以分析和评价企业的经营成果和获利能力

企业的经营成果是指企业在其拥有或控制的经济资源上取得的报酬，它直接体现为企业一定会计期间的利润总额；而获利能力则是指企业运用一定经济资源获取经营成果的能力，它一般通过相对指标进行反映，如资产利润率、净资产利润率、成本利润率、每股收益等。通过当期利润表数据可以反映企业当期的经营成果，结合资产负债表数据可以反映企业当期的获利能力；通过比较和分析同一企业不同时期利润表中的数据，以及比较和分析同一时期不同企业的利润表数据，可以评价企业某一时期经营成果的好坏和获利能力的高低，并可预测未来发展的趋势。

（四）据以分析和预测企业未来的现金流量

财务报表的使用者为了进行有关的经济决策，都十分关注企业未来现金流量的来源、金额、时间及其不确定性，而企业过去和现在的利润水平和获利能力，与未来的现金流量存在一定的关系。会计报表使用者根据企业提供的利润表，通过比较和分析同一企业不同时期、不同企业同一时期的利润数额和获利能力，了解企业利润增长（或减少）的规模和趋势，预测企业未来现金流量及其不确定性程度，进而作出合理的经济决策。

（五）帮助企业管理当局进行经营决策

利润表反映企业在一定会计期间内各项收入、费用的发生情况，以及收入与费用配比的结果。企业管理当局通过分析利润表各项目的关系，可以了解企业各项收入、费用与利润之间的消长关系及变动趋势，发现企业在生产经营活动的各个环节中存在的问题，并针对问题分析原因，采取改善措施，以作出正确的经营决策。

二、利润表的结构和内容

利润表的内容和结构

（一）利润表的结构

为了将利润表的信息恰当地反映出来，便于财务报表使用者理解和使用，需要把列入利润表的各个项目按照一定的顺序进行排列，以形成相对稳定的结构。由于不同国家或地区对利润表信息的要求不完全相同，利润表的结构也不完全相同。目前，常见的利润表结构主要有单步式和多步式两种。

1. 单步式利润表

单步式利润表是指以收入总额（含直接计入当期损益的利得）减去一切费用（含直接计入当期损益的损失）而计算出当期净利润。

单步式利润表的优点主要表现在：一是结构简单，便于理解；二是对收入和费用一视同仁，不分彼此先后，清楚表明各项收入和费用的同等重要性，可以避免收入与费用的配比有先后顺序的误解。单步式利润表的缺点主要表现在：不能提供较为详细的分类利润信息，不利于前后期相应项目的比较和利润各组成部分的结构分析。

2. 多步式利润表

多步式利润表是指通过对当期的收入（含直接计入当期损益的利得）、费用（含直接计入当期损益的损失）项目按照性质加以归类，按净利润形成的主要环节列示一些中间性利润指标，分步计算当期净利润。

多步式利润表的优点主要是能提供比较详细的中间利润指标，便于对企业生产经营情况进行分析，有利于不同企业之间进行比较，以正确评价企业的经营业绩和获利能力；有利于预测企业未来的经营趋势和盈利能力。

由于多步式利润表比单步式利润表能提供更为有用的信息，其结构更为科学，因此，各个国家或地区使用较为普遍的是多步式利润表。在我国，企业利润表采用的是多步式结构。

（二）利润表的内容

我国企业利润表主要反映以下几个方面的内容：（1）营业收入，由主营业务收入和其他业务收入组成。（2）营业利润，营业收入减去营业成本（主营业务成本、其他业务成本）、税金及附加、销售费用、管理费用、研发费用、财务费用，加上其他收益、投资收益、净敞口套期收益、公允价值变动收益、信用减值损失（损失以“－”号填列）、资产减值损失（损失以“－”号填列）、资产处置收益，即为营业利润。（3）利润总额，营业利润加上营业外收入，减去营业外支出，即为利润总额。（4）净利润，利润总额减去所得税费用，即为净利润，按照经营可持续性具体分为“持续经营净利润”和“终止经营净利润”两项。（5）其他综合收益的税后净额，反映企业根据企业会计准则规定未在损益中确认的各项利得和损失扣除所得税影响后的净额。（6）综合收益总额，反映企业净利润与其他综合收益的税后净额的合计金额。（7）每股收益，普通股或潜在普通股已公开交易的企业，以及正处于公开发行普通股或潜在普通股过程中的企业，还应当在利润表中列示每股收益信息，包括基本每股收益和稀释每股收益两项指标。

此外，为了使财务报表的使用者通过比较不同期间利润的实现情况，判断企业经营成果的未来发展趋势，企业需要提供比较利润表，利润表还就各项目再分为“本期金额”和“上期金额”两栏分别填列。利润表的具体格式如表 13－8 所示。

三、利润表的编制方法

利润表项目的填列

（一）各栏目“上期金额”填列方法

利润表中各栏目的“上期金额”反映企业上年同期利润表各项目的实际发生数，应根据上年该期利润表“本期金额”栏内所列数字填列。如果上年该期利润表规定的各个项目的名称和内容同本期不一致，应对上年该期利润表各项目的名称和数字按本期的规定进行调整，填入利润表的“上期金额”栏内。

（二）各栏目“本期金额”填列方法

利润表中的“本期金额”栏反映各项目的本期实际发生数，应根据损益类科目的本期发生额分析计算填列。

1. “营业收入”项目，反映企业经营业务所取得的收入的净额。本项目应根据“主营业务收入”科目和“其他业务收入”科目的发生额分析填列。

2. “营业成本”项目，反映企业经营活动发生的实际成本。本项目应根据“主营业务成本”科目和“其他业务成本”科目的发生额分析填列。

3. “税金及附加”项目，反映企业经营活动发生的消费税、城市维护建设税、资源税、环境保护税、土地增值税和教育费附加等相关的税费。本项目应根据“税金及附加”科目的发生额分析填列。

4. “销售费用”项目，反映企业在销售商品和材料、提供劳务的过程中发生的各项费用。本项目应根据“销售费用”科目的发生额分析填列。

5. “管理费用”项目，反映企业为组织和管理企业生产经营所发生的管理费用。本项目应根据“管理费用”科目的发生额扣除“研发费用”明细科目的发生额分析填列。

6. “研发费用”项目，反映企业进行研究与开发过程中发生的费用化支出。本项目应根据“管理费用”科目下的“研发费用”明细科目的发生额分析填列。

7. “财务费用”项目，反映企业为筹集生产经营所需资金等而发生的筹资费用。本项目应根据“财务费用”科目的发生额分析填列。其中，“利息费用”项目，反映企业为筹集生产经营所需资金等而发生的应予费用化的利息支出，本项目应根据“财务费用”科目的相关明细科目的发生额分析填列；“利息收入”项目，反映企业确认的利息收入，本项目应根据“财务费用”科目的相关明细科目的发生额分析填列。

8. “其他收益”项目，反映计入其他收益的政府补助、债务重组收益等。本项目应根据“其他收益”科目的发生额分析填列。

9. “投资收益”项目，反映企业以各种方式对外投资所取得的净收益。本项目应根据“投资收益”科目的发生额分析计算填列；如为投资净损失，以“-”号填列。其中的“对联营企业和合营企业的投资收益”项目，反映企业对联营企业和合营企业投资所确认的投资净收益，应根据“投资收益”明细科目的发生额分析填列；如为投资净损失，以“-”号填列。

10. “净敞口套期收益”项目，反映净敞口套期下被套期项目累计公允价值变动转入当期损益的金额或现金流量套期储备转入当期损益的金额。本项目应根据“净敞口套期损益”科目的发生额分析填列；如为套期损失，以“-”号填列。

11. “公允价值变动收益”项目，反映企业以公允价值计量且其变动计入当期损益的金融资产、以公允价值计量且其变动计入当期损益的金融负债，以及采用公允价值模式计量的投资性房地产、衍生工具、套期保值业务等公允价值变动形成的应计入当期损益的净利得。本项目应根据“公允价值变动损益”科目的发生额分析计算填列；如为净损失，以“-”号填列。

12. “信用减值损失”项目，反映企业按照《企业会计准则第22号——金融工具确认和计量》的要求计提的各项金融工具减值准备所形成的预期信用损失。本项目应根据“信用减值损失”科目的发生额分析填列；如为减值损失，以“-”号填列。

13. “资产减值损失”项目，反映企业计提各项资产减值准备所形成的损失。本项目应根据“资产减值损失”科目的发生额分析填列；如为减值损失，以“-”号填列。

14. “资产处置收益”项目，反映企业出售划分为持有待售的非流动资产（金融工具、长期股权投资和投资性房地产除外）或处置组时确认的处置利得或损失，以及处置未划分为持有待售的固定资产、在建工程、生产性生物资产及无形资产而产生的处置利得或损失。非货币性资产交换产生的利得或损失也包括在本项目内。本项目应根据“资产处置损益”科目的发生额分析填列；如为处置损失，以“－”号填列。

15. “营业利润”项目，反映企业实现的营业利润总额。本项目应根据营业收入减去营业成本（主营业务成本、其他业务成本）、税金及附加、销售费用、管理费用、研发费用、财务费用、资产减值损失、信用减值损失，加上其他收益、投资收益、净敞口套期收益、公允价值变动收益、资产处置收益后的余额填列；若余额为负数，则为亏损总额，应以“－”号填列。

16. “营业外收入”项目，反映企业发生的营业利润以外的收益，主要包括与企业日常活动无关的政府补助、盘盈利得、捐赠利得等。本项目应根据“营业外收入”科目的发生额分析填列。

17. “营业外支出”项目，反映企业发生的营业利润以外的支出，主要包括公益性捐赠支出、非常损失、盘亏损失、非流动资产毁损报废损失等。本项目应根据“营业外支出”科目的发生额分析填列。

18. “利润总额”项目，反映企业实现的利润总额。本项目应根据营业利润加上营业外收入，再减去营业外支出后的余额填列；若余额为负数，则为亏损总额，应以“－”号填列。

19. “所得税费用”项目，反映企业按规定从本期利润总额中扣除的所得税费用。本项目应根据“所得税费用”科目的发生额分析填列。

20. “净利润”项目，反映企业实现的净利润。本项目应根据利润总额减去所得税费用后的余额填列；若余额为负数，则为净亏损，应以“－”号填列。

21. “其他综合收益的税后净额”项目，反映企业根据企业会计准则规定未在损益中确认的各项利得和损失扣除所得税影响后的净额。企业应当按照其他综合收益项目以后是否能重分类进损益区分为以后会计期间不能重分类进损益的其他综合收益项目和以后会计期间在满足规定条件时将重分类进损益的其他综合收益项目两类分别列报。其中，以后会计期间不能重分类进损益的其他综合收益项目，包括重新计量设定受益计划变动额、权益法下不能转损益的其他综合收益、其他权益工具投资公允价值变动和企业自身信用风险公允价值变动等；以后会计期间在满足规定条件时将重分类进损益的其他综合收益项目，包括权益法下可转损益的其他综合收益、其他债权投资公允价值变动、金融资产重分类计入其他综合收益的金额、其他债权投资信用减值准备、现金流量套期储备、外币财务报表折算差额和自用房地产或作为存货的房地产转换为以公允价值模式计量的投资性房地产在转换日公允价值大于账面价值的部分等。

22. “综合收益总额”项目，反映企业净利润与其他综合收益的税后净额的合计金额。

23. “每股收益”项目，反映普通股或潜在普通股已公开交易的企业，以及正处于公开发行普通股或潜在普通股过程中的企业的基本每股收益和稀释每股收益。如果企业不存在稀释性潜在普通股，那么在利润表中只需列示基本每股收益；否则，企业应同时列示基本每股收益和稀释每股收益。

基本每股收益应根据归属于普通股股东的当期净利润除以发行在外普通股的加权平均数计算填列。其中，发行在外普通股加权平均数＝期初发行在外普通股股数＋当期新发行普通股股数×已发行时间÷报告期时间－当期回购普通股股数×已回购时间÷报告期时间，已发行时间、报告期时间和已回购时间一般按照天数计算；在不影响计算结果合理性的前提下，也可以采用简化的计算方法，如按月数计算。

存在稀释性潜在普通股的企业，应当分别调整归属于普通股股东的当期净利润和发行在外普通股的加权平均数，并据以计算并列报稀释每股收益。其中，归属于普通股股东的当期净利润，应根据当期已确认为费用的稀释性潜在普通股的利息、稀释性潜在普通股转换时产生的收益或费用，以及上述调整对所得税的影响等，对企业净利润进行调整后确定；当期发行在外普通股的加权平均数，应当为计算基本每股收益时普通股的加权平均数与假定稀释性潜在普通股转换为已发行普通股而增加的普通股股数的加权平均数之和。计算时须注意，以前期间发行的稀释性潜在普通股，应当假设在当期期初转换；当期发行的稀释性潜在普通股，应当假设在发行日转换。

另外，在合并利润表中，企业应当在净利润项目之下单独列示归属于母公司的损益和归属于少数股东的损益。

四、每股收益的计算

每股收益包括基本每股收益和稀释每股收益两类。基本每股收益仅考虑当期实际发行在外的普通股股份，而稀释每股收益的计算和列报主要是为了避免每股收益虚增可能带来的信息误导。例如，一家公司发行可转换公司债券融资，由于转换选择权的存在，这些可转换债券的利率低于正常同等条件下普通债券的利率，从而降低了融资成本，在经营业绩和其他条件不变的情况下，相对提高了基本每股收益金额。要求考虑可转换公司债券的影响计算和列报稀释每股收益，就是为了能够提供一个更可比、更有用的财务指标。

（一）基本每股收益

企业应当按照归属于普通股股东的当期净利润，除以发行在外普通股的加权平均数计算基本每股收益。

发行在外普通股加权平均数按下列公式计算：

发行在外普通股加权平均数＝期初发行在外普通股股数＋当期新发行普通股股数×已发行时间/报告期时间－当期回购普通股股数×已回购时间/报告期时间

已发行时间、报告期时间和已回购时间一般按照天数计算；在不影响计算结果合理性的前提下，也可以采用简化的计算方法。

新发行普通股股数，应当根据发行合同的具体条款，从应收对价之日（一般为股票发行日）起计算确定。通常包括下列情况：

（1）为收取现金而发行的普通股股数，从应收现金之日起计算。

（2）因债务转资本而发行的普通股股数，从停计债务利息之日或结算日起计算。

（3）非同一控制下的企业合并，作为对价发行的普通股股数，从购买日起计算；同一控制下的企业合并，作为对价发行的普通股股数，应当计入各列报期间普通股的加权平均数。

（4）为收购非现金资产而发行的普通股股数，从确认收购之日起计算。

【例13－2】 甲公司2022年年初发行在外的普通股为10 000万股；4月1日新发行普通股5 000万股；11月1日回购普通股3 000万股。甲公司当年实现净利润6 000万元，则2022年度基本每股收益计算如下：

发行在外普通股加权平均数＝10 000×12/12＋5 000×9/12－3 000×2/12
＝13 250（万股）

或者：

发行在外普通股加权平均数＝10 000×3/12＋15 000×7/12＋12 000×2/12
＝13 250（万股）

基本每股收益＝6 000/13 250＝0.45（元/股）

（二）稀释每股收益

企业存在稀释性潜在普通股的，应当分别调整归属于普通股股东的当期净利润和发行在外普通股的加权平均数，并据以计算稀释每股收益。

潜在普通股，是指赋予其持有者在报告期或以后期间享有取得普通股权利的一种金融工具或其他合同，包括可转换公司债券、认股权证、股份期权等。稀释性潜在普通股，是指假设当期转换为普通股会减少每股收益的潜在普通股。

计算稀释每股收益，应当根据下列事项对归属于普通股股东的当期净利润进行调整：（1）当期已确认为费用的稀释性潜在普通股的利息；（2）稀释性潜在普通股转换时将产生的收益或费用；（3）上述调整应当考虑相关的所得税影响。

计算稀释每股收益时，当期发行在外普通股的加权平均数应当为计算基本每股收益时普通股的加权平均数与假定稀释性潜在普通股转换为已发行普通股而增加的普通股股数的加权平均数之和。

计算稀释性潜在普通股转换为已发行普通股而增加的普通股股数的加权平均数时，以前期间发行的稀释性潜在普通股，应当假设在当期期初转换；当期发行的稀释性潜在普通股，应当假设在发行日转换。

认股权证和股份期权等的行权价格低于当期普通股平均市场价格时，应当考虑其稀释性。计算稀释每股收益时，增加的普通股股数按下列公式计算：

增加的普通股股数＝拟行权时转换的普通股股数－行权价格×拟行权时转换的普通股股数/当期普通股平均市场价格

企业承诺将回购其股份的合同中规定的回购价格高于当期普通股平均市场价格时，应当考虑其稀释性。计算稀释每股收益时，增加的普通股股数按下列公式计算：

增加的普通股股数＝回购价格×承诺回购的普通股股数/当期普通股平均市场价格－承诺回购的普通股股数

稀释性潜在普通股应当按照其稀释程度从大到小的顺序计入稀释每股收益，直至稀释每股收益达到最小值。

【例13－3】 甲公司2022年度归属于普通股股东的净利润为37 500万元，发行在外普通股加权平均数为125 000万股。年初已发行在外的潜在普通股有：

（1）股份期权12 000万份，每份股份期权拥有在授权日起5年内的可行权日以8元的行权价格购买1股本公司新发普通股股票的权利。

（2）按面值发行的5年期可转换公司债券630 000万元，债券每张面值100元，票面年利率为 2.6%，转股价格为每股 12.5 元。

（3）按面值发行的 3 年期可转换公司债券 1 100 000 万元，债券每张面值 100 元，票面年利率为 1.4%，转股价格为每股 10 元。当期普通股平均市场价格为 12 元，年度内没有期权被行权，也没有可转换公司债券被转换或赎回，企业所得税税率为 25%。假设不考虑可转换公司债券在负债和权益成分的分拆。

2022 年度每股收益计算如下：

基本每股收益 = 37 500/125 000 = 0.3（元/股）

计算稀释每股收益：

①股份期权导致的股份增加数 = 12 000 − 12 000 × 8 ÷ 12
= 4 000（万股）

②发行 2.6% 可转债导致的净利润增加 = 630 000 × 2.6% × (1 − 25%)
= 12 285（万元）

③发行 2.6% 可转债导致的股份增加数 = 630 000 ÷ 12.5
= 50 400（万股）

④发行 1.4% 可转债导致的净利润增加 = 1 100 000 × 1.4% × (1 − 25%)
= 11 550（万元）

⑤发行 1.4% 可转债导致的股份增加数 = 1 100 000 ÷ 10
= 110 000（万股）

确定潜在普通股计入稀释每股收益的顺序，如表 13 − 4 所示：

表 13 − 4 **潜在普通股计入稀释每股收益的顺序确定表**

潜在普通股	净利润增加（万元）	股数增加	增量股的每股收益（元/股）	顺序
期权	—	4 000	—	1
2.6% 债券	12 285	50 400	0.244	3
1.4% 债券	11 550	110 000	0.105	2

稀释每股收益的计算如表 13 − 5 所示：

表 13 − 5 **稀释每股收益计算表**

	净利润	股数	每股收益	稀释效果
基本每股收益	37 500	125 000	0.3	
期权		4 000		
	37 500	129 000	0.291	稀释
1.4% 债券	11 550	110 000		
	49 050	239 000	0.205	稀释
2.6% 债券	12 285	50 400		
	61 335	289 400	0.212	反稀释

因为最后一项计算的结果为反稀释效果，所以稀释每股收益应为 0.205 元/股。

【例 13－4】　甲公司编制 2022 年度利润表的有关资料如下：

（1）该公司有关损益类科目的本年发生额如表 13－6。

表 13－6　　损益类科目本年发生额　　单位：元

科目名称	借方发生额	贷方发生额
主营业务收入	120 000	57 620 000
主营业务成本	26 000 000	80 000
税金及附加	7 500 000	
其他业务收入		7 500 000
其他业务成本	2 800 000	
销售费用	7 450 000	
管理费用	4 600 000	
财务费用	1 100 000	100 000
公允价值变动损益		450 000
资产减值损失	150 000	
投资收益	200 000	10 300 000
资产处置损益	170 000	150 000
营业外收入		1 500 000
营业外支出	805 000	
所得税费用	9 906 600	

（2）该公司 2022 年损益类科目的有关明细资料及其他有关资料如下：“管理费用”科目的“研发费用”明细科目的发生额为 0；“财务费用”科目的“利息费用”明细科目的发生额为 1 100 000 元，“利息收入”明细科目的发生额为 100 000 元；“投资收益”科目中对联营企业的投资收益为 2 000 000 元；该企业只发行普通股，年初发行在外的普通股股数为 8 000 万股，2022 年 5 月 1 日增发普通股 3 000 万股，股份已发行时间按月数计算。

（3）该公司 2022 年“其他综合收益”明细科目的本年累计发生净额如表 13－7 所示。

表 13－7　　“其他综合收益”明细科目本年累计发生净额　　单位：元

明细科目名称	借方发生额	贷方发生额
重新计量设定受益计划变动额		24 000
权益法下可转损益的其他综合收益		46 000
其他债权投资公允价值变动		20 000
金融资产重分类计入其他综合收益的金额	15 000	
合计	15 000	90 000

根据上述资料，编制该公司 2022 年度的利润表，如表 13－8 所示。

表 13－8

利润表

会企 02 表

编制单位：甲公司　　2022 年度　　单位：元

项　目	本期金额	上期金额（略）
一、营业收入	65 000 000	
减：营业成本	28 720 000	
税金及附加	7 500 000	
销售费用	7 450 000	
管理费用	4 600 000	
研发费用	0	
财务费用	1 000 000	
其中：利息费用	1 100 000	
利息收入	100 000	
加：其他收益	0	
投资收益（损失以“－”号填列）	10 100 000	
其中：对联营企业和合营企业的投资收益	2 000 000	
以摊余成本计量的金融资产终止确认收益（损失以“－”号填列）	0	
净敞口套期收益（损失以“－”号填列）		
公允价值变动收益（损失以“－”号填列）	450 000	
信用减值损失（损失以“－”号填列）	0	
资产减值损失（损失以“－”号填列）	－150 000	
资产处置收益（损失以“－”号填列）	－20 000	
二、营业利润（亏损以“－”号填列）	26 110 000	
加：营业外收入	1 500 000	
减：营业外支出	805 000	
三、利润总额（亏损总额以“－”号填列）	26 805 000	
减：所得税费用	9 906 600	
四、净利润（净亏损以“－”号填列）	16 898 400	
（一）持续经营净利润（净亏损以“－”号填列）	16 898 400	
（二）终止经营净利润（净亏损以“－”号填列）	0	
五、其他综合收益的税后净额	75 000	
（一）不能重分类进损益的其他综合收益	24 000	
1. 重新计量设定受益计划变动额	24 000	
2. 权益法下不能转损益的其他综合收益	0	
3. 其他权益工具投资公允价值变动	0	
4. 企业自身信用风险公允价值变动	0	
……		
（二）将重分类进损益的其他综合收益	51 000	
1. 权益法下可转损益的其他综合收益	46 000	

续表

项　　目	本期金额	上期金额（略）
2. 其他债权投资公允价值变动	20 000	
3. 金融资产重分类计入其他综合收益的金额	-15 000	
4. 其他债权投资信用减值准备	0	
5. 现金流量套期储备	0	
6. 外币财务报表折算差额	0	
7. 自用房地产或作为存货的房地产转换为以公允价值模式计量的投资性房地产在转换日公允价值大于账面价值的部分	0	
……		
六、综合收益总额	16 973 400	
七、每股收益		
（一）基本每股收益	0. 17	
（二）稀释每股收益	—	

第四节　现金流量表

现金流量表的性质和作用

一、现金流量表的性质和作用

现金流量表是反映企业在一定会计期间现金和现金等价物流入和流出的报表。现金流量表以现金和现金等价物（以下简称“现金”）的流入和流出，反映企业在一定会计期间内的经营活动、投资活动和筹资活动等对现金流量产生的影响，并通过现金流量的变动情况，来揭示企业财务状况变动的原因及结果。由于现金流量表反映的是企业一定会计期间现金流入和流出情况，而现金的流入和流出又是企业经营资金运动的一个组成部分，反映的是企业经营资金运动的一种动态表现，因此，现金流量表是一种动态财务报表。

现金流量表所提供的企业在一定会计期间现金流入和流出的信息，对财务报表使用者来说，具有下列四个方面的重要作用。

（一）分析和评价企业整体财务状况及其变动的原因

企业所从事的经营、投资和筹资活动都影响着企业的财务状况，而这种影响又会通过现金流量的变化而表现出来。一般来说，现金流量表中各部分现金流量结构合理，现金流入和流出无重大异常波动，表明企业的财务状况基本良好。此外，现金流量表不仅反映了企业现金流入和流出情况，还披露了一些重要的不涉及现金收支的投资和筹资活动，这些活动虽然不影响企业的现金净流量，但对企业整体财务状况可能会产生重大影响。因此，将现金流量表提供的现金流量及其他信息与资产负债表提供的财务状况信息联系起来，可以了解和评价企业当前整体财务状况，并揭示导致财务状况变动的原因。

（二）分析和预测企业未来产生现金流量的能力

投资人、债权人进行投资和信贷的主要目的是增加未来的现金流入，因此他们需要财务报表提供相关的信息，以便作出正确的投资和信贷决策。通过现金流量表提供的企业过去的现金流量信息，可以揭示企业过去现金流入和流出情况及其形成的原因，分析企业经营、投资、筹资活动与现金流量之间的关系，评价企业过去生成现金流量的能力，从而预测企业未来现金流量的来源、数量、时间和不确定性，即预测企业未来产生现金流量的能力。

（三）了解和评价企业的支付能力和偿债能力

判断一个企业是否具有支付能力和偿债能力，最关键的就是看其是否能产生现金净流入。企业只有能产生现金净流入，有足够的现金才有能力偿还债务、支付现金股利、发放工资、购买材料等。通过现金流量表提供的现金流量信息，可以对企业现有的支付能力和偿债能力，以及企业对外部资金的需求情况作出可靠的判断。

（四）分析和揭示企业经营净利润与经营活动产生现金净流量之间差异的原因

从一个企业的全部经营期间而言，其经营活动形成的全部净利润应当等于企业的现金净流入。但是，对于一个持续经营的企业来说，为了定期计算损益，会计上必须将企业持续不断的经营活动划分为若干个会计期间，分期编制财务报表。在一定会计期间内，按权责发生制确认损益的时间与现金收付的时间可能不一致，从而导致一定会计期间的当期净利润与当期现金净流量之间出现差异。通过现金流量表可以分析差异产生的原因，揭示出现差异的规律性，以便于财务报表使用者更合理地预测未来的现金流量，判断净利润的质量与可靠程度。

二、现金流量表的编制基础

在我国，现金流量表是以现金为计量基础编制的，这里的现金不是通常所指的库存现金，而包括现金和现金等价物。现金流量表中的现金是指企业的库存现金、可以随时用于支付的存款以及现金等价物。

1. 库存现金

库存现金是指企业持有的可随时用于支付的现金，它与会计核算中的“库存现金”科目所包括的内容一致。

2. 银行存款

银行存款是指企业存放在银行或非银行金融机构的随时可以用于支付的存款，它与会计核算中的“银行存款”科目所包括的内容基本一致。如果企业存放在银行或非银行金融机构的款项中有不能随时用于支付的存款，如不能随时支取的定期存款，则这部分存款不能作为现金流量表中的现金，但提前通知银行或非银行金融机构便可支取的定期存款，则应包括在现金流量表中的现金范围内。

3. 其他货币资金

其他货币资金是指企业存放在银行或非银行金融机构有特定用途的可以随时用于支付的款项，它与会计核算中“其他货币资金”科目包括的内容基本一致，包括外埠存款、银行汇票存款、银行本票存款、信用卡存款、信用证保证金存款和存出投资款等。

4. 现金等价物

现金等价物是指企业持有的期限短、流动性强、易于转换为已知金额的现金，且价值变动风险很小的短期投资。根据上述定义，在实务中，现金等价物通常是指企业购买的在三个月或更短时间内即可到期或即要转换为现金的短期债券投资。一般来说，由于股票投资价值变动风险较大，无论其是否能随时变现，均不作为现金等价物。应当指出，不同企业因经营活动的特点不同，对现金等价物范围的确定也不同。如经营活动主要是从事短期、流动性强的投资的证券公司，应将所有投资项目都视为投资，而不作为现金等价物；而非从事证券投资业务的企业，则可能将其购买的三个月内即可到期或即可转换为现金的短期债券投资作为现金等价物。所以，企业应当根据经营特点的具体情况，确定现金等价物的范围，并在财务报表附注中披露确定现金等价物的会计政策，并保持这种划分标准前后各期的一致。

三、现金流量及其分类

现金流量及其分类

（一）现金流量的概念

现金流量是指一定会计期间企业现金流入和流出的数量。反映现金流量的指标有现金流入量、现金流出量和现金净流量。现金流入量是指一定会计期间企业现金流入的数量；现金流出量是指一定会计期间现金流出的数量；现金净流量是指一定会计期间现金流入量减去现金流出量后的差额。现金流量是衡量企业经营状况是否良好，偿还债务和支付能力是否具备、产生未来现金流量能力是否较强的重要指标。

（二）影响现金流量的因素

影响企业现金流量的经济活动有经营活动、投资活动和筹资活动，如购买或销售商品、提供或接受劳务、购建或出售固定资产、对外投资或收回投资、借入资金或偿还债务等。企业的经济活动多种多样，如果我们将会计要素项目分为现金项目和非现金项目，按此分类可将企业的经济业务分为以下三大类。

1. 现金项目之间增减变动的经济业务

现金项目是指企业流动资产中的现金及现金等价物。从银行提取现金、将现金存入银行、以现金购买两个月到期债券、将持有的将于一个月到期的债券变现等，均属于现金各项目之间增减变动的经济业务，这类经济业务只会引起现金项目内部一个项目增加另一个项目减少的变动，但不会影响现金流量净额的增减变动。

2. 非现金项目之间增减变动的经济业务

以固定资产清偿债务、以库存商品对外投资、借入长期借款偿还短期借款、可转换公司债券转为股本、收到投资者投入的固定资产等，均属于非现金项目之间增减变动的经济业务，这类经济业务不涉及现金的收支，因此既不会影响现金流入量和流出量的增减变动，也不会影响企业现金流量净额的增减变动。

3. 现金项目与非现金项目之间增减变动的经济业务

销售商品收取现金、用现金购买材料、从银行借入短期借款、偿还银行借款本息、支付现金股利、发行股票收到现金等，均属于现金项目与非现金项目之间增减变动的经济业务，这类经济业务都涉及现金的收支，因此会影响现金流入量、现金流出量及现金流量净额的增减变动。

（三）现金流量的分类

为了有助于财务报表使用者了解各种不同的经济活动对企业现金流量的影响程度，分析和揭示各种经济活动之间的相互关系，确认和计量现金流量的金额，需要按照一定标准对现金流量进行分类。根据我国《企业会计准则第 31 号——现金流量表》的规定，将企业的经济业务按其性质划分为经营活动、投资活动和筹资活动三大类；再按照每一类经济活动对现金流量的影响，将现金流量划分为经营活动产生的现金流量、投资活动产生的现金流量和筹资活动产生的现金流量三类。

1. 经营活动产生的现金流量

经营活动是指企业投资活动和筹资活动以外的所有交易和事项。对于工商企业而言，经营活动主要包括销售商品、提供劳务、购买商品、接受劳务、支付税费等。经营活动产生的现金流入，主要包括销售商品、提供劳务、税费返还等所收取的现金；经营活动产生的现金流出，主要包括购买商品、接受劳务、支付工资、支付税款等所支付的现金。通过经营活动产生的现金流量，可以说明企业的经营活动对现金流入和流出的影响程度，判断企业在不动用外来筹集资金的情况下，经营活动产生的现金流量是否足以维持生产经营、偿还债务、支付股利和对外投资等。各类企业由于行业特点不同，对经营活动的认定存在一定差异①。

2. 投资活动产生的现金流量

投资活动是指企业长期资产的购建和不包括在现金等价物范围内的投资及其处置活动。长期资产是指固定资产、在建工程、无形资产和其他资产等持有期限在一年或一个营业周期以上的资产。投资活动包括取得和收回投资、购建和处置固定资产、购买或转让无形资产等。投资活动产生的现金流入，主要包括收回投资、分得现金股利、处置长期资产等所收取的现金；投资活动产生的现金流出，主要包括取得投资和购建长期资产所支付的现金。应当指出，投资活动产生的现金流量中不包括作为现金等价物的短期债券投资，作为现金等价物的短期债券投资属于现金项目内部各项目之间的转移，不会影响现金流量净额的变动。通过投资活动产生的现金流量，可以分析企业通过投资活动产生现金流量的能力，判断投资活动对企业现金流量净额的影响程度。不同企业由于行业特点不同，对投资活动的认定也存在差异。

3. 筹资活动产生的现金流量

筹资活动是指导致企业资本及债务规模和构成发生变化的活动。这里所说的资本，既包括实收资本（股本），也包括资本溢价（股本溢价）；这里所说的债务，指对外举债，包括向银行借款、发行债券以及偿还债务等。通常情况下，应付账款、应付票据等属于经营活动，不属于筹资活动。筹资活动产生的现金流入，主要包括吸收权益性投资、发行债券、取得银行借款等所收到的现金；筹资活动产生的现金流出，主要包括偿还债务、发生筹资费用、分派现金股利、支付利息、减少注册资本等所支付的现金。通过筹资活动产生的现金流量，可以分析企业通过筹资活动获取现金的能力，判断筹资活动对企业现金流量净额的影响程度。

对于企业日常活动之外特殊的、不经常发生的特殊项目，如自然灾害损失、保险赔款、捐赠等，应当归并到相关类别中并单独反映。比如，对于自然灾害损失和保险赔款，如果能够确指属于流动资产损失，应当列入经营活动产生的现金流量；属于固定资产损失，应当列入投资活动产生的现金流量。如果不能确指，则可以列入经营活动产生的现金流量。捐赠收入和支出，可以列入经营活动。如果特殊项目的现金流量金额不大，可以列入现金流量类别下的“其他”项目，不单列项目。

---

① 本教材只介绍一般工商企业经营活动产生的现金流量，对于商业银行、保险公司、证券公司等金融行业的经营活动产生的现金流量不做介绍。

四、现金流量表的内容和结构

现金流量表的结构和项目

现金流量表列报的目的，是为财务报表使用者提供企业在一定会计期间有关现金流入和流出的信息。为了能充分、恰当地列报企业有关现金流量方面的信息，目前我国企业的现金流量表包括正表和补充资料两部分。

（一）正表

正表是现金流量表的主体，企业一定会计期间现金流量的信息主要是由正表提供的。正表采用报告式的结构，按照现金流量的性质，依次分类反映经营活动产生的现金流量、投资活动产生的现金流量和筹资活动产生的现金流量，最后汇总反映企业现金及现金等价物净增加额。在各类经济活动产生的现金流量下，还分别按项目反映其现金流入、现金流出和现金流量净额。但下列各项可以按照净额列报：（1）代客户收取或支付的现金；（2）周转快、金额大、期限短项目的现金流入和现金流出；（3）金融企业的有关项目，包括短期贷款发放与收回的贷款本金、活期存款的吸收与支付、同业存款和存放同业款项的存取、向其他金融企业拆借资金、以及证券的买入与卖出等。在有外币现金流量及境外子公司的现金流量折算为人民币的企业，正表中还应单设"汇率变动对现金及现金等价物的影响"项目，以反映所采用的现金流量发生日的汇率或即期汇率的近似汇率折算的人民币金额与"现金及现金等价物净增加额"中外币现金净增加额按资产负债表日的即期汇率折算的人民币金额之间的差额。

（二）补充资料

除正表反映的信息外，企业还应当在现金流量表附注中提供有关的补充资料。补充资料一般包括三项内容：（1）将净利润调节为经营活动现金流量的信息；（2）不涉及现金收支的重大投资和筹资活动的信息；（3）现金及现金等价物净变动的信息。

一般企业现金流量表的基本格式如表 13－12 所示。

五、现金流量表的编制方法

经营活动产生的现金流量项目的填列

（一）"经营活动产生的现金流量"各项目的内容和填列方法

1. "销售商品、提供劳务收到的现金"项目

该项目反映企业销售商品、提供劳务实际收到的现金，包括销售收入和应向购买者收取的增值税销项税额，具体包括本期销售商品、提供劳务收到的现金，以及前期销售商品、提供劳务本期收到的现金和本期预收的款项，减去本期销售本期退回的商品和前期销售本期退回的商品支付的现金。企业销售材料和代购代销业务收到的现金，也在该项目反映。该项目可以根据"库存现金""银行存款""应收账款""应收票据""合同负债""主营业务收入""其他业务收入"等科目的记录分析填列。

2. "收到的税费返还"项目

该项目反映企业收到返还的各种税费，如收到返还的增值税、消费税、企业所得税、关税和教育费附加等。该项目可根据"库存现金""银行存款""税金及附加""应交税费"等科目的记录分析填列。

3. "收到其他与经营活动有关的现金"项目

该项目反映企业除上述各项目外，收到的其他与经营活动有关的现金，如罚款收入、经

营租赁固定资产收到的现金、投资性房地产收到的租金收入、流动资产损失中由个人赔偿的现金收入、除税费返还外的其他政府补助收入等。其他与经营活动有关的现金，如果价值较大的，应单列项目反映。该项目可以根据“库存现金”“银行存款”“管理费用”“销售费用”等科目的记录分析填列。

4. “购买商品、接受劳务支付的现金”项目

该项目反映企业购买材料、商品、接受劳务实际支付的现金，包括支付的货款以及与货款一并支付的增值税进项税额，具体包括：本期购买材料、商品、接受劳务支付的现金，以及本期支付前期购买材料、商品、接受劳务的未付款项和本期预付款项，减去本期发生的购货退回收到的现金。为购置存货而发生的借款利息资本化部分，应在“分配股利、利润或偿付利息支付的现金”项目中反映。该项目可以根据“库存现金”“银行存款”“应付账款”“应付票据”“预付账款”“主营业务成本”“其他业务成本”等科目的记录分析填列。

5. “支付给职工以及为职工支付的现金”项目

该项目反映企业实际支付给职工的现金以及为职工支付的现金，包括企业为获得职工提供的服务，本期实际给予各种形式的报酬以及其他相关支出，如支付给职工的工资、奖金、各种津贴和补贴等，以及为职工支付的其他费用，不包括支付给在建工程人员的工资。支付的在建工程人员的工资，在“购建固定资产、无形资产和其他长期资产支付的现金”项目中反映。

企业为职工支付的医疗、养老、失业、工伤等社会保险基金、补充养老保险、住房公积金，企业为职工交纳的商业保险金，因解除与职工劳动关系给予的补偿，现金结算的股份支付，以及企业支付给职工或为职工支付的其他福利费用等，应根据职工的工作性质和服务对象，分别在“支付给职工以及为职工支付的现金”和“购建固定资产、无形资产和其他长期资产所支付的现金”项目中反映。该项目可以根据“库存现金”“银行存款”“应付职工薪酬”等科目的记录分析填列。

6. “支付的各项税费”项目

该项目反映企业按规定支付的各项税费，包括本期发生并支付的税费，以及本期支付以前各期发生的税费和本期预交的税费，如支付的增值税、企业所得税、资源税、环境保护税、土地增值税、房产税、车船税、土地使用税、印花税、教育费附加、矿产资源补偿费等，不包括本期退回的增值税、企业所得税等，本期退回的增值税、所得税等，在“收到的税费返还”项目中反映。该项目可以根据“库存现金”“银行存款”“应交税费”等科目的记录分析填列。

7. “支付其他与经营活动有关的现金”项目

该项目反映企业除上述各项目外，支付的其他与经营活动有关的现金，如罚款支出、支付的差旅费、业务招待费、保险费等。其他与经营活动有关的现金，如果金额较大的，应单列项目反映。该项目可以根据“库存现金”“银行存款”“其他应付款”等科目的记录分析填列。

（二）“投资活动产生的现金流量”各项目的内容和填列方法

1. “收回投资收到的现金”项目

该项目反映企业出售、转让或到期收回除现金等价物以外的以公允价值计量且其变动计入当期损益的金融资产、以公允价值计量且其变动计入其他综合

投资活动产生的现金流量项目的填列

收益的金融资产、以摊余成本计量的金融资产、长期股权投资等而收到的现金。不包括债权性投资收回的利息、收回的非现金资产，以及处置子公司及其他营业单位收到的现金净额。债权性投资收回的本金，在该项目中反映，债权性投资收回的利息，不在该项目中反映，而在“取得投资收益收到的现金”项目中反映，处置子公司及其他营业单位收到的现金净额单设项目反映。该项目可以根据“交易性金融资产”“债权投资”“其他债权投资”“长期股权投资”“其他权益工具投资”“库存现金”“银行存款”等科目的记录分析填列。

2. “取得投资收益收到的现金”科目

该项目反映企业因股权性投资而分得的现金股利，因债权性投资而取得的利息收入。股票股利由于不产生现金流量，不在该项目中反映。包括在现金等价物范围的债权性投资，其利息收入在该项目中反映。该项目可以根据“库存现金”“银行存款”“投资收益”“应收股利”“应收利息”等科目的记录分析填列。

3. “处置固定资产、无形资产和其他长期资产收回的现金净额”项目

该项目反映企业出售固定资产、无形资产和其他长期资产所取得的现金，减去为处置这些资产而支付的有关税费后的净额。处置固定资产、无形资产和其他长期资产所收到的现金，与处置活动支付的现金，两者在时间上比较接近，以净额反映更能准确反映处置活动对现金流量的影响。由于自然灾害等原因所造成的固定资产等长期资产报废、毁损而收到的保险赔偿收入，在该项目中反映。如处置固定资产、无形资产和其他长期资产所收回的现金净额为负数，应作为投资活动产生的现金流量，在“支付其他与投资活动有关的现金”项目中反映。该项目可以根据“固定资产清理”“资产处置损益”“营业外收入”“库存现金”“银行存款”等科目的记录分析填列。

4. “处置子公司及其他营业单位收到的现金净额”项目

该项目反映企业处置子公司及其他营业单位所取得的现金减去子公司或其他营业单位持有的现金和现金等价物以及相关处置费用后的净额。该项目可以根据“库存现金”“银行存款”等账户记录以及子公司或其他营业单位处置日资产负债表的有关资料分析计算填列。

企业处置子公司及其他营业单位是整体交易，子公司和其他营业单位可能持有现金和现金等价物。这样整体处置子公司或其他营业单位的现金流量，就应以处置价款中收到的现金部分，减去子公司或其他营业单位持有的现金和现金等价物以及相关处置费用后的净额反映。

处置子公司及其他营业单位收到的现金净额如为负数，应将该金额填至“支付其他与投资活动有关的现金”项目中。

5. “收到其他与投资活动有关的现金”项目

该项目反映企业除了上述各项目外，收到的其他与投资活动有关的现金。如收到的购买股票时支付的已宣告而尚未领取的现金股利，收到的在购买债券时支付的已到期尚未领取的债券利息等。其他与投资活动有关的现金，如果金额较大的，应单列项目反映。该项目可根据“应收股利”“应收利息”“银行存款”等科目的记录分析填列。

6. “购建固定资产、无形资产和其他长期资产支付的现金”项目

该项目反映企业购买、建造固定资产、取得无形资产和其他长期资产支付的现金，包括购买机器设备所支付的现金、建造工程支付的现金、支付在建工程人员的工资等现金支出，不包括为购建固定资产、无形资产和其他长期资产而发生的借款利息资本化部分，以及租入

资产所支付的租赁费。为购建固定资产、无形资产和其他长期资产而发生的借款利息资本化部分，在“分配股利、利润或偿付利息支付的现金”项目中反映；租入资产所支付的租赁费，在“支付其他与筹资活动有关的现金”项目中反映。该项目可以根据“固定资产”“在建工程”“无形资产”“库存现金”“银行存款”等科目的记录分析填列。

7. “投资支付的现金”项目

该项目反映企业进行权益性投资和债权性投资所支付的现金，包括企业取得的除现金等价物以外的以公允价值计量且其变动计入当期损益的金融资产、以公允价值计量且其变动计入其他综合收益的金融资产、以摊余成本计量的金融资产、长期股权投资而支付的现金，以及支付的佣金、手续费等交易费用。

企业购买股票和债券时，实际支付的价款中包含的已宣告但尚未领取的现金股利或已到付息期但尚未领取的债券利息，应在“支付其他与投资活动有关的现金”项目中反映；收回购买股票和债券时支付的价款中已包含的已宣告但尚未领取的现金股利或已到付息期但尚未领取的债券利息，应在“收到其他与投资活动有关的现金”项目中反映。

该项目可以根据“交易性金融资产”“债权投资”“其他债权投资”“长期股权投资”“其他权益工具投资”“库存现金”“银行存款”等科目的记录分析填列。

8. “取得子公司及其他营业单位支付的现金净额”项目

该项目反映企业取得子公司及其他营业单位购买出价中以现金支付的部分，减去子公司或其他营业单位持有的现金和现金等价物后的净额。该项目可以根据有关科目的记录分析填列。

整体购买一个单位，其结算方式是多种多样的，如购买方全部以现金支付或一部分以现金支付而另一部分以实物清偿。同时，企业购买子公司及其他营业单位是整体交易，子公司和其他营业单位除有固定资产和存货外，还可能持有现金和现金等价物。这样，整体购买子公司或其他营业单位的现金流量，就应以购买出价中以现金支付的部分减去子公司或其他营业单位持有的现金和现金等价物后的净额反映，如为负数，应在“收到其他与投资活动有关的现金”项目中反映。

9. “支付其他与投资活动有关的现金”项目

该项目反映企业除上述各项以外所支付的其他与投资活动有关的现金，如企业购买股票时实际支付的价款中包含的已宣告而尚未领取的现金股利，购买债券时支付的价款中包含的已到期尚未领取的债券利息等。如某项其他现金流出金额较大，应单列项目反映。

（三）“筹资活动产生的现金流量”各项目的内容和填列方法

1. “吸收投资收到的现金”项目

该项目反映企业以发行股票等方式筹集资金实际收到的款项净额（发行收入减去支付的佣金等发行费用后的净额）。以发行股票等方式筹集资金而由企业直接支付的审计、咨询等费用，在“支付其他与筹资活动有关的现金”项目中反映。该项目可以根据“实收资本（或股本）”“资本公积”“库存现金”“银行存款”等科目的记录分析填列。

筹资活动产生的现金流量项目的填列

2. “取得借款收到的现金”项目

该项目反映企业举借各种短期、长期借款收到的现金以及发行债券实际收到的款项净额（发行收入减去支付的佣金等发行费用后的净额）。该项目可以根据“短期借款”“长期借款”“应付债券”“库存现金”“银行存款”等科目的记录分析填列。

3. “收到其他与筹资活动有关的现金”项目

该项目反映企业除上述各项目外，收到的其他与筹资活动有关的现金。其他与筹资活动有关的现金，如果价值较大的，应单列项目反映。该项目可以根据有关科目的记录分析填列。

4. “偿还债务支付的现金”项目

该项目反映企业以现金偿还债务的本金，包括偿还商业银行等金融机构的借款本金、偿付企业到期的债券本金等。企业偿还的借款利息、债券利息，在“分配股利、利润或偿付利息支付的现金”项目中反映。该项目可以根据“短期借款”“长期借款”“应付债券”“库存现金”“银行存款”等科目的记录分析填列。

5. “分配股利、利润或偿付利息支付的现金”项目

该项目反映企业实际支付的现金股利、支付给其他投资单位的利润以及用现金支付的借款利息、债券利息。该项目可以根据“应付股利”“应付利息”“利润分配”“财务费用”“在建工程”“制造费用”“研发支出”“库存现金”“银行存款”等科目的记录分析填列。

6. “支付其他与筹资活动有关的现金”项目

该项目反映企业除上述各项目外，支付的其他与筹资活动有关的现金，如以发行股票、债券等方式筹集资金而由企业直接支付的审计、咨询等费用，租赁各期支付的现金，以分期付款方式购建固定资产、无形资产等各期支付的现金。其他与筹资活动有关的现金，如果金额较大的，应单列项目反映。该项目可以根据有关科目的记录分析填列。

（四）“汇率变动对现金及现金等价物的影响”项目的内容和填列方法

该项目反映企业外币现金流量及境外子公司的现金流量折算为人民币时，所采用的现金流量发生日的汇率或即期汇率的近似汇率折算的人民币金额与“现金及现金等价物净增加额”中的外币现金净增加额按资产负债表日的即期汇率折算的人民币金额之间的差额。

在编制现金流量表时，可对当期发生的外币业务逐笔计算汇率变动对现金流量的影响，也可不必逐笔计算汇率变动对现金流量的影响，而采用简化的计算方法，即通过报表补充资料中的“现金及现金等价物净增加额”数额与正表中“经营活动产生的现金流量净额”“投资活动产生的现金流量净额”“筹资活动产生的现金流量净额”三项之和比较，其差额即为“汇率变动对现金及现金等价物的影响”项目的金额。

（五）“现金及现金等价物净增加额”项目的内容和填列方法

该项目反映企业当期所有现金流入与所有现金流出相抵后的现金流量净额，本项目应根据“经营活动产生的现金流量净额”“投资活动产生的现金流量净额”“筹资活动产生的现金流量净额”和“汇率变动对现金及现金等价物的影响”四项之和填列。

（六）补充资料各项目的内容和填列方法

现金流量表补充资料包括将净利润调节为经营活动现金流量、不涉及现金收支的重大投资和筹资活动、现金及现金等价物净变动情况等项目。

1. 将净利润调节为经营活动现金流量

企业应当采用间接法在现金流量表附注中披露将净利润调节为经营活动现金流量的信息。间接法是以当期净利润为出发点，经过调整有关项目的增减变动金额，计算出当期经营活动现金流量净额。利润表中反映的当期净利润是按权责发生制原则确认计量的，而当期经营活动现金流量净额是按现金收付实现制确认计量的。另外，当期净利润既包括经营净损

益，又包括不属于经营活动的现金流量的损益。因此，采用间接法将净利润调节为经营活动现金流量净额时，需要增减调整四大类项目：（1）实际没有支付现金的费用；（2）实际没有收到现金的收益；（3）不属于经营活动的损益；（4）经营性应收应付项目的增减变动。这些调整项目的具体内容和调整方法如下。

（1）“资产减值准备”项目。资产减值准备是指当期实际计提扣除转回的除金融资产信用损失准备外的其他各项资产减值准备，包括存货跌价准备、合同取得成本减值准备、合同履约成本减值准备、合同资产减值准备、长期股权投资减值准备、固定资产减值准备、在建工程减值准备、使用权资产减值准备、无形资产减值准备、商誉减值准备等。企业当期计提和按规定转回的各项资产减值准备，包括在利润表中，属于利润的减除项目，但没有发生现金流出。所以，在将净利润调节为经营活动现金流量时，需要加回。该项目可以根据“资产减值损失”科目的记录分析填列。

（2）“信用损失准备”项目。信用损失准备是指当期根据《企业会计准则第 22 号——金融工具确认和计量》对金融资产计提的减值准备，包括坏账准备、债权投资减值准备等。企业当期计提和按规定转回的各项金融资产信用损失准备，包括在利润表中，属于利润的减除项目，但没有发生现金流出。所以，在将净利润调节为经营活动现金流量时，需要加回。该项目可以根据“信用减值损失”科目的记录分析填列。

（3）“固定资产折旧、油气资产折耗、生产性生物资产折旧、使用权资产折旧”项目。企业计提的固定资产折旧，有的包括在管理费用中，有的包括在制造费用中。计入管理费用中的部分，作为期间费用在计算净利润时从中扣除，但没有发生现金流出，在将净利润调节为经营活动现金流量时，需要予以加回。计入制造费用中已经变现的部分，在计算净利润时通过营业成本予以扣除，但没有发生现金流出；计入制造费用中没有变现的部分，既不涉及现金收支，也不影响企业当期净利润。由于在调节存货时，已经从中扣除，在此处将净利润调节为经营活动现金流量时，需要予以加回。同理，企业计提的油气资产折耗、生产性生物资产折旧、使用权资产折旧，也需要予以加回。该项目可以根据“累计折旧”“累计折耗”“生产性生物资产累计折旧”“使用权资产累计折旧”等科目的贷方发生额分析填列。

（4）“无形资产摊销”和“长期待摊费用摊销”项目。企业对使用寿命有限的无形资产计提摊销时，计入管理费用、其他业务成本或制造费用。长期待摊费用摊销时，有的计入管理费用，有的计入销售费用，有的计入制造费用。计入管理费用等期间费用和计入制造费用中已变现的部分，在计算净利润时已从中扣除，但没有发生现金流出；计入制造费用中的没有变现的部分，在调节存货时已经从中扣除，但不涉及现金收支，所以，在此处将净利润调节为经营活动现金流量时，需要予以加回。这两个项目可以根据“累计摊销”“长期待摊费用”科目的贷方发生额分析填列。

（5）“处置固定资产、无形资产和其他长期资产的损失（减收益）”项目。企业处置固定资产、无形资产和其他长期资产发生的损益，属于投资活动产生的损益，不属于经营活动产生的损益，所以，在将净利润调节为经营活动现金流量时，需要予以剔除。如为净损失，在将净利润调节为经营活动现金流量时，应当加回；如为净收益，在将净利润调节为经营活动现金流量时，应当扣除。该项目可以根据“资产处置损益”等科目所属的有关明细科目的记录分析填列；如为净收益，以“-”号填列。

（6）“固定资产报废损失（减收益）”项目。企业发生的固定资产报废损益，属于投资活动产生的损益，不属于经营活动产生的损益，所以，在将净利润调节为经营活动现金流量时，需要予以剔除。如为净损失，在将净利润调节为经营活动现金流量时，应当加回；如为净收益，在将净利润调节为经营活动现金流量时，应当扣除。该项目可以根据“营业外支出”“营业外收入”等科目所属的有关明细科目的记录分析填列；如为净收益，以“－”号填列。

（7）“公允价值变动损失（减收益）”项目。公允价值变动损失反映企业以公允价值计量且其变动计入当期损益的金融资产、投资性房地产等公允价值变动形成的应计入当期损益的利得或损失。企业发生的公允价值变动损益，通常与企业的投资活动或筹资活动有关，而且并不影响企业当期的现金流量。为此，应当将其从净利润中剔除。如为持有损失，在将净利润调节为经营活动现金流量时，应当加回；如为持有利得，在将净利润调节为经营活动现金流量时，应当扣除。该项目可以根据“公允价值变动损益”科目的发生额分析填列；如为持有利得，以“－”号填列。

（8）“财务费用（减收益）”项目。企业发生的财务费用中不属于经营活动的部分，应当在将净利润调节为经营活动现金流量时将其加回。该项目可以根据“财务费用”科目的本期借方发生额分析填列；如为收益，以“－”号填列。

（9）“投资损失（减收益）”项目。企业发生的投资损益，属于投资活动产生的损益，不属于经营活动产生的损益，所以，在将净利润调节为经营活动现金流量时，需要予以剔除。如为净损失，在将净利润调节为经营活动现金流量时，应当加回；如为净收益，在将净利润调节为经营活动现金流量时，应当扣除。该项目可以根据利润表“投资收益”项目的数字填列；如为投资收益，以“－”号填列。

（10）“递延所得税资产减少（减增加）”项目。递延所得税资产减少使计入所得税费用的金额大于当期应交的所得税金额，其差额没有发生现金流出，但在计算净利润时已经扣除，在将净利润调节为经营活动现金流量时，应当加回。递延所得税资产增加使计入所得税费用的金额小于当期应交的所得税金额，二者之间的差额没有发生现金流入，但在计算净利润时已经包括在内，在将净利润调节为经营活动现金流量时，应当扣除。该项目可以根据“递延所得税资产”科目的本期发生额分析填列；如为递延所得税资产的增加，以“－”号填列。

（11）“递延所得税负债增加（减减少）”项目。递延所得税负债增加使计入所得税费用的金额大于当期应交的所得税金额，其差额没有发生现金流出，但在计算净利润时已经扣除，在将净利润调节为经营活动现金流量时，应当加回。递延所得税负债减少使计入所得税费用的金额小于当期应交的所得税金额，二者之间的差额没有发生现金流入，但在计算净利润时已经包括在内，在将净利润调节为经营活动现金流量时，应当扣除。该项目可以根据“递延所得税负债”科目的本期发生额分析填列；如为递延所得税负债的减少，以“－”号填列。

（12）“存货的减少（减增加）”项目。期末存货比期初存货减少，说明本期生产经营过程耗用的存货有一部分是期初的存货，耗用这部分存货并没有发生现金流出，但在计算净利润时已经扣除，所以，在将净利润调节为经营活动现金流量时，应当加回。期末存货比期初存货增加，说明当期购入的存货除耗用外，还剩余了一部分，这部分存货也发生了现金流出，但在计算净利润时没有包括在内，所以，在将净利润调节为经营活动现金流量时，需要扣除。当然，存货的增减变化过程还涉及应付项目，这一因素在“经营性应付项目的增加（减减少）”项目中调整。该项目可以根据资产负债表“存货”项目的期初数、期末数之间的差额填列；期末数大于期初数的差额，以“-”号填列。如果存货的增减变化过程属于投资活动，如在建工程领用存货，应当将这一因素剔除。

（13）“经营性应收项目的减少（减增加）”项目。经营性应收项目包括应收账款、应收票据、预付账款、其他应收款和长期应收款中与经营活动有关的部分，以及应收的增值税销项税额等。经营性应收项目的期末余额小于期初余额，说明本期收回的现金大于利润表中所确认的销售收入，所以，在将净利润调节为经营活动现金流量时，需要加回。经营性应收项目的期末余额大于期初余额，说明本期销售收入中有一部分没有收回现金，但是，在计算净利润时这部分销售收入已包括在内，所以，在将净利润调节为经营活动现金流量时，需要扣除。该项目可以根据有关科目的期初、期末余额分析填列；如为增加，以“-”号填列。

（14）“经营性应付项目的增加（减减少）”项目。经营性应付项目包括应付账款、应付票据、合同负债、应付职工薪酬、应交税费、应付利息、其他应付款和长期应付款中与经营活动有关的部分，以及应付的增值税进项税额等。经营性应付项目的期末余额大于期初余额，说明本期购入的存货中有一部分没有支付现金，但是，在计算净利润时却通过销售成本包括在内，在将净利润调节为经营活动现金流量时，需要加回。经营性应付项目的期末余额小于期初余额，说明本期支付的现金大于利润表中所确认的销售成本，在将净利润调节为经营活动现金流量时，需要扣除。该项目可以根据有关科目的期初、期末余额分析填列；如为减少，以“-”号填列。

2. 不涉及现金收支的重大投资和筹资活动

不涉及现金收支的重大投资和筹资活动，反映企业一定期间内影响资产、负债，但不形成该期现金收支的所有投资和筹资活动的信息。这些投资和筹资活动虽然不涉及当期现金收支，但对以后各期的现金流量有重大影响。

因此，我国现金流量表准则规定，企业应当在附注中披露不涉及当期现金收支但影响企业财务状况或在未来可能影响企业现金流量的重大投资和筹资活动，主要包括：（1）“债务转为资本”项目，反映企业本期转为资本的债务金额；（2）“一年内到期的可转换公司债券”项目，反映企业一年内到期的可转换公司债券的本息。

3. 现金及现金等价物净变动情况

该项目反映企业一定期间现金及现金等价物的期末余额减去期初余额后的净增加额（或净减少额），是对现金流量表正表中“现金及现金等价物”项目的补充说明。该项目的金额应与正表中最后一项“现金及现金等价物净增加额”项目的金额核对相符。

六、现金流量表的编制程序

企业在具体编制现金流量表时，应根据企业经济业务量的大小及复杂程度，采用不同的编制程序。现金流量表的编制方法，按其编制程序的不同，可以分为分析填列法、工作底稿法和T形账户法三种方法。

（一）分析填列法

分析填列法是直接根据资产负债表、利润表和有关会计科目明细账的记录，分析计算出现金流量表各项目的金额，并据以编制现金流量表的一种方法。这种方法的编制程序如图

13－1 所示。

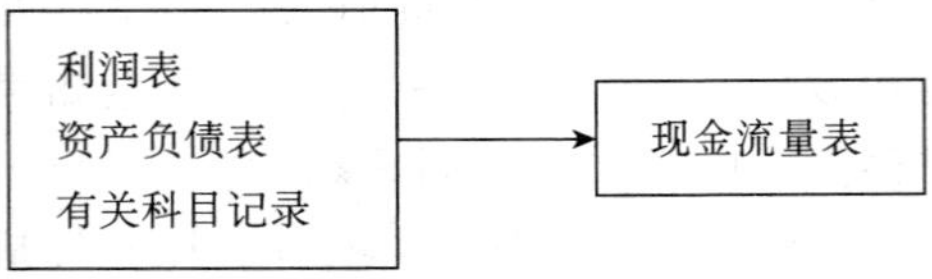

图 13－1

（二）工作底稿法

采用工作底稿法编制现金流量表，是以工作底稿为手段，以利润表和资产负债表数据为基础，对每一项目进行分析并编制调整分录，从而编制现金流量表。这种方法的编制程序如图 13－2 所示。

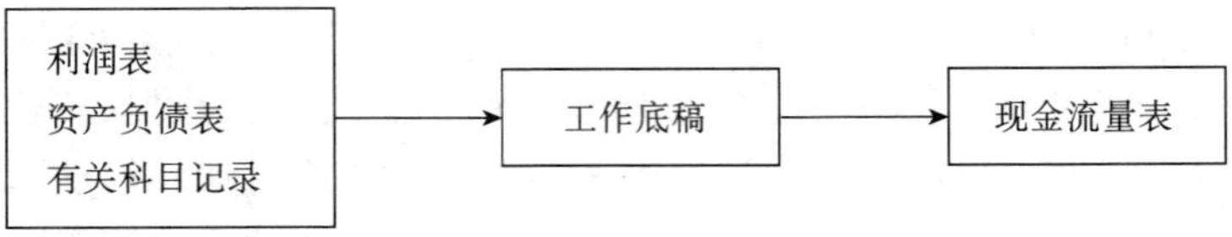

图 13－2

采用工作底稿法编制现金流量表的具体步骤是：

第一步，将资产负债表的上年年末数和期末数过入工作底稿的上年年末数栏和期末数栏。

第二步，对当期业务进行分析并编制调整分录。编制调整分录时，要以利润表项目为基础，从"营业收入"开始，结合资产负债表项目逐一进行分析。在调整分录中，有关现金和现金等价物的事项，并不直接借记或贷记现金，而是分别记入"经营活动产生的现金流量""投资活动产生的现金流量""筹资活动产生的现金流量"有关项目，借记表示现金流入，贷记表示现金流出。

第三步，将调整分录过入工作底稿中的相应部分。

第四步，核对调整分录，借方、贷方合计数均已经相等，资产负债表项目上年年末数加减调整分录中的借贷金额以后，也等于期末数。

第五步，根据工作底稿中的现金流量表项目部分编制正式的现金流量表。

根据我国一般企业现金流量表的内容和结构，现金流量表工作底稿的一般格式见表 13－11。

（三）T 形账户法

采用 T 形账户法编制现金流量表，是以 T 形账户为手段，以利润表和资产负债表为基础，对每一项目进行分析并编制调整分录，从而编制现金流量表。这种方法的编制程序如图 13－3 所示。

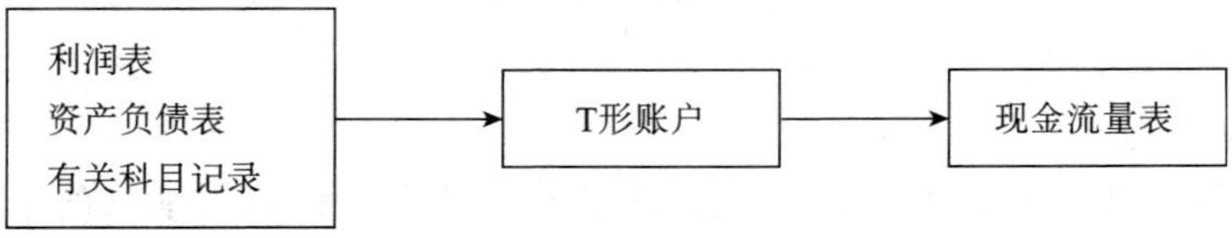

图 13－3

采用T形账户法编制现金流量表的具体步骤是：

第一步，为所有的非现金项目（包括资产负债表项目和利润表项目）分别开设T形账户，并将各自的期末上年年末变动数过入各账户。如果项目的期末数大于上年年末数，则将差额过入和项目余额相同的方向；反之，过入相反的方向。

第二步，开设一个大的“现金及现金等价物”T形账户，每边分为经营活动、投资活动和筹资活动三个部分，左边记现金流入，右边记现金流出。与其他账户一样，过入期末上年年末变动数。

第三步，以利润表项目为基础，结合资产负债表分析每一个非现金项目的增减变动，并据此编制调整分录。

第四步，将调整分录过入各T形账户，并进行核对，该账户借贷相抵后的余额与原先过入的期末上年年末变动数应当一致。

第五步，根据“现金及现金等价物”T形账户编制正式的现金流量表。

现举例说明采用工作底稿法编制现金流量表的方法。

【例13－5】 甲公司编制2022年度现金流量表的有关资料如下：

1. 该公司2022年12月31日资产负债表如表13－9所示。

表13－9　　**资产负债表**

会企01表

编制单位：甲公司　　2022年12月31日　　单位：元

资产	期末余额	上年年末余额	负债及所有者权益	期末余额	上年年末余额
流动资产：			流动负债：		
货币资金	920 480	452 000	短期借款	40 000	20 000
交易性金融资产	144 000	144 000	交易性金融负债	0	0
衍生金融资产	0	0	衍生金融负债	0	0
应收票据	0	0	应付票据	0	0
应收账款	288 000	360 000	应付账款	360 000	312 000
预付款项	0	0	预收款项	0	0
其他应收款	0	0	合同负债	0	0
存货	444 000	360 000	应付职工薪酬	0	0
合同资产	0	0	应交税费	56 000	132 000
持有待售资产	0	0	其他应付款	12 000	24 000
一年内到期的非流动资产	0	0	持有待售负债	0	0
其他流动资产	0	0	一年内到期的非流动负债	0	0
流动资产合计	1 796 480	1 316 000	其他流动负债	0	0
非流动资产：			流动负债合计	468 000	488 000
债权投资	150 000	174 000	非流动负债：		
其他债权投资	0	0	长期借款	152 000	32 000
长期应收款	0	0	应付债券	696 000	924 000
长期股权投资	342 000	338 000	其中：优先股	0	0

续表

资产	期末余额	上年年末余额	负债及所有者权益	期末余额	上年年末余额
其他权益工具投资	0	0	永续债	0	0
其他非流动金融资产	0	0	租赁负债	0	0
投资性房地产	0	0	长期应付款	0	0
固定资产	872 000	960 000	预计负债	0	0
在建工程	0	0	递延收益	0	0
生产性生物资产	0	0	递延所得税负债	45 000	0
油气资产	0	0	其他非流动负债	0	0
使用权资产	0	0	非流动负债合计	893 000	956 000
无形资产	228 000	420 000	负债合计	1 361 000	1 444 000
开发支出	0	0	所有者权益：		
商誉	0	0	实收资本（或股本）	1 200 000	960 000
长期待摊费用	24 000	48 000	其他权益工具	0	0
递延所得税资产	9 000	0	其中：优先股	0	0
其他非流动资产			永续债	0	0
非流动资产合计	1 625 000	1 940 000	资本公积	360 000	240 000
			减：库存股	0	0
			其他综合收益	0	0
			盈余公积	52 000	12 000
			未分配利润	448 480	600 000
			所有者权益合计	2 060 480	1 812 000
资产总计	3 421 480	3 256 000	负债及所有者权益总计	3 421 480	3 256 000

2. 该公司2022年度利润表如表13－10所示。

表13－10　　　　利润表

会企02表

编制单位：甲公司　　　　2022年度　　　　单位：元

项　　目	本期金额	上期金额（略）
一、营业收入	1 152 000	
减：营业成本	504 000	
税金及附加	72 000	
销售费用	108 000	
管理费用	168 000	
研发费用	0	
财务费用	48 000	
加：其他收益	0	
投资收益（损失以“－”号填列）	56 000	

续表

项 目	本期金额	上期金额（略）
净敞口套期收益（损失以“－”号填列）	0	
公允价值变动收益（损失以“－”号填列）	0	
信用减值损失（损失以“－”号填列）	－36 000	
资产减值损失（损失以“－”号填列）	0	
资产处置收益（损失以“－”号填列）	－48 000	
二、营业利润（亏损以“－”号填列）	224 000	
加：营业外收入	0	
减：营业外支出	0	
三、利润总额（损失总额以“－”号填列）	224 000	
减：所得税费用	47 520	
四、净利润（净亏损以“－”号填列）	176 480	
五、其他综合收益的税后净额（明细省略）	0	
六、综合收益总额	176 480	
七、每股收益		
（一）基本每股收益	（略）	
（二）稀释每股收益	（略）	

3. 其他资料：

（1）本年偿还到期的应付债券本金 240 000 元、支付应付债券利息 24 000 元。

（2）本年摊销应付债券折价 12 000 元。

（3）本年支付银行借款利息 12 000 元。

（4）本年计提固定资产折旧 96 000 元（假定全部计入管理费用），无形资产摊销 12 000 元，长期待摊费用摊销 24 000 元，计提坏账准备 36 000 元。

（5）本年收到被投资单位分来的现金股利 36 000 元，并冲减长期股权投资的账面价值（该公司长期股权投资采用权益法核算）。

（6）本年摊销债权投资溢价 24 000 元、收到债权投资利息 80 000 元。

（7）本年用固定资产换取某公司的股票，分类为长期股权投资，换出固定资产的原价为 60 000 元，累计折旧 20 000 元，其公允价值为40 000元。

（8）本年出售机器设备一台，其原价为 828 000 元，累计折旧24 000元。销售价款 660 000 元已存入银行。

（9）本年出售一项无形资产，其账面余额 180 000 元（未计提摊销和减值准备），实际收到价款 276 000 元。

（10）本年发行普通股 168 000 股交换厂房一座，普通股每股面值 1 元，每股市价 1.5 元。进行交换时，企业同时支付现金 600 000 元。厂房的入账价值为 852 000（1.5 ×168 000 ＋600 000）元。

（11）本年发放股票股利 72 000 股，每股面值 1 元，发放时每股市价 1.5 元。

（12）本年用银行存款支付其他应付款 12 000 元，该款项为上年度应付的保险费。

（13）本年度用现金支付管理费用 36 000 元。

（14）本年度营业成本中的工资费用为 120 000 元。

（15）本年销售商品的销项税额为 200 000 元；购买商品的进项税额为 112 000 元，实际交纳的增值税为 80 000 元。

（16）本年交纳城市维护建设税 156 000 元，其中：本年发生的城市维护建设税 72 000 元，上年度应交未交的城市维护建设税 84 000 元。

（17）本年发生的销售费用全部用现金支付。

（18）本年发生所得税费用 47 520 元，确认递延所得税资产 9 000 元，确认递延所得税负债 45 000 元，应交所得税 11 520 元。当年应交所得税已全部交纳。

（19）本年从税后利润中提取盈余公积 40 000 元，分派现金股利 180 000 元，现金股利已全部支付。

（20）本年从银行借入短期借款 20 000 元，长期借款 120 000 元。

（21）“应收账款”科目的年初余额为 360 000 元，年末余额为324 000元。

根据上述资料，按照工作底稿法编制现金流量表的程序及方法如下：

第一步，将资产负债表的上年年末数和期末数过入工作底稿的上年年末余额栏和期末余额栏。

第二步，对当期业务进行分析并编制调整分录。

（1）分析调整营业收入：

借：经营活动现金流量——销售商品、提供劳务收到的现金　　1 388 000
　　贷：营业收入　　1 152 000
　　　　应收账款　　36 000
　　　　应交税费　　200 000

利润表中的营业收入是按权责发生制确认的，以此为基础计算按收付实现制反映的销售商品、提供劳务收到的现金时，应调整应收账款的增减变动。本例应收账款减少 36 000 元，应加回到营业收入中；销售商品收到的现金应包括从购货方收取的增值税销项税额 200 000 元，也加回到营业收入中。通过上述调整，计算出“销售商品、提供劳务收到的现金”为 1 388 000 元。

（2）分析调整营业成本：

借：营业成本　　504 000
　　应交税费　　112 000
　　存货　　84 000
　　贷：应付账款　　48 000
　　　　经营活动现金流量——购买商品、接受劳务支付的现金　　532 000
　　　　　　　　　　　　——支付给职工以及为职工支付的现金　　120 000

利润表中的营业成本是按权责发生制确认的，以此为基础计算按收付实现制反映的购买商品、接受劳务支付的现金时，应调整存货、应付账款的增减变动。本例存货增加 84 000 元，表明本期增加存货发生了现金支出，应加回到营业成本中；应付账款增加 48 000 元，表明本期购入的存货中这一部分没有支付现金，应从营业成本中减去；购买商品支付的增值税进项税额 112 000 元，应加回到营业成本中。通过上述调整，计算出“购买商品、接受劳务支付的现金”为 532 000 元，“支付给职工以及为职工支付的现金”为 120 000 元（该项金额为营业成本中工资费用）。

（3）调整税金及附加：

借：税金及附加　　72 000
　　应交税费　　84 000
　　贷：经营活动现金流量——支付的各项税费　　156 000

本年支付的上年度应交未交的城市维护建设税 84 000 元，应在调整时加回到税金及附加项目中，以调整计算出本年支付的除增值税、企业所得税以外的其他税费为 156 000 元。

（4）确认销售费用支付的现金：

借：销售费用　　108 000
　　贷：经营活动现金流量——支付其他与经营活动有关的现金　　108 000

本例中利润表所列销售费用与按收付实现制确认的数额相同。

（5）调整管理费用和信用减值损失：

借：管理费用　　168 000
　　信用减值损失　　36 000
　　其他应付款　　12 000
　　贷：固定资产——累计折旧　　96 000
　　　　无形资产——累计摊销　　12 000
　　　　长期待摊费用　　24 000
　　　　应收账款——坏账准备　　36 000
　　　　经营活动现金流量——支付其他与经营活动有关的现金　　48 000

本年计入管理费用的固定资产折旧费 96 000 元、无形资产摊销 12 000 元、长期待摊费用摊销 24 000 元、计入信用减值损失的坏账准备 36 000 元均没有支付现金，在调整时应从管理费用和信用减值损失中减去；本年支付的上年应付未付的保险费 12 000 元，也属于本年支付的其他与经营活动有关的现金，所以应加回到管理费用中。通过上述调整，计算出“支付其他与经营活动有关的现金”48 000 元。

（6）调整财务费用：

借：财务费用　　48 000
　　贷：应付债券　　12 000
　　　　筹资活动现金流量——分配股利、利润或偿付利息支付的现金　　36 000

本例中本年摊销应付债券折价 12 000 元，增加了财务费用，但并没有支付现金，所以调整时应从财务费用中减去；本年偿付利息所支付的现金 36 000 元包括支付银行借款利息 12 000 元、债券利息 24 000 元。

（7）调整无形资产的资产处置收益：

借：投资活动现金流量——处置固定资产、无形资产和其他长期资产收回的现金净额
　　276 000
　　贷：无形资产　　180 000
　　　　资产处置收益　　96 000

本例中出售无形资产收到的现金净额为 276 000 元，扣除无形资产账面余额180 000元，

确认的资产处置收益为 96 000 元。

（8）调整投资收益：

借：投资活动现金流量——取得投资收益收到的现金　　116 000

　　贷：债权投资　　24 000

　　　　长期股权投资　　36 000

　　　　投资收益　　56 000

本例中债权投资溢价摊销 24 000 元，确认了投资收益 56 000 元，收到债权投资利息 80 000 元；采用权益法核算的长期股权投资，收到分来的现金股利 36 000 元，增加了现金收入，同时冲减了长期股权投资账面价值。

（9）调整固定资产的资产处置损失：

借：资产处置收益　　144 000

　　固定资产——累计折旧　　24 000

　　投资活动现金流量——处置固定资产、无形资产和其他长期资产收回的现金净额　　660 000

　　贷：固定资产——原值　　828 000

本例中出售固定资产所收到的现金净额为 660 000 元，处置损失为 144 000 元列入了利润表中的资产处置收益。

（10）调整所得税费用：

借：所得税费用　　47 520

　　递延所得税资产　　9 000

　　贷：递延所得税负债　　45 000

　　　　经营活动现金流量——支付的各项税费　　11 520

本例中发生的递延所得税资产 9 000 元和递延所得税负债 45 000 元，本年并没有支付现金，在调整时从所得税费用中减去，实际支付的所得税款为 11 520 元。

（11）结转净利润：

借：净利润　　176 480

　　贷：未分配利润　　176 480

（12）分析调整长期投资：

借：长期股权投资　　40 000

　　固定资产——累计折旧　　20 000

　　贷：固定资产——原值　　60 000

本年长期股权投资增加 40 000 元，是以固定资产对外投资所取得的，没有现金的流出。

（13）分析调整固定资产：

借：固定资产——原值　　852 000

　　贷：股本　　168 000

　　　　资本公积　　84 000

　　　　投资活动现金流量——购建固定资产、无形资产和其他长期资产支付的现金　　600 000

本年用普通股换取固定资产业务，既属于投资活动，又属于筹资活动。但在该业务中企业支付现金 600 000 元是为了取得固定资产而发生的，所以应列入购建固定资产所支付的现金。

（14）分析调整应交税金：

借：应交税费 80 000

贷：经营活动现金流量——支付的各项税费 80 000

本例是指调整实际交纳的增值税款，而实际交纳的所得税，以及其他税金已在前述有关调整分录中调整。

（15）分析调整短期借款和长期借款：

借：筹资活动现金流量——取得借款收到的现金 140 000

贷：短期借款 20 000

长期借款 120 000

本例表明企业举借短期借款和长期借款收到的现金。

（16）分析调整应付债券：

借：应付债券 240 000

贷：筹资活动现金流量——偿还债务支付的现金 240 000

本例表明企业偿还到期债券所支付的现金。

（17）分析调整未分配利润：

①借：未分配利润 108 000

贷：股本 72 000

资本公积 36 000

该笔调整分录表明发放股票股利而减少了未分配利润 108 000 元。

②借：未分配利润 40 000

贷：盈余公积 40 000

该笔调整分录表明提取盈余公积而减少了未分配利润 40 000 元。

③借：未分配利润 180 000

贷：筹资活动现金流量——分配股利、利润或偿付利息支付的现金 180 000

该笔调整分录表明发放现金股利支付的现金 180 000 元。

（18）调整现金净变化额：

借：货币资金 468 480

贷：现金及现金等价物净增加额 468 480

第三步，将调整分录过入工作底稿的相应部分。如表 13－11 所示。

表 13－11　　现金流量表工作底稿　　单位：元

项目	上年年末余额	调整分录		期末余额/本期金额
		借方	贷方	
一、资产负债表项目				
货币资金	452 000	（18）468 480		920 480
交易性金融资产	144 000			144 000

续表

项　　目	上年年末余额	调整分录		期末余额/本期金额
		借方	贷方	
衍生金融资产	0			0
应收票据	0			0
应收账款	360 000		（1）36 000 （5）36 000	288 000
预付款项	0			0
其他应收款	0			0
存货	360 000	（2）84 000		444 000
合同资产	0			0
持有待售资产	0			0
一年内到期的非流动资产	0			0
其他流动资产	0			0
债权投资	174 000		（8）24 000	150 000
其他债权投资	0			0
长期应收款	0			0
长期股权投资	338 000	（12）40 000	（8）36 000	342 000
其他权益工具投资	0			0
其他非流动金融资产	0			0
投资性房地产	0			0
固定资产	960 000	（13）852 000 （9）24 000 （12）20 000	（9）828 000 （12）60 000 （5）96 000	872 000
在建工程	0			0
生产性生物资产	0			0
油气资产	0			0
使用权资产	0			0
无形资产	420 000		（5）12 000 （7）180 000	228 000
开发支出	0			0
商誉	0			0
长期待摊费用	48 000		（5）24 000	24 000
递延所得税资产	0	（10）9 000		9 000
其他非流动资产	0			0
资产总计	3 256 000			3 421 480
短期借款	20 000		（15）20 000	40 000
交易性金融负债	0			0

续表

项目	上年年末余额	调整分录		期末余额/本期金额
		借方	贷方	
衍生金融负债	0			0
应付票据	0			0
应付账款	312 000		（2）48 000	360 000
预收款项	0			0
合同负债	0			0
应付职工薪酬	0			0
应交税费	132 000	（2）112 000 （3）84 000 （14）80 000	（1）200 000	56 000
其他应付款	24 000	（5）12 000		12 000
持有待售负债	0			0
一年内到期的非流动负债	0			0
其他流动负债	0			0
长期借款	32 000		（15）120 000	152 000
应付债券	924 000	（16）240 000	（6）12 000	696 000
租赁负债	0			0
长期应付款	0			0
预计负债	0			0
递延收益	0			0
递延所得税负债	0		（10）45 000	45 000
其他非流动负债	0			0
实收资本（或股本）	960 000		（13）168 000 （17）72 000	1 200 000
其他权益工具	0			0
资本公职	240 000		（13）84 000 （17）36 000	360 000
其他综合收益	0			0
盈余公职	12 000		（17）40 000	52 000
未分配利润	600 000	（17）108 000 40 000 180 000	（11）176 480	448 480
负债及所有者权益总计	3 256 000			3 421 480
二、利润表项目				本期数
营业收入			（1）1 152 000	1 152 000
营业成本		（2）504 000		504 000

续表

项　目	上年年末余额	调整分录		期末余额/本期金额
		借方	贷方	
税金及附加		(3) 72 000		72 000
销售费用		(4) 108 000		108 000
管理费用		(5) 168 000		168 000
研发费用				0
财务费用		(6) 48 000		48 000
其他收益				0
投资收益			(8) 56 000	56 000
净敞口套期收益				0
公允价值变动收益				0
信用减值损失		(5) 36 000		-36 000
资产减值损失				0
资产处置收益		(9) 144 000	(7) 96 000	-48 000
营业外收入				0
营业外支出				0
所得税费用		(10) 47 520		47 520
净利润		(11) 176 480		176 480
三、现金流量表项目				
（一）经营活动产生的现金流量				
销售商品、提供劳务收到的现金		(1) 1 388 000		1 388 000
收到的税费返还				0
收到其他与经营活动有关的现金				0
现金流入小计				1 388 000
购买商品、接受劳务支付的现金			(2) 532 000	532 000
支付给职工以及为职工支付的现金			(2) 120 000	120 000
支付的各项税费			(3) 156 000 (10) 11 520 (14) 80 000	247 520
支付其他与经营活动有关的现金			(4) 108 000 (5) 48 000	156 000
现金流出小计				1 055 520
经营活动产生的现金流量净额				332 480
（二）投资活动产生的现金流量				
收回投资收到的现金				0
取得投资收益收到的现金		(8) 116 000		116 000
处置固定资产、无形资产和其他长期资产收到的现金净额		(7) 276 000 (9) 660 000		936 000

续表

项目	上年年末余额	调整分录		期末余额/本期金额
		借方	贷方	
处置子公司及其他营业单位收到的现金净额				0
收到其他与投资活动有关的现金				0
现金流入小计				1 052 000
购建固定资产、无形资产和其他长期资产支付的现金			（13）600 000	600 000
投资支付的现金				0
取得子公司及其他营业单位支付的现金净额				0
支付其他与投资活动有关的现金				0
现金流出小计				600 000
投资活动产生的现金流量净额				452 000
（三）筹资活动产生的现金流量				
吸收投资收到的现金				0
取得借款收到的现金		（15）140 000		140 000
收到其他与筹资活动有关的现金				0
现金流入小计				140 000
偿还债务支付的现金			（16）240 000	240 000
分配股利、利润或偿还利息支付的现金			（6）36 000 （17）180 000	216 000
支付其他与筹资活动有关的现金				0
现金流出小计				456 000
筹资活动产生的现金流量净额				－316 000
（四）现金及现金等价物净增加额			（18）468 480	468 480
调整分录借贷合计		6 237 480	6 237 480	

第四步，核对调整分录。调整分录的借方合计与贷方合计相等；资产负债表项目的上年年末数加减调整分录中的借贷金额以后，也等于期末数。

第五步，根据工作底稿（见表 13－11）中现金流量表项目的数据编制正式的现金流量表，见表 13－12。

表 13－12　　　　现金流量表

会企 03 表

编制单位：甲公司　　　　2022 年度　　　　单位：元

项目	本期金额	上期金额（略）
一、经营活动产生的现金流量：		
销售商品、提供劳务收到的现金	1 388 000	
收到的税费返还	0	

续表

项　　目	本期金额	上期金额（略）
收到其他与经营活动有关的现金	0	
经营活动现金流入小计	1 388 000	
购买商品、接受劳务支付的现金	532 000	
支付给职工以及为职工支付的现金	120 000	
支付的各项税费	247 520	
支付其他与经营活动有关的现金	156 000	
经营活动现金流出小计	1 055 520	
经营活动产生的现金流量净额	332 480	
二、投资活动产生的现金流量：		
收回投资收到的现金		
取得投资收益收到的现金	116 000	
处置固定资产、无形资产和其他长期资产收回的现金净额	936 000	
处置子公司及其他营业单位收到的现金净额		
收到其他与投资活动有关的现金		
投资活动现金流入小计	1 052 000	
购建固定资产、无形资产和其他长期资产支付的现金	600 000	
投资支付的现金		
取得子公司及其他营业单位支付的现金净额		
支付其他与投资活动有关的现金		
投资活动现金流出小计	600 000	
投资活动产生的现金流量净额	452 000	
三、筹资活动产生的现金流量：		
吸收投资收到的现金		
取得借款收到的现金	140 000	
收到其他与筹资活动有关的现金		
筹资活动现金流入小计	140 000	
偿还债务支付的现金	240 000	
分配股利、利润或偿付利息支付的现金	216 000	
支付其他与筹资活动有关的现金		
筹资活动现金流出小计	456 000	
筹资活动产生的现金流量净额	-316 000	
四、汇率变动对现金及现金等价物的影响		
五、现金及现金等价物净增加额	468 480	

续表

项　　目	本期金额	上期金额（略）
补充资料		
1. 将净利润调节为经营活动的现金流量：		
净利润	176 480	
加：资产减值准备		
信用损失准备	36 000	
固定资产折旧、油气资产折耗、生产性生物资产折旧、使用权资产折旧	96 000	
无形资产摊销	12 000	
长期待摊费用摊销	24 000	
处置固定资产、无形资产和其他长期资产的损失（收益以“－”号填列）	48 000	
固定资产报废损失（收益以“－”号填列）		
公允价值变动损失（收益以“－”号填列）		
财务费用（收益以“－”号填列）	48 000	
投资损失（收益以“－”号填列）	－56 000	
递延所得税资产减少（增加以“－”号填列）	－9 000	
递延所得税负债增加（减少以“－”号填列）	45 000	
存货的减少（增加以“－”号填列）	－84 000	
经营性应收项目的减少（增加以“－”号填列）	36 000	
经营性应付项目的增加（减少以“－”号填列）	－40 000	
其他	0	
经营活动产生的现金流量净额	332 480	
2. 不涉及现金收支的投资和筹资活动：		
债务转为资本	0	
一年内到期的可转换公司债券	0	
3. 现金及现金等价物净变动情况：		
现金的期末余额	920 480	
减：现金的期初余额	452 000	
加：现金等价物的期末余额	0	
减：现金等价物的期初余额	0	
现金及现金等价物净增加额	468 480	

补充资料中，“处置固定资产、无形资产和其他长期资产的损失”项目48 000元，系出售固定资产损失144 000元减去出售无形资产收益96 000元的差额；“经营性应收项目的减少（减增加）”项目36 000元，系应收票据和应收账款（未减去坏账准备前的余额）期末余额减去上年年末余额的差额；“经营性应付项目的增加（减减少）”项目－40 000元，系应付票据、应付账款、其他应付款、应交税费项目期末余额减去上年年末余额的差额。

第五节 所有者权益变动表

所有者权益变动表的内容和结构

一、所有者权益变动表的内容和结构

（一）所有者权益变动表的内容

所有者权益变动表是指反映构成所有者权益各组成部分当期增减变动情况的财务报表。通过该财务报表提供的信息，可以了解企业所有者权益总额及其结构的变动情况，有助于分析企业所有者权益增减变动的原因，预测企业所有者权益未来的变动趋势。

所有者权益变动表应当全面反映一定时期所有者权益变动的情况，这不仅包括所有者权益总量的增减变动，还应当包括所有者权益增减变动的重要结构性信息，让报表使用者正确理解所有者权益增减变动的根源。

所有者权益是指企业资产扣除负债后由所有者享有的剩余权益。所有者权益的来源包括所有者投入的资本（包括实收资本/股本和资本溢价/股本溢价等资本公积）、其他权益工具、其他综合收益、留存收益（包括盈余公积和未分配利润）等。

所有者权益变动表应当反映构成所有者权益各个组成部分当期的增减变动情况。综合收益和与所有者（或股东）的资本交易导致的所有者权益的变动，应当分别列示。与所有者的资本交易，是指与所有者以其所有者身份进行的、导致企业所有者权益变动的交易。

（二）所有者权益变动表的结构

为了清楚地表明所有者权益的各个组成部分当期增减变动情况，所有者权益变动表应当以矩阵的形式列示：一方面，列示导致所有者权益变动的交易或事项，是从所有者权益变动的来源对一定时期所有者权益变动情况进行全面反映；另一方面，按照所有者权益各组成部分［包括实收资本（或股本）、其他权益工具、资本公积、其他综合收益、盈余公积、未分配利润和库存股］及其总额的影响列示交易或事项对所有者权益的影响。此外，企业还需要提供比较所有者权益变动表，所有者权益变动表还就各项目再分“本年金额”和“上年金额”两栏分别填列。所有者权益变动表的具体格式如表 13－13 所示。

二、所有者权益变动表的填列方法

（一）“上年金额”栏的填列方法

所有者权益变动表的“上年金额”栏内各项数字，应根据上年度所有者权益变动表“本年金额”栏内所列数字填列。如果上年度所有者权益变动表规定的各个项目的名称和内容同本年度不一致，应对上年度所有者权益变动表各项目的名称和数字按本年度的规定进行调整，填入所有者权益变动表“上年金额”栏内。

（二）“本年金额”栏的填列方法

所有者权益变动表“本年金额”栏内各项数字一般应根据“实收资本”（或股本）、“资本公积”“盈余公积”“利润分配”“库存股”“以前年度损益调整”科目的发生额分析填列。

【例 13－6】 沿用本章【例 13－5】的资料。

甲公司 2022 年度所有者权益变动表如表 13－13 所示。

表 13－13

所有者权益变动表

会企 04 表

编制单位：甲公司　　　　2022 年度　　　　单位：元

项　目	本年金额								上年金额（略）							
	实收资本（或股本）	其他权益工具	资本公积	减：库存股	其他综合收益	盈余公积	未分配利润	所有者权益合计	实收资本（或股本）	其他权益工具	资本公积	减：库存股	其他综合收益	盈余公积	未分配利润	所有者权益合计
一、上年年末余额	960 000		240 000			12 000	600 000	1 812 000								
加：会计政策变更																
前期差错更正																
二、本年年初余额	960 000		240 000			12 000	600 000	1 812 000								
三、本年增减变动金额（减少以"－"号填列）	240 000		120 000			40 000	－151 520	248 480								
（一）综合收益总额							176 480	176 480								
（二）所有者投入和减少资本	168 000		84 000					252 000								
1. 所有者投入资本（或普通股）	168 000		84 000					252 000								
2. 其他权益工具持有者投入资本																
3. 股份支付计入所有者权益的金额																
4. 其他																
（三）利润分配	72 000		36 000			40 000	－328 000	－180 000								
1. 提取盈余公积						40 000	－40 000	0								
2. 对所有者（或股东）的分配	72 000		36 000				－288 000	－180 000								
3. 其他																
（四）所有者权益内部结转																
1. 资本公积转增资本（或股本）																
2. 盈余公积转增资本（或股本）																
3. 盈余公积弥补亏损																
4. 设定受益计划变动额结转留存收益																
5. 其他综合收益结转留存收益																
6. 其他																
四、本年年末余额	1 200 000		360 000			52 000	448 480	2 060 480								

第六节 附　注

企业的财务报表由于受固定格式和规定内容的限制，一般只能对外提供总括的定量财务信息，从而影响财务报告使用者对财务报表内容的理解。因此，企业除了编制和对外提供财务报表之外，还应编制和对外提供财务报表附注。

从理论上说，财务报表附注应该披露所有在财务报表内未反映的与企业财务状况、经营成果和现金流量有关的、有助于报表使用者理解会计报表的信息。目前，我国《企业财务会计报告条例》和《企业会计准则第30号——财务报表列报》等都规定了企业财务报表附注应当包括的主要内容，下面简要说明《企业会计准则第30号——财务报表列报》等企业会计准则有关附注信息披露的主要内容。

一、附注的涵义

附注是对资产负债表、利润表、现金流量表和所有者权益变动表等报表中列示项目的文字描述或明细资料，以及对未能在这些报表中列示项目的说明等。附注是财务报表的重要组成部分。附注是为便于财务报表使用者理解财务报表的内容而对财务报表的编制基础、编制依据、编制原则和方法及主要项目等所作的解释，它是对财务报表的补充。从理论上说，附注应该披露所有在财务报表内未反映的与企业财务状况、经营成果和现金流量有关的、有助于报表使用者理解财务报表的信息。

附注的涵义和内容

二、附注的主要内容

根据《企业会计准则第30号——财务报表列报》的要求，附注应当按照如下顺序披露有关内容。

（一）企业的基本情况

附注中应披露的企业的基本情况包括：（1）企业注册地、组织形式和总部地址；（2）企业的业务性质和主要经营活动；（3）母公司以及集团最终母公司的名称；（4）财务报表的批准报出者和财务报表批准报出日；（5）营业期限有限的企业，还应当披露有关其营业期限的信息。

（二）财务报表的编制基础

在附注中，企业应当说明财务报表的编制是否以持续经营为基础。一般而言，如果没有相应的证据表明企业处于非持续经营状态，企业应当以持续经营为基础对实际发生的交易或事项进行确认和计量，并在此基础上编制财务报表。但是，如果企业的管理层经评估对企业的持续经营能力产生重大怀疑的，应当在附注中披露对持续经营能力产生重大怀疑的重要的不确定因素。如果评估后认为持续经营不再合理，企业应当采用其他基础编制财务报表，同时还应在附注中声明财务报表未以持续经营为基础编制，披露未以持续经营为基础的原因以及财务报表的编制基础。

（三）遵循企业会计准则的声明

企业应当明确说明编制的财务报表符合企业会计准则的要求，真实、公允地反映了企业的财务状况、经营成果和现金流量等有关信息，以此明确企业编制财务报表所依据的制度基础。

如果企业编制的财务报表只是部分地遵循了企业会计准则，附注中不得作出这种表述。

（四）重要会计政策和会计估计

企业应当披露采用的重要会计政策和会计估计，不重要的会计政策和会计估计可以不披露。在披露重要会计政策和会计估计时，应当披露重要会计政策的确定依据和财务报表项目的计量基础，以及会计估计中所采用的关键假设和不确定因素。

（五）会计政策和会计估计变更以及差错更正的说明

企业应当按照《企业会计准则第 28 号——会计政策、会计估计变更和差错更正》及其应用指南的规定，披露会计政策和会计估计变更以及差错更正的有关情况。

（六）报表重要项目的说明

企业应当以文字和数字描述相结合、尽可能以列表的形式披露重要报表项目的构成或当期增减变动情况，并且报表重要项目的明细金额合计应当与报表项目金额相衔接。在披露顺序上，一般应当按照资产负债表、利润表、现金流量表、所有者权益变动表的顺序及其报表项目列示的顺序。

（七）其他需要说明的重要事项

这主要包括或有承诺事项、资产负债表日后非调整事项、关联方关系及其交易等。

（八）有助于财务报表使用者评价企业管理资本的目标、政策及程序的信息

思政研习

习近平论审计监督与企业高质量财务会计信息

2018 年 5 月 23 日，中共中央总书记、国家主席、中央军委主席、中央审计委员会主任习近平主持召开中央审计委员会第一次会议并发表重要讲话。

这是中共中央印发《深化党和国家机构改革方案》宣布组建中央审计委员会后，该委员会的首次“亮相”。会上，中共中央总书记、国家主席、中央军委主席、中央审计委员会主任习近平发表重要讲话，对审计工作作出全方位部署。

加强审计工作有多重要

确保资金在阳光下运行，离不开有效监督。审计作为一种独立性经济监督活动，是党和国家监督体系的重要组成部分。

这次会议，习近平的讲话处处体现着对审计工作的高度重视。

习近平指出，审计机关成立 30 多年来，在维护国家财政经济秩序、提高财政资金使用效益、促进廉政建设、保障经济社会健康发展等方面发挥了重要作用。

党的十八大以来，习近平多次强调加强审计监督、改革审计管理体制，不断赋予审计工作新的内涵，让这把“利器”为促进党中央令行禁止、维护国家经济安全、推动全面深化改革、促进依法治国、推进廉政建设等作出了重要贡献。

党的十九大开启了全面建设社会主义现代化国家新征程，打好“三大攻坚战”、推动高质量发展、坚定不移全面从严治党……做好每一项工作都要有一套完善高效的监督体系。作为“督查员”和“安全员”，加强审计工作、改革审计管理体制显得愈加重要。

这次党和国家机构改革正是从这一高度着眼，决定组建中央审计委员会，作为党中央决策议事协调机构。

这个“党中央决策议事协调机构”，其“顶层设计”极为引人注目：习近平亲自担任委员会主任，国务院总理和中央纪委书记为副主任。“规格”如此之高，足以说明党中央对审计工作的高度重视。

其重要性也就不言而喻。

推动全面从严治党的重要举措

习近平在讲话中强调，要拓展审计监督广度和深度，消除监督盲区，加大对党中央重大政策措施贯彻落实情况跟踪审计力度，加大对经济社会运行中各类风险隐患揭示力度，加大对重点民生资金和项目审计力度。

这三个“加大力度”指明了今后一个时期审计工作的三方面重点任务。这三方面任务与维护党中央权威和集中统一领导、增强党的执政能力和反腐倡廉工作息息相关，正是推动全面从严治党的重要举措。

习近平这次对审计工作提了“应审尽审、凡审必严、严肃问责”这12字原则，与他全面从严治党的思路一脉相承。

全面从严治党，关键是坚持制度治党。习近平在讲话中强调“努力构建集中统一、全面覆盖、权威高效的审计监督体系”，正是一种周密的制度安排。

习近平特别强调，各地区各部门特别是各级领导干部要积极主动支持配合审计工作，不得制定限制向审计机关提供资料和电子数据的规定，对有意设置障碍、推诿拖延的，要进行批评和通报；造成恶劣影响的，要严肃追责问责。

这次会议审议通过了几份重要文件，其中之一就是《2018年省部级党政主要领导干部和中央企业领导人员经济责任审计及自然资源资产离任（任中）审计计划》。

审计监督全面覆盖。中央审计委一成立就立即出实招、动真格，释放的信号十分明确。

确保党对审计工作的绝对领导

中央决定组建中央审计委员会，目的是健全党对审计工作领导体制机制，确保党中央各项决策部署落到实处。做好各项审计工作，确保党对审计工作的绝对领导是关键。

习近平强调，审计机关要树立“四个意识”，自觉在思想上政治上行动上同党中央保持高度一致，坚决维护党中央权威和集中统一领导，落实党中央对审计工作的部署要求。

作为党中央决策议事协调机构，要为审计工作提供有力指导，中央审计委员会的工作必须围绕顶层设计、统筹协调来开展。习近平为此提出了四种能力：“把方向、谋大局、定政策、促改革”。只有真正提高这四种能力，才能实施更为有力的统领和协调，确保党对审计工作的绝对领导。

对于具体的审计工作，习近平进行了十分详尽的部署，他主要强调了四个“要”：

要深化审计制度改革，解放思想、与时俱进，创新审计理念，及时揭示和反映经济社会各领域的新情况、新问题、新趋势；

要坚持科技强审，加强审计信息化建设；

要加强对全国审计工作的领导，强化上级审计机关对下级审计机关的领导，加快形成审计工作全国一盘棋；

要加强对内部审计工作的指导和监督，调动内部审计和社会审计的力量，增强审计监督合力。

习近平还突出强调了审计机关自身建设，“以审计精神立身，以创新规范立业，以自身建设立信”。这三个“立”，既是对审计机关各级党组织“认真履行管党治党政治责任”的政治要求，也是对建设一支“信念坚定、业务精通、作风务实、清正廉洁”专业化审计干部队伍的素质要求。

研讨主题：根据上述资料，讨论应当如何运用习近平总书记的审计监督思想来指导我国企业提供高质量财务会计信息，为推进国家治理体系和治理能力现代化作出更大贡献。

思考题

1. 什么是财务报表？财务报表由哪些内容构成？
2. 企业编制和提供财务报表应符合哪些基本要求？
3. 企业编制财务报表应做好哪些准备工作？
4. 什么是资产负债表？资产负债表有哪些主要作用？
5. 资产负债表主要反映哪些内容？采用什么样的报表结构？
6. 资产负债表的编制依据是什么？如何编制资产负债表？
7. 什么是利润表？利润表有哪些主要作用？
8. 利润表主要反映哪些内容？采用什么样的报表结构？
9. 利润表的编制依据是什么？如何编制利润表？
10. 什么是现金流量表？现金流量表有哪些主要作用？
11. 什么是现金流量？现金流量分为哪几大类？
12. 现金流量表的编制基础是什么？具体包括哪些内容？
13. 如何采用工作底稿法编制现金流量表？
14. 为什么需要编制附注？
15. 附注中应披露哪些内容？

附录 A　企业会计准则一览表[①]

准则编号	准则名称	准则编号	准则名称
——	基本准则（2014）	22	金融工具确认和计量（2017）
1	存货	23	金融资产转移（2017）
2	长期股权投资（2014）	24	套期会计（2017）
3	投资性房地产	25	保险合同（2020）
4	固定资产	26	再保险合同（废）
5	生物资产	27	石油天然气开采
6	无形资产	28	会计政策、会计估计变更和差错更正
7	非货币性资产交换（2019）	29	资产负债表日后事项
8	资产减值	30	财务报表列报（2014）
9	职工薪酬（2014）	31	现金流量表
10	企业年金基金	32	中期财务报告
11	股份支付	33	合并财务报表（2014）
12	债务重组（2019）	34	每股收益
13	或有事项	35	分部报告
14	收入（2017）	36	关联方披露
15	建造合同（废）	37	金融工具列报（2017）
16	政府补助（2017）	38	首次执行企业会计准则
17	借款费用	39	公允价值计量（2014）
18	所得税	40	合营安排（2014）
19	外币折算	41	在其他主体中权益的披露（2014）
20	企业合并	42	持有待售的非流动资产、处置组和终止经营（2017）
21	租赁（2018）		

① 未标注年份的准则系 2006 年 2 月 15 日发布。

附录 B　常用会计科目一览表

序号	会计科目名称	序号	会计科目名称	序号	会计科目名称
	一、资产类	35	其他权益工具投资	69	未确认融资费用
1	库存现金	36	投资性房地产	70	预计负债
2	银行存款	37	长期应收款	71	递延所得税负债
3	其他货币资金	38	未实现融资收益		三、所有者权益类
4	交易性金融资产	39	固定资产	72	实收资本/股本
5	应收票据	40	累计折旧	73	其他权益工具
6	应收账款	41	固定资产减值准备	74	资本公积
7	预付账款	42	在建工程	75	其他综合收益
8	应收股利	43	工程物资	76	盈余公积
9	应收利息	44	固定资产清理	77	本年利润
10	其他应收款	45	使用权资产	78	利润分配
11	坏账准备	46	无形资产	79	库存股
12	材料采购	47	累计摊销		四、成本类
13	在途物资	48	无形资产减值准备	80	生产成本
14	原材料	49	递延所得税资产	81	制造费用
15	材料成本差异	50	待处理财产损溢	82	研发支出
16	库存商品		二、负债类		五、损益类
17	发出商品	51	短期借款	83	主营业务收入
18	应收退货成本	52	交易性金融负债	84	其他业务收入
19	委托加工物资	53	应付票据	85	公允价值变动损益
20	受托代销商品	54	应付账款	86	投资收益
21	周转材料	55	预收账款	87	资产处置损益
22	存货跌价准备	56	受托供销商品款	88	其他收益
23	合同取得成本	57	合同负债	89	营业外收入
24	合同取得成本减值准备	58	应付职工薪酬	90	主营业务成本
25	合同履约成本	59	应交税费	91	其他业务成本
26	合同履约成本减值准备	60	应付利息	92	税金及附加
27	合同资产	61	应付股利	93	销售费用
28	合同资产减值准备	62	其他应付款	94	管理费用
29	持有待售资产	63	持有待售负债	95	财务费用
30	债权投资	64	递延收益	96	资产减值损失
31	债权投资减值准备	65	长期借款	97	信用减值损失
32	其他债权投资	66	应付债券	98	营业外支出
33	长期股权投资	67	租赁负债	99	所得税费用
34	长期股权投资减值准备	68	长期应付款	100	以前年度损益调整

参考文献

财政部:《企业会计准则(2006)》,经济科学出版社2006年版。

财政部:《企业会计准则解释》(第1~15号),http://www.casc.gov.cn/。

财政部:《企业会计准则——应用指南(2006)》,中国财政经济出版社2006年版。

财政部:《一般企业财务报表格式(适用于已执行新金融准则、新收入准则和新租赁准则的企业)》,http://www.casc.gov.cn/。

财政部:《增值税会计处理规定》,http://www.casc.gov.cn/。

财政部会计司:《企业会计准则第2号——长期股权投资》,经济科学出版社2014年版。

财政部会计司:《企业会计准则第30号——财务报表列报》,中国财政经济出版社2014年版。

财政部会计司:《企业会计准则第33号——合并财务报表》,中国财政经济出版社2014年版。

财政部会计司:《企业会计准则第39号——公允价值计量》,中国财政经济出版社2014年版。

财政部会计司:《企业会计准则第40号——合营安排》,经济科学出版社2014年版。

财政部会计司:《企业会计准则第41号——在其他主体中权益的披露》,中国财政经济出版社2014年版。

财政部会计司:《企业会计准则第9号——职工薪酬》,中国财政经济出版社2014年版。

财政部会计司编写组:《企业会计准则第12号——债务重组》应用指南,中国财政经济出版社2020年版。

财政部会计司编写组:《企业会计准则第14号——收入》应用指南,中国财政经济出版社2018年版。

财政部会计司编写组:《企业会计准则第16号——政府补助》应用指南,中国财政经济出版社2018年版。

财政部会计司编写组:《企业会计准则第21号——租赁》应用指南,中国财政经济出版社2019年版。

财政部会计司编写组:《企业会计准则第22号——金融工具确认和计量》应用指南,中国财政经济出版社2018年版。

财政部会计司编写组:《企业会计准则第23号——金融资产转移》应用指南,中国财政经济出版社2018年版。

财政部会计司编写组:《企业会计准则第24号——套期会计》应用指南,经济科学出版社2018年版。

财政部会计司编写组：《企业会计准则第 37 号——金融工具列报》应用指南，中国财政经济出版社 2018 年版。

财政部会计司编写组：《企业会计准则第 42 号——持有待售的非流动资产、处置组和终止经营》应用指南，中国财政经济出版社 2018 年版。

财政部会计司编写组：《企业会计准则第 7 号——非货币性资产交换》应用指南，中国财政经济出版社 2020 年版。

财政部会计司编写组：《企业会计准则讲解（2010）》，人民出版社 2010 年版。

财政部会计资格评价中心：《中级会计实务》，经济科学出版社 2022 年版。

中国注册会计师协会：《会计》，中国财政经济出版社 2022 年版。

习近平：《习近平谈治国理政（第二卷）》，外文出版社 2017 年版。

习近平：《习近平谈治国理政（第三卷）》，外文出版社 2020 年版。

习近平：《习近平谈治国理政（第一卷）》，外文出版社 2018 年版。

习近平：《习近平重要讲话单行本（2020 年合订本）》，人民出版社 2021 年版。

中共中央党校（国家行政学院）：《习近平新时代中国特色社会主义思想基本问题》，人民出版社、中共中央党校出版社 2020 年版。

中共中央宣传部：《习近平新时代中国特色社会主义思想三十讲》，学习出版社 2018 年版。

中共中央宣传部：《习近平新时代中国特色社会主义思想学习纲要》，学习出版社、人民出版社 2019 年版。

中共中央宣传部：《习近平新时代中国特色社会主义思想学习问答》，学习出版社、人民出版社 2021 年版。